Lolly Winston

Himmelblau und Rabenschwarz

Lolly Winston

Himmelblau und Rabenschwarz

Roman

Aus dem Englischen
von Georgia Sommerfeld

Die amerikanische Originalausgabe erschien 2004
unter dem Titel »Good Grief« bei Warner Books, New York.

Sonderausgabe für GALERIA Kaufhof GmbH

Ein Unternehmen der Droemerschen Verlagsanstalt
Th. Knaur Nachf. GmbH & Co. KG, München.

Redaktion: Gerhild Gerlich
Umschlaggestaltung: ZERO Werbeagentur, München
Umschlagabbildung: FinePic®, München
Druck und Bindung: CPI – Ebner & Spiegel, Ulm
Printed in Germany
ISBN 978-3-426-65312-8

2 4 5 3 1

Für Anders
und in Erinnerung an
Marvin, Mrynie und
Sam Winston

Inhalt

TEIL 1

Verleugnung

I

Wie kann ich Witwe sein? Witwen tragen Hornbrillen und Strickjacken, die nach Mottenkugeln riechen, und haben Krepppapierhaut und Namen wie Gladys oder Midge und treffen sich einmal in der Woche mit befreundeten Witwen zum Binokel. Ich bin erst sechsunddreißig und habe mich gerade erst an die Vorstellung gewöhnt, verheiratet zu sein, und in den drei Jahren Ehe traute ich meinen Ohren nie so recht, wenn ich mich *mein Mann* sagen hörte, *mein Mann und ich, mein Mann und ich* … nach all den Jahren als Single!
Während wir uns in der Gruppe reihum vorstellen, klopft mir das Herz bis zum Hals. Kein Wunder, dass viele Leute in der Öffentlichkeit zu sprechen mehr fürchten als den Tod oder große Höhe oder Spinnen.
Ich probe im Geist ein paar Sätze.
Mein Name ist Sophie. Ich wohne in San Jose, und mein Mann ist gestorben.
Nein. *Mein Name ist Sophie, und mein Mann* ist *der Hodgkin-Krankheit* erlegen, *einer Krankheit, die junge Erwachsene bekommen.* Oh, aber das wissen sie wahrscheinlich schon. Die Gruppe scheint sich mit Krankheiten auszukennen.
Ein silberhaariger Mann, dessen Frau ebenfalls an Krebs gestorben ist, sagt, dass er jetzt, wenn er morgens aufsteht, kein Ei für seine Frau pochieren oder ihr ein Bad einlassen muss und keinen Sinn mehr darin sieht, überhaupt aufzustehen. Er weint lautlos, Tränen vibrieren in seinen Augen und rinnen dann über seine unrasierten Wangen. Er senkt den

Blick und knetet seinen Pullover mit Händen, die rosa und fleckig sind wie Frühstücksfleisch.

Wir sitzen in einem Konferenzraum des Krankenhauses auf Klappstühlen im Kreis. In der Hand einen Styroporkaffeebecher, die Jacke auf dem Schoß. An der Decke summen Neonröhren. Ihr Licht ist grell und grausam, enthüllt unbarmherzig die Verzweiflung jedes Einzelnen: die vom Weinen verquollenen Gesichter, Ringe unter den Augen wie Druckstellen an Obst. Gedrückte Seelen, die keine Lust mehr haben, die Songs im Radio mitzusingen. Es sollte eine Vorschrift für Trauerräume geben: nur Vierzig-Watt-Glühbirnen erlaubt.

Die Sozialarbeiterin, die die Gruppe leitet, balanciert ein Klemmbrett auf den Knien und macht sich Notizen. Einer ihrer Zähne ist grauer als die anderen, wie eine alte Klaviertaste. Ist er tot? Hohl? Ich muss mich beherrschen, um nicht aufzuspringen und mit dem Fingernagel daran zu klopfen. Sie ist doch bestimmt versichert. Warum lässt sie den Zahn nicht richten?

Mein Name ist Sophie, und ich bin hier, weil ich … na ja, weil ich etwas ziemlich Verrücktes getan habe. Ich bin mit meinem Honda durch unser Garagentor gefahren. Es war eines Abends, als ich von der Arbeit kam. Obwohl mein Mann schon drei Monate tot war, dachte ich allen Ernstes, ich müsste schnell ins Haus, um ihm zu sagen, er solle das Radio anmachen, weil sie gerade eine alte Aufnahme von Flip Wilson brachten, den er so liebt. *Liebte*. Ethan hatte jahrelang versucht, den Sketch zu finden, und jetzt lief er im Radio. Wenn ich mich beeilte, könnten wir ihn aufnehmen. Dann wurde mir plötzlich klar, dass mein Mann nicht mehr da war, *weg*, tot, und da brach der Wagen auch schon durch das Tor. Das Holz knirschte und splitterte, als ich den Rückwärtsgang einlegte und durch das Loch zurückstieß, und dann kam Flip Wilson zur Pointe: »Und vielleicht haben wir eine Banane für Ihren Affen!« Das Publikum tobte. Mein Seelenklempner Dr. Rupert hielt mir in der nächsten Sitzung vor Augen, dass ich mich hätte verletzen können, und riet mir dringend, mich dieser Gruppe anzuschließen.

Die Inderin neben mir hat ihre Zwillingsschwester durch einen Autounfall verloren. Ein Betrunkener hatte sie überfahren. Ihre langen schwarzen Zöpfe hängen wie elegante Quasten über den Rücken ihres kürbisfarbenen Sari. Sie erzählt, sie und ihre Schwester hätten sich ein Zimmer geteilt, bis sie von zu Hause fortgingen, und danach hätten sie jeden Tag miteinander telefoniert. Jetzt träumt sie, dass das Telefon mitten in der Nacht klingelt, aber wenn sie aufwacht, ist es still im Haus. Sie nimmt den Hörer ab, und es ist niemand dran, und sie kann nicht mehr einschlafen und ist den ganzen Tag wie gerädert. Sie hört überall Telefone klingeln, im Auto, bei der Arbeit, im Supermarkt. Als sie schaudert und sich mit ihren schlanken Händen die Ohren zuhält, möchte ich nach ihrer Nummer fragen und sie anrufen, damit jemand am anderen Ende der Leitung ist, wenn sie den Hörer abnimmt.

Plötzlich richten sich alle Augen erwartungsvoll auf mich, und ich wünschte, ich hätte ein bisschen mehr Zeit gehabt, mich auf das Treffen vorzubereiten, ehe ich aus dem Büro hierherraste. Ich spüre meine widerspenstigen Haare in alle Richtungen streben, als wollten sie den Raum verlassen. An manchen Tagen legen sie sich in seidige Kringel, und dann sehen sie wieder aus wie eine Rosshaarmatratze.

»Mein Name ist Sophie Stanton, und mein Mann ist vor drei Monaten an Krebs gestorben«, bringe ich stockend heraus, während ich mit den Fingern in meinen Locken stochere.

Meine Stimme klingt erschreckend laut in dem zu hellen Raum. Ich versuche, den Bauch beim Sprechen einzuziehen, weil der Knopf meiner Hose unter dem Pullover offen steht, damit der Bund sich nicht in meine durch Überdosen von Tiefkühlwaffeln aus der Form geratene Taille gräbt. Ich bilde mir ein, den Reißverschluss an meinem ehemals flachen Bauch abwärtskrabbeln zu spüren. Aber eigentlich habe ich fürs Erste genug gesagt. »Danke«, setze ich abschließend hinzu, um nicht unfreundlich zu erscheinen.

»Danke, Sophie«, sagt die Sozialarbeiterin mit einer Stimme, die jede Maus in die Falle locken würde.

Vielleicht werde ich der Gruppe später erzählen, dass ich jede Nacht von Ethan träume. Dass er in der östlichen Zeitzone noch am Leben ist und ich ihn weitere drei Stunden sehen kann, wenn ich nach New York fliege. Dass ich ihm aus Kakao und Erdbeersirup einen schlammfarbenen Zaubertrank braue, der seine roten Blutkörperchen auf Vordermann bringt. Wenn ich dann um drei oder vier Uhr früh aufwache, klebt mein durchgeschwitztes Nachthemd an meinem Körper und die Wände um mich herum pulsieren. Aber wenn ich bei Dr. Rupert ankomme, bin ich in Zombie-Ruhe verfallen. Es ist wie beim Auto, das, sobald es in der Werkstatt ist, das ärgerliche Geräusch nicht mehr macht.

Dr. Rupert sagt, ich solle mich beschäftigen, und so bin ich in den letzten drei Monaten nach der Arbeit zu verschiedenen Aktivitäten gehetzt: einem Lesezirkel, einem Töpferkurs und zu Einsätzen für die Audubon Society. Wir retteten eine Schar Strandläufer an der Küste. Irgendetwas Giftiges war von einem Schiff ins Wasser gelangt, und die Vögel bäumten sich auf, strampelten mit den Füßen und schlugen mit den Flügeln, als wir sie einfingen und in Kisten setzten. Ich lieh mir einen

Rototiller, grub die harte, trockene Erde hinten in unserem Garten um und säte Sonnenblumen und Kosmeen, die in der Septemberhitze dem Himmel entgegenschossen. Alle sagten, wie gut ich mich mache, wie tapfer ich sei.

Und dann fuhr ich durch das Garagentor.

»Zum Teufel mit den Vögeln!«, schrie ich an jenem Nachmittag Dr. Rupert in seiner Praxis an. »Zum Teufel mit den Büchern. Zum Teufel mit den Sonnenblumen!« Er kritzelte etwas auf seinen kleinen Block und erzählte mir von dieser Gruppe.

Wir sind fünfzehn. Mein Blick wandert über die Fußpaare, und dabei zähle ich im Geist: zwei, vier, sechs, acht, zehn, zwei, vier, sechs, acht, zehn. Dreißig Füße. Fünfzehn Menschen. Hush Puppies und Reeboks und billige Treter.

Die Gruppe trifft sich in dem Krankenhaus, in dem Ethan gestorben ist. Ich war seit seinem Tod nicht mehr hier, aber ich erinnere mich noch an alles. Wie Ethan in dem Bett lag, grau und gesprenkelt wie eine Forelle. An die Gerüche von Franzbranntwein und Dosenerbsen und welkenden Blumensträußen. An die Patienten, die, wie Mumien eingewickelt, auf Rolltragen durch die Flure geschoben wurden. An die Durchsagen aus dem Lautsprecher, in denen von einem »Code fünfhundert« die Rede war oder ein »Dr. Soundso in die Notaufnahme« gerufen wurde, in so ruhigem Ton, als würde über verschüttete Suppe in Gang sechs berichtet.

Großartige Idee! Gehen wir einmal die Woche wieder ins *Krankenhaus.* Da kennen Sie sich ja aus.

Wieder sehen mich alle an, und die Sozialarbeiterin sagt etwas.

»Wie bitte?«

»Was war Ihr Mann von Beruf, Sophie?«

Ich schiebe meine heruntergerutschte Brille ein Stück nach oben (in letzter Zeit verschlafe ich ständig und komme dann nicht mehr dazu, die Kontaktlinsen einzusetzen) und blicke in die Runde unglücklicher Gesichter. »Er war Software-Entwickler.«

»Aha.« Sie notiert sich das.

Es ist seltsam, einen Menschen auf seine Berufsbezeichnung zu reduzieren. Ich möchte ihr sagen, dass er keine Süßigkeiten mochte, seine Frühstücksflocken aber mit Zucker aß. Er ulkige Füße hatte. Einige Zehen sahen wirklich wie Erdnüsse aus. Und was für ein Schlamper er war! Sie hätten sich nicht in seinen Wagen gesetzt, da bin ich ganz sicher, denn es roch darin nach saurer Milch, und auf dem Boden lagen knöchelhoch leere Fast-Food-Verpackungen und schmutzige Kaffeepappbecher. Er liebte Jerry Lewis. Bei einem der Filme musste er derart lachen, dass ihm das Bier aus der Nase schoss. Ich kann nur mit Mühe ein Kichern unterdrücken, als ich daran denke. Vielleicht ist es aber auch ein Schrei. Jedenfalls spüre ich ein alarmierendes Kitzeln hinten im Rachen und checke, wie weit ich es bis zur Tür habe, falls ich flüchten muss.

»Und wie haben Sie beide sich kennengelernt?«

Unglücklicherweise sitze ich genau gegenüber der Tür, gestrandet in diesem Kreis aus Füßen. Ein Paar klobige Birkenstocks verhöhnen meine hochhackigen Karriere-Pumps. Ich räuspere mich.

»Als ich an Thanksgiving hier zu Besuch bei Studienfreunden war.« Ich denke daran, wie Ethan sich beim Essen zu mir setzte, den Teller von irgendjemandem, der gerade nicht auf seinem Platz saß, umstellte und sich dazwischendrängte. Mann, dachte ich, ganz schön überzeugt von sich, der Typ.

»Wie nett. Also hatten Sie anfangs eine Fernbeziehung?«

»Ja – für rund ein Jahr. Dann zog ich hierher, und wir lebten ein Jahr zusammen und heirateten dann.«
»Sehr schön.«
Ich habe das Gefühl, sie würde es auch schön finden, wenn ich gesagt hätte, dass wir kriminell waren.
Es gibt auch noch andere Witwen in der Runde, aber sie sind älter als ich. Eine hat weiße Haare und trägt eine Brille mit dicken Gläsern, die ihre Augen optisch vergrößern, so dass sie aussehen wie blassblaue Steine unter Wasser.
Es ist auch ein Mann da, dessen Frau bei einem Verkehrsunfall auf dem Highway 1 ums Leben kam und dessen zehnjährige Tochter am kommenden Wochenende ihre erste Pyjamaparty veranstalten wird. Sie sagte ihm an diesem Morgen, dass sie ihn hasse, weil er nicht wusste, was Mad Libs sind, und sie sie auf ihrer Party haben wolle, und warum ihre Mutter habe sterben müssen und nicht er, wo er doch so dumm sei. Der Mann spricht immer schneller, und seine Styroportasse bekommt einen Riss, als er sie zusammendrückt. Kaffee tropft auf seine Khakihose. Er erzählt uns von dem Dutzend Mädchen, die am Samstag in seinem Wohnzimmer kampieren werden, und dass er seine Tochter mit einer Eistorte überraschen möchte. Er ist ziemlich sicher, dass sie sich die wünscht, aber seine Frau hat keine Notizen, was die Party angeht, hinterlassen, und er traut sich nicht, seine Tochter zu fragen, weil er fürchtet, sie damit noch mehr zu verärgern.
»Ich glaube, sie mag Pfefferminz-Schoko-Chips«, sagt er und senkt den Kopf, wobei sein rosa Doppelkinn sich über dem steifen Kragen seines weißen Hemdes, das viel zu eng ist, in Falten legt.
Ich möchte seine fleischige Hand drücken und ihm versichern, dass alles gut wird. Ich weiß das, weil ich dreizehn war,

als meine Mutter auf dem Weg zur Arbeit bei einem Verkehrsunfall ums Leben kam. Und mein Vater und ich von da an allein zurechtkommen mussten.
Das war meine erste Begegnung mit dem Tod, und damals wünschte ich, ich hätte ihn vorher schon mal auf einer Generalprobe mit einer entfernten Verwandten zu Gesicht bekommen. Einer Großtante Dolores, deren kratzige Damenbartküsse mich grausten. Aber vor dem Tod meiner Mutter hatte ich ihn nicht gekannt, wenn man von dem Tod meines Hamsters George absah, George hatte in einem Anfall von geistiger Verwirrung seine Einstreu gefressen. Er lag regungslos wie ein Plüschtier in seinem Käfig, als ich aus der Schule kam. Und am Wochenende darauf war ein neuer Hamster da, der all das tat, was Hamster eben so tun. Er rannte in seinem Laufrad, betastete seinen Apfelschnitz und streckte den Kopf durch eine Toilettenpapierrolle.
»Über den Tod eines geliebten Menschen kommt man nie wirklich hinweg«, erklärt die Trauerberaterin, wobei sie sich auf ihrem Stuhl nach vorne beugt. Sie trägt einen flauschigen weißen Angorapullover mit einem voluminösen Rollkragen, der bis zu ihrem Kinn reicht, so dass es aussieht, als ruhe ihr Kopf auf einer Wolke. »Aber eines Morgens wachen Sie auf und er ist nicht mehr das *Erste*, woran Sie denken.«
Ich glaube ihr, kann mir aber nicht vorstellen, dass ich diesen Morgen je erleben werde.
Inzwischen hat ein allgemeines Schniefen eingesetzt, und eine Kleenex-Schachtel macht die Runde. Als die mit Goldfolie bezogene Box bei mir ankommt, ziehe ich mehrere Tücher heraus und halte das Bündel wie einen Blumenstrauß in der Hand. Ich bin die Einzige, die nicht weint. Man weint doch nicht in einem Horrorfilm, oder? Dr. Rupert meint, die

Gruppe wird mir helfen, von Verleugnung zu Wut zu Auseinandersetzung zu Depression zu Akzeptanz zu Hoffnung zu Unterwäsche zu Haushaltswaren zu Geschenkpapier zu gelangen. Aber der Lift scheint steckengeblieben zu sein. Seit drei Monaten befinde ich mich in der Aus-dem-Fenster-starren-und-den-Toast-anbrennen-lassen-Trauerphase.
Meine Nagelhaut fordert meine Aufmerksamkeit. Zupf, verlangt sie. Reiß mich ab. Stör dich nicht an dem Blut. Mach weiter. Endlich eine Verwendung für das Kleenex-Bouquet. Während ich das Blut abtupfe, schaut die Beraterin zu mir herüber und sagt, Sie müssen einen Weg finden, Ihren Zorn herauszulassen.
»Nehmen Sie Flohmarktgeschirr und zerschlagen Sie es, wenn er übermächtig wird«, lautet ihr Tipp. »Legen Sie eine Decke auf den Boden und werfen Sie die Teller an das Garagentor. Wenn man fertig ist, sind die Scherben schnell in die Decke eingerollt.« Sie ist ganz begeistert, wie einfach das ist. Sie redet, als ob sie ein erfreulich unkompliziertes Kochrezept wiedergeben würde. Ich kann mir nicht vorstellen, dass sie eine Ameise zertritt, geschweige denn ein Zwölf-Personen-Service zerdeppert.
Ich würde sie gerne fragen, ob es auch okay wäre, die Teller nach meiner Schwiegermutter zu werfen. Marion, Ethans Mutter, ruft mich jeden zweiten Tag an und droht damit, jetzt aber wirklich endlich zu kommen und mir zu helfen, Ethans Sachen für die Wohlfahrt zusammenzupacken. Mir graut bei dem Gedanken, dass sie mit ihren neugierigen Pfoten seine Frank-Zappa-CDs und Lakers-T-Shirts begrapschen würde. Wahrscheinlich wird sie seine ausgefransten Flanellhemden, die ich jetzt zum Schlafen trage, weil sie weich wie Moos sind und nach Ethan riechen, in die Mülltonne werfen wollen.

Marions Haus ist so ordentlich wie ein Museum. Das einzige persönliche Erinnerungsstück darin ist ein Familienfoto auf dem Flügel. Es wurde am Tag von Ethans Graduierung geschossen, und Ethan steht zwischen Marion und Charlie, seinem Vater, der ein paar Monate später einem Herzinfarkt erlag. Ethan lächelt, und die Quaste an seinem Barett steht in die Luft wie ein Propeller, der ihn seiner Zukunft entgegentreibt. Marion schaut zu ihm auf, platzt fast vor Bewunderung.

Marion ermahnt mich ständig, mich zusammenzureißen. »Du musst wieder in den Sattel, Liebes«, zirpt sie. »Kopf hoch! Kopf hoch!« Alles Umschreibungen, die besagen: *Schau mich an, ich bin ebenfalls Witwe und habe jetzt auch noch meinen einzigen Sohn verloren, aber du wirst nicht erleben, dass ich mit dem Auto durch mein Garagentor fahre oder zum Frühstück Pralinen aus der Schachtel in mich hineinstopfe und Sahne aus der Verpackung trinke.* Ich würde Marion gerne eine Sauciere an den Kopf werfen.

Sogar die Männer weinen. Ich wette, die Beraterin hat das Gefühl, einen echten Fortschritt zu bewirken. Ich wette, Tränen bedeuten für eine Trauerberaterin das gleiche Erfolgserlebnis wie gerade Zähne für einen Kieferorthopäden.

Aber meine Augen sind noch immer trocken. Vielleicht brauche ich Förderunterricht. Vielleicht gibt es ja auch ein Buch *Trauernlernen für Idioten* oder *Verleugnung für Trottel.*

Möglicherweise scheitere ich in diesem Fall genauso wie beim Schlittschuhrückwärtsfahren. Oder bei den Pfadfinderinnen, wo ich wegen mangelnder Motivation rausflog. Ich hatte keine Abzeichen und nicht den gewünschten Ehrgeiz, aus meiner Kaffeebüchse einen Campingofen zu machen, und war nicht bereit, beim Plätzchenverkauf die Patty-Hearst-Mütze zu tragen. (Sie war warm und juckte an den Ohren!) Die Gruppenführerin Mrs Swenson rief meine Mutter an und riet ihr, ich solle mir eine Freizeitbeschäftigung suchen, die mich mehr begeistere. Sie wusste nicht, dass ich auf das Kochabzeichen hingearbeitet hatte. Ich hatte einen kleinen Aufsatz über Paprika verfasst – wenn auch größtenteils aus dem Lexikon abgeschrieben – und gelernt, wie man Pastetendeckel macht, wobei ich den Teig ausrollte, bis er so dünn und durchscheinend war wie Babyhaut. »Zu dünn, Süße«, kommentierte meine Mutter, während sie auf die riesige Teigscheibe deutete, die auf der Arbeitsplatte klebte. Wie auch immer – ich war erleichtert, den Pfadfinderinnen entronnen zu sein. Es gefiel mir entschieden besser, auf meinem Bett zu liegen, Casey Kasem zu hören und das Gänseblümchenmuster meiner Tapete zu betrachten, um meine Nerven zu beruhigen. Blüte, Blüte, Stiel. Blüte, Blüte, Stiel.

Wie es jetzt aussieht, werde ich das Trauer-Abzeichen auch nicht bekommen.

Ich schaue aus dem Fenster. Die kahlen Äste der Bäume ragen wie Knochen gen Himmel.

Und damit sind wir für heute am Ende.

»Die Körperwärme hält das Pflaster an Ort und Stelle«, erkläre ich dem Medizin-Journalisten des *Herald*, der mich telefonisch für einen Artikel interviewt. Als PR-Managerin bei Gorgatech ist es meine Aufgabe, das Image eines Hodenpflasters zu verbessern, das Männern verordnet wird, deren Testosteronproduktion aufgrund von Krankheit nicht rundläuft. Ein Hodenpflaster! Warum kann ich nicht ein Mittel gegen Kopfschmerzen promoten? Das Problem ist, dass das Pflaster nicht immer hält. Man stelle sich vor, wie irgendein armer Kerl bei einer Vertreterkonferenz nach unten schaut und etwas wie ein großes, quadratisches Heftpflaster an seiner Socke kleben sieht.

»Es kann passieren, dass das Pflaster bei manchen Patienten nicht vollständig anliegt«, gestehe ich ein. »In diesem Fall empfiehlt es sich, es vor dem Auflegen mit einem Föhn leicht anzuwärmen.«

Der Reporter schnaubt. Er weist darauf hin, dass eine andere Firma ein Gel auf den Markt bringt. Die Verachtung in seiner Stimme legt die Vermutung nahe, dass er lieber mit einem Gebrauchtwagenverkäufer reden würde als mit einer PR-Tussi.

»Das stimmt – aber das Pflaster gewährleistet eine konstantere Wirkstoffabgabe«, erkläre ich ihm. Mein Blick wandert über die gepolsterten, beigen Wände meines Verschlages in dem Großraumbüro zu der pockennarbigen Deckenverkleidung. Irgendjemand leitet Schlafgas in mein Minibüro. Ich würde mich am liebsten auf dem Boden zusammenrollen, den Kopf auf meine Handtasche gebettet, und einfach nur schlafen.

Meine Chefin Lara – Armani, Größe 36 und stets unter Dampf – sagt, dass ich zwei Artikel über das Pflaster an den Mann zu bringen habe – einen in der lokalen Presse und einen in der überregionalen. Bis Ende November. Damit bleiben mir rund fünf Wochen, um mich zu bewähren. Als hätte sie meine Gedanken gelesen, schiebt sie nach, dass es, seit sie mich eingestellt habe, keinen einzigen Artikel über unsere Firma oder Produkte in den Medien gegeben hat. Wenn ich die zwei Storys nicht hinkriegte, würde sie meine Hände in ihrer Schreibtischschublade einklemmen und mir die Finger brechen, so dass ich nie wieder einen Buchstaben tippen könne. Dann würde sie mich feuern, und mein Haus würde zwangsversteigert. Das alles sagte sie nicht mit Worten. Sie sagte es mit ihren Augen, mit einer Kopfbewegung, spitzte dabei ihren lippenstiftroten Mund. Wenn dieser Bursche eine positive Darstellung bringt, habe ich mein halbes Pensum geschafft.

»Die meisten Patienten sind so angetan von dem Produkt, dass sie sich nicht an der kleinen Unbequemlichkeit stören, den Föhn benutzen zu müssen«, lese ich für den Reporter von meinem Spickzettel ab. Im Geist sehe ich meinen Briefkasten zu Hause vor mir, der von Steuerforderungen und astronomischen Stromrechnungen überquillt. Das Problem ist, dass ich abends gern viele Lampen brennen lasse, um den Eindruck zu erwecken, dass viele Leute im Haus sind. »Natürlich auf Sparflamme«, setze ich hinzu. »Niemals volle Leistung.«

Das Klacken der Tastatur des Reporters und sein periodisch leises Lachen machen mich nervös. Er möchte wissen, ob ich allen Ernstes annehme, dass Männer mit Föhn reisen – falls sie überhaupt einen besitzen.

»Wir liefern auf Anfrage einen Föhn mit, umsonst natürlich.« Zumindest glaube ich das. Ich sollte mich wohl lieber streng an meinen Spickzettel halten.

Der Reporter sagt, er müsse jetzt auflegen, dann kann er bis Redaktionsschluss fertig werden. Während ich tiefer Stille und dann dem Freizeichen lausche, denke ich daran, wie viel bessere Jobs meine ehemaligen Kommilitoninnen haben: Eine lebt als Reiseschriftstellerin in Paris, eine andere lehrt weiblichen Häftlingen kreatives Schreiben.

Irgendwann lege ich den Hörer auf und mache mich wieder an die Pressemitteilung über das Pflaster. Es ist schon fast Mittagszeit, und ich bin noch nicht weit gekommen. Genau unterhalb meines Rocksaums gähnt ein erbsengroßes Loch in meiner Strumpfhose. Ich klebe Tesafilm darüber, damit sich keine Laufmasche auf den Weg macht.

Die weißhaarige Lady aus der Gruppe fällt mir ein, deren Mann überall mit ihr hinfuhr. Ich sehe vor mir, wie sie in einem Chevy Impala mit fünfundvierzig Sachen auf der Autobahn dahinbrausen, zwei Baumwollhaarköpfe, die über das Armaturenbrett starren, und frage mich, ob es schlimmer ist, im Alter zu verwitwen. Wenn man mit dem Partner verbunden ist wie Baum und Borke.

Der Cursor auf meinem Computerbildschirm blinkt: Hy-pothek, Hy-po-thek.

Als ich damals zu Ethan ins Silicon Valley zog, fand ich einen Job als Redakteurin von Universitätsveröffentlichungen. Die Arbeit gefiel mir. Ich hatte ein eigenes Büro mit Efeu an den Fenstern und ging jeden Abend um sechs nach Hause. Aber auf Partys verglichen andere Frauen in den Dreißigern BMW-Modelle und den Grad der Verantwortung, die sie in der Arbeit trugen, und ich entschied, dass ich einen höherdotierten Job brauchte. Einen mit Aktienoptionen. Nur Verlierer arbeiteten in einer Firma ohne Aktienoptionen.

Die Anstellung hier bekam ich, als Ethan sich auf dem Weg der Besserung befand, die Strahlentherapie beendet war, und es so aussah, als sei alles überstanden. Es war die Zeit der Zuversicht, und ich fuhr mit achtzig und offenem Verdeck den Freeway entlang, meine Haare wehten im Wind, und aus dem Radio dröhnten alte Songs wie »I Will Survive« und »A Girl In Trouble (is a Temporary Thing)«.

Dann kam der Krebs zurück, diesmal in Form eines Tumors in Ethans Brust. Es war die Krankheit, die mir meinen Mann wegnahm. Ich wünschte beinahe, es wäre eine Frau gewesen, eine dumme kleine Schlampe in einem Minirock, der ich die Reifen hätte zerstechen können.

Ich nahm mir nicht lange frei nach Ethans Tod, nur die drei offiziell genehmigten Trauertage und dann noch zwei, für die ich mich krankmeldete. Mitarbeiter blieben an meinem Kabäuschen stehen und fragten: »Wie geht's?« Ich hätte ihnen gern gesagt, dass sie sich nicht zu sorgen brauchten, mein Mann sei nur unterwegs, vielleicht auf einer Messe. Er käme zurück.

In unserem Haus war Ethan überall präsent. Seine Straßen- und Laufschuhe standen aufgereiht in dem begehbaren Schrank, und seine *Smithonian*- und *Wired*-Zeitschriften kamen noch immer jeden Monat. Doch viel zu bald legte sich mehlweißer Staub auf Ethans Schuhe, und seine Zahnbürste in dem Becher am Waschbecken wurde hart, und der Stapel seiner ungelesenen Zeitschriften stürzte um. Die Leute hörten auf, mich nach meinem Befinden zu fragen, und Lara begann wieder, mir die undankbaren Themen aufs Auge zu drücken. Dieses verdammte Pflaster.

Lara schneit herein. »Lassen Sie das mit der Pressemitteilung«, sagt sie, schaut über meine Schulter auf meinen Monitor, die Hände auf den schmalen Hüften, die blonden Haare zu einem hohen Pferdeschwanz zusammengefasst. »Konzentrieren Sie sich darauf, einen Artikel unterzubringen. Rufen Sie beim *Wall Street Journal* an.«

Ich hocke vor meiner Tastatur und denke an das Leck unter meinem Haus. Vor ein paar Wochen ist ein Klempner im Overall durch die Falltür im Garderobenschrank in der Diele nach unten gestiegen und berichtete anschließend, dass es zweitausend Dollar kosten würde, das Leck zu flicken und eine Senkgrubenpumpe zu installieren. Ich habe aber im Moment kein Geld. »Ihr braucht eine Pumpe, Leute«, sagte er.

»Ich wohne allein hier«, erklärte ich ihm.
Wenn ich die Holzplatte anhebe, sehe ich die schwarze Pfütze, die nach Eisen riecht. Auch mein Auto hätte gerne ein Stück von meinem Gehaltsscheck. Es macht schon eine ganze Weile ein ungutes Geräusch und zieht nach rechts, als würde es lieber zwischen den Bäumen hindurchfahren.
»Okay? *Okay?*«, reißt mich Lara aus meinen Gedanken. Obwohl sie nur einsfünfundfünfzig groß ist, bringt sie es fertig, dass man sich in ihrer Gegenwart klein vorkommt.
»Okay.« Ich blättere langsam durch die Rollkartei auf meinem Schreibtisch. Später, wenn ich Luft habe, werde ich ihr von der *Herald*-Story erzählen. Sie stößt gereizt einen Seufzer aus und lässt mich in Willy-Loman-Zugzwang zurück.

Auf dem Weg nach Hause gerate ich in eine Krise. Die Feiertage fallen über mich her. Es passiert, als ich Safeway betrete und die Reihen von Tischen am Eingang sehe, auf denen sich Halloween-Süßigkeiten türmen: Milky Way, Kit Kat, Butterfinger. Halloween, Thanksgiving, Weihnachten. *Schau nicht hin!* Ich versuche, meinen Einkaufswagen weiterzuschieben, aber es geht nicht. Ein widerspenstiges Rad zieht mich wie eine Unterströmung auf die Süßigkeiten zu. Ich versetze ihm einen Tritt und nehme mir meine Einkaufsliste vor: Eier, Milch, Eiscreme.
Bis zur Frischwarenabteilung schaffe ich es ohne weitere Probleme, doch dort lauern die Kürbisse. *Sieh her!*, rufen sie. *Es ist bald so weit!* Ich entdecke die braunen Maisbündel, die man an die Haustür hängen kann, und die winzigen Flaschenkürbisse, die pickeligen und die mit den gelben und grünen Streifen. Haltsuchend klammere ich mich an den Wagen. Wie kann ein Laden, der Safeway heißt, so gefährlich sein?

Letztes Jahr zu Halloween gingen Ethan und ich mit Simone, der Tochter meiner Collegefreundin Ruth, auf Süßigkeiten-Tour. Ethan verkleidete sich als Yellow Man, seine eigene Superheld-Erfindung. Dazu zog er ein gelbes T-Shirt an, gelbe Gummihandschuhe und einen gelben Regenponcho als Umhang. Als Simone ihn sah, musste sie so lachen, dass sie sich an einem Gummibärchen verschluckte.

Ich erinnere mich an den gelben Mopp, den er sich auf den Kopf montiert hatte. Ich erinnere mich an seine Haare, diese schönen, immer nach Ei-Shampoo duftenden Haare. Wunderschöne Haare. Dicht und glatt, braun und glänzend. Haare, wie ich sie mir immer gewünscht hatte statt meiner unmöglichen Locken. Manchmal erinnerte er mich an *Dennis the Menace*. Er kam sehr jungenhaft daher, mit Baseball-Kappen und übergroßen Sweatshirts, Converse-Sneakers ohne Socken – und erdfleckigen Knien, wenn er auf der Suche nach seinem Frisbee im Garten herumgekrochen war. Warum habe ich nur die Einäscherungsverfügung unterschrieben? Weil er verbrannt werden wollte. Und seine Asche sollte in der Half Moon Bay ausgestreut werden, wo wir unsere Flitterwochen verbrachten. Seinerzeit erschien mir das einleuchtend. Aber jetzt gibt es nicht einmal ein Grab, das ich besuchen kann. Wie kann ich Witwe sein, wenn es kein Grab gibt?

»Miss?« Ein Angestellter mit einem Sträußchen Basilikum in der Hand steht neben mir. »Sind Sie okay?«

»Ja.« Er hat Miss gesagt, nicht Ma'am. Wie nett. Seine Wangen sind mit Cranberrysaftflecken gesprenkelt, und seine Nase glänzt. Ich überlege krampfhaft, was ich sagen könnte. Vielleicht sollte ich nach einem Gemüse fragen. Stattdessen platze ich heraus: »Mein Mann ist gestorben.« Es ist vielleicht das erste Mal, dass ich es ausgesprochen habe. Ich bin nicht sicher. Aber ich glaube es. Und plötzlich weine ich. Wie ein kleines Kind, das sich dabei verschluckt, weil es die Atemtechnik noch nicht richtig beherrscht. Am Morgen nach Ethans Tod begegnete ich den Trauernden, die sich in meinem Wohnzimmer versammelten, mit Ablehnung. Wie konnten sie Ethans Tod so bereitwillig akzeptieren? Während sie weinten und miteinander sprachen, putzte ich das Haus. Schrubbte die Duschwanne mit einer Zahnbürste und Clorox. Jetzt bin ich auch eine von den heulenden Trauernden. Aber die anderen haben ihre Trauer inzwischen abgehakt und leben weiter wie gewohnt.

Der Angestellte umfasst meinen Ellbogen und führt mich durch die große Flügelschwingtür neben den Kühlschränken mit dem Geflügel. Er sagt »Vorsicht!«, als wir eine schmale Treppe hinaufsteigen. Ein Salatblatt liegt auf einer Stufe. Oben angekommen, schiebt er mich sanft in einen Aufenthaltsraum und setzt mich an einen langen, braunen Resopaltisch. Wahrscheinlich geht er noch in die Highschool oder ins Junior College. Er stellt eine Tasse Tee und eine Schachtel Kleenex vor mich hin.

»Lassen Sie sich Zeit«, sagt er.

Ich bin plötzlich verlegen und möchte das irgendwie überspielen. Also ziehe ich ein Papiertuch aus der Box und fange an, meine Brille zu putzen.

Okay. Ethan kommt nicht zurück. Statt Beileidskarten sind schon längst Rechnungen im Briefkasten. Nicht einmal mehr Telefonverkäufer fragen nach ihm.

Oh! Die Tücher sind mit einer hautfreundlichen Lotion getränkt, und jetzt sehen meine Brillengläser aus, als hätte ich sie in Joghurtdressing getaucht. Ich nehme den Raum nur verschwommen wahr. Der Junge ist gegangen. Die Feiertage sind im Anmarsch. Ob ich wohl bis nach Silvester hier im Aufenthaltsraum bleiben darf?

Als ich nach Hause komme, ich will gerade meinen Mantel ausziehen, klingelt das Telefon. Ich überlasse es dem Anrufbeantworter, das Gespräch entgegenzunehmen.

»Hallo? Sophie? Bist du da?« Es ist meine Schwiegermutter Marion, der Anrufbeantworter nicht ganz geheuer sind, ebenso wie Videorekorder und anderer »neumodischer Kram«. Sie räuspert sich.

»Also ... ich rufe aus zwei Gründen an. Erstens gibt es bei Talbot's Sonderangebote, und ich dachte, wir gehen miteinander hin und kaufen dir was Hübsches. Vielleicht heitert dich das ein wenig auf.« Marion will mich ständig zu Talbot's schleppen, um zu erreichen, dass ich mich mehr in Countryclub-Look gewande und weniger in Gammel-Neo-Hippie-Look herumlaufe – in ausgefransten Jeans und Clogs und den übergroßen Pullovern meines Mannes. Manchmal trägt sogar Marion Jeans – sie nennt sie »Dungarees« –, bügelt aber so scharfe Falten in die Hosenbeine, dass sie wie kleine Zelte abstehen. »Und zweitens würde ich gern am Sonntag zu dir kommen und endlich Ethans Sachen für die Wohlfahrt zusammenpacken. Erinnerst du dich? Wir haben darüber gesprochen. Ich finde wirklich, es ist an der Zeit, und wenn wir es gemeinsam machen, ist es ein Spaziergang ...«

Ein Spaziergang?

Ein Gewaltmarsch.

Es gibt keine Lebensmittel wegzuräumen, da ich meinen Einkaufswagen bei Safeway stehengelassen habe. Also gehe ich ins Schlafzimmer und krieche unter den großen Quilt, ohne

mich auszuziehen. Angezogen bin ich besser gegen die eisigen Winkel des Bettes geschützt.
Ich träume, dass ich Ethan in San Jose auf meinem Weg zur Bibliothek beim Convention Center begegne. Sein Haar glänzt wie ein Nerzfell. Ich möchte es berühren. Er steht neben einem Polizisten. Es wird mir erklärt, dass Ethan einen Autounfall hatte und der Officer versuche, ihm zu helfen, nach Hause zu finden. Als ich nach unten schaue, sehe ich Ethans Krankenhausnachthemd unter seinem Parka hervorspitzen. Die kleinen blauen Schneeflocken auf dem Stoff tanzen im Wind. Ich möchte ihm sagen, dass er keinen Autounfall hatte. Dass er Krebs hatte und jetzt tot ist. Aber ich habe Angst, seine Gefühle zu verletzen, wie man es tut, wenn man jemandem sagt, dass er ein paar Pfund abnehmen könnte oder dass nicht zusammenpasst, was er anhat.

Als ich es am nächsten Morgen wieder einmal mit Hängen und Würgen ins Büro geschafft habe, liegt der *Herald* aufgeschlagen auf meinem Schreibtisch. Eigentlich wird von mir erwartet, dass ich die Zeitung schon zu Hause lese, vor Arbeitsbeginn weiß, ob ein Artikel über unsere Firma erschienen ist. Ebenso wird von mir erwartet, dass ich die überregionale Presse durchsehe und, was die aktuellen Themen der Gesundheitsfürsorge angeht, auf dem Laufenden bin, damit ich Artikel über unsere Produkte lancieren kann. Ich nehme es mir immer wieder vor, aber den Mut aufzubringen, das Haus jeden Morgen zu verlassen, kostet mich alle Kraft, so dass mir keine mehr zum Umblättern der Seiten von *Time* oder *Newsweek* bleibt.
Ich lese die Überschrift des Pflaster-Artikels.
Schalten Sie Ihren Föhn ein, meine Herren.

Mehr kann ich nicht lesen, denn der Text ist durch eine Haftnotiz von Lara verdeckt: *Kommen Sie zu mir.*
Die blöde Neonröhre über meinem Kopf zirpt wie eine Zikade.
Ohne meinen Mantel auszuziehen gehe ich schnurstracks zu Lara. Wir beide könnten nicht gegensätzlicher sein, und in unserem Fall stoßen Gegensätze sich ab. Lara ist nur zwei Jahre älter als ich – achtunddreißig –, aber bereits Vizepräsidentin. Sie ist immer wie aus dem Ei gepellt, wie eine TV-Nachrichtensprecherin. Ihr ganzes Sein wirkt wie chemisch gereinigt. Jeden Morgen um fünf hat sie eine private Gymnastikstunde, um halb acht erscheint sie im Betrieb, zu Mittag isst sie an ihrem Schreibtisch – ein Truthahnsandwich, von dem sie wegen der bösen Kohlenhydrate die Brotscheiben entfernt –, und um halb acht Uhr abends geht sie. Ich bin auch um fünf Uhr früh auf den Beinen, aber meine Morgengymnastik erschöpft sich darin, zum Pinkeln aufs Klo zu schlurfen. Das nächste Mal wache ich dann zehn Minuten, bevor ich in der Arbeit sein soll, auf, ungeachtet der Tatsache, dass ich eine Vierzig-Minuten-im-zweiten-Gang-dahinzuckel-Pendelstrecke vor mir habe und meine Haare verknotet sind wie die des feigen Löwen im *Zauberer von Oz*.
Als ich zu Laras Büro komme, telefoniert sie gerade.
»A-ha, a-ha, a-ha«, sagt sie ungeduldig und schlägt auf ihre Computermaus ein, während sie gleichzeitig aus einem riesigen Becher Kaffee trinkt und ihre eingegangenen E-Mails sichtet. Sie hat tatsächlich noch eine Hand frei, um mich hereinzuwinken. Ich verharre auf der Schwelle. *Simon sagt: Geh in das Büro deiner Chefin!* Ich mache einen großen Schritt nach vorne. Lara reißt ihr Headset vom Kopf und wirft es

auf den Schreibtisch. Ihr Ausdruck befindet sich in der Senkrecht-und-arrettiert-Position.
Zum ersten Mal wünsche ich mir beinahe, dass sie mich feuert. Wahrscheinlich hätte ich Anspruch auf eine gewisse Abfindung oder Arbeitslosenunterstützung. Ich könnte mir Mitbewohner ins Haus holen, die mir dabei helfen würden, die Hypothek abzuzahlen. Wir könnten miteinander »Wer wird Millionär?« spielen oder Eintopf kochen. Ich kann von ein paar Wochenlöhnen eine ganze Weile leben, und ich mag Eintöpfe sogar …
»Setzen!«, kommandiert Lara.
Ich setze mich. Guter Hund? Böser Hund.
»Wir werden eine Richtigstellung veröffentlichen lassen.« Sie kaschiert ihre Verärgerung mit einem Lächeln. Ihre Zähne sind so weiß, dass sie fast durchsichtig scheinen. Ich glaube, sie hat die Bleichpaste ein paar Abende zu viel benutzt.
»Richtig«, sage ich, als sei es meine Idee gewesen.
»Haben Sie diesen Reporter zum Essen eingeladen?«
Lara liebt es, Reporter zum Essen einzuladen. Sie glaubt, man kann die Medien mit geräuchertem Truthahn und Fussili-Salat gefügig machen. Ich schüttele den Kopf. Des Pudels Kern: Das Pflaster klebt nicht.
»Ich würde Ed gerne mittags sagen können, dass die Richtigstellung morgen erscheint.«
Es ist der CEO. Dimmen Sie Ihre Zähne, Lara, liegt mir auf der Zunge. Ich kann Sie bei dem gleißenden Licht nicht sehen. Sage aber: »Ich kümmere mich darum.« Aber zuerst raus aus diesem luftlosen Raum!
Natürlich war das keine Meisterleistung, denn die Nachteile des Konkurrenzproduktes sind mit keinem Wort erwähnt. Wieder in meinem Verschlag, beim genauen Lesen, wird mir

klar, dass der Artikel keine *Fehler* enthält. Es ist der Ton. Der Ton des Reporters. Es ist der Ton eines Arschlochs.

Das Telefon klingelt. Ich nehme den Hörer ab.

»Hallo?«, sagt ein Mann.

Ich weiß, dass er mir gleich eine Frage stellen wird, die ich nicht beantworten kann. Es wird von mir erwartet, Unmassen von Fakten im Kopf und jederzeit parat zu haben: jeden Produktnamen, seinen Oberbegriff, seine Indikation, ob ein Produkt ein Warenzeichen besitzt, eine Handels- oder Dienstleistungsmarke, wie lange es auf dem Markt ist, ob es Teil einer gemeinsamen Vermarktung und eines Vertriebsabkommens ist. Dann sind da noch die üblichen Nebenwirkungen, Wechselwirkungen und Gegenanzeigen. Aber seit Ethans Tod kann ich mir kaum noch eine siebenstellige Telefonnummer merken. Ich unterbreche die Verbindung mit einem Fingerdruck. Der Mann wird denken, er sei versehentlich aus der Leitung geworfen worden. Als das Telefon erneut klingelt, lasse ich die Voice-Mail drangehen.

Ich richte eine neue Datei in meinem Computer ein und fange an, mir aufzuschreiben, was ich dem Reporter vom *Herald* wegen der Pflaster-Story sagen will. Das ist ein Trick, den ich anwende, wenn ich ein schwieriges Mediengespräch führen muss: Ich entwerfe ein hieb- und stichfestes Konzept und halte mich dann strikt an diesen Text.

MUSS DAS ALLES ZUPFLASTERN. HA, HA, HA!

Ich weiß noch, wie ich damals, als ich bei dieser Firma anfing, glaubte, ich hätte es geschafft im Valley. Ich stand in der Kantine an und unterhielt mich mit den Frauen aus der Marketingabteilung, trug, wie sie, hübsche, aber bequeme schwarze Pumps, mein Terminkalender platzte aus allen Nähten, mein Kontostand stieg stetig an, mein Selbstvertrauen wuchs.

Doch jetzt fühle ich mich wie ein Hochstapler in einer Zelle – unecht – wie das künstliche Krebsfleisch der PR-Manager. Dazu kommt, dass ich ständig zu wildfremden Leuten das Wort »Hoden« sagen muss. Ist das wirklich meine Welt?

Wenn Ethan noch lebte, würde ich ihn anrufen und wir würden uns zum Essen treffen. Das taten wir oft, wenn einer von uns Ärger im Büro hatte, und wir schafften es jedes Mal, das Problem des anderen zu lösen. Vielleicht, weil die völlige Unkenntnis des jeweiligen Metiers uns zu Objektivität befähigte. Manchmal, wenn er mich von der Arbeit abholte, war ich so stinkig, dass ich am liebsten alles hingeschmissen und stattdessen einen Gartenservice aufgemacht hätte. Aber wenn wir zu Hause ankamen, hatte er mich inzwischen so weit gebracht, dass ich wieder lachen konnte und mir eine Lösung überlegte.

Aber natürlich kann ich meinen Mann nicht anrufen. (Warum eigentlich nicht? Wozu ist dieser ganze technische Fortschritt nütze, wenn man einen geliebten Verstorbenen nicht anrufen kann? Wen interessiert's, dass man im Internet Kinokarten bestellen und online für Antiquitäten bieten kann, wenn man seinen toten Ehemann nicht an den Apparat kriegt?)

Der Cursor auf meinem Computerbildschirm pulsiert ungeduldig, und das rote Voice-Mail-Lämpchen meines Telefons blinkt. Mein Magen knurrt, und hinter meinen Schläfen hämmert es. Aber ich kann meinen Mann nicht anrufen. Weil es da nämlich dieses Problem gibt: Ich bin Witwe.

Cremetütchen

2

Ethans ehemaliger Chef lädt mich zu einer Party in sein Haus ein. Es ist nett von ihm und seiner Frau, mich auch als Witwe noch einzubeziehen. Und wie danke ich es ihnen? Indem ich zu viel Cabernet trinke und Xanax aus ihrem Medizinschränkchen klaue.

Das Problem ist, dass es eine familienfreundliche Party ist, und alle Welt scheint Babys zu haben. Babys mit weichen, prallen Ärmchen und winzigen Knubbelzehen. Ethan und ich versuchten zwei Jahre lang ein Baby zu machen – bis er todkrank wurde.

Monat für Monat pinkelte ich auf Teststäbchen aus dem Drugstore, während Ethan vorgab, nebenan etwas Dringendes zu tun zu haben. Ich schloss die Augen, lauschte dem metallischen Schnarren des Badezimmerventilators und versuchte, durch Willenskraft die zweite rosa Linie in dem Ergebnisfensterchen erscheinen zu lassen. Aber es blieb immer leer. Keiner zu Hause. Es war wie bei der Bandansage: Versuchen Sie es später noch einmal.

Ich fühlte mich von meinem Körper im Stich gelassen. Was ging da drinnen vor? Wer hatte hier das Sagen? Ethan streichelte meine Hände, massierte mir ein bisschen zu fest den Nacken und sagte, ich solle mir keine Gedanken machen. Es gebe ja noch mehr Monate. Und dann ließ er sich etwas einfallen, was wir nur ohne Kind tun konnten: Er ging spätabends mit mir in ein französisches Restaurant oder ins Kino oder auf ein Bier und eine Runde Pool.

Ich fraß mich durch Fruchtbarkeitsbücher, bis mich die Diagramme darin zu verfolgen begannen. Die Weinranken auf unserem Quilt wandelten sich zu Eileitern, eine halbe Papaya im Kühlschrank sah plötzlich aus wie eine Gebärmutter, und die feucht glänzenden Kerne erschienen mir wie eine Anhäufung von Eiern. Unser Sexleben, das jetzt von Teststäbchen diktiert wurde, geriet zur Pflichtübung.

Wir gingen zu einem Fruchtbarkeitsspezialisten, der nach einigen Tests zu dem Schluss gelangte, dass mein Eisprung zwar normal funktioniere, die »Eier aber möglicherweise von minderer Qualität« seien. Plötzlich fühlte ich mich so weiblich wie ein Holzklotz. Ich stelle mir vor, dass meine Eierstöcke schrumpften wie diese kleinen japanischen gebratenen Bohnen und meine Eier verramscht wurden, mit gelben Neon-Etiketten versehen, auf denen das Angebot *Halber Preis!* lockte.

Jetzt, nach einer halben Stunde auf der Party, fühle ich mich leicht benebelt. Meine Handflächen schwitzen, und meine Kehle wird zusehends enger. Es fällt mir schwer zu sprechen oder zu schlucken.

Mit Mühe würge ich eine splittrige Spalte Spanakopita hinunter, während die Leiterin einer Marketing-Kommunikationsabteilung eine lustige Geschichte über ihre kleine Tochter Emma und deren Spielkameradin erzählt.

»Schokoladenpudding! Ins *Ohr!*«

Die anderen Mütter prusten los und werfen die Köpfe in den Nacken. Ich lache auch, aber die Sache ist die: Morgen früh kommt Marion, um Ethans irdische Besitztümer für die Wohlfahrt zusammenzupacken, und ich kriege auf einmal keine Luft mehr.

Ich schleppe mich auf die Toilette, schließe die Tür ab und trete ans Waschbecken. In einem Porzellanschälchen liegen Kürbissen nachempfundene Miniseifen. Ihr Zimtgeruch brennt mir in der Nase. Ich könnte Marion anrufen und behaupten, dass ich krank im Bett liege, aber das würde ihren Besuch nicht verhindern: Sie hat einen Hausschlüssel. Sie würde ihre kleinen braunen Straßenschuhe auf der Fußmatte vor der Haustür abtreten, die Ärmel ihrer sorgfältig gebügelten weißen Bluse hochkrempeln und sich über Ethans Sachen hermachen. Ich hätte den Schlüssel gern zurück von ihr, aber ich weiß nicht, wie ich es formulieren soll, und so öffne ich das Medizinschränkchen, in dem ich Backpulver-Zahnpasta und verpackte Zahnbürsten finde – dann das Xanax. (Ich habe selbst welches zu Hause – von Dr. Rupert verschrieben –, es aber erst einmal genommen, weil ich lieber von Tiefkühlwaffeln abhängig bin als von Tabletten.) Es ist die Gästetoilette, und somit sind die Zahnbürsten für Gäste, vielleicht auch das Xanax. Unsinn, wahrscheinlich nicht, doch meine Kehle ist wie zugeschnürt, die Luft im Raum dünn.

»Wie ist Ihre Nummer?«, fragt mich die Gastgeberin, als ich mich wieder ins Gewühl wage.

O Gott! Braucht sie sie für ihren Anwalt, damit er mich anrufen und wegen des Tablettendiebstahls verklagen kann? Stotternd nenne ich ihr meine Telefonnummer.

»Nein, Dummerchen.« Sie streichelt meinen Arm und hakt mich unter. »Ich meine Ihre Tombola-Losnummer.« Jetzt fällt mir wieder ein, dass ihre Tochter mir bei meiner Ankunft die eine Hälfte eines rosa Zettels in die Hand gedrückt und die andere Hälfte in eine Papiertüte geworfen hat.

»Oh.« Ich krame in den Taschen meiner Seidenhose, ziehe das Los heraus und reiche es ihr.

»Lies die Nummer noch mal vor«, bittet sie ihre Tochter, ein hübsches Mädchen mit langen, erdbeerroten Haaren.

Das Mädchen liest die Nummer noch mal vor, die Mutter umarmt mich und verkündet: »Wir haben eine Gewinnerin!« Sie riecht gut, und ich fände es schön, wenn sie mich noch länger umarmte, aber sie lässt mich los, packt mich beim Handgelenk, reißt meinen Arm hoch und dreht mich zu der Menge um. Alle applaudieren, und ich spüre meine Wangen heiß werden.

Wie sich herausstellt, besteht der Preis in einem eine Woche lang frei Haus gelieferten Gratisdinner mit allem Drum und Dran von »Ober auf Rädern«. Wenn jemandem die Ironie der Tatsache auffällt, dass es »Essen für zwei« ist, so lässt er es sich nicht anmerken.

Obwohl mein Gehirn sich von dem Xanax und dem Rotwein wie Watte anfühlt, kann ich nicht schlafen. Früher hätte ich jetzt mit Ethan über die Party gelästert. Es war ganz schön boshaft, wie wir manchmal »Wer bin ich?« spielten, indem wir die anderen Gäste nachäfften.

Aber Ethan ist nicht da. Also setze ich mich mit einer Familienpackung Cremetütchen ins Bett und lecke die Füllung heraus, bis meine Zunge wund ist. Die Wände um mich herum knacken und seufzen, als versuche das Haus vergeblich, es sich bequem zu machen. Ich staple die leeren Waffeltütchen auf dem Radiowecker. Als der Berg eine bedrohliche Höhe annimmt, esse ich mich durch ihn, kaue und schlucke ohne Genuss, bis der Teig in meinem Mund zu einer Art Klebstoff wird, der Zerbrochenes wieder zusammenfügt.

Als ich zwei, vier, sechs weitere Tütchen aus der Familienpackung angele, rechne ich mir aus, dass in einer *normalen* Familie jeder vielleicht vier essen würde. Ich kaue und kaue, bis mein Gaumen brennt und mein Kopf vor lauter Zucker kribbelt. Um mich herum ist alles voller Krümel, und meine Mundwinkel sind cremeverkleistert.

Es ist Morgen, und ich träume, dass ich aufstehe, und dann liege ich wieder und versuche, meinen Kopf und die Arme zu heben, aber sie sind schwer wie Holzklötze, und dann bin ich unter Wasser, und dann bin ich nicht unter Wasser, ich schwitze nur wie verrückt unter diesem Quilt, der wie eine Bleidecke auf mir liegt. Dann bin ich endlich wach. Ich habe einen Klumpen Moos im Mund. Nein. Das ist meine mit Cremetütchenfüllung betonierte Zunge. Sonnenlicht bohrt sich durch die Jalousie und geradewegs in meinen Kopf. Der Morgen kommt ohne Einladung und aufdringlich gutgelaunt daher wie ein Zeuge Jehovas, der an der Haustür klingelt. Ich lege den Arm über mein Gesicht. *Tut mir leid – keiner zu Hause!*

Als ich mich umdrehe, zerbröselt knirschend ein Cremetütchen unter mir. Der Fernseher läuft. Zeichentrickfiguren schnattern. Verdammt. Um halb zehn kommt Marion.

Widerwillig verlasse ich das Bett, dusche, ziehe mich an, mache Kaffee für Marion und taue Blaubeermuffins auf. Als ich sie kreisförmig auf einem Pappteller arrangiere, frage ich mich, ob Marion mich zwingen wird, *alle* Sachen von Ethan wegzugeben. Sogar seine Bücher? In meiner Nervosität stopfe ich nacheinander alle Muffins in mich hinein. Blaubeeren. Weich. Süß. Klebrig. Krümelig. Weg.

Ich lege mich im Wohnzimmer auf das sonnenbeschienene Sofa und wappne mich für Marions atemberaubende Tüchtigkeit. Es kam mir von Anfang an so vor, als sei sie mit mir nicht einverstanden, aber trotzdem freundlich, um Ethan nicht zu kränken, so wie Eltern versuchen, das Nasenpiercing ihres Sprösslings zu akzeptieren oder seine Entscheidung, ins Friedenskorps einzutreten. Noch immer leicht benebelt vom Abend zuvor, drifte ich in einen teigigen Schlaf.

»Liebes?«

Als meine Lider aufklappen, steht Marion stirnrunzelnd und mit einem leeren Pappkarton im Arm über mich gebeugt. Ihre hübschen silberweißen Haare kringeln sich um ihr sorgfältig geschminktes Gesicht. Sie riecht immer irgendwie nach Blumen und Sauberkeit, wie die Parfüm- und Körperpflegeabteilung eines Kaufhauses.

»Ich bin mit meinem Schlüssel reingekommen«, erklärt sie fröhlich.

Mir fällt ein, wie Ethan mir erzählte, dass seine Mutter nach dem Tod seines Vaters »bemerkenswert gefasst« gewesen sei, alle Formalitäten mit geradezu militärischer Entschlossenheit abgewickelt habe.

Ich rapple mich auf und folge Marion in Ethans Arbeitszimmer, wo sie seinen Koffer aus dem Schrank zerrt und ihn dann zum Garderobenschrank in der Diele trägt.

»Den brauche ich vielleicht noch«, gebe ich zu bedenken und deute dabei auf den Koffer, den ich Ethan letztes Weihnachten geschenkt habe. Auf einem Kurztrip nach Napa im Frühling hatten wir ihn uns geteilt. Allerdings schwor ich mir danach, nie wieder einen Koffer mit Ethan zu teilen, denn er packte, ohne sich etwas dabei zu denken, schmutzige Socken auf saubere Unterwäsche! Doch ich brauchte mich nie mehr darüber zu entsetzen, denn es war unsere letzte gemeinsame Reise.

»Du *hast* einen Koffer, oder?«, erwidert Marion, wobei sie ungeduldig zu mir aufschaut. »Du brauchst doch nicht zwei!«

Ich stehe mit hängenden Armen da und schaue zu, wie sie

Ethans Jacken in den Koffer legt. Oh! Jetzt kommt die Wildlederjacke mit dem Lammfellfutter an die Reihe, der wir den Spitznamen Marlboro-Man-Jacke gaben. Sie legt sie sorgfältig, aber mit energischen Bewegungen zusammen. Man braucht keine Jacke mehr, wenn man tot ist. So einfach ist das.

Ich greife in den Schrank, ziehe Ethans Skipullover vom Bügel und drücke ihn an meine Brust, drehe eine Wollfussel zwischen Daumen und Zeigefinger hin und her. Das vertraute, kratzige Material wirkt so beruhigend wie ein heißes Bad. Als Ethan und ich uns kennenlernten, konnte ich nicht Ski laufen. Geduldig fuhr er stundenlang immer wieder mit dem Schlepplift auf den Idiotenhügel, bis ich endlich einen Parallelschwung hinkriegte und mich damit für den Sessellift qualifizierte. »Lass dir Zeit!«, rief er bergaufwärts, wo ich mit dem Po in der Luft über meine Skier gebeugt dahinzuckelte, während Achtjährige an mir vorbeistoben.

Marion nimmt mir den Pullover weg und faltet ihn in den Koffer. Als ich die Hand nach Ethans Daunenparka ausstrecke, kriecht eine Spinne aus meinem Ärmel. Ich zucke zusammen, als meine Schwiegermutter das Tier mit der bloßen Hand erschlägt. Ungerührt fegt sie es zu Boden und tritt sicherheitshalber auch noch drauf.

»Die Biester beißen, weißt du«, sagt sie und wendet sich wieder ihrer Aufgabe zu. Sie ist eine erstklassige Witwe. Braucht keinen Mann, der für sie Insekten umbringt.

Wir schleppen die Kartons in die Garage, errichten einen Stapel nach dem anderen, und schon bald muss ich meinen Wagen in die Einfahrt stellen, um Platz zu schaffen. Der Beton unter meinen nackten Füßen ist kalt und körnig, und Marion sagt, ich solle mir Schuhe anziehen. Dann eröffnet sie mir, dass der Laster von der Wohlfahrt nächsten Montag zwischen acht und

neun Uhr früh kommen werde. Kannst du da zu Hause sein?
Ja, ja, nicke ich und klopfe mir imaginären Staub von den Händen. Mein Blick wandert zu dem Koffer, in dem Ethans Skipullover verschwunden ist.

Nachdem die Packaktion abgeschlossen ist, lädt Marion mich zum Mittagessen in eine Salatbar ein. Ich träufle fettfreies Dressing auf fettfreie Honig-Mais-Muffins, löffle fettfreien Sauerrahm in den Einschnitt einer dampfenden, gebackenen Kartoffel, mümmle chinesischen Hühnersalat und nippe an einer Diätlimonade. Ich war immer ein Genießer, vor allem, was Hummer, Blaubeermuffins mit echtem Ahornsirup und Bier betraf, aber es war mir nie ein solches *Bedürfnis* zu essen. In dem Jahr vor Ethans Tod ging mir das Thema Essen sogar auf die Nerven. Es stresste mich, mir überlegen zu müssen, was ich abends kochen oder wo in der Umgebung des Büros ich etwas zum Mitnehmen besorgen sollte. Aber jetzt ist Essen für mich wie unter die Bettdecke kriechen, Nahrung ein Tunnel, in den ich mich zurückziehen kann. Die Kopfsalatblätter sind kühl und beruhigend, die Kidneybohnen weich wie Kaninchenfell.
Marion beäugt meinen Salat, auf dem sich Rosinen, Croûtons und gehackte harte Eier türmen. »Sieht nicht so aus, als hättest du deinen Appetit verloren«, konstatiert sie in einem entnervenden Singsang. »Ich habe fünfzehn Pfund abgenommen, nachdem Charlie gestorben war. Konnte mich einfach nicht dazu überwinden, allein zu essen.«
Marion hat recht. In allen *Trauer-Ratgebern* steht, dass Witwen Gewicht verlieren. In keinem einzigen wird der Wunsch erwähnt, einen Minimarkt leer zu fressen.
Ich tupfe mir mit der Serviette den Mund ab und falte die

Hände im Schoß. »Es tut mir gut zu essen und zu schlafen«, versuche ich, ihr zu erklären.
Marion nickt und bestreicht ein damenhaft kleines Muffin-Eckchen mit Butter. Sie hat natürlich niemals die Beherrschung verloren, sich niemals am Medizinschränkchen eines Gastgebers vergriffen oder den Inhalt einer After-Eight-Packung eingeatmet. Wahrscheinlich hält sie mich für keine besonders gute Witwe. Ich wünschte, ich könnte es sein. Ich wäre gern eine Klassewitwe – so in der Art einer Jackie Kennedy. Schlank und gefasst, elegant und anmutig. Mit weißen Handschuhen und Perlenkette. Aber ich scheine eher die Jack-Daniels-Version einer Witwe zu sein, so wie ich im Supermarkt jammere und eine Salatbar durchpflüge und mit meinen Haaren, die aussehen wie ein ungemachtes Bett. Neuerdings verlangt mir das Leben so viel Selbstdisziplin ab. Während die meisten Menschen eine Gebotsliste haben, habe ich eine Verbotsliste. Iss nicht Cremetütchen, bis dein Gaumen blutet. Schlaf nicht in deinen Kleidern. Pack den armen Jungen von der Frischwarenabteilung nicht bei den Handgelenken und schluchze ihm nicht die Ohren voll.
Marion entschuldigt sich, steht auf und steuert auf das Obst zu. Ich mache mich über die Kartoffel her und anschließend über eine klebrige Suppe. Und dann unterbricht mich plötzlich ein kleiner Kerl, der an unseren Tisch gewackelt kommt und mit seinem dicken Kinderzeigefinger auf mich deutet. Er platzt etwas hinter seinem schaumumkränzten Schnuller heraus. Es klingt wie: »Warum hast *du* kein Baby?«

Montagfrüh fahre ich nicht ins Büro. Der Laster von der Wohlfahrt soll heute kommen. Ich rechne damit, dass mir ein paar Stunden bleiben, um die Kartons zu durchforsten: mir

Ethans Wollsocken, die ich so gern im Bett anziehe, wiederzuholen und seinen Skipullover und die Marlboro-Man-Jacke aus dem Koffer zu retten. Aber es klingelt tatsächlich schon kurz nach acht, und zwei Männer stehen auf der Schwelle, bereit, in Aktion zu treten. Der große, schlaksige hat etwas in seinem Schnurrbart hängen, das wie Rührei aussieht, und der kleinere, stämmige macht den Eindruck, als könne er ein Klavier allein tragen. Der lange Typ hat ein Klemmbrett in der Hand.

»Stanton?«

Nein – da sind Sie hier falsch.

»Ja. Guten Morgen. Kommen Sie rein.«

Wir stehen in der Diele, und der Lange studiert sein Klemmbrett.

»Kartons?«, fragt er schließlich.

Meine Handflächen sind feucht. »Keine Kartons. Möbel.« Ich gehe voran ins Wohnzimmer und deute auf das burgunderrote Gobelinsofa, das Ethan und ich mit einem passenden Lehnsessel im Ausverkauf bei Macy's erstanden haben. Die Stücke sind ziemlich neu und gehören noch nicht richtig zum Haus. Sie sind eher Gäste als Familienmitglieder. Aber sie waren ganz schön teuer, und wir freuten uns seinerzeit sehr darüber und hatten das Geld dafür regelrecht zusammenkratzen müssen.

»Nehmen Sie den Sessel und die Beistelltische auch mit«, sage ich und umfasse das gesamte Ensemble mit einer ausholenden Geste. »Und die Lampen.« Ich ziehe die Stecker aus den Dosen und rolle die Kabel auf.

Der Lange hebt mit einem Die-hat-sie-doch-nicht-alle-Ausdruck die Brauen.

Der Stämmige nimmt die Kissen vom Sofa, und der Lange

geht Plastikfolien aus dem Laster holen. Als die beiden das Sofa hinausschleppen, fällt Ethans Geldklammer aus einer Ritze und landet lautlos auf dem Teppichboden. Ich hatte sie ihm zum ersten Hochzeitstag geschenkt, und wir hatten sie im vergangenen Jahr vergeblich gesucht.
»*Da* ist das Ding.« Ich stecke sie in die Tasche meiner Jeans. Der Schnurrbärtige deutet, diesmal mit fragend gehobenen Brauen, auf den Couchtisch. Ich nicke, und er trägt ihn mit seinem Kumpel zur Tür hinaus. Dann reicht er mir das Klemmbrett zur Unterschrift, und gleich darauf rumpelt der Lastwagen davon.
Ich bleibe einen Moment auf der Veranda stehen und lasse den Blick über die Häuser in der Nachbarschaft wandern. Nirgends rührt sich etwas. Alle sind in der Arbeit oder in der Schule. Langsam drehe ich mich um, gehe ins Haus zurück und mache die Tür hinter mir zu, ganz normal, nicht etwa heftig, doch das entmöblierte Wohnzimmer lässt es klingen, als hätte ich einen riesigen Gong geschlagen. Plötzlich wirkt das Haus wie eine leere Hülle. Ich schließe die Augen, schiebe die Hand in die Hosentasche und fahre mit dem Daumen über die erhabenen Buchstaben auf der Geldklammer. *SS liebt ES.* So muss sich Blindenschrift anfühlen.

An diesem Abend kommt mein erster »Ober auf Rädern«. Er trägt schwarze Hosen, ein gestärktes weißes Hemd mit zu langen Ärmeln und eine glitschig aussehende schwarze Weste. Eine rote Fliege hängt schief an seinem Hals.
»'nabend«, keucht er und schleppt, von dem Gewicht nach rechts geneigt, eine rote Kühlbox an mir vorbei in die Halle. »Wohnzimmer, Esszimmer oder Küche?«, fragt er und wischt sich mit der freien Hand den Schweiß von der Stirn.

»Ich denke, ich werde in der Küche essen.« Ich baue mich in der Tür zum Wohnzimmer auf und hoffe, dass er nicht bemerkt, dass keine Möbel drinstehen.
In der Küche angekommen, packt er mit schnellen, geübten Handgriffen aus und deckt den Tisch für zwei. Bei jeder Bewegung zischt die ölig glänzende Weste leise. Es gehört sogar eine kleine Vase mit einer roten Nelke zu dem Arrangement, und das i-Tüpfelchen sind zwei Plastikleuchter mit langen Kerzen.
»Ich bin allein«, erkläre ich ihm.
Er schaut mich ratlos an. »Soll ich das andere Dinner in den Kühlschrank stellen?«
»Nein, lassen Sie nur«, antworte ich. »Aber ich brauche das zweite Gedeck nicht.« Wie er es wohl empfindet, Gourmet-Mahlzeiten zu Hightech-Angestellten im Valley zu liefern, von denen viele eine mit allen Finessen ausgestattete Küche haben, die sie jedoch kaum benutzen?
Der Hals des Obers ragt rot und zusammengeschnürt aus dem zu engen Hemdkragen. Ich überlege, ob ich ihn einladen soll, die zweite Portion bei mir zu essen, aber dann kommt mir der Gedanke, dass er das als Annäherungsversuch auffassen könnte. Außerdem hat er sicherlich noch mehr auszuliefern.
»Ich habe die Dinner gewonnen«, erläutere ich ihm, damit er mich nicht für so verrückt hält, für mich allein zwei Essen bestellt zu haben. »Mit einem Tombolalos auf einer Party.«
Er nickt schwach lächelnd, ich gebe ihm ein Trinkgeld, und dann ist er weg.
Anstatt mich hinzusetzen, esse ich im Stehen. Die einsame Nelke rührt mich zu Tränen. Sie versucht so tapfer, Fröhlichkeit zu verbreiten. Die in Folie verpackten Stangenbutterscheiben glänzen wie Goldmünzen. Ich wickle eine aus und lege sie mir auf die Zunge. Es ist ein Unding, Butter ohne Brot

zu essen. Aber ein Wozu-soll-ich-mir-die-Mühe-machen-Mantra hindert mich sogar daran, ein Brötchen zu bestreichen. Außerdem sind die gelben Tabs beruhigend weich und zart und salzig. Ich esse noch eines und dann ein drittes und anschließend die Brötchen, gefolgt von meinem Risotto und danach der zweiten Portion Risotto – Ethans Portion –, wozu ich mich schließlich doch hinsetze.

Die Wahrheit ist, dass ich während meiner Ehe oft allein aß, wenn Ethan Überstunden machte. Manchmal war er so versunken in seine Arbeit, dass er vergaß, anzurufen oder pünktlich zum Essen zu kommen. Ich kaufte ihm eine Uhr, die bis hundert Meter Tiefe wasserdicht war und die Zeit in fünf verschiedenen Zeitzonen anzeigte. Ich stellte den Wecker auf halb sieben Uhr abends und schärfte Ethan ein, mich anzurufen – selbst, wenn er sich gerade auf dem Meeresgrund oder in Paris befände.

Am ersten Abend, nachdem ich ihm die Uhr geschenkt hatte, rief er um Punkt halb sieben an, dann um sieben, um acht und um neun. Es war zehn, als er schließlich mit dem Laptop unter dem Arm zur Haustür hereinkam. Während ich das ruinierte Essen in den Müllzerkleinerer stopfte, versuchte er, mich zu umarmen und zu küssen, aber ich machte mich stocksteif. Unter großem Lärmen belud ich dann den Geschirrspüler und dachte dabei sehnsüchtig an meinen nächsten Ehemann, einen aufmerksamen Fußpfleger, der immer pünktlich zum Essen kommen würde, weil nach fünf Uhr niemand mehr wirklich eine Fußpflege braucht.

Ethan drückte sich an mich. Ich spürte die Wärme seines Körpers durch sein Hemd und mein Kleid. Er hob meine Haare hoch, küsste mich auf den Nacken und knabberte an meinen Ohren.

»Hör auf!«, fauchte ich und schüttelte heftig den Kopf, aber er ließ nicht locker. Als mir der Baumwollgeruch seines Hemdes in die Nase stieg, besänftigte mich die Vertrautheit meiner besseren Hälfte.

Er sagte, es tue ihm leid, und schlug vor, dass wir am nächsten Tag beide zu Hause arbeiteten.

»Vielleicht«, murmelte ich, weigerte mich jedoch noch immer, der Spülmaschine den Rücken zu kehren.

»Ich kann allerdings nicht garantieren, dass du an deinem Arbeitsplatz vor sexueller Belästigung sicher sein wirst«, neckte er mich, packte mich bei den Handgelenken und drückte meine Arme an meinen Körper.

Aus dem Versuch, ein Kichern zu unterdrücken, wurde ein Husten. Ethan schob mich, meine Handgelenke weiter fest im Griff, aus der Küche und in Richtung Treppe und versüßte mir den Weg zum Schlafzimmer mit spielerischen, kleinen Küssen. Seine Lippen waren warm und zärtlich.

Während ich allein in der Küche sitze und klebrigen Risotto mampfe, stelle ich mir vor, dass Ethan und ich jeden Abend an einem so hübsch gedeckten Tisch gegessen haben. Doch dann schnürt mir ein von vielen Thanksgivings bekannter Übersättigungskrampf die Kehle zu, und ich muss den Teller wegschieben.

Als ich das nächste Mal zu Dr. Rupert komme, erzähle ich ihm, dass ich zwar ständig müde bin, aber niemals wirklich gut schlafe, und dass ich nicht aufhören kann, alles doppelt und dreifach zu kontrollieren. Bevor ich abends ins Bett gehe, wandere ich durchs Haus und überprüfe die Schlösser an den Türen. Bis zu viermal! Wenn ich ein Restaurant oder einen Coffeeshop verlassen habe, muss ich wieder hineingehen und mich vergewissern, dass ich nichts auf dem Tisch oder unter den Stühlen liegengelassen habe. Wenn ich wegen Kopfschmerzen ein Aspirin nehme, spucke ich es, kaum dass ich es im Mund habe, wieder aus, um mich zu überzeugen, dass es kein Knopf oder Kieselstein ist.

»Zwanghaftes Verhalten«, diagnostiziert er seelenruhig. »Das ist Teil der Aufarbeitung des Verlusts. Es müsste sich bald legen.«

Aber ich fühle mich zu erschöpft, um den Verlust zu verarbeiten. Ich würde die Verarbeitung des Verlusts lieber delegieren. Das macht man so im Silicon Valley: Man engagiert sich Hilfskräfte. Eine Nanny, die sich um die Kinder kümmert, einen Ernährungsspezialisten, der die Mahlzeiten zusammenstellt, einen Gärtner, der die Glyzinie pflegt, einen Trainer, der einen beim Workout beaufsichtigt. Ich brauche eine Trauerhelferin. *Das ist Helga – sie wird meinen Verlust für mich verarbeiten. Bevor Sie heute gehen, Helga, kontrollieren Sie bitte alle Türschlösser und essen Sie alle Cremetütchen im Haus. Ich gehe jetzt schlafen.*

Dr. Rupert lacht nervös, als ich ihm diese Idee vortrage, und holt einen kleinen Block aus der Schreibtischschublade.

»Trauerbedingte Depression«, erklärt er und schreibt mir ein Rezept für ein Antidepressivum. »Das wird Ihnen helfen – aber es kann sechs Wochen dauern, bis Sie eine Besserung spüren.«

An Halloween erscheinen Engel, Gespenster und Piraten an meiner Haustür. Ein winziger Kürbis hievt einen Fuß über die Schwelle und klammert sich wie ein Koalabärbaby an meinen Unterschenkel.

»Nein, Jenny«, sagt die Mutter der Kleinen und lacht, »das ist nicht unser Haus.«

In diesem Jahr sind besonders viele Kinder auf Süßigkeitenjagd. Schon um sieben sind meine Bestände fast aufgebraucht, denn ich konnte mich nicht überwinden, Safeway noch einmal zu betreten, um mir einen Vorrat anzulegen. Jedes Mal, wenn ich daran vorbeikam, schnürte es mir die Kehle zu, und ich beschloss, mich mit der begrenzten Auswahl des Drugstores in der Nähe meines Hauses zu begnügen.

Ich wünschte, Ethan wäre hier. Er hat sich zu Halloween immer verkleidet und die Kinder zum Lachen gebracht. Während einer Atempause inspiriert mich ein Butterfinger-Energieschub dazu, mein Hexenkostüm aus dem Keller zu holen: spitzer schwarzer Hut, schwarzer Umhang, Gumminase und grüne Schminke. Die Schminke ist steinhart geworden, aber ein paar Tropfen Wasser machen sie wieder verwendbar, und mit einem Augenbrauenstift färbe ich einen meiner Schneidezähne schwarz.

Als es das nächste Mal klingelt, reiße ich die Tür auf und stoße ein schrilles Lachen aus. Eine winzige Katze und ein Marienkäfer gehen mit einem Aufschrei hinter ihren Müttern in Deckung. Der Marienkäfer schluchzt und reißt sich einen Fühler aus.

»Oh, das tut mir leid!« Ich verteile mit beiden Händen Baby-Ruth-Riegel, um zu zeigen, dass ich nicht eine von diesen knauserigen Für-jeden-nur-ein-Stück-Ladys bin. Die Mütter lachen und sagen, ich solle mir keine Gedanken machen. Aber eine von ihnen will kein Baby-Ruth.

»Kleine Kinder können an Nüssen ersticken«, klärt sie mich in strengem Ton auf. Sie trägt Khakihosen, weiße Knöchelsöckchen und Straßenschuhe. Ich komme mir vor, als hätte ich den Kids Drano angeboten.

Als das Grüppchen weg ist, mache ich mir eine Dose Bier auf

und setze mich im Wohnzimmer auf den Boden, lehne mich an die Wand, wo vorher das Sofa stand, und stopfe ein Baby-Ruth nach dem anderen in mich hinein. Die Krempe meines Hexenhutes hängt mir über die Augen. Ich wusste doch, es war zu schön, um wahr zu sein, dieses Gefühl, dass die Feiertage lustig werden könnten.

Als ich gerade mit einem Löffel ein Erdnussbutterglas leere, klingelt das Telefon, und ich rapple mich auf.

»Ich bin eine *Miepfikapfe*«, quiekt eine Kinderstimme.

»Wie bitte?«

»Ich bin eine *Miepfikapfe!*«

»Sie ist eine Miezekatze«, übersetzt eine erwachsene Stimme. Sie gehört meiner Collegefreundin Ruth. Ruth lebt jetzt in Ashland, Oregon, und sie ruft mich seit Ethans Tod mindestens einmal in der Woche an. »Tut mir leid – sie hat den Mund voller Süßigkeiten«, fügt sie lachend hinzu. »Wir haben irgendwo ihren Schwanz verloren.«

»Ich bin eine *Miepfikapfe*«, quietscht Simone im Hintergrund und fragt dann plötzlich mit ernster Stimme: »Onkel?«

»Nein – *Tantchen.*« Ruth seufzt. »Wie geht es dir?«

»Gut. Wirklich.« Dann gestehe ich ihr, dass ich im Büro nichts reiße, mit dem Wagen über Randsteine brettere, Briefe unfrankiert in den Kasten werfe und mich nicht traue, den Supermarkt zu betreten.

»Du musst da weg, Soph! Komm zu uns. Ich meine, *wohne* bei uns. Ich könnte deine Hilfe brauchen. Ehrlich.« Ruths Ex-Mann ist ein hoffnungsloser Egozentriker, der Simone kaum je besucht.

»Dann müsste ich ja das Haus verkaufen.«

»Na und?«

Sie hat recht. Ich habe schließlich schon einen Sitzgruppen-

Schritt darauf zu getan, Silicon Valley zu verlassen. Einen Schritt darauf zu, der Hypothek zu entkommen und dem Termindruck in der Firma. Ein Teil von mir sagt *zum Teufel mit dem Haus.* Ein anderer Teil möchte es um Ethans willen hier schaffen. Und ein dritter Teil möchte sich wieder über die Cremetütchen hermachen.

Während Ethans Krankheit dachte ich nur an seine Bedürfnisse, daran, ob er eine Malzmilch, eine Schmerzspritze oder ein kühles Tuch für seine Stirn brauchte. Doch nach dem Trauergottesdienst war es Zeit, an die Zukunft zu denken. Plötzlich wurden die Fragen, was ich mit dem Rest meines Lebens anfangen und welche Bluse ich anziehen sollte, zu gleichermaßen beängstigenden Problemen. Stück für Stück schaffte ich es, ein wenig vorauszudenken: Vielleicht werde ich mich in ein paar Minuten anziehen. Vielleicht werde ich mich in ein paar Stunden anziehen. Vielleicht werde ich mich morgen anziehen. Aber so weit, an den Umzug in einen anderen Staat zu denken, war ich noch nicht.

»Ich weiß nicht«, sage ich zu Ruth.

»Es wird dir bei uns gefallen.«

»Das kann gut sein. Ich werde darüber nachdenken. Danke für das Angebot.«

Nachdem wir aufgelegt haben, öffne ich die Haustür und schaue die Straße entlang, wo Lichtkegel von Taschenlampen auf und ab hüpfen. Die Luft fühlt sich kühl und feucht auf meinem Gesicht an, und oben am Himmel blinkt die glitzernde Venus, als atme sie.

3

»Sie *glauben* ja gar nicht, wie der Duft von Zimt und Vanille die Kaufbereitschaft steigert«, sagt Melanie, die Maklerin, dreht sich auf einem schwindelerregend hohen Absatz um die eigene Achse und begutachtet das Wohnzimmer. »Hmm. Dass Sie keine Möbel hier drinstehen haben, ist ein Problem.«

Ich hatte mir ihren Namen an einem Tag, als es mir vernünftig erschien, das Haus zu verkaufen und in eine Wohnung ohne Erinnerungen und mit einer geringeren Hypothekenlast umzuziehen, von einem »Zu verkaufen«-Schild in der Nachbarschaft abgeschrieben. Aber inzwischen bin ich gar nicht mehr sicher, dass ich hier wegwill. Melanie macht mir eine lange Liste von Aufgaben, die ich erledigen soll, bevor das Haus angeboten werden kann: Vorhänge ersetzen, Kübelpflanzen kaufen und große Sitzkissen für den Fußboden, Wohnzimmermöbel mieten. Sie sieht sehr jung aus – ich schätze sie auf höchstens dreißig –, doch sie hat schon vier Häuser in unserer Straße verkauft und fährt einen champagnerfarbenen Lexus.

»Kaufen Sie Duftkerzen oder backen Sie einen Kuchen«, ordnet sie an und wedelt die Nase rümpfend mit der Hand vor ihrem Gesicht herum. »Das Haus riecht … muffig.« Krebs. Vielleicht riecht mein Haus nach drei Monaten immer noch nach Krebs.

Ethan und ich haben nie darüber gesprochen, das Haus zu verkaufen. Während des letzten Klinikaufenthalts zählte er mir auf, was ich zur Instandsetzung tun sollte: den Zaun aufrichten, wo er durchhängt, den Schornsteinfeger kommen lassen, bevor ich im Winter das erste Mal Feuer machen würde, den Baumbeschneider bestellen. Ich saß auf seiner Bettkante, obwohl die Krankenschwester es mir verboten hatte, und notierte, angeblich interessiert, alle Punkte auf einem Block. Wir hatten hart dafür gearbeitet, das Haus kaufen zu können, und so wollte ich ihm nicht sagen, dass ich von mir aus auch im Christlichen Verein Junger Menschen wohnen würde, wenn er nicht mehr da wäre.

Ich hatte mir vorgestellt, dass es an seinem Totenbett Dialoge wie in *Love Story* zwischen uns geben würde, aber die meiste Zeit hielten wir uns einfach nur bei den Händen und sprachen über das Haus und darüber, ob er einen Happen essen oder einen Schluck Milch haben wolle, und ich begriff, dass es genau das ist, was geschieht, wenn jemand stirbt. Es ist nicht wie in einer Seifenoper, wo der Sterbende einen am Arm packt und heiser flüstert: »Es gab in meinem Leben niemanden, den ich so liebte wie dich« oder »Ich wollte dir schon lange sagen, dass du eine Schwester in Albany hast«. In der Realität erinnert einen der geliebte Mensch eher daran, die Katze zu füttern, wenn man nach Hause kommt.

Melanie sagt, wir müssen das Haus auf Wirkung trimmen. Ihre Brillantohrstecker blitzen an den zartrosa schimmernden Ohrläppchen. Stirnrunzelnd mustert sie die Druckstellen, die die Möbelstücke im Teppichboden hinterlassen haben.

»Ich werde backen«, verspreche ich.

Der November hält mit einem Sturm Einzug, der Liegestühle über Terrassen treibt, welke Blätter wirbeln lässt und Mülltonnen umwirft. Der Herbsthimmel ist von einem leuchtenden Grau, das in den Augen schmerzt. Ich male mir aus, dass die Erde sich auf ihrer Achse von der Sonne wegdreht, und ich fühle mich schwach und wie betäubt und frage mich, wann die

Tabletten endlich zu helfen beginnen. Dass ich sie oft zu nehmen vergesse, beschleunigt den Prozess wahrscheinlich nicht unbedingt. Außerdem habe ich angefangen, die Sitzungen der Trauergruppe zu schwänzen. Es graut mir zu sehr vor dem bitteren Kaffee, der kalten Beleuchtung und dem Zwang, bei den Treffen vor all diesen Leuten meine Seele ausbreiten zu müssen.

Noch immer finde ich Arztrechnungen und Versicherungsschreiben im Briefkasten. Die »Erläuterung zu den Erstattungen« ist ebenso unsinnig für mich wie Ethans Tod. Ich versuche, aus der Rubrik »Medikation« schlau zu werden, aber es ist alles abgekürzt: Morphin Inj. 10 M, EKG 3, Atemger., SPNG 4x4 TR 110. Ich gebe auf und überweise den Patientenkostenanteil, der meinen Kontostand weiter in Richtung Abgrund treibt. Die medizinische Terminologie weckt Erinnerungen an Ethans Krankenhauszeit, die kühlen Laken und den Ammoniakgeruch seines Bettes, die dünnen Flamingobeine mit der trockenen, schuppigen Haut.

Auf dem Schild, das Melanie in meinen Vorgarten stellt, steht »zu verkaufen«. In der Zeitungsannonce steht »perfekt für eine wachsende Familie«. Es regnet und regnet, und die Pfütze unter dem Garderobenschrank steigt höher und höher. Ein paar Blattskelette schwimmen darauf.

Ich nehme an einer Ganztagssitzung eines Komitees teil, welches das Etikett für ein neues Medikament entwirft. Die Wortwahl auf dem Label ist wichtig, denn den Text muss man im Promotionmaterial aufgreifen. Die FDA, die Nahrungsmittel- und Medikamentenbehörde, ist da sehr pingelig und gestattet keine nach Werbung klingenden Formulierungen. Es muss über jedes Wort debattiert werden. *Vermindert* oder *verhindert? Kann verursachen* oder *bekannt zu verursachen?*

Während ich mich durch die Informationsunterlagen kämpfe, kratzt mich plötzlich das Etikett meines Pullovers am Rücken. Ich hebe die Hand, um es zurechtzuzupfen.

»Haben Sie eine Frage, Sophie?«, erkundigt sich der Marketing-Vizepräsident ungeduldig. Er hat die Beine übereinandergeschlagen, und der in der Luft hängende seiner blankgeputzten Schuhe glänzt in dem hellen Lampenlicht. Aller Augen richten sich auf mich. Offenbar wird etwas von mir erwartet. Aber ich war in Gedanken bei der Pfütze unter meinem Garderobenschrank.

Der VP trommelt mit den Fingern auf den Tisch.

Ich möchte erklären, dass ich nicht die Hand gehoben habe, um mich zu Wort zu melden, doch plötzlich packt mich Lampenfieber. Als ich tief einatme, um mich zu beruhigen, habe ich wieder das Gefühl, dass die Luft dünn ist und meine Lunge aus Watte. Sterne leuchten an der Wand auf. Der einzige Gedanke, den ich im Kopf habe, ist: *Ich brauche eine Schlammpumpe.*

Lara beugt sich zu mir herüber, mit so hochgezogenen Brauen, dass es aussieht, als wollten sie sich unter ihrem Pony verstecken. In ihrem Personalführungskurs stand offenbar nichts vom Umgang mit Idioten wie mir auf dem Lehrplan.

Einer der Männer – ein Produktmanager, der in seiner Freizeit ein Zungenpiercing trägt – lacht. Alle anderen starren mich schweigend an. Ich entschuldige mich, springe auf und stürze hinaus. Unterlagen flattern hinter mir zu Boden. Ich hetze den Flur entlang und die Treppe hinunter. *Kann verursachen?* Ist *bekannt zu verursachen?*

Unten in der Halle rufe ich der Frau am Empfang im Vorbeilaufen zu, dass ich einen Zahnarzttermin habe.

»Sie müssen sich eintragen!«, ermahnt sie mich, aber ich renne einfach weiter.

Am nächsten Tag mache ich mich auf den Weg, um die Kübelpflanzen, Kissen und Vorhänge zu besorgen, die Melanie haben will, um das Haus »auf Wirkung zu trimmen«, obwohl mich die Vorstellung, ein Geschäft zu betreten, mit einem, wie ich weiß, irrationalen Grauen erfüllt. Seit meiner Galavorstellung im Safeway vor Halloween war ich in keinem Großmarkt mehr, habe meine Besorgungen auf das weniger beängstigende Angebot des 7-Eleven beschränkt – Watte, Weißbrot, Mortadella und nur eine Sorte Eier.

Obwohl noch nicht einmal Thanksgiving war, werden im Gartencenter schon Weihnachtssterne und -schmuck verkauft. Eine riesige, mit Girlanden und elektrischer Blinkbeleuchtung gefesselte Tanne ragt vor mir in die Höhe. Ich muss dem Minister für Glücklichere Tage ein Memo schicken, in dem ich ihn bitte, die Feiertage diesmal ausfallen zu lassen. Während ich die Gänge auf der Suche nach dekorativen Pflanzen durchstreife, steigert sich die »Nussknackersuite« zum Crescendo, und all die Geigen fallen kreischend über mich her. Ich lasse Pflanzen Pflanzen sein und mache, dass ich aus dem Gartencenter komme, wobei ich vor lauter schnell, schnell ein Arrangement aus Alpenveilchen über den Haufen renne. Den Tränen nahe sinke ich auf die Knie und fege mit den Händen die nasse Erde zusammen.

»Ich habe Renaldo *gesagt*, dass wir die da nicht hinstellen sollen«, höre ich eine Stimme hinter mir. Ein schlanker Mann mit einer grünen Schürze, die Hände in die Seiten gestemmt, schaut auf die Bescherung herunter. »Lassen Sie nur«, meint er freundlich. »Ich mache das schon.« Aber ich fühle mich ganz wohl hier unten bei den braungesprenkelten Fliesen und der Erde. Das hier ist nicht so erdrückend festlich wie der Rest des Ladens.

Ich kann nicht aufstehen, weil die Luft zu dünn und mir schwindlig ist. Aber ich muss raus aus dem Center. Sofort. Die Fliesen fühlen sich kühl und kreidig an, als ich auf allen vieren in Richtung Ausgang krieche.

»Ma'am?«, ruft der Verkäufer hinter mir her.

Was ich da mache, ist noch schlimmer als mein Auftritt im Safeway. Beeil dich! Ich steigere mein Tempo, komme an einem zerrissenen Gummiring vorbei, der wie eine schmutzige Bandnudel aussieht, und spüre, wie mein Mantel immer höher rutscht.

»Ma'am?« Die Stimme des Verkäufers klingt merklich leiser. Gott sei Dank – er verfolgt mich nicht. Mit Lichterketten geschmückte Kompostsäcke stehen aufgereiht zu meiner Rechten.

»Sophie? Liebes?«

Marion! Da es kein Loch gibt, in dem ich verschwinden kann, hebe ich den Blick. Meine Schwiegermutter hat ein Peddigrohrrentier für den Garten am Wickel. Seine rote Plastiknase leuchtet wie die eines Clowns. Es sieht aus, als würge sie das Tier.

»Was tust du da unten?«, fragt sie.

»Ich habe eine Kontaktlinse verloren.« Ich beginne mich aufzurappeln.

»Aber du trägst deine Brille!«

»Stimmt. Du meine Güte.« Meine Augen befinden sich jetzt auf der Höhe des Saums von Marions Lodenjacke. Sie streckt mir ihre kleine Hand entgegen. Ihre Fingernägel sind rund gefeilt und unlackiert – und sie trägt keine Ringe.

»Was hast du mit deinem Ehering gemacht?«, erkundige ich mich. »Wo bewahrst du ihn auf?«

Zorn

4

Thanksgiving ist auf dem Weg wie ein Sturm, der über die Wetterkarte heranrollt. Am liebsten würde ich mir an den vier Feiertagen die Decke über den Kopf ziehen, aber ich habe beschlossen, mich zu beschäftigen und in die dem Anlass angemessene Stimmung zu versetzen. Ich habe entschieden, mir den Mittwoch vor dem Vier-Tage-Wochenende freizunehmen und Kuchen zu backen, um potenzielle Käufer mit dem Duft von Zimt und Vanille ins Haus zu locken.

Obwohl ich meilenweit davon entfernt bin, bis zum Ende des Monats zwei Beiträge in den Medien unterzubringen, erzähle ich Lara am Telefon, dass ich gut vorankomme. Dann wälze ich Kochbücher und Back-Zeitschriften und lese laut die Zutaten, was eine beruhigende Wirkung auf mich hat: Mehl, Eier, Butter, Zimt, Nelken, Muskat. Ich werde einen Pekannusskuchen backen und ihn fast schwarz werden lassen, wie Ethan ihn mag, einen Apfel-Sauerrahm- und einen Kürbis-Käse-Kuchen mit Ingwerstreuseln. Und einen simplen Kürbiskuchen. Zu Thanksgiving gehört einfach ein simpler Kürbiskuchen.

Wenn die Kuchen fertig sind, kann ich sie ja vielleicht in ein Obdachlosenasyl bringen. Meine Mutter und ich kauften einmal zu Thanksgiving Kuchen im Laden und brachten sie ins Veteranenheim. Ein Mann mit weißstoppeligem Kinn packte mich am Arm und schluchzte: »Marjorie!« Da begriff ich, dass Feiertage problematisch sind.

In unserem Verlobungsjahr fuhren Ethan und ich ehrenamtlich

für Essen auf Rädern, lieferten in East Palo Alto Mahlzeiten in Styroporbehältern aus. Für Thanksgiving backte ich Kuchen, und die verteilten wir portionsweise an alle auf unserer Route. Eine Mrs Tucker wollte uns nicht reinlassen. Sie spähte mit einem glänzenden Auge durch den Türspalt. »Ich feiere dieses Jahr nicht«, grummelte sie, aber ihr sichtbares Nasenloch blähte sich beim Duft des Essens, der ihr entgegenwehte.

Ethan nahm seine Baseball-Kappe ab, lächelte und sagte, es sei völlig okay, nicht Thanksgiving zu feiern. »Aber essen müssen Sie trotzdem, stimmt's?«, fragte er. »Was halten Sie davon, wenn wir Ihnen dabei Gesellschaft leisten?« Seine Stimme war tief und einschmeichelnd, und schon bald entspannte sich, was von Mrs Tuckers Gesicht zu sehen war, und sie öffnete die Tür.

Wir deckten den Tisch für sie – es gab polentagefüllten Truthahn –, und dann rückte Ethan ihr den Stuhl zurecht und schenkte ihr ein Glas Milch ein.

Mit einem »Gestatten Sie, Madam« breitete er schwungvoll die Serviette über den Schoß ihres wattierten Morgenrocks, und sie kicherte. Auf dem Weg zum nächsten Haus meinte Ethan im Auto, Gott sei Dank hätten wir einander, um zusammen alt zu werden.

Während ich die Kürbiskonserven und Kondensmilchdosen auspacke, die ich bei einem teuren Geschäft bestellt hatte, das ins Haus liefert, klingelt das Telefon.

»Ich bezahle dir das Ticket nach Hause«, erklärt mein Vater. Er ruft mich, seit ich von daheim weggegangen bin, jede Woche an, und hat mir bisher jedes Jahr angeboten, mir das Ticket zu bezahlen, damit ich über die Feiertage nach Hause komme. Sogar während meiner Ehe. Ich sehe ihn auf der anderen Seite des Landes in seiner Rentneruniform – blaues Chamoishemd und farbbesprenkelte Khakihosen – an seinem Küchentisch sitzen.

»Danke, Dad, aber ich habe dir doch gesagt, dass ich mir nicht freinehmen kann.« Ich schneide eine Tüte Mehl auf und fülle den Inhalt in eine Dose um.

»Es ist ein langes Wochenende. Du könntest heute Abend fliegen und Sonntag zurück sein.«

Nach all den Jahren des Alleinlebens hat Dad kürzlich wieder geheiratet und scheint endlich glücklich zu sein. Er und seine Frau Jill machen alles gemeinsam. Er wäscht das Geschirr, und sie trocknet ab. Sie teilen sich die Restaurantrechnungen und einen Koffer, wenn sie verreisen. Ich möchte nicht wieder Kummer in sein Haus bringen, denn ich fürchte, er würde nach meiner Abreise in der Luft hängenbleiben wie Zigarrenrauch in Gardinen.

»Ich muss arbeiten«, sage ich. Das ist eine Lüge. Es sind zwar einige Leute am Thanksgiving-Wochenende im Büro, aber Lara hat mich nicht aufgefordert zu kommen. Wahrscheinlich denkt sie, ich würde der Firma mehr schaden als nützen. »Ich habe noch so viel zu lernen.« Das ist die Wahrheit.

»Feiertags zu arbeiten hört sich nicht nach Spaß an.«

»Spaß?« Meine Erwartungen bewegen sich in sehr viel tieferen Regionen. »Vielleicht klappt es Weihnachten«, vertröste ich ihn.

Nach dem Gespräch mache ich mich an die Kuchen, rühre Butter mit Zucker schaumig, siebe Mehl, erwärme Milch, hacke Nüsse. Stunden vergehen, und meine Füße tun weh. Schließlich stehen überall Kuchen, kühlen auf den Arbeitsplatten und dem Küchentisch aus, sogar auf der Waschmaschine und dem Trockner. Als ich gerade ein Stück Apfelkuchen über dem Spülbecken esse, klingelt das Telefon, und ich hoffe, dass es noch einmal Dad ist. Vielleicht sollte ich nachgeben. Immerhin ist es nur ein verlängertes Wochenende. Ich kann sein Leben in ein paar Tagen doch nicht dauerhaft vergiften. Aber es ist ein Vertreter, der sich erkundigt, ob ich Interesse daran habe, die Telefongesellschaft zu wechseln. Zu Zeiten meiner Ehe hätte ich ihn schnell abgewürgt. Diese Leute sind wirklich nervtötend! Aber jetzt stelle ich Fragen. Vielleicht werde ich tatsächlich wechseln. Um wie viel billiger käme ich denn am Wochenende weg? Ich möchte noch mehr wissen, aber ich muss mich verabschieden und auflegen, weil es an der Tür läutet und sich ein Schlüssel im Schloss dreht.

»Haaal-looo?«, ruft Melanie, die Maklerin. Ich höre ein Baby greinen und Tröstversuche einer Frau. Melanie späht um die Ecke in die Küche, und dann ist ihr fröhlicher Gesichtsausdruck plötzlich wie weggewischt.

Den Boden bedeckt eine Pulverschneeschicht aus Mehl, im Spülbecken türmt sich schmutziges Geschirr, meine Unterarme sind teigverkrustet, und ich bin noch in Räuberzivil. (Ich trage Ethans Sachen: Baggy Jeans, die meine ausgeuferte Cremetütchen-Taille nicht einengen, und ein T-Shirt ohne BH darunter.)

»Tut mir leid zu stören«, sagt die Ehefrau, die Mommy. Auf ihrer Hüfte sitzt ein rundliches Krabbelkind, und sie ist deutlich erneut schwanger. Der Gatte und Daddy trägt ein T-Shirt mit Firmenaufdruck. Seine Haare sind zerzaust.

»Wir können ein andermal wiederkommen«, bietet er an.

»Nein, nein, das ist nicht nötig. Bitte sehen Sie sich nur um.« Ich wische mir die Hände an den Jeans ab und hoffe, dass der Zimt- und Nelkenduft seine Wirkung tut.

Wo ist dein Mann?, scheinen die Augen des Kindes zu fragen, die mich fixieren. *Wo ist dein Baby? Warum hast du den Zaun*

hinten nicht aufgerichtet? Warum verkaufst du dieses Haus? Bist du sicher, dass dein Mann einverstanden damit wäre, dass du euer Haus verkaufst?
Ich gebe dem Kleinen einen Plastiklöffel zum Spielen. Er juchzt vor Begeisterung und beginnt, darauf herumzukauen.
»Die Küche ist hinreißend«, gurrt Melanie und drückt dabei eine Hand auf ihr Maklerinnenherz. Sie spricht mit den Leuten, als sei ich gar nicht da. »Sehen Sie sich nur diese Frühstücksecke an!«
Ethan und ich hatten einmal Sex in dieser Frühstücksecke. Bevor wir den Tisch kauften. Während einer Hitzewelle, ehe wir die Klimaanlage hatten. Es war zu heiß zum Schlafen, und wir fanden heraus, dass die einzige Möglichkeit einer Abkühlung darin bestand, nackt und mit Eiswürfeln auf der Stirn auf den Küchenfliesen zu liegen. Wir alberten herum und kitzelten einander, und eins führte zum anderen.
Der Backofen-Timer summt, und das Kind fängt an zu weinen.
»Oben ist ein Raum, der sich wundervoll als Kinderzimmer eignen würde«, setzt Melanie ihr Loblied fort und schiebt ihre potenziellen Kunden mit sanftem Nachdruck aus der Küche.
»Wirklich? Welcher?«, frage ich, aber sie geht bereits die Treppe hinauf. Ich bleibe in der Tür stehen.
»Schauen Sie sich alles an«, sagt sie zu dem Ehepaar. »Ich bin gleich bei Ihnen.« Dann wendet sie sich mir zu. »Wo sind die neuen Wohnzimmermöbel?«, zischt sie durch das Geländer.
»Ich habe ein Rentier gekauft«, flüstere ich laut. Es stimmt. Ich habe eines von den Rentieren erstanden, die Marion in der Gärtnerei entdeckt hatte, und es neben dem »Zu verkaufen«-Schild in den Rasen gerammt. Es macht das Ganze entschieden fröhlicher. Melanie mustert angewidert meine Haare, die

ich zu einem Pferdeschwanz gebunden habe, den eine von Ethans schwarzen Anzugsocken schmückt.
»Hören Sie«, sagt sie leise, aber schneidend, »ich kann dieses Haus in null Komma nichts verkaufen«, sie schnippt mit den Fingern, »aber Sie müssen schon mitarbeiten. Ich vermisse Ihre Motivation. Bitte organisieren Sie Möbel für das Wohnzimmer und tun Sie etwas gegen dieses Leck unter dem Garderobenschrank.«
Ich will ihr erklären, dass ich erst *nach* dem Verkauf Geld für Möbel und Reparaturen haben werde, aber da ist sie schon den Flur hinunter, und ich höre sie zu dem Ehepaar über meine Grastapete sagen: »Die lässt sich problemlos herunterreißen.«

An Thanksgiving begleite ich Marion zum Essen zu Ethans Tante. Als Gastgeschenk nehme ich zwei von den Kuchen mit.
Während Marion fährt, späht sie immer wieder nach hinten, um sich zu überzeugen, dass ihr Süßkartoffelauflauf sicher auf dem Rücksitz steht. Sie trägt einen Kamelhaarmantel und einen Pelzhut mit einer steifen schwarzen Feder im Band. Meine Schwiegermutter ist sehr viel mehr auf die äußere Form bedacht, als meine Mutter es war, und eine bessere Hausfrau und Köchin.
Mutter las lieber russische Romane, als im Haushalt herumzupusseln. Das Einzige, was sie gern tat, war bügeln, denn dabei ließ sie in der Waschküche stundenlang Hörbücher über Kunstgeschichte laufen. Alles bei uns war makellos gebügelt – sogar Nachthemden und Unterwäsche –, aber die Staubflusen zwischen den Lamellen der Jalousien interessierten sie nicht im mindesten, und der Küchenboden war immer von irgend-

etwas klebrig. Außerdem war sie eine grauenvolle Köchin. Ihr Minutenreis brannte grundsätzlich an und verkrustete den Topfboden, und ihre grünen Bohnen waren nie richtig durch und quietschten, wenn man daraufbiss. Mein Vater und ich gaben uns alle Mühe, ihr den Eindruck zu vermitteln, dass uns ihre unansehnlichen Eintöpfe aus Dosentomaten und faserigem Fleisch schmeckten. Marion ist das komplette Gegenteil, und sie bringt mich dazu, meine unvollkommene Mutter zu vermissen.

Die Umarmungen der Cousins fallen länger und herzlicher aus als üblich. Ich habe diesen Teil der Verwandtschaft seit Ethans Tod nicht gesehen. Sie erkundigen sich mitfühlend, wie es mir geht.

Als der Nachmittag fortschreitet – von Football zu Appetithappen zu Salaten zum Hauptgericht –, wächst in mir das Gefühl, bei der Parade mitzumarschieren, die Augen starr geradeaus gerichtet, Fuß vor Fuß zu setzen, mit einem irren Lächeln auf dem Gesicht. Die Frauen loben meine Kuchen. Selbstgemachte Streusel! Ihre Überschwenglichkeit gellt in meinen Ohren.

»Sophie – du sitzt hier.« Mrs Waxman deutet auf einen Stuhl in der Mitte der Tafel. »Mädchen, Junge, Mädchen, Junge – eine bunte Reihe, wie es sich gehört.« Ich werde zwischen zwei Cousins von Ethan gesetzt, einen Professor für Politikwissenschaft und einen Nachrichtenkameramann, dessen rauher Pullover über meinen Arm kratzt, als er mir den Stuhl zurechtrückt. Männer. In meinem Alter. Ich hatte vergessen, wie attraktiv Ethans Cousins sind. Ihre Tenorstimmen vibrieren beim Sprechen und Lachen, und als sie Kartoffeln und Erbsen herumreichen, lugen die Haare auf ihren Unterarmen aus den Manschetten ihrer Hemden hervor. Sie sind

fürsorglich, laden mir Truthahn auf den Teller und erzählen lustige Ethan-Geschichten. *Wisst ihr noch? Wisst ihr noch?*
Ich schiebe mein Essen auf dem Teller herum und versuche, über die Geschichten zu lachen, aber es wird ein Krächzen daraus. Das Fleisch ist strohtrocken und scharfkantig. Ich trinke einen großen Schluck Wasser und muss husten, entschuldige mich und flüchte. Doch statt ins Bad gehe ich den Flur hinunter in die Waschküche und mache die Tür hinter mir zu. Wenigstens riecht es hier nicht nach Zimt. Hier könnte es ein x-beliebiger Tag im Jahr sein.
Ethan konnte letztes Thanksgiving nicht mehr richtig essen – er war zu schwach und schlief die meiste Zeit –, aber der Pfleger brachte ihm trotzdem ein Tablett. Ich liebte die Cafeteria-Tabletts für den Optimismus, den sie vermittelten. *Schau her,* sagten sie, *du kannst nicht sterben, denn wir haben Truthahn hier für dich und Süßkartoffelpüree, Milch und Cranberrygelee!* Ich nahm den Milchkarton und schüttelte ihn, und Ethans Augen weiteten sich plötzlich. Vielleicht kommt ja jetzt der »Love Story«-Text, dachte ich. Vielleicht gibt er mir ermutigende Worte mit auf den Weg.
»Warum«, brachte er mühsam hervor, »schüttelst du die Milch?«
Ich öffnete den Karton, und weiße Blasen schäumten heraus. Ethan blinzelte verdutzt. Ich steckte einen Strohhalm hinein. Warum hatte ich die Milch geschüttelt? Genau wusste ich es nicht, aber ich nahm an, dass ich es getan hatte, um seine Lebensqualität ein winziges bisschen zu verbessern. Wie wenn ich seine Kissen aufschüttelte.
Ich zuckte mit den Schultern, gab ihm die Milch und küsste ihn auf die Stirn.
Mit fliegenden Fingern drehe ich den Hahn über dem gemau-

erten Waschbecken auf und schaufle mir mit beiden Händen Wasser ins Gesicht, als stünde es in Flammen.

Es klopft.

»Sophie?«, flüstert Marion laut durch die Tür.

»Ja?« Es ist kein Handtuch da, und so trockne ich mich mit einem Hemd von Mr Waxman ab, das auf einem Bügel an der Wasserleitung hängt. Es duftet nach Weichspüler.

»Na, na«, sagt Marion, als sie hereinkommt. Sie umarmt mich militärisch kurz und holt dann eine Haarbürste aus ihrer Handtasche.

»Man kann meine Haare nicht bürsten«, versuche ich ihr zu erklären, als sie den Arm hebt, doch dann ergebe ich mich in mein Schicksal und erdulde mit hängenden Schultern, dass sie meine Locken misshandelt. Auf der Kopfhaut fühlt es sich sogar gut an, und ihr Körper strahlt wohltuende Wärme ab.

»Es ist alles in Ordnung«, sagt Marion. »Du bist unter Verwandten.« Sie gibt mir ihren Lippenstift. Er heißt Coral Reef und ist mir viel zu grell und orange, aber ich trage trotzdem etwas davon auf.

»Und jetzt werden wir uns deine köstlichen Kuchen vornehmen.«

Marion und ich werden offenbar nie miteinander über Ethans Tod sprechen, darüber, wie er uns fehlt.

Am späten Nachmittag setzt Marion mich zu Hause ab. Ich sitze am Küchentisch und picke geistesabwesend die Streusel von einem der übrig gebliebenen Apfel-Sauerrahm-Kuchen, während mich mein Spiegelbild aus der Fenstertür anstarrt. *Tu was,* sagt es. *Lies ein Buch. Arbeite an deinem Werbetext für die Medien. Zieh dich warm an und mach einen Spaziergang. Telefoniere. Mit Ruth.*

Ich will Ruth nicht stören. Eine alleinerziehende, berufstätige Mutter kann es nicht brauchen, von ihrer durchgeknallten Studienfreundin genervt zu werden. Unsere Freunde Sonia und Alfie haben mich zum Abendessen eingeladen, mich ermuntert, bei ihnen zu übernachten, das ganze Wochenende zu bleiben, aber ich habe gestern Abend angerufen und abgesagt. Im Laufe der letzten Wochen habe ich es zu einer Meisterschaft darin gebracht, Verabredungen im letzten Moment abzusagen, indem ich Hals- oder Kopfschmerzen vorschützte. Ich möchte ihnen meine düstere Stimmung nicht zumuten. Außerdem erinnert mich alles an ihnen an Ethan.

Die Kuchen auf dem Küchentisch sehen einsam und verlassen aus. Melanie hat gesagt, ich solle *einen* Kuchen backen – nicht *neun.* Die Vorstellung, das Wochenende allein mit ihnen zu verbringen, macht mich nervös. Ich will sie nicht essen, aber sie wegzuwerfen, bringe ich auch nicht fertig. Ich stehe auf, trage einen nach dem anderen zum Auto und stelle sie in den Kofferraum. Was um alles in der Welt treibt sie da? Höre ich meine Nachbarn förmlich tuscheln. Vielleicht bringe ich die Kuchen später zu Freunden oder zur Lebensmittelhilfe.

Letztes Jahr habe ich nicht gebacken, weil Ethan und ich Thanksgiving im Krankenhaus verbrachten. Im vorletzten Jahr gingen wir zu Sonia und Alfie, aber erst spät, weil Ethan darauf bestand zu arbeiten. Ich mache den Kofferraum zu und gehe wieder ins Haus. Das war unser letztes echtes Thanksgiving. Der Teufel soll ihn dafür holen, dass er an Thanksgiving arbeitete! Als ich die Haustür hinter mir zuknalle, wackeln und klappern die Bilder an den Wänden. »Zum Teufel mit Ethan!«, schreie ich das leere Haus an, den Tisch in der Diele, den Fernseher und all die anderen seelenlosen Gegenstände, die zu meinen distanzierten Mitbewohnern geworden sind.

»Zum Teufel mit Thanksgiving!« Die Frauen schuften, und die Männer lassen es sich gutgehen. Schauen Football. Arbeiten. Kriegen Krebs.

In der Küche hole ich eine Schachtel Cornflakes und ein Schälchen aus dem Schrank. Nachdem ich mittags nichts heruntergebracht habe, knurrt mir jetzt der Magen. Meine Hände zittern, ich lasse die Schale fallen, und sie dreht sich auf den Fliesen wie ein Kreisel. Als ich sie aufhebe, fällt mir ein, was die Trauerberaterin uns vorgeschlagen hat, um unserem Zorn Luft zu machen: Geschirr zerschlagen. Sie sagte, man könne auch Brotteig kneten oder unter der Dusche schreien.

Die Schale fühlt sich kalt und hart an. Wie zerbricht man Geschirr absichtlich? Schleudert man es wie ein Frisbee, oder wirft man es über den Kopf wie einen Softball? Eine Tasse kann man vielleicht zusammentreten, wie man es mit einer Blechdose macht.

Ich besitze kein Geschirr, das ich nicht mag – nur das Limoges von meiner Großmutter. Alltags benutze ich das weiße mit den schwarzen und gelben Streifen im Retrolook, das Ethan und ich vor unserer Hochzeit gemeinsam ausgesucht haben. Damals waren wir ein unbeschwertes junges Paar, das in Vorbereitung auf den großen Tag die Wunschliste für Küchenutensilien zusammenstellte. Die Welt war unsere Auster. Dann drang giftiges Wasser in unsere Auster. Jetzt geht mir der bunte Rand auf die Nerven.

Mein Blick wandert zu dem Geschirrstapel im Spülbecken, und plötzlich erscheint es mir einfacher, die Sachen zu zerschlagen, als sie abzuwaschen.

Ich erinnere mich, wie überwältigt ich von der Geschirrauswahl bei Macy's war und wie ich mir wünschte, meine Mutter um Rat fragen, sie bitten zu können, uns bei der Entscheidung zu helfen. Jetzt wünsche ich sie mir her, damit sie mir eine Suppe kocht, mir sagt, dass ich mir keine Gedanken wegen meiner blöden Chefin machen soll, und mir hilft, die Fotos von Ethan für das Album auszusuchen, das anzulegen mir Dr. Rupert empfohlen hat.

Ich war dreizehn, als ich meine Mutter zum letzten Mal sah. Es war frühmorgens an einem verschneiten Wintertag, und die Straßen waren so vereist, dass die Radiomoderatoren sagten, jeder, der die Wahl habe, solle zu Hause bleiben. Das Museum war nicht einmal geöffnet an diesem Tag, aber Mutter wollte unbedingt an der bevorstehenden Ausstellung weiterarbeiten. Ich glaube, sie war genauso gern bei den Gemälden wie bei uns zu Hause. Wie ich ihren Job verabscheute!

Als der Polizist kam, um uns von dem Unfall zu unterrichten, reagierte mein Vater bemerkenswert ruhig. Er sagte nichts, nickte nur und machte mit einem angedeuteten Lächeln dem Mann die Haustür vor der Nase zu, während der den Straßenzustand und die Kurve beschrieb. Ich weiß noch, wie das Abzeichen des Officers im Verandalicht schimmerte und wie seine schwarzen, buschigen Brauen in die Höhe schossen, als die Tür sich schloss.

»Er hat sich offenbar in der Hausnummer geirrt«, erklärte mir mein Vater leichthin.

Nachdem Ethan und ich geheiratet hatten, veranlasste ich ihn, einen großen Wagen mit zwei Airbags zu kaufen. Gott sei Dank war er ein vorsichtiger Fahrer. Obwohl er immer gewissenhaft nach rechts und links schaute und nie schneller fuhr als erlaubt, nisteten sich bösartige Zellen in seinen Lymphknoten ein.

Es ist keine Milch da für die Cornflakes. Was macht das? Die Schale hat jetzt sowieso eine andere Bestimmung. Sie fliegt in hohem Bogen durch die Luft. Die Mutter *und* den Ehemann zu verlieren! Hält man das für möglich? Die Schale zerschellt an der Wand, scharfkantige Scherben, die an spitze Zähne erinnern, schießen über den Fußboden. Übelkeit schnürt mir die Kehle zu, und meine Knie werden weich. Cap'n Crunch mit dem blauen Käppi, das wie ein Schiffchen auf seinem Kopf sitzt, lächelt irre. *Draußen, Dummkopf,* sagt er. *Du sollst das Geschirr draußen zerschmeißen!*

Ich mache den Küchenschrank auf und lasse den Blick über die Teller wandern. Sie sehen einladend aus, glatt und sauber und ordentlich gestapelt. Mir fällt ein, wie sorgfältig ich sie verpackte, bevor Ethan und ich in das neue Haus umzogen. Jedes Stück in ein gepolstertes Futteral steckte, als sei es ein Teil des Schatzes aus Tutanchamuns Grab.

Jetzt begreife ich, warum Rockstars Hotelzimmer verwüsten: um die unbarmherzige Stille zu zerstören. Meine Arme kribbeln, und meine Hände fühlen sich an wie Baseball-Handschuhe. Ich muss Nägel mit Köpfen machen.

Also zerre ich mit viel Getöse die Schubkarre aus der Garage in die Küche, belade sie zuerst mit dem schmutzigen Geschirr aus dem Spülbecken und dann mit Tellern, Schüsseln, Bechern, Untertassen und Tassen aus den Schränken. Die Schubkarre schwankt unter dem Gewicht beängstigend hin und her, als ich sie, von Porzellangeklirr begleitet, zur Fenstertür hinaus und über den Rasen schiebe.

Als Erstes nehme ich mir die Essteller vor. Sie prallen mit einem dumpfen Laut gegen die Garagenwand und zerbrechen. Scherben springen bis zu mir zurück. Ich werde immer schneller. Teetassen zerschellen in Muschelformen. Kleine, feuerfeste Dessertglasförmchen explodieren in einem Splitterregen. Ich wünschte, *ich* hätte den Krebs gekriegt, denn ich bin nicht mal meinem blöden Job gewachsen. Meine Beine geben nach, und dann knie ich auf dem Boden und schleudere mit beiden Händen Untertassen an die Garagenwand. Und in meinem Kopf tickt mein Puls wie ein übergeschnapptes Metronom. Holzaschegraue Dämmerung senkt sich auf den Garten herab. Der Wind frischt auf, die Äste der Bäume neben der Garage schlagen wie Arme. Als die Fensterflügeltür zuknallt, scheppern die Jalousetten gegen die Scheiben.

Ich weiß, dass ich aufhören sollte, mein Geschirr zu zertrümmern, wie man weiß, dass man aufhören sollte, Nüsse oder Chips zu essen. Aber wer braucht zwölf Pastateller? Meine rechte Schulter brennt, während sie durch die Luft segeln.

Meine Nachbarin Mrs Selman öffnet ihre Schiebetür und ruft herüber: »Sophie? Sind Sie das?« Ich sehe ihre Silhouette durch die Bambushecke zwischen unseren Gärten: Sie hat sich auf die Zehenspitzen gestellt und versucht herüberzuschauen. Ich tauche ab und krieche in das Bambusdickicht. Der Boden unter meinen Händen und Knien ist aufgeweicht und kalt. Ein Zweig schrammt über meine Wange, meine Brille beschlägt und macht die Welt weiß.

»Hallo?«, sagt Mrs Selman. Dann gibt sie auf und schiebt ihre Tür wieder zu. Ich warte, bis sie ins Schloss geklickt ist, und krabbele dann rückwärts aus meinem Versteck.

Scherben liegen über den Rasen verstreut wie Überbleibsel einer archäologischen Ausgrabung. Es fängt an zu regnen. Vielleicht sollte ich lieber Brotteig kneten oder unter der Dusche schreien. Oder vielleicht Brotteig unter der Dusche kneten? Ich friere, und meine Hände sind wund, und meine Nase läuft. Ich wische sie mit dem Ärmel meiner Jacke ab und spähe in die Schubkarre. Sie ist leer.

Als ich mich gerade frage, ob ich Pappteller im Haus habe,

biegt ein Polizist um die hintere Hausecke, wodurch sich die automatische Beleuchtung einschaltet.
Er bleibt stehen. »Ma'am?«
Ich reiße die Hände hoch. »Ja?«
»Wohnen Sie hier?«
Ich höre mich ein enthusiastisches »Ja!« krächzen.
Er schaut auf das zerbrochene Geschirr hinunter. »Ist alles okay?«
»Bestens, danke. Ich hatte das Geschirr nur satt. Und ob Sie es glauben oder nicht – meine Ärztin hat mir empfohlen, es zu zerschmeißen. Na ja, sie ist keine richtige Ärztin, sondern eine Therapeutin.« Was fasele ich da bloß für einen Schwachsinn?
»Kann ich vielleicht mal Ihren Ausweis sehen?« Der Officer hat ein rundes Gesicht. Er ist wahrscheinlich jünger als ich.
»Ja, natürlich. Bitte kommen Sie mit rein.« Mein Ton gleitet ins übertrieben Joviale ab. Der Beamte folgt mir durch die Fenstertür in die Küche, aber erst, nachdem er sich ausführlich die Füße abgetreten hat.
In der Diele zeige ich ihm meinen Führerschein mit der hiesigen Adresse und dem Foto, auf dem meine Haare aussehen wie von einem Hurrikan verblasen. Er schaut mich an, schaut das Foto an, schaut wieder mich an.
»Okay. Danke.« Er gibt mir den Führerschein zurück. »Ihre Nachbarin hat angerufen, weil sie dachte, jemand bräche bei Ihnen ein.«
»*Ein*gebrochen wurde nicht – nur *zer*brochen.« Ich lache über mein Wortspiel.
Er lacht ebenfalls. »Richtig«, sagt er. Dann verabschiedet er sich und schlendert den Vorgartenweg zu seinem Streifenwagen hinunter, in dem gerade eine blecherne Durchsage ankommt, die ich nicht verstehen kann.

»Sie dürfen jetzt die Regeln brechen«, hat Dr. Rupert bei der letzten Sitzung gesagt und mich ermutigt, an Thanksgiving mal etwas ganz anderes zu tun als üblich. »Die große Regel wurde gebrochen: Ihr geliebter Mann ist gestorben.« Aber ich bin ziemlich sicher, dass er meinte, ich solle nach Hawaii fliegen oder Rinderbraten essen statt Truthahn. Ich glaube nicht, dass er meinte, ich solle mein Geschirr zertrümmern, und ich glaube, ich sollte das Haus nicht mehr verlassen.

Depression

5

Seit Ethans Tod hat unser Doppelbett die Ausmaße eines Flugzeugträgers angenommen. Es scheint jetzt den ganzen Raum einzunehmen, und der riesige, weiße Bettüberwurf schreit: *leer, leer, leer.* Ich denke, dass es mir leichterfallen wird, allein zu schlafen, wenn ich auf Ethans Hälfte liege. Damit ist meine Hälfte zwar frei, aber ich bin ja hier, also fehlt niemand, nicht wahr?
Ich versuche es in der Mitte.
Auch dort sind die Laken kalt und abweisend.
Ich gebe auf und zerre das Bettzeug ins Wohnzimmer, pumpe unsere Campingmatratze auf und schiebe sie an die Wand, wo das Sofa stand. Ohne die Möbel darauf wirkt der grüne Teppichboden wie eine Rasenfläche. Ich entdecke ein paar Kleinigkeiten, die unter das Sofa gefallen waren: eine Zehn-Cent-Münze, einen Kartoffelchip und ein »O« aus dem Scrabble-Spiel.
O. Oh. Freitagabend. Noch zwei Tage, bis dieses verwünschte verlängerte Wochenende vorbei ist. Ich hole den Hausschlüssel aus dem Makler-Versteck, damit Melanie mich nicht mit irgendwelchen Leuten überfallen kann, denen sie das Haus zeigen will. Ihre unangekündigten Besuche haben etwas von erschreckenden Überraschungspartys. Ich sollte meine Medizin nehmen, mir die Haare waschen, die Kuchen aus dem Kofferraum holen und im Branchenbuch eine Firma suchen, die Wohnzimmermöbel vermietet. Stattdessen kuschle ich mich auf der Matratze unter die Decke, stecke zusätzlicher Wärme

wegen die Beine in die Ärmel von Ethans Daunenparka und mache den Fernseher an.

Wieder einmal wünsche ich mir, meine Mutter wäre da. Wenn ich als Kind krank im Bett lag, richtete sie ein Tablett mit Suppe und Kräckern, Pudding, Ginger Ale und zwei winzigen orangefarbenen Aspirintabletten her, und dann kuschelten wir uns aneinander und schauten »Perry Mason«. Ich erinnere mich noch genau, wie sich ihre Brüste an meinem Rücken anfühlten und wie der Tennisball-Flaum auf ihren Wangen mich im Gesicht kitzelte.

Die Decke ist so weich wie ein Tier, und ich streichle sie. Ich würde gern jemanden berühren. Die letzte Berührung, an die ich mich erinnere, liegt ein paar Wochen zurück: Ich war zum Zahnarzt gegangen, und er forderte mich auf, den Mund zu öffnen, und berührte mein Gesicht mal hier, mal da, während er meine Plomben überprüfte. Ich genoss die Behaglichkeit des sanft geschwungenen Behandlungsstuhles und des frischen Seifengeruchs, den die Hände des Arztes verströmten. Tränen schossen mir in die Augen. Er fragte, ob er einen Nerv getroffen habe, und ich nickte.

Im Fernsehen läuft eine Folge der Serie »Cops im Einsatz«. Ein völlig verwahrloster, halbnackter Mann schlägt auf die Wohnungstür seiner Ex-Freundin ein und brüllt, sie solle sofort seine Sprungfedermatratze rausrücken. Es gibt einen Kanal, auf dem das ganze Wochenende »Cops«-Episoden laufen, und jetzt begreife ich den Reiz der Serie: Sie lässt einem die eigene Welt ziemlich heil erscheinen.

Mutter würde darauf bestehen, dass ich den Fernseher ausschalte, mich dusche und anziehe, ein Stück Obst esse und telefonisch Bescheid gebe, wann ich wieder in der Gruppe erscheinen werde.

Ich werde Ruth anrufen und dann im Krankenhaus, um zu erfahren, wann sich die Gruppe das nächste Mal trifft. Ich würde anrufen, wenn ich es zum Telefon schaffte, aber meine Beine sind schwer wie Blei und weigern sich zu gehen. Mein Gehirn sagt *Steh auf!*, und mein Körper sagt *Lass mich zufrieden, ich will mir in Ruhe die* Cops *anschauen.*

Wenn Ethan hier wäre und, wie es seine ärgerliche Angewohnheit war, ständig herumzappen würde, hätte ich keine Chance, die »Cops« zu sehen.

Auf dem Bildschirm spricht ein Polizeibeamter über die Rückenlehne des Fahrersitzes seines Streifenwagens hinweg in die Kamera. Er sagt: »Manche Leute geraten von einem Schlamassel in den nächsten.«

Anstatt zu duschen, mache ich Feuer im Kamin. Das Rentier aus Peddigrohr eignet sich hervorragend dafür. Es ist nicht einmal eine Säge vonnöten. Man bricht einfach Stücke ab wie von den Ramen-Nudeln und wirft sie in die Flammen. Dummerweise vergesse ich, die Nase abzumontieren, und sie knallt und zischt und stinkt, während sie zusammenschnurrt wie ein Bratapfel.

Das Telefon klingelt, und der Anrufbeantworter schaltet sich ein. Ich höre Melanie fragen, ob ich es mir anders überlegt hätte und das Haus nicht mehr verkaufen wolle. Es ist schon spätabends, und sie arbeitet immer noch. Ihre Stimme scheppert – offenbar ruft sie von ihrem Handy aus an. Es klingt wie aus einer anderen Welt – aus der Welt der Tüchtigen.

Am Wochenende wird mein Schlafrhythmus auf den Kopf gestellt, denn ich kriege nachts kein Auge zu und kann tagsüber nicht wach bleiben, und irgendwann bekomme ich gar kein Tageslicht mehr mit.

An einem Morgen *(an welchem Morgen?)* bricht draußen auf der Straße plötzlich ein Höllenlärm los. Die Müllabfuhr! *(Dienstagmorgen!)* Jählings wach und doch nicht richtig bei mir treibe ich auf der Luftmatratze durchs Wohnzimmer. Die gute Neuigkeit ist, dass die viertägige Thanksgiving-Heimsuchung ein Ende hat. Die schlechte Neuigkeit ist, dass ich vergessen habe, den Abfall rauszubringen, und eigentlich schon gestern wieder im Büro hätte erscheinen müssen. Ich höre, wie mein Nachbar die Wagentür zuschlägt und aus seiner Einfahrt in die Straße einbiegt. Die Trauer ist bereits hellwach. Sie ist eine Frühaufsteherin, begrüßt mich mit einer erstickenden Umarmung und bläst mir ihren heißen, übelriechenden Atem ins Ohr. Dann folgt sie mir den Flur hinunter zum Bad, wobei sie mir unaufhörlich auf die Schulter tippt. *Versuche, deine Zahnbürste hochzuheben,* sagt sie.

Ich stütze mich aufs Waschbecken, um meine weichen Knie zu entlasten, und starre voller Entsetzen das Monster an, das mir, wie aus einem Tiefsee-Horrorfilm entsprungen, aus dem Spiegel entgegenfratzt.

Die Zahnbürste ist bestimmt schwer wie ein Vorschlaghammer. Meine Hand gehorcht mir nicht, ist nicht bereit, sie zu nehmen.

Es juckt mich am ganzen Körper. Wahrscheinlich, weil ich seit Tagen nicht geduscht habe. Mein Schlafanzugoberteil ist eiscremeklebrig. Anstatt zu duschen und mich für die Arbeit anzuziehen, nehme ich die Zahnpastatube, kehre damit zu meiner Luftmatratze zurück und kleistere etwas von dem weißen Brei auf meine Zähne, während bei den »Cops« ein Typ in einem weißen Firebird vor der Polizei flieht, indem er in falscher Richtung eine Ausfahrt hinunterbrettert. Sie zerschießen seine Reifen, aber er fährt auf den funkensprühenden

Felgen weiter. Entgegenkommende Autos weichen ihm aus, krachen in die Leitplanke, und ich schlafe wieder ein.
Als ich das nächste Mal aufwache, scheint die Sonne auf den Teppich, und ich höre die unverwechselbaren Schlurfschritte des Postboten auf der Veranda. Mühsam kämpfe ich den Drang nieder, die Haustür aufzureißen und ihm um den Hals zu fallen. *Sie haben mir den A.J.Crew-Katalog gebracht! Wie lieb von Ihnen!*
Ich schleppe mich in die Küche und krame nach Kohlenhydraten. Fündig geworden, staple ich Tiefkühlwaffeln auf einen Teller und gönne mir einen Karton Kirschsaft dazu. Natürlich weiß ich, dass ich eigentlich Obst und Gemüse essen sollte, aber sie führen keine Frischwaren im 7-Eleven.
Morgen wird alles anders. Morgen fange ich mit einer proteinreichen, fettarmen Diät an, schreibe mich für einen Yogakurs ein, wie Dr. Rupert es vorgeschlagen hat, und gehe täglich mindestens eine halbe Stunde spazieren. Und ich kaufe mir Obst und Gemüse. Ich werde meine Angst vor dem Großmarkt überwinden. Der Gedanke an morgen bringt mich darauf, einen Blick auf den Kalender zu werfen, um heute zu finden. Da ist es: Dienstag – wie ich mir dachte. Der siebenundzwanzigste November. Ethans Geburtstag. Du bist hier. Ich würge einen strohtrockenen, nach Mehl schmeckenden Waffelklumpen hinunter.
In der Nacht, als Ethan starb, war ich nicht einmal *dort*. Ich fuhr gegen elf nach Hause, um frische Sachen anzuziehen und die *Thurber-Essays* zu holen, die das Einzige waren, was ihn noch zum Lachen brachte. Er hatte seit zwei Tagen kein Wort gesprochen und lag so still, dass man ihn nur atmen sah, wenn man konzentriert auf sein Nachthemd starrte, wo die kleinen blauen Schneeflocken sich kaum merklich hoben und senkten.

Trotzdem las ich ihm vor. Weil es heißt, dass das Gehör bis zuletzt funktioniert – auch wenn man unter Morphium steht. Und so fuhr ich Idiotin nach Hause, um zu duschen, mich umzuziehen und das Buch zu holen. Marion blieb mit ihrem Strickzeug an seinem Bett sitzen. Das Klick-Klick-Klick der Nadeln war das einzige Geräusch im Zimmer. Ich hatte mir gerade ein Sweatshirt über den Kopf gezogen, als sie anrief.
»Wir haben ihn verloren«, sagte sie.
Dann müssen wir ihn eben wiederfinden, dachte ich.
Es geht auf Weihnachten zu, sagt der Kalender. *Was hast du für Weihnachtspläne?* Es ist ein autoritärer Gartenkalender, der mir vorschreiben will, einen Komposthaufen anzulegen und im Schuppen hübsche Pflanztöpfe für die Frühlingsarrangements zu horten. Ich habe keinen Schuppen. Mit einer so heftigen Bewegung, dass der Nagel in hohem Bogen davonfliegt, reiße ich das Ding von der Wand und stopfe es in den überquellenden Abfalleimer. Eine leere Thunfischdose schlittert über die Fliesen.
Ich sehe mich, wie ich mich bücke und die Dose aufhebe. Ich sehe mich, wie ich den Müll hinausbringe und dann den Deckel des Eimers hebe, der über und über mit Kleckerkram verklebt ist. Ich sehe mich, wie ich das schmutzige Geschirr aus dem Spülbecken (ja, ich hatte tatsächlich welches übersehen!) in den Geschirrspüler räume, dusche und etwas zum Anziehen bügle. Aber in Wirklichkeit tue ich nichts von alledem. Stattdessen rufe ich unsere Abteilungssekretärin an und erkläre ihr, dass mich die Grippe erwischt habe. Sie rät mir, mich für alle Fälle impfen zu lassen – vielleicht wäre es ja noch nicht zu spät. Sie wisse es zwar nicht, aber schaden könne es auf keinen Fall. Ich verspreche ihr, es auf meine Liste zu setzen.
Duschen ist was Schönes. Ich weiß das, aber ich kann den

Wasserhahn nicht aufdrehen. Wie hypnotisiert starre ich auf das irrwitzig vielfältige Muschelmuster des Duschvorhangs. Das Telefon klingelt. Der Anrufbeantworter schaltet sich ein, und dann tönt Marions Stimme durchs Haus. Sie sagt, sie habe mich im Büro und über Handy zu erreichen versucht und möchte wissen, wo ich bin und ob ich Lust hätte, zur Half Moon Bay zu fahren, wo wir Ethans Asche verstreut haben, und vielleicht dort zu Mittag zu essen. Sie klingt ein wenig hektisch. Ich schlurfe hinunter und nehme den Hörer ab.

»Klar«, sage ich. Irgendwie erscheint mir dieser Plan einfacher, als zu duschen. Es überrascht mich, dass Marion erleichtert wirkt. Ich dachte immer, dass sie mich nur aus Höflichkeit anruft und etwas mit mir unternimmt. Aber vielleicht braucht sie mich. Sie hat zwar ihre ehrenamtlichen Aufgaben und den Bridgeklub und ihr Damenkränzchen, aber sie lebt auch allein. Vielleicht braucht sie meine Unzulänglichkeit. So, wie man manchmal einen starken Menschen braucht, braucht man vielleicht manchmal einen schwachen. Vielleicht bin ich für Marion, was die »Cops« für manche Leute sind. Vielleicht sieht sie mich an und sagt sich: *Gott, es könnte mir viel schlechter gehen, mein Leben könnte viel schlimmer sein.*

Ich ziehe eine Latzhose über meinen Schlafanzug und schlinge ein Halstuch um meine verfilzten Haare. Als ich einen Mantel aus dem Garderobenschank hole, sehe ich Schimmel die Wand heraufkriechen. Ein muffiger, säuerlicher Geruch steigt mir in die Nase. Vielleicht ist ja schon das ganze Haus voller Sporen. Sporen, die mir die Energie entziehen, die ich ansonsten aufbrächte, um Wohnzimmermöbel zu mieten. Vielleicht wird die ganze Bude in sich zusammenfallen und mit einem ohrenbetäubenden Schmatzen von dem Sumpf da unten verschlungen und ich mit. Vielleicht finden sie mich in Tausen-

den von Jahren in meinem Schlafanzug und der Latzhose wie die Moorleichen, deren ledrig braune Körper man unter einer dicken Torfschicht entdeckte und deren wollene Umhänge noch an ihren Gliedern hingen.
Marion macht keine Bemerkung über mein Schlafanzugoberteil. Normalerweise würde sie fragen, ob ich nicht eine Bluse oder einen Rollkragenpullover anziehen wolle. Ihre Haltung ist stets untadelig, das Rückgrat durchgedrückt, das Kinn vorneweg, aber heute hat ihre Beherrschung einen hektischen Unterton, und ihr Mantel ist schief zugeknöpft.
Ethan war ein Einzelkind, und er erzählte mir, dass seine Mutter an seinem Geburtstag immer aufwendige Partys mit stundenlangen Spielen und Unmengen von Süßigkeiten veranstaltete und sich jedes Mal ein Motto dafür ausdachte wie für einen Kostümball – Dinosaurier oder Cowboys und Indianer oder so. Auch als er schon erwachsen war, backte sie ihm jedes Jahr seinen Lieblingsbananenkuchen.
Wir fahren die I-280 hinauf und über den Hügel auf den Highway 92.
»Ist das denn der richtige Weg?«, fragt Marion in einem Anflug von Panik. Es gibt nur diesen einen Weg über den Hügel zur Half Moon Bay, und ich verstehe ihre Beunruhigung nicht. Sie kann die Strecke doch unmöglich vergessen haben. Ich nicke, und sie lockert ihren Klammergriff um das Lenkrad.
»Schön«, sagt sie mit ausdrucksloser Stimme und deutet auf die Nebelschleier, die zwischen den Eukalyptusbäumen hängen.
Wir halten bei einer Gärtnerei, wo ich gelbe Rosen kaufen möchte, um sie für Ethan ins Meer zu werfen. Wie viele soll ich nehmen? Zwölf erscheinen mir übertrieben, sie ließen sich auch nur schwer in die Brandung werfen, und eine oder zwei

kämen mir armselig vor – wie wenn nur ein paar Gäste zu einer Party erscheinen.
»Guten Tag, meine Damen«, begrüßt uns ein weißhaariger Mann hinter dem Tresen und beugt sich zu den Blumen vor. Ich habe mich für sechs entschieden. »Ist das alles?«
»Ich bezahle«, erklärt Marion und streckt ihm einen Zwanzig-Dollar-Schein hin.
»Sie sehen genau aus wie Ihre Mutter«, sagt der Mann zu mir. Ich blinzle verwirrt. Dann begreife ich, dass er Marion meint. Als ich sie ansehe, hat sie den Blick gesenkt, und ein leises Lächeln spielt um ihren Mund.
»Danke«, antworte ich artig.

Auf dem Weg zum Meer, das sich weit vor uns grau bis zum Horizont erstreckt, kommen wir an Rosenkohlfeldern vorbei.
Ethan liebte das Meer, Tauchen und Boogie-Bootfahrten. Nach unserer Hochzeit machten wir keine ausgedehnten Flitterwochen, denn er hatte gerade bei einer neuen Firma angefangen und konnte sich nur fünf Tage freinehmen. Wir tranken am Strand Champagner und blieben bis zwei Uhr nachmittags im Bett. Doch schon bald ging es los, dass Techniker aus dem Betrieb ihn auf dem Handy anriefen und er Stunden damit verbrachte, ihnen zu erklären, was sie zu tun hatten.
»Es reicht«, sagte ich, nachdem wir eines Abends den Sonnenuntergang versäumt hatten und unsere Tischreservierung ungenutzt geblieben war. Ich packte sein Handy und warf es in hohem Bogen in das Gebüsch vor unserem Zimmer.
»Aber ich tu das doch für uns!«, rief er und lief hinaus, um das Handy zu holen. Er tat immer alles »für uns«. Ich müsse das begreifen und mehr in die Zukunft schauen.

Jetzt bin ich in der Zukunft – ohne Ethan, mit einer Handvoll gelber Rosen.

Am Strand krachen zornige Brecher auf den Sand. Ich ziehe meine Sneakers und die Socken aus und kremple die Hosenbeine hoch, aber ich schaffe es nicht, mich bis dahin vorzukämpfen, wo das Wasser ein bisschen tiefer und ruhig ist. Ein Rosendorn bohrt sich in meinen Finger.

Marion schaut, die Hände in die Seiten gestemmt, auf die Brandung, als wolle sie ihr befehlen, sich zu beruhigen. Der Wind lässt ihre weißen Löckchen tanzen. Dazwischen schimmert rosa ihre Kopfhaut hervor. Ihre Augen tränen von der Kälte.

Am Tag des Gedenkgottesdienstes für Ethan war das Wetter fast genauso unfreundlich gewesen, obwohl damals Sommer war. Marion, Dad, Jill, unsere Freunde Sonia und Alfie und ich versammelten uns, um die Asche auszustreuen. Der Wind wehte uns die Haare ins Gesicht und den Sand in die Augen, und die See brodelte ungeduldig, zerrte an unseren Knöcheln, als wolle sie sagen *euch auch, ich will euch auch.* Eigentlich hätten wir uns eine Erlaubnis für das Ausstreuen der Asche besorgen müssen, aber das hatte keiner getan. Marion schaute verstohlen in die Runde und mühte sich dann mit dem Deckel ab. Er klemmte, doch schließlich gelang es ihr, ihn abzunehmen, und sie schüttete die Asche aus, die sofort die Gischt verschlang, die um unsere Füße schäumte. Bekümmert starrte sie die Urne an. So hatte sie sich das offenbar nicht vorgestellt. Sicher hatte sie sich einen windstillen Tag ausgemalt. An dem sich ein hoher, wolkenloser Himmel über spiegelglattem Wasser wölbte, das im Sonnenlicht glitzerte. Die Asche in anmutigen Wellenbewegungen auf Hawaii zuschwebte.

Ich werfe die Rosen, so weit ich kann. Einen Moment lang segeln sie, zu einem Fächer ausgebreitet, durch die Luft, dann

stürzen sie ab und hüpfen, nur einen Meter entfernt, in dem weißen Schaum, werden vom Wasser mit hinausgenommen und wieder in Richtung Strand getragen.
Ein Deutscher Schäferhund rennt bellend durch die Brandung auf die Blumen zu. »Pfui!«, schreie ich, aber er schnappt zu und zieht mit den Zähnen eine Rose aus dem Wasser. »Lass los!« Sein Besitzer ist nirgends zu sehen und auch sonst niemand. Meine Waden brennen von dem Salz. Meine Füße spüre ich nicht mehr.
Erschrocken zucke ich zusammen, als Marion von hinten meine Hand nimmt und drückt. Ich erwidere den Druck. Ihre Finger sind kalt, aber ihre Handfläche ist warm und weich. Sie sagt, wir hätten daran denken sollen, Handschuhe mitzunehmen. Dann ist ihre Hand weg. Wir kehren dem Meer, den Rosen und dem bellenden Hund den Rücken und klettern die Düne hinauf. Der Sand ist so tief wie in einem dieser Träume, wo man rennen möchte, aber nicht kann.

Marion und ich sind die einzigen Gäste in dem Restaurant mit Blick aufs Meer. Wir setzen uns ans Fenster und bestellen Krebse und Wein. Ich knacke die Scheren, tunke ein Stück Sauerteigbrot in zerlassene Butter und trinke einen Schluck Chardonnay. Marion leert ihr Glas, schenkt sich nach, rührt ihren Krebs jedoch nicht an.
»Zu mühsam«, beantwortet sie meinen fragenden Blick. »Viel zu mühsam.« Sie beäugt missbilligend mein Schlafanzugoberteil, scheint jedoch auch nicht die Energie für einen Kommentar aufbringen zu können.
»Möchtest du vielleicht was anderes?«, schlage ich vor. Die Kellner, die uns zahlenmäßig weit überlegen sind, schauen von den Kaffeemaschinen zu unserem Tisch herüber.

»Nein, danke.« Marion lächelt mich an und klemmt ihre zusammengeknüllte Serviette seitlich unter den Rand ihres Tellers. »Aber weißt du, worauf ich jetzt Lust hätte?«
Ich schüttele den Kopf.
»Auf eine Zigarette.«
»Eine Zigarette?« Ich kann mir Marion beim besten Willen nicht rauchend vorstellen. »Dann lassen wir welche bringen.«
»O nein, um Himmels willen!« Abwehrend wedelt sie mit ihrer kleinen Hand über ihrem Teller hin und her.
Ich schaue aufs Meer hinaus. Ganz hinten glaube ich ein geisterhaftes Segel am Horizont zu sehen. Vielleicht ist es aber auch eine Wolke. Gleich darauf ist es, was immer es war, verschwunden, von der See verschlungen.

Als ich am nächsten Morgen auf der 280 zur Arbeit fahre, weiß ich sehr wohl, dass ich das eigentlich nicht im Bademantel tun sollte. Aber ich muss endlich wieder ins Büro, und ich fand einfach nichts zum Anziehen. Alles war entweder zu eng oder schmutzig oder passte nicht zueinander. Doch das meiste war zu eng, die Reißverschlüsse der Röcke scheiterten an meiner neuen Apfelkuchen-Taille. Hektisch riss ich alles Mögliche von Bügeln, legte die Sachen auf dem Bett aus, versuchte, ein Ensemble zu kreieren. Es klappte nicht. Ich konnte mich nicht anziehen, aber es kam nicht in Frage, auch heute blauzumachen. Und so stieg ich im Bademantel ins Auto und fuhr los.
Jetzt ist es schon Viertel nach neun. Für wen halte ich mich, dass ich glaube, mir so viele freie Tage genehmigen zu dürfen? Ich lebe im Silicon Valley, um Gottes willen. Wird der NASDAQ abrutschen, weil mein Mann gestorben ist? Kein Gedanke. Das Geschäft läuft weiter.

Ich stelle die Heizung auf volle Leistung und nehme noch einen Schluck Kaffee aus meinem Reisebecher. In meinen Eingeweiden rumort es.
Mein Kopf juckt, weil ich mir seit ich weiß nicht wie lange die Haare nicht gewaschen habe. Toll, Sophie! Gestern Abend sind Sachbearbeiter für Kundenwerbung unserer New Yorker PR-Agentur eingeflogen, um mit Lara und mir eine Strategie für die Plazierung unserer Artikel in der Ostküstenpresse zusammenzuzimmern – *New York Times* und *Wall Street Journal.* »Zusammenzimmern« ist Laras Lieblingswort. Sie hat mich gestern extra angerufen, um sich zu vergewissern, dass ich heute kommen würde, und ich versprach ihr, um halb zehn da zu sein.
Mastodon Suburbans und Land Cruisers ziehen an mir vorbei und rasen auf mich zu. Vielleicht fühle ich mich so verletzlich, weil mein Wagen so klein ist. Vielleicht sollte ich lieber einen Van fahren, einen Schulbus – oder einen Panzer. In der Fernsehserie über die gefährlichsten Verfolgungsjagden der Welt wurde mal über einen Typen berichtet, der einen Panzer klaute und damit ein ganzes Wohnviertel plattmachte. Nicht die Häuser, natürlich, aber die Autos, Boote und Fahrräder. Ich kann mir gut vorstellen, auch irgendwann einen so schlechten Tag zu haben. Hinten im Kofferraum rumpelt es, und ich zucke zusammen, als mir klarwird, was da von einer Seite zur anderen rutscht: meine Kuchen.
Es wird von mir erwartet, Lara und den PR-Damen nach dem Mittagessen Plazierungsvorschläge zu präsentieren, aber ich habe noch keine einzige Idee. Schließlich sind wir der Klient. Warum kommt nicht die Agentur mit einer Strategie rüber? Immerhin sei das ihre Aufgabe, die Strategie unter meiner Leitung in die Tat umzusetzen, sagt Lara.

Ich höre die Verkehrsnachrichten und hoffe inständig auf eine Massenkarambolage, die mein Weiterkommen vereitelt, aber alles läuft störungsfrei.

Im Aufzug lächelt der CFO über meine Pantoffeln. Vielleicht hätte er gern ein Stück Apfelstreuselkuchen. Wir konzentrieren uns beide auf die roten, eckigen Ziffern über der Tür, die uns zuzwinkern, während wir der fünften Etage entgegenschweben. Zwei, drei, vier – und *da sind wir auch schon!*

Ich schnappe mir das *Wall Street Journal* von dem kleinen Tisch im Flur.

»Oh!«, japst die Verwaltungsangestellte zwei Kabäuschen weiter, als sie mich sieht. »Oh!«

Als ich auf mein Kabäuschen zusteuere, steigt der Fußboden vor mir plötzlich steil an. *Ich kann das, ich kann das!* Immer mehr Berufstätige haben Probleme damit, Job und Familie unter einen Hut zu bringen, steht im *Journal. Die* Sorge möchte ich haben!

Mein Posteingangskörbchen quillt über. Weiß denn in dieser Firma keiner, dass wir uns zu einer papierlosen Gesellschaft entwickeln? Ich versenke das Ding samt Inhalt im Papierkorb und schiebe meinen Ficus auf den frei gewordenen Platz. Er macht sich hübsch da mit seinen weißrandigen, runzligen Blättern. Nach einem prüfenden Blick beschließe ich, dass die anderen Pflanzen von meinem Schreibtisch auf dem Boden besser zur Geltung kämen. Ich arrangiere sie in einer Reihe. Jetzt ist der Zugang zu meinem Verschlag blockiert. Die Topfpalme, der Efeu, der Weihnachtsstern und das Alpenveilchen schaffen die dringend benötigte vierte Wand.

Bis zu meiner Präsentation sind es nicht mal mehr zwei Stunden. Ich fahre meinen Computer hoch, doch dann kann ich mich nicht entscheiden, ob ich den Text links- oder rechtsbündig schreiben soll. Oder zentrieren? Welchen Text? Ich hole meinen Lunch aus der Schreibtischschublade: eine Tüte mit alten Hot-Dog-Brötchen und ein paar Restaurant-Portionspackungen Honig. Ich tröpfle Honig auf ein Brötchen und fange an zu essen. Gar nicht so übel. Wirklich nicht.

Es raschelt in den Pflanzen, und dann klopft es an meinem Verschlag. Ich finde es rührend, wie die Leute sich um Takt und Diskretion bemühen, obwohl von Privatsphäre keine Rede sein kann.

Irgendjemand sagt: »Sophie?«

Ich puste und puste und puste dein Haus weg!

Lara gleitet zwischen den Pflanzen hindurch. Sie ist klein und biegsam und passt durch die schmalsten Ritzen – wie eine Fledermaus.

»Ähhh …«, sagt sie bei meinem Anblick. »Was ist passiert?«

»Mpf.« Das alte Brötchen und der Honig kleben an meinem Gaumen. »Meimanniffgeborben.«

Lara geht neben meinem Stuhl in die Hocke. Sie kaut auf ihrer vollen Unterlippe herum und zieht pfeifend einen langen Atemzug durch die Zähne. Schließlich räuspert sie sich, und ich sehe, dass sie zu sprechen anfängt, aber ich habe keinen Schimmer, was sie sagt. Ich bemühe mich zuzuhören, doch mein Gehirn kann die Worte nicht deuten.

»Schwampf Didel Knadel Dudel«, flüstert sie.

»Mm?« Mühsam würge ich den Brotklumpen in meinem Mund hinunter. Ich glaube nicht, dass sie das als Satz gelten lässt. Nicht nach ihren hammerharten Maßstäben. Auf keinen Fall.

»Schwampf Didel Knadel Dudel«, wiederholt sie eindringlich.

Es kann ja sein, dass das Gehör im Allgemeinen am längsten funktioniert, aber in meinem Fall scheint es als Erstes auszusetzen. Ich schlage mit der flachen Hand seitlich gegen meinen Kopf, um das Wasser aus dem Ohr zu klopfen.

Warum spricht Lara plötzlich eine neue Sprache? Es hat mir schon immer vor Änderungen gewohnter Regeln gegraut. Die Sommerzeit ist so ein Punkt. Und das Damoklesschwert der Umstellung auf das metrische System.

»Schwampfdipampf, Schätzchen«, gurrt Lara und beugt sich noch weiter zu mir vor. Endlich habe ich etwas verstanden. »Schätzchen« habe ich sie auch schon am Telefon zu Freundinnen sagen hören. Es ist ein Kosewort. Ein Wosekort.

»Wosekort!«, höre ich mich ausrufen.

Ich greife in die Bonbonschale auf meinem Schreibtisch und mache mich ans Auswickeln und Essen. Erst kommt Orange dran, dann Rot, dann Gelb, dann Rosa und dann wieder Orange. Die Orangefarbenen schmecken am besten. Die Luft ist stickig, und Lara verschwimmt vor meinen Augen. Und dann ist sie weg.

Ich lutsche Bonbons, betaste meine Haare, die sich wie Gestrüpp anfühlen, und versuche, wenigstens etwas davon hinter meine Ohren zu klemmen.

Kurze Zeit später steht plötzlich ein Mann in meinem Kabäuschen. Vollbart, lavendelfarbenes Oberhemd, schwarze Jeans. Die braunen Augen erinnern mich an Schlammpfützen. Sie sehen mich ruhig an. Er legt die Hand auf meine Schulter, und ich spüre ihre Wärme durch meinen Bademantel.

»Oh«, höre ich meine Stimme durch meinen Kopf hallen.

»Was meinen Sie, Sophie?«, sagt er und schiebt langsam eine Kleenexbox über den Schreibtisch auf mich zu. »Wollen wir in mein Büro hinuntergehen?«

»Das klingt gut«, stammle ich, rutsche auf meinem Stuhl nach vorne und versuche, meine Häschenpantoffeln unter dem Schreibtisch zu verstecken. Ich möchte nicht, dass er sieht, wie lässig ich gekleidet bin, obwohl nicht einmal Freitag ist. Ich glaube zumindest nicht, dass Freitag ist. Ich glaube, es ist Donnerstag. Oder Mittwoch? Vielleicht ist er ja deshalb in mein Kabäuschen gekommen. Es gibt schließlich eine Kleidervorschrift in der Firma. Jeans sind erlaubt, aber Häschenpantoffeln? Ich habe sie schon seit vielen Jahren. Ich hatte sie schon vor dem Tod meiner Mutter. Und die Ohren sind ganz ausgefranst vom Drauftreten.

»Na dann«, sagt er und legt die Hand auf meinen Arm. Seine Finger sind groß und rosig und haben eckige Kuppen.

»Das klingt gut«, wiederhole ich. Und dann kann ich nicht mehr aufhören »das klingt gut« zu sagen. Ich grabe die Finger in die Ärmel meines Bademantels. Es muss doch möglich sein, dass ich etwas anderes sage. »Das klingt gut«, erkläre ich ihm.

»Gehen wir?«

Ich nicke. Aber ich kann nicht aufstehen. Ich muss mich erst entspannen. Mancher würde vielleicht sagen, dass der Bademantel und die Hausschuhe der Entspannung genug seien, doch ich brauche noch etwas anderes. Ich lege den Kopf auf die kunstlederne Schreibunterlage. Kühl und glatt liegt sie an meiner Wange. Die Zweige meines Ficus neigen sich mir zu, die kleinen, spitzen Blätter streicheln meine Haare.

6

Siebzehn, achtzehn, neunzehn, zwanzig. Es sind viele weiße Streifen auf dem Weg zu Dr. Rupert, und ich kann nicht dagegen an – ich muss sie zählen.

Dad ist zu mir gekommen und fährt mich zweimal in der Woche zur Therapie, wie er mich in meiner Schulzeit zur Bücherei und ins Freibad fuhr, nachdem Mutter gestorben war. Seine Frau Jill hat mir ein »Care-Paket« mit Aprikosenschaumbad und -lotion, Erdnussbutterpralinen und Klatsch-Illustrierten mitgeschickt.

Dad hatte zwischen Mom und Jill nur eine einzige Freundin. Eine Buchhalterin aus seiner Firma namens Beverly, die ein Jahr nach Moms Tod wie ein tropischer Sturm über ihn hinwegfegte. Alles an Beverly war klobig – ihr Knochenbau, ihr Busen und ihr ständig lippenstiftbeschmiertes Gebiss. Einmal, als ich bei einer Freundin übernachtet hatte und morgens nach Hause kam, fand ich sie in unserer Küche vor, wo sie in einem durchsichtigen Babydoll-Hemdchen Spiegeleier mit Speck briet. Obwohl ich erst fünfzehn war, bot sie mir eine Zigarette an. Sie war eine so absolut unmögliche Person, dass ich, anstatt mich über sie zu empören, fasziniert von ihr war, wie man vielleicht von einem exotischen Tier fasziniert wäre, das eines Tages plötzlich im Garten auftauchte.

Nach der Trennung von Beverly wandte Dad sich von den Frauen ab und der Bienenzucht zu. Er holte beim Landwirtschaftsministerium schriftlich die erforderlichen Informationen ein und schaffte sich zwei Völker an. Als eine der Königinnen sofort starb, fürchtete ich, dass ihm das von ihm als Therapie gewählte Hobby das Herz bräche. Doch er meisterte die Krise mit Bravour, indem er beide Völker unter der verbliebenen Königin vereinte. Jeden Morgen trottete er in seinem steifen, weißen Astronautenanzug nach hinten in den Garten, um nach ihnen zu sehen. Wenn er die Deckel der weißen Kiefernholzkästen hochhob, flogen die Bienen auf, um ihn zu begrüßen, und fielen wie Tropfen von seinem schwarzen Schutzschleier. Die Präzision, Beständigkeit und unterschwellige Gefahr, die zur Bienenzucht gehörten, schienen beruhigend auf ihn zu wirken. Schon bald ernteten wir eimerweise dickflüssigen, goldgelben Honig. Beschrifteten und verzierten am Küchentisch gemeinsam die Etiketten für die Gläser, die wir zu Weihnachten verschenken wollten. Wann immer in seinen Kreuzworträtseln ein anderes Wort für Imker gesucht wurde, sprach er seinen Titel voller Stolz laut aus – Bienenzüchter –, und er schien froh darüber zu sein, noch etwas anderes zu sein als Witwer.

Ich habe ein schlechtes Gewissen, weil Jill allein in Vermont sitzt, während Dad mich in der Gegend herumkutschiert. Andererseits ist es gut, dass *er* fährt, denn Dr. Rupert hat mir ein Antidepressivum verschrieben, das meinen Kopf so leicht macht, dass er sich wie ein Luftballon anfühlt. Ich komme mir irgendwie körperlos vor, und mit all diesen weißen Streifen auf der Straße käme ich niemals zurecht.

Laut Dr. Rupert hatte ich, ausgelöst durch Trauer, einen depressiven Zusammenbruch. »Das ist nach einem so schweren persönlichen Verlust nicht ungewöhnlich«, erklärte er mir, als sei es völlig verständlich, in Bademantel und Häschenpantoffeln zur Arbeit zu gehen. Es gefällt mir nicht, zweimal am Tag Tabletten nehmen zu müssen. Eine Brille, Vitamine oder

Schokolade zum Leben zu brauchen stört mich nicht, aber Tabletten zu brauchen bestätigt, dass ich schwach bin.

»Du siehst hübsch aus heute«, sagt Dad und setzt den Blinker, um seinen Fahrbahnwechsel anzukündigen, wobei er den Kopf leicht senkt und mich über seine Brille hinweg mustert.

»Danke.« Wahrscheinlich ist das ein Lob dafür, dass ich tatsächlich angezogen bin, mich von meinem Schlafanzug trennte, duschte, mich in Jeans zwängte und Ethans alten, unförmigen Skipullover überstülpte. Der Rest meiner Garderobe scheint jemand anderem zu gehören: einer glücklich verheirateten, schlanken Frau, die viel zu beschäftigt dafür ist, abends zu backen und Biskuitrollen zu vertilgen. Ich streiche mit der Hand über die roten, gelben und blauen Streifen von Ethans Pullover.

»Das ist der neue schwarze«, erkläre ich Dad.

»Oh«, sagt er bestürzt.

»Das war ein *Witz,* Dad.«

»Oh.« Er lacht ein bisschen zu laut, zieht dann ein Taschentuch heraus und tupft sich Schweißperlen von der Stirn. Er schwitzt immer, wenn er sich Sorgen macht, auch wenn es kalt ist. Ich habe Schuldgefühle, weil ich ihm Sorgen bereite. Mutter war der ruhende Pol in unserer Familie, der Fels in der Brandung, der uns besänftigte, wenn wir uns aufregten.

Dad trägt seine Rentneruniform: Khakihosen und blaues Chamoishemd. Er bleibt bei Blau, denn er ist farbenblind, und wenn er zu Rot, Grün oder Braun ausschert, sieht er aus wie ein Kind, das sich allein angezogen hat. Hinter seinem Ohr klemmt ein Bleistiftstummel für das Kreuzworträtsel in der *New York Times,* mit dem er sich im Wartezimmer die Zeit vertreibt, während Dr. Rupert sich auf seinem Block Notizen macht und ich meine Hände durchknete. Was er da wohl kritzelt? *Total durchgeknallt. Hoffnungsloser Fall. Unsäglicher Pullover.* Vielleicht ist es aber auch eine Liste für sein Wochenendprogramm: *Bäume beschneiden. Rindenmulch ausstreuen. Rosen anhäufeln.*

»Wir sind gleich da«, sagt Dad, als wir vom Freeway abbiegen.

Gorgatech hat mir drei Monate unbezahlten Urlaub bewilligt. Sie sagten, wenn ich zurückkäme, dann wahrscheinlich nicht als PR-Managerin, aber ich hätte auf jeden Fall einen Platz in der Firma. In der Cafeteria oder in der Tiefgarage? Der Personalchef legte mir ein ellenlanges Schriftstück vor, das ich eigentlich vor dem Unterschreiben lesen wollte, aber die winzigen Buchstaben wieselten auf dem Papier hin und her und ließen sich nicht zu Worten einfangen. Theoretisch habe ich also noch einen Job, ich kann auf Partys nach wie vor meine Visitenkarte herzeigen, aber einen Gehaltsscheck bekomme ich nicht. Auch wenn ich es mir schönrede – ich hänge in der Luft.

Der Zustand meines Hauses versetzt Dad in Panik. Schmutziges Geschirr, schmutzige Wäsche, ungeöffnete Post, überquellende Mülleimer, allmählich zerfallende Zeitungen in der Zufahrt, schimmelnde Kuchen im Kofferraum meines Wagens – er fällt von einem Entsetzen ins nächste.

»Sophie-Schatz, warum holst du denn die Zeitung morgens nicht rein?«, fragt er in der Sorge, dass der Stapel potenziellen Einbrechern signalisieren könnte, dass niemand zu Hause sei. Ich versuche, ihm zu erklären, dass das Ende der Zufahrt sich unerreichbar weit entfernt hat, aber dann fragt er, warum ich nicht einfach anrufe und die Zeitung abbestelle. Auf die Idee bin ich offen gestanden überhaupt nicht gekommen. Obwohl

ich mich verzweifelt danach sehnte, mit jemandem zu reden, wagte ich nicht zu telefonieren. Die vielen Knöpfe an dem Apparat machen mich ganz wirr im Kopf.
Dad will wissen, wo mein buntes Geschirr hingekommen ist. »Hast du es in die Schachteln gepackt, die in der Garage stehen?«
»Ja«, schwindle ich. »Ich konnte es nicht mehr sehen.«
Er nickt verständnisvoll, doch die Schachteln und die Tatsache, dass ich in der Zufahrt parken muss, machen ihn so nervös, dass er ständig auf der Unterlippe herumkaut. Sie ist schon ganz rot und geschwollen davon.
»Ich werde dir einen Lagerraum mieten«, bietet er an und beginnt, in den gelben Seiten zu blättern.
»Nein!« Ich reiße ihm das Telefonbuch aus der Hand.
Dad hat noch viele von Mutters Sachen – ihre Kunstgeschichtsbücher, Kaschmirpullover, Briefe von Freunden, alte Hüte in mit festlichen Seidenschleifen verschlossenen runden Schachteln –, aber sie sind aufgeräumt, stehen in Regalen beziehungsweise liegen in Schubladen, unmerklich in sein Haus integriert. Das ist zwar sehr viel vernünftiger als ein turmhoher Schrein in der Garage, doch ich weiß nicht, wie ich Ethans Sachen wieder mit meinen mischen soll.

Ich bin dienstags und donnerstags bei Dr. Rupert. Warum ich montags, mittwochs und freitags aufstehen muss, ist mir nicht klar. Aber Dad kommt jeden Morgen pünktlich um acht in mein Zimmer, öffnet die Vorhänge und die Fenster und lockt mich aus meiner Flanell-Muschel.
»Wir haben viel zu tun heute«, sagt er und klatscht in die Hände wie ein Animateur. »Wie wär's, wenn du erst mal einen Fuß auf den Boden stellen würdest?«

Ich schiebe einen Fuß unter der Decke hervor und teste mit dem großen Zeh die Temperatur des Holzbodens. Kalt! Die Wärme unter meiner Decke lockt mich in die Mitte der Matratze zurück. *Hör nicht auf deinen Vater*, flüstert sie beschwörend. *Schlaf einfach weiter.*

Schließlich stolpere ich doch aus dem Schlafzimmer ins Bad, während Dad mein Zimmer aufräumt. Er ist ein Ordnungsfanatiker, der den Anblick achtlos auf einen Stuhl geworfener Kleidung oder eines ungemachten Bettes nicht ertragen kann. Wenn ich zurückkomme, sind die Laken und Kissen so makellos wie auf einem Reklamefoto von Macy's und machen es mir schwer, mir wieder eine Höhle daraus zu bauen. Während ich noch unschlüssig dastehe, schiebt er mich aus dem Zimmer und ins Freie hinaus, wo ich Blätter zusammenrechen oder die Zufahrt fegen muss, damit ich durch Luft und Licht einen klaren Kopf bekomme.

Dad macht mir meine Lieblingsgerichte aus Grundschulzeiten: Cream of Wheat zum Frühstück, Fluffernuttersandwiches zum Mittagessen und abends Thunfisch in Sahnesauce. Er müht sich mit dem Thunfisch ab, den er seit vielen Jahren nicht gemacht hat, rührt am Herd in der weißen Sauce und wirft dabei immer wieder hilfesuchend einen Blick in das aufgeschlagen neben ihm liegende Standardwerk *The Joy of Cooking*, worin er die einzelnen Schritte des Rezepts mit einem Neonmarker unterstrichen hat.

»Bitte werde dicker!«, fleht er die Sauce an, während er so vehement mit dem Schneebesen auf dem Topfboden herumfährt, dass zu befürchten ist, dass er sich damit zur Kochplatte durchscheuert.

Ich bin ihm so dankbar. All das tut er für seine Im-Bademantel-kann-man-keinen-Job-behalten-Tochter. Ich stehe dabei und sehe zu, wie die widerspenstige Flüssigkeit endlich doch sämig wird. Plötzlich mache ich mir Gedanken darüber, wann Dad sterben wird. Hoffentlich sterbe ich vor ihm. Ich habe keine Angst vor dem Sterben – ich habe Angst davor, dass alle anderen sterben und mich allein zurücklassen. Brauche ich vielleicht mehr als Urlaub von der Arbeit – vielleicht Urlaub von diesem Planeten? Dr. Rupert sagt, dass ich mich gut mache und mir einfach mehr Zeit für alles zugestehen muss. Es gibt keine Wunderheilungen – die Zeit heilt.

Dad und ich kaufen Klappliegestühle für den Garten und einen Fernsehtisch fürs Wohnzimmer und ein Service für vier Personen. Ich bin erleichtert, dass er nicht das für acht kauft, denn das erschiene mir schmerzhaft optimistisch.

Wir essen vor dem Fernseher, und ich nehme jeden zweiten Abend eine Vierteltablette mehr von dem Antidepressivum.

Man muss die Dosis schrittweise steigern, wie man beim Autofahren von einem Gang in den nächsthöheren schaltet, wenn man auf den Freeway kommt. Nach dem Abendessen gibt es Pralinen und Pudding, und wir spielen »Casino«. Dad hat auf die Rückseite eines Briefumschlags in großen Druckbuchstaben »Bernie« und »Sophie« geschrieben und notiert darunter unsere Punkte.

Er wird bald abreisen, stichelt eine leise Stimme, während ich Dad beim Kartenmischen zusehe. *Er kann nicht ewig hier bleiben und sich um dich kümmern. Du bist ein erwachsener Mensch!*

Aber Dad ist nach drei Wochen noch immer da, und Weihnachten gesellt Jill sich zu uns. Ich wünsche mir so sehr, dass sie mich mag, dass sie *uns* mag, bei Dad bleibt und ihn weiter glücklich macht. Dass ich mir den Wecker stelle, jeden Morgen um halb acht aufstehe und schlaftrunken in die Küche schlurfe, um für die beiden Kaffee und Toast zu machen.

Jill, die ich vorher nur selten gesehen hatte – bei der schlichten Hochzeitszeremonie in ihrem Garten kurz vor Ethans Tod –, scheint die perfekte Partnerin für Dad zu sein. Lieb, gescheit und humorvoll. Obwohl sie jungverheiratet sind, ermutigt sie mich, den Winter bei ihr und Dad in Vermont zu verleben. Sie hat ganze Zeitungsseiten voller Kleinanzeigen mitgebracht. Die Stellenangebote sind umkringelt. Darunter ein Angebot für eine Organisatorin von Spendenaktionen beim örtlichen Radiosender. Es schmeichelt mir, dass sie mich für so fähig hält. Ich denke, es würde mir guttun, ein paar Monate bei ihnen zu wohnen. So wie ich damals als Studentin in den Winterferien nach Hause fuhr, um mich von Anna Karenina, dem kategorischen Imperativ und all den Cafeteria-Kohlenhydraten zu erholen. Ich male mir aus, wie ich mich in Dads Daunenanorak einmummle und das Schneegebläse die Zufahrt entlangschiebe. Aus den Ahornbäumen im Garten Saft zapfe. Aber ich will nicht in ihre Welt einbrechen.

Dad und Jill lassen sich so viel einfallen, dass ich keinen Nachmittag zum Schlafen komme. Wir fädeln Cranberries und Popcorn auf, backen Weihnachtsplätzchen, besuchen Matineen und kurven mit dem Auto durch die Stadt, um uns die bunten Dekorationen anzuschauen. Als es Zeit ist, den Baum zu schmücken, irritiert es mich, wie friedlich das bei den beiden vonstatten geht. Ethan und ich bekamen uns dabei regelmäßig in die Haare, und das fehlt mir. Es gehört für mich einfach dazu. Er kam aus der Girlanden-und-bunte-Lämpchen-Ecke, und ich bevorzugte die dezentere Lametta-und-weiße-Lämpchen-Version. Nach viel Gegrummel schlossen

wir einen Kompromiss und packten alles auf den Baum, bis er wie Las Vegas aussah.
Dads Fröhlichkeit und Freude auf die Feiertage kommen mir merkwürdig vor. Nach Mutters Tod graute ihm und mir vor Weihnachten. In jenem ersten Winter verfiel er in eine tiefe Depression. Eigentlich war vorgesehen, Weihnachten in New York zu verbringen und im Plaza zu wohnen, aber er sagte, er sei krank und es würde nichts daraus. Eine ganze Woche saß er den lieben, langen Tag in seinem Wohnzimmersessel, und ein immer dunkler werdender Bartschatten verfinsterte sein Gesicht. Es sah so aus, als würde Weihnachten für uns nicht stattfinden. Kein Baum, keine Strümpfe, kein Truthahn. Ich rief Tante Athena, die Schwester meiner Mutter, in Wisconsin an, und sie setzte sich ins nächste Flugzeug, half Dad, einen Therapeuten zu finden, und fuhr mit mir einen Baum aussuchen und die Lebensmittel besorgen, die wir brauchten. Dann belegte sie einen Schinken mit Ananasringen aus der Dose, stellte ihn in den Backofen und flog nach Hause zu ihrer Familie. Irgendwann während ihres Besuches stahl Dad sich aus dem Haus und kaufte mir ein Fahrrad mit zehn Gängen.

Silvester feiern Dad, Jill und ich mit Hummer und Champagner. Dad ist so glücklich, mich über die Feiertage gerettet zu haben, dass er so erleichtert und triumphierend aussieht, als wäre er den ganzen Apalachian Trail entlanggewandert. Was soll ich mir für das neue Jahr vornehmen? Nicht mehr in der Gärtnerei auf dem Fußboden herumzukriechen? In einer Frauenzeitschrift wurde der Vorschlag gemacht, etwas Einfaches, Lustiges zu wählen, das einem ein gutes Gefühl gibt. Ich beschließe, mir vorzunehmen, öfter Lippenstift zu benutzen.

Am Morgen von Dads und Jills Abreise schmiere ich mir tapfer eine Rockstar-Portion »Saucy Salsa« auf den Mund und bringe die beiden, die Hände vorschriftsmäßig auf zehn Uhr und zwei Uhr am Lenkrad, zum Flughafen. Ich fahre zum ersten Mal seit einem Monat selbst und schaffe es tatsächlich, die weißen Striche in der Straßenmitte nicht zu zählen.

Ich begleite Dad und Jill zur Sicherheitskontrolle, wo ein Wachmann mir erklärt, dass ich ohne Bordkarte nicht weiter mitgehen darf. Wir umarmen uns schnell, um die Schlange nicht aufzuhalten, und Dad sagt, dass er gleich anrufen wird, wenn sie zu Hause ankommen. Ich beobachte, wie ihre silberweißen Hinterköpfe sich inmitten der übrigen Passagiere von mir fortbewegen. Der Wachmann fordert mich auf, beiseitezutreten, bitte beiseitetreten, und mir wird bewusst, dass ich mich in die Schlange gedrängt habe. Lasst mich durch!, möchte ich schreien, doch stattdessen weiche ich gehorsam zu einer Reihe grüner Plastikstühle zurück, auf denen zerfledderte Zeitungen liegen. Nachdem er den Metalldetektor passiert hat, dreht Dad sich zu mir um, lächelt und winkt. Ich springe wie ein Gummiball auf und ab und winke zurück. Dann ist er verschwunden.

Auf dem Flughafen-Parkplatz weiß ich nicht mehr, wo mein Auto steht. Ich schwanke hin und her wie ein Boot, das an der Kaimauer auf den Wellen tanzt. Die ganze Tiefgarage kommt mir fremd vor. Der ganze dadlose Planet kommt mir fremd vor.

Ich suche und finde den Parkschein in meiner Handtasche, und als ich ihn ratlos umdrehe, bemerke ich Dads große, eckige Handschrift auf der Rückseite: *Ebene 2, Reihe G.* Ich danke dir!

Sobald ich das »Ausfahrt«-Schild sehe, nehme ich den Fuß vom Gas, und der Wagen wird langsamer. Ich kann unmöglich in das leere Haus zurück. Was ist, wenn ich es nicht schaffe, morgens aufzustehen oder die Blätter zusammenzurechen oder die Finger von den Cremetütchen zu lassen? Was ist, wenn mich der Duschvorhang ängstigt und ich mir die Haare nicht waschen kann? Ich hätte Dad und Jill begleiten sollen. Zu den beiden nach Vermont zu fliegen oder zu Ruth nach Oregon zu ziehen erscheint mir einfacher, als in mein Haus zurückzukehren und dort allein zu schlafen. Ruth hat mir Ashland, als sie Weihnachten anrief, in so leuchtenden Farben geschildert, als wolle sie es mir verkaufen.

»Es gibt eine Menge attraktiver Schauspieler hier und River-Rafting und massenweise Jobs«, sagte sie. »Keine Spitzenjobs, das ist wahr, aber dafür stressarme.« Letzteres fügte sie in entschuldigendem Ton hinzu, damit ich mich nicht abgewertet fühlte.

Ich erklärte ihr, dass ich mich vor Männern, Flüssen und Jobs fürchte, aber sie drängte mich, trotzdem zu kommen. »Du kannst ja erst mal alle viere von dir strecken und dich erholen«, meinte sie.

Hinter mir blinkt eine Lichthupe. Ich gebe Gas und fahre zur nächsten Parketage hinauf. Meine Reifen quietschen. Ein entgegenkommendes Auto gerät ins Schlingern, als es mir ausweichen muss, und der Fahrer bedenkt mich mit einem wütenden Blick und einer eindeutigen Geste.

Ebene 3. Vielleicht hat Ruth recht. Warum soll ich im Silicon Valley bleiben? Welchen Sinn hat es für eine Arbeitslose mit dem Magister in Englisch, in der Gegend mit den höchsten Lebenshaltungskosten des Landes zu wohnen? Ich könnte

Ruth zeitweise Simone abnehmen und abends für die beiden kochen. Selbstgemachte Käse-Makkaroni.
Ebene 4. Ich will Ruth nicht zur Last fallen, aber gleichzeitig weiß ich, dass ich sie drängen würde, zu mir zu kommen, wenn sie in meiner Situation wäre.
Ebene 5. Das Dach. Sonne knallt durch die Windschutzscheibe. Ich klappe die Blende herunter. Jede Menge freie Parkplätze. Ich entscheide mich für einen, der auf den Flugplatz hinausgeht, stelle den Motor ab und schaue den Fliegern beim Starten zu.
Es hebt meine Stimmung, hier zu sein, so dicht an der Möglichkeit, irgendwohin zu reisen. Andererseits fühlt es sich nicht gut an, eine sechsunddreißigjährige Frau zu sein, die an einem Mittwochmorgen nirgendwo sein muss. Nicht in der Arbeit, nicht bei ihren Kindern, nicht bei ihrem Mann. Ich könnte mich Knall auf Fall *entschließen,* quer durchs Land zu fahren, und es würden Tage vergehen, bis mich jemand vermisste.
Wieder steigt dröhnend eine Maschine auf. Ihr silbern blitzender Leib zieht eine Schleife über der Bucht. Ich *muss* zwar nirgendwohin, aber ich weiß jetzt, wo ich hin kann: ins Einkaufszentrum. Kein besonders exotisches Ziel, aber zumindest ein sinnvolles: Ich habe noch immer keine Vorhänge, Dekokissen und Zimmerpflanzen gekauft, und die brauche ich, um mein Haus attraktiv zu machen, damit ich es verkaufen und Silicon Valley verlassen kann.
»Ich könnte hier leben«, sagte ich zu Ethan, als wir Ruth das letzte Mal in Ashland besuchten. Es war ein heißer Augusttag, und wir saßen am Rogue River, lasen uns gegenseitig Shakespeare vor, aßen Käse und Äpfel und tranken Wein.
»Es gibt keine Jobs«, wandte Ethan ein.

»Keine *Hightech-Jobs*«, erwiderte ich.
Ich male mir aus, wie ich meinen neuen Dekokissen energische Karateschläge versetze und damit *House-Beautiful*-Knicke schaffe, die Melanies Billigung finden würden.
Ich lasse den Motor an und greife nach meinem Parkschein.

Überwindung

7

An einem strahlenden Februartag erscheint Melanie mit einem Interessenten. Er sieht aus wie ein Unterwäschemodel: breite Schultern, kantiges Kinn, verwegen gestylt, in die Stirn fallende, sandfarbene Haare.
»Steve Cunningham«, stellt er sich mit erotisch tiefer Stimme vor, als er über meine Schwelle tritt. Sein Händedruck ist angenehm, und plötzlich bin ich froh, dass ich mich zu Kontaktlinsen, Schaumfestiger und Lipgloss entschlossen habe.
»Ihr Haus gefällt mir sehr«, sagt er.
»Danke.« Ich spüre meine Wangen heiß werden und frage mich, wie man gleichzeitig einsam sein und sich vor sozialen Kontakten fürchten kann.
Steve hat ein Angebot für das Haus gemacht, das dem verlangten Preis entspricht, und Melanie erklärt, dass wir bald beim Notar sein werden – er wolle sich davor nur noch einmal umsehen. Er ist begeistert von dem Viertel und der Nähe zum Freeway. Ich nicke und lächle und drehe mit Daumen und Mittelfinger meinen Ehering. Er sagt, dass es von hier nur ein Katzensprung zu Watevertech sei, wo er als stellvertretender Verkaufsleiter arbeite.
Nachdem Steve das Wohnzimmer mit Blick auf seinen Großbildschirmfernseher ausgemessen hat, fordert Melanie mich auf, ihm den Garten zu zeigen. Sie schiebt uns buchstäblich ins Freie hinaus. Ich deute erläuternd auf die Hortensie, die Rosen, die Glyzinie, das Wandelröschen und die Salbeisträucher, die alle noch im Winterschlaf liegen. Der Rasen ist zwar

regelmäßig von einem Gartenservice gemäht worden, aber ich habe seit Ethans Tod kaum etwas im Garten getan.

»Im Moment sieht es aus, als wohne die Addams-Family hier«, scherze ich und bücke mich, um ein Unkraut auszureißen, »aber ich verspreche Ihnen, dass im Frühling alles blüht.«

Steve lächelt und sieht meine Haare an. Aus irgendeinem Grund ringeln sie sich heute perfekt und glänzen wie Seide. Zum ersten Mal seit Monaten fühle ich mich attraktiv. Sogar weiblich. Eine Ewigkeit kam ich mir wie ein formloser, geschlechtsloser Fleischklumpen vor. Trauer auf zwei Beinen.

»Da ich jetzt ein Haus gefunden habe, kann ich an den Wochenenden wieder Ski laufen«, sagt Steve. »Laufen Sie Ski?«

»In letzter Zeit nicht. Früher bin ich oft gelaufen.« Bevor Ethan sich in ein Arbeitstier verwandelte und wir zum Eheberater gehen mussten, damit er sich bereitfand, wenigstens samstags für ein paar Stunden nach Hause zu kommen.

»Ich könnte Sie ja mal mitnehmen«, bietet Steve mir an.

»Ha!« Diese Reaktion kommt ungewollt, wie ein Niesen. Ich schaue hilfesuchend zum Küchenfenster, wünsche mir verzweifelt, dass Melanie erscheint und mich wegen irgendeiner Geschmacksverirrung bei der Neuausstattung des Hauses anmeckert. Sie lässt sich nicht sehen. Mein Blick wandert zu Steve, der den spindeldürren Pfirsichbaum betrachtet. Vielleicht sollte ich mir ein Schild um den Hals hängen: »Witwe – Abstand halten«. Ich versichere ihm, dass der Pfirsichbaum nicht mehr so mickrig aussehen wird, wenn er blüht.

»Sie haben keinen Anlass, sich zu entschuldigen«, erwidert Steve lachend. »Der Garten ist schön.« Nachdem er Interesse an den Callas vorgetäuscht hat, fragt er, ob ich mit ihm zum Abendessen gehen würde, um unseren Geschäftsabschluss zu feiern. »Natürlich nur, wenn Sie noch eine freie Zeile in Ihrem Terminkalender haben«, setzt er hinzu.

»Ähhh ...« Ich will ihm nicht offenbaren, dass ich jede Menge freie Zeilen in meinem Terminkalender habe. Therapiesitzungen und freie Zeilen. Mein Filofax ist gemeinsam mit meinen Pumps und den Miederhöschen in den Ruhestand getreten. Der Akku meines Handys ist nicht aufgeladen. Eine Einladung zum Essen hört sich gut an. Seit Dad und Jill abgereist sind, graut mir vor jeder Mahlzeit, und ich schaufle mir über dem Spülbecken eine Portion Cornflakes rein, um mich nicht allein an den Tisch setzen zu müssen. Trotzdem sollte ich Steve erklären, dass ich nicht wirklich verfügbar bin, dass meine psychische Gesundheit an einem seidenen Faden hängt.

»Tut mir leid – ich habe Sie überrumpelt«, entschuldigt er sich.

»Einverstanden«, sage ich. Was ist schon dabei? Schließlich ziehe ich weg. Plötzlich wird mir bewusst, dass ich die Azaleen anstarre, als wolle ich ihre violetten Blüten mit reiner Willenskraft zum Blühen bringen. »Hört sich gut an«, füge ich hinzu und schaue zu Steve auf. Grüne Augen. Gebügeltes Polohemd. Verabredung zum Abendessen. Wo zum Teufel steckt Melanie?

Sie tritt durch die Fenstertür auf die Terrasse und zwinkert mir zu. Dann weist sie Steve auf die Santa-Cruz-Ausläufer hinter uns hin. Als er sich umdreht, um sie sich anzusehen, formt sie mit den Lippen lautlos das Wort *geschieden.* Irgendwas verkauft Melanie immer.

Auf dem Nachhauseweg mache ich mir Vorwürfe, weil ich mich mit einem Mann zum Abendessen verabredet habe, den ich erst ein paar Minuten kenne. Wäre ein Mittagessen nicht angebrachter, umso mehr, als wir ja noch gar nicht beim Notar waren? Was ist, wenn er mich vergewaltigt? Bin ich paranoid? Ich weiß nicht mehr, wie man Single ist.

Lieber Ethan: Ich habe nicht nur unser Haus verkauft, ich gehe auch noch mit dem Käufer zum Abendessen.
Es ist kein Date, sage ich mir – und Ethan –, als ich mich auf den Weg zu dem französischen Restaurant in Mountain View mache, wo Steve und ich verabredet sind. Für die meisten Menschen wäre ein großer Schritt in ihrem Leben eine Beförderung oder ein Baby oder ein größeres Haus oder eine Lidstraffung. Für mich ist dieser Schritt, mit einem Mann zum Essen zu gehen, der nicht mein Ehemann ist.
Steve strahlt eine reizvolle Ich-komme-geradewegs-aus-der-Dusche-Frische aus: Ein zarter Zitrusduft weht mir entgegen, seine Haut schimmert rosig, und die blonden Haare sind am Ansatz noch feucht. Mir ist ein bisschen schwindlig, als ich die Speisekarte überfliege. Die Auswahl, die weder Cap'n Crunch noch Eggos beinhaltet, ist überwältigend. Steve bespricht in verschwörerischem Flüsterton mit dem Ober die Wahl des Weins. Wahrscheinlich ist er berühmt und entsprechend teuer. Alles in diesem Restaurant macht mich nervös: das gestärkte, weiße Tischtuch, die langstielige rote Rose in der schmalen, hohen Vase, der Augenkontakt mit Steve, die Möglichkeit, Freunden zu begegnen, die mir vielleicht zuzwinkern und einander verstohlen knuffen, wenn sie mich dabei ertappen, wie ich mir eine Portion Schnecken mit einem männlichen Unterwäschemodel teile. *Entspannen Sie sich!*, höre ich Dr. Rupert und all die *Trauer-Ratgeber* in meinem Bücherregal mahnen.
Mir graut schon jetzt vor dem peinlichen Moment, wenn die

Rechnung kommt und sich die Frage stellt, wer bezahlt. Und dann ist da noch der potenzielle Gutenachtkuss. Was habe ich mir nur dabei gedacht, diesem Treffen zuzustimmen? Ich wäre viel lieber einfach nur befreundet mit Steve. Dann könnten wir uns Videos ausleihen und Pizza bestellen, und er würde mir von seinen Verabredungen mit anderen Frauen erzählen. Ich könnte sein schwesterlicher Kumpel sein.

Als der Ober uns einschenkt, erklärt Steve mir, dass der Wein in der Flasche nicht atmen könne. Er sollte eigentlich erst eine Zeitlang im Glas ruhen und dann der Lüftung wegen ein wenig geschwenkt werden, bevor man ihn trinkt. Vielen Leuten sei nicht klar, dass der schmale Flaschenhals nicht genügend Sauerstoff hindurchlasse, um den Wein ausreichend atmen zu lassen. Steve schreibt mit dem Zeigefinger Gänsefüßchen in die Luft, als er »atmen« sagt. Er ist ein redegewandter Mann, der die Silicon-Valley-Themen aus dem Effeff beherrscht: Wein, Technologie und Autos.

Sein Gesicht ist jungenhaft. Die blonden Haare fallen ihm so weit in die Stirn, dass sie seine grünen Augen beinahe verdecken. Wie kommt es, dass er keine Freundin hat? Vielleicht liegt es daran, dass er einem beim Sprechen nicht in die Augen schaut, sondern auf die Stirn. Das ist unangenehm. Es gibt einem das Gefühl, als führe man kein Gespräch, sondern höre sich eines dieser neuerdings in Mode gekommenen Hörbücher an. Titel: *Steve, der Verkäufer, hat eine Verabredung zum Essen.*

Er hatte eine harte Woche, gesteht er, während seine Gabel einen Kopfsprung in den Salat macht, und dann stellt er schließlich die gefürchtete Frage: »Und wo arbeiten Sie?«

»Ich bin gewissermaßen ohne Beschäftigung.«

»Haben Sie sich abfinden lassen, oder sind Sie in den Ruhestand gegangen, oder pausieren Sie zwischen zwei Jobs?«

»Letzteres trifft es am ehesten. Ich habe meinen Job gewissermaßen verloren.«
Was ist los? Fällt mir nichts anderes ein als dieses blöde »gewissermaßen«? Ich wünschte, ich könnte diese stilistische Schwäche wiedergutmachen, indem ich etwas Interessantes anfüge, zum Beispiel, dass ich Windsurfen liebe oder eine Rucksacktour durch Thailand plane.
»Oh, das tut mir leid.« Steves Ton ist herzlich, und er beugt sich über den Tisch zu mir herüber. »Ich hatte ja keine Ahnung.«
Natürlich nicht – du hast mir schließlich keine persönlichen Fragen gestellt. Was ich allerdings angenehm finde. Mit jemandem zusammen zu sein, ohne im Zentrum der Aufmerksamkeit zu stehen, ist eine Erleichterung. Wenn er meine Hände in seine nähme, mir tief in die Augen schaute und mir Ich-möchte-dich-näher-kennenlernen-Fragen stellte, würde ich aufspringen und davonlaufen.
»Wir brauchen Marketing-Leute«, kommt er mit einem Angebot.
Ich schüttle den Kopf. »Danke, kein Bedarf. Ich genehmige mir eine Auszeit.« Das erscheint mir die beste Art, meine zwei wöchentlichen Gruppensitzungen und meinen Kampf mit der Frischwarenabteilung zusammenzufassen. »Ich werde nach Oregon gehen.«
Steve macht ein enttäuschtes Gesicht. »Um was zu tun?«
Gute Frage. Ich zucke verlegen mit den Schultern, weil ich keinen Plan habe. Jeder im Silicon Valley hat einen Plan oder scheint einen zu haben.
»Also, das ist großartig«, sagt er und schneidet in sein Steak. »Für gewöhnlich esse ich allein, zwischen Tür und Angel.« Er eröffnet mir, dass er vor kurzem geschieden wurde und deshalb eine neue Bleibe braucht.

»Geschieden?«, heuchle ich Bedauern und spiele die Überraschte, als hätte die vorwitzige Melanie mir nichts davon erzählt. »Haben Sie Kinder?«
Er schüttelt den Kopf und kaut nachdenklich. Trotz seiner Fröhlichkeit hat er etwas Trauriges. Schatten unter den Augen und eine Sorgenfalte auf seiner schönen Stirn.
Bei Portwein und einer gerecht geteilten Portion Schokoladensoufflé ergehen wir uns in sehnsüchtigen Erinnerungen an unsere Ehepartner und gestehen einander, dass wir im Moment lausige Date-Kandidaten abgeben. Wir möchten beide nur unsere Partner wiederhaben. Steve ist lieb, behandelt mich mit der geschwisterlichen Achtung, die ein Verbindungsmitglied auf dem College vielleicht seiner »kleinen Schwester« entgegenbringen würde.
Er hebt sein Glas. »Auf ein tolles Haus.«
Ich danke ihm. Wir stoßen miteinander an. Jetzt kann ich einen kapitalen Punkt von meiner Liste streichen: Haus verkaufen. Wer weiß – vielleicht wird mir die Bewältigung dieser großen Aufgabe die Bewältigung kleinerer Aufgaben erleichtern. Zum Beispiel Frischwaren einzukaufen und für die Übersiedlung nach Ashland zu packen.
»Was hat Sie dazu bewogen, das Haus zu nehmen – außer der Nähe zu Ihrem Arbeitsplatz?«, frage ich. »Die Gobelinkissen? Melanie sagte, sie seien von größter Bedeutung.«
Steve schaut zur Decke hinauf und überlegt einen Moment. Dann antwortet er: »Die *Ausstrahlung.*« Er schaut mich an. »Es strahlt *Glück* aus.«
»Ist das Ihr Ernst? Wenn *ich* dieses Haus ansehe, sehe ich nur Krebs.«
»Ist Ihr Mann dort gestorben? Nicht, dass mich das stören würde …«

»Nein.« Ich schüttle den Kopf. »Im Krankenhaus.«

»Aber ich wette, Sie beide waren richtig glücklich hier.«

»Ja.« Bevor wir mit Gewalt versuchten, schwanger zu werden, und bevor wir Ethans Diagnose erfuhren. Wir waren wirklich glücklich dort. Das hatte ich fast vergessen. Vielleicht wird es einfacher, sich an diese Zeiten zu erinnern, wenn ich unser Haus endgültig verlasse.

Abschied

8

Am Tag nach meiner Unterschrift beim Notar, mit der ich Steve Cunningham unser Haus übereignete, stoße ich beim Ausräumen meiner Kommodenschubladen, deren Inhalt ich vor dem Packen für Oregon durchsehen will, auf die Urne, in der Ethans Asche war. Ich hatte sie unter meinen Jeans versteckt, als Marion zu ihrer großen Wohlfahrtsaktion gekommen war, weil ich befürchtete, dass sie sie sonst konfiszieren würde.

Urne ist eine hochtrabende Bezeichnung für den eckigen, auberginefarbenen Plastikbehälter. Er sieht eher aus, als sei er für Kochrezeptkarten gedacht oder zur Aufbewahrung von Schrauben. Warum habe ich mich für dieses hässliche Ding entschieden? Wahrscheinlich, weil es nach dem Tod eines geliebten Menschen schon ein Riesenproblem darstellt zu entscheiden, welche Socken man anziehen soll. Wie könnte man da einer so wichtigen Entscheidung gewachsen sein?

Ich erinnere mich nur undeutlich, nach Ethans Tod das Notwendige veranlasst zu haben. Allerdings erinnere ich mich genau an den Angestellten im Beerdigungsinstitut, weil eine seiner Hände nicht funktionsfähig war. Vielleicht durch Kinderlähmung? Ich musste mich beherrschen, um nicht meine Hand auszustrecken und sie daraufzulegen. Und ich erinnere mich auch genau, wie erstaunlich schwer die Urne war. Ich hatte erwartet, dass die Asche fast nichts wiegen würde, aber als ich die Urne hochhob, kam sie mir so schwer vor wie ein Zwei-Liter-Karton Milch. Ich stieß einen unterdrückten

Schrei aus und ließ sie auf den Tisch fallen, und der Angestellte fragte erschrocken, ob ich mich hinsetzen wolle.
In den Wochen nach dem Gedenkgottesdienst konnte ich kaum sprechen. »Njörg«, würgte ich mühsam hervor, wenn mich jemand fragte, wie es mir gehe. Dann legte die betreffende Person behutsam die Hand auf meinen Rücken oder streichelte meinen Arm. Keiner sagte: »*Njörg* ist kein Wort, Liebes.« Stattdessen lächelten sie und redeten leise mit mir, als sei ich völlig in Ordnung, als trüge ich nicht einen blauen und einen schwarzen Schuh, als führe ich nicht mit der Handtasche auf dem Autodach los und als ließe ich den Backofen nicht die ganze Nacht vorheizen.
Es fällt mir schwer zu begreifen, dass diese Urne alles ist, was mir von Ethan bleibt. Ich wünschte, es gäbe ein Grab, das ich besuchen könnte. Auf das ich Blumen pflanzen könnte. Sicher, ich kann zur Half Moon Bay fahren, wo wir seine Asche ausgestreut haben, aber das Meer wirkt immer so gereizt und beschäftigt, als habe es Besseres zu tun, als eine Witwe zu trösten.
Ich schüttle die Urne. Etwas klirrt darin, und ich schaudere. Was kann das sein? Ein Knochensplitter? Der Deckel klemmt. Als ich ihn schließlich aufkriege, finde ich Ethans Ehering auf dem Boden des Behälters. Ich streife den schlichten Goldreif über den Mittelfinger. Aber er ist zu groß. Am Zeigefinger auch. Ich erinnere mich, dass es mir ein Gefühl von Sicherheit gab, kleiner zu sein als mein Mann. Am Daumen passt der Ring, aber dort sieht er idiotisch aus. Ich ziehe ihn ab und lege ihn in mein Schmuckkästchen. Zu Mutters Verbindungsabzeichen, ihrem Namensschildchen aus dem Museum und einem zusammengefalteten, linierten, gelben Zettel. Ich falte ihn auseinander. Es ist eine Nachricht von Ethan: *Bin zum*

Heimwerkermarkt gefahren. Bis gleich. Mir wird schwindlig. Der Zettel entgleitet meinen Fingern und landet im Flatterflug wie ein Blatt auf meiner Perlenkette.
Ich kneife die Augen zu und öffne sie dann ganz weit, falte Ethans Nachricht sorgfältig zusammen und lege sie unter das Amethystarmband, das mein Vater meiner Mutter in der Junior High schenkte, nachdem sie miteinander einen Tanzwettbewerb gewonnen hatten. Dann mache ich das Schmuckkästchen zu und klopfe auf den Deckel.
Ich hebe die Urne an die Nase und schnüffle. Nichts. Kein Geruch. Ich schaue noch einmal hinein. Keine Flecken. Keine Aschereste. Wie konnte der Ring sich unbemerkt darin halten?
Ich trage die Urne in die Küche hinunter, stelle sie auf die Arbeitsplatte und mache mich daran, Martinis zu mixen. Der Shaker liegt kühl in meiner Hand. Ethan trank am Wochenende für sein Leben gern Martinis. Als er krank wurde, durfte er das nicht mehr, aber Oliven aß er trotzdem.
Ich beschließe, einen letzten Martini mit ihm zu trinken.
Nachdem ich den Deckel des Shakers abgeschraubt habe, gieße ich Gin in die Urne und lasse ihn darin kreisen. Jetzt riecht sie nach etwas. Nach Party. Ich schließe die Augen, atme den Cocktailparty-Geruch ein und stelle mir frische Staubsaugerspuren auf dem Teppichboden vor und Eiswürfel, die in Gläsern klimpern. Klaviermusik jazzt aus der Stereoanlage, es klingelt an der Tür, Freunde stehen auf der Schwelle, ihre Augen leuchten erwartungsvoll.
Ich trinke meinen Martini aus der Urne. Der gerade Rand fühlt sich scharfkantig an. Die Konturen um mich herum werden weicher, der Umzug nach Oregon erscheint mir nicht mehr so beängstigend.

Nach ein paar großen Schlucken gehe ich mit der Urne in den Garten hinaus, wobei ich den Martini kreisen lasse, unaufhörlich, bis er zu einem Strudel wird, und dann fange ich an, mich mit ausgestreckten Armen um die eigene Achse zu drehen, und der Martini wird aus dem Behälter geschleudert und regnet in einem hohen Bogen auf die Wiese hinunter. Ich bin ein Rasensprenger, der Gin versprüht. Ich höre mich lachen, während der Himmel sich über mir dreht: Wolken, Bäume, Dach, dann WolkenBäumeDach – und dann ist es plötzlich vorbei. Ich taumele und falle und spüre Gras und nasse Erde unter meinen Händen. Ich rolle mich wie ein Fötus zusammen und drücke die Urne an meine Brust. Der Rasen duftet süß wie im Sommer. Unser Haus kommt mir auf einmal turmhoch vor.

Ich weiß noch, dass ich nach dem Gedenkgottesdienst beim Heimkommen nicht fassen konnte, dass das Haus noch da war. Wie konnten die Uhren ticken? Wie konnte die Klimaanlage laufen? Wie konnte Post im Briefkasten sein? Das teilnahmslose Funktionieren der Welt verletzte meine Gefühle.

Als ich mich auf den Bauch drehe, kitzeln mich Halme am Hals. Vielleicht hätte Ethan statt des Martinis lieber ein Bier gehabt. *Bringst du mir ein Bier mit?*, rief er oft aus dem Wohnzimmer, wenn ich in die Küche gegangen war, um etwas zu holen. Ich entdecke eine Porzellanscherbe im Gras, dreieckig wie eine Pfeilspitze, und erinnere mich an meine Geschirrvernichtungsaktion. Es ist eine Erleichterung, all das nicht einpacken zu müssen. Ich komme auf die Knie hoch. Erst jetzt spüre ich, dass ich bis auf die Haut nass bin. Mühsam schleppe ich mich über die Terrasse in die Küche.

Hinter einer gefrierbrandigen Packung Spinat finde ich eine Schachtel Zigaretten im Tiefkühler. Das ist der Ort, an dem Leute, die eigentlich nicht rauchen, aber einmal im Jahr vielleicht eine Zigarette brauchen, um sich in Erinnerung zu rufen, warum sie nicht rauchen, ihre Zigaretten aufbewahren. Ich klopfe eine heraus, zünde sie an der Kochplatte an, gieße noch einen Martini in die Urne und gehe wieder zur Tür hinaus. Die Gartenmöbel sind für den Winter verstaut, und so setze ich mich auf die Terrasse. Die Bohlen unter meinen Jeans sind so schadhaft, dass es kein Wunder wäre, wenn ich mir einen Splitter einzöge. Was soll's.

Die Zigarette schmeckt nicht. Der Rauch brennt in meinem Rachen, aber irgendwie fühlt es sich gut an, etwas Verbotenes zu tun. Mir fällt ein, dass Marion an Ethans Geburtstag gern eine Zigarette gehabt hätte. Als ich sie vorgestern anrief, um ihr zu sagen, dass ich nach Ashland ziehe, reagierte sie merkwürdig friedlich.

»Das ist schön, Liebes«, sagte sie. »Wo ist Ashland?«

»In Oregon. Da findet das Shakespeare-Festival statt, erinnerst du dich? Ethan und ich waren ein paarmal dort.«

»Das ist schön«, wiederholte sie, und ich sehnte mich beinahe nach einer ihrer herrischen Anweisungen: *Also, Sophie, du musst unbedingt diese zerlesenen Taschenbücher in den Müll werfen, bevor du umziehst …*

Die Terrasse knarzt, als ich mein Gewicht verlagere. Ich bin froh, dass ich mich jetzt nicht mit der Renovierung herumschlagen muss, die Ethan mir ans Herz legte. Ich sollte die Bretter wegreißen und durch Natursteine ersetzen und Lampen installieren lassen. Wozu? Für wen?

Ich hoffe, Steve Cunningham wird glücklich in unserem Haus. Vielleicht heiratet er ja wieder und füllt die Räume mit neuen Erinnerungen – durch Kinder, die zu Thanksgiving mit schwarzen Oliven auf den Fingerkuppen die Flure hinuntertoben.

Ich drücke die Zigarette aus und spüle mit dem letzten Schluck Martini das pelzige Gefühl von meinen Zähnen. Wenn ich in Oregon bin, werde ich besser auf mich achten. Joggen. Sojamilch eine Chance geben.
Wieder in der Küche, wische ich die Urne mit einem Haushaltspapier aus und setze mit Mühe den Deckel wieder drauf. Dann mache ich das Radio an. Ich mag das ferne Murmeln von Stimmen.
Im Schlafzimmer packe ich die Urne und mein Schmuckkästchen zu meinen Kleidern und Toilettenartikeln in den Koffer. Meine Möbel habe ich größtenteils an Steve verkauft und für die restlichen Sachen den Sohn der Nachbarn angeheuert, damit er sie mir in den für die Fahrt nach Ashland gemieteten Kastenwagen lädt. Dad hat angeboten, herzufliegen und mich hinzukutschieren, aber ich wollte ihn nicht schon wieder zum Reisen veranlassen und versicherte ihm, dass ich zurechtkommen würde. Allerdings habe ich eine panische Angst vor diesem Ungetüm. Dad sagt, ich solle mir keine Gedanken machen, die Dinger seien gar nicht so schwer zu manövrieren. (Auf keinen Fall werde ich irgendwo rückwärts einparken!)
Ich zerre eine Schublade heraus, die von Socken und Strumpfhosen überquillt. Mühsam schiebe ich sie wieder zu. Morgen. Ich werde meine Socken und Strumpfhosen und Bücher morgen einpacken. Ich werde mich morgen dazu aufraffen. Mich dazu aufraffen, einen neuen Anlauf zu nehmen. Fertigzupacken und nach Oregon zu ziehen und einen Job und vielleicht ein kleines, viktorianisches Haus zu finden, das ich mieten und vor das ich Blumen pflanzen kann. Gänseblümchen und Rittersporn. Etwas Widerstandsfähiges für den Anfang.

TEIL 2

Lust

9

Im College war Ruth die Schönste in unserer Clique, hochgewachsen, biegsam, mit der perfekten Haltung der Tanzstudentin und langen, schlanken Fingern, die auf dem Klavier durch melancholische Chopin-Préludes stürmten. Sie war so zielorientiert und selbstgenügsam, dass sie unnahbar wirkte, was die Männerwelt in den Wahnsinn trieb. Elitestudenten, Weiberhelden und Professoren – alle waren verliebt in sie. Vergötterten sie wegen ihrer hohen Wangenknochen, ihrer sensationellen Noten und ihrer killermäßigen Volleyball-Aufgabe, mit der sie das gegnerische Team regelmäßig ins Stolpern und zum Ducken brachte. Sie hätte jeden Mann haben können. Und deshalb verstehe ich nicht, warum sie in Ashland mit diesem Loser Tony zusammen ist. Er erinnert mich mit seinem schmalen, wendigen Körper, der spitzen Nase und den langen Schneidezähnen an eine Ratte. Ich könnte schwören, dass ich ihn bei den »Cops« gesehen habe.

Ich hatte angenommen, dass wir in Ashland zu dritt wären – Ruth, ich und ihre Tochter Simone – und dass Ruth und ich wie in unserem ersten Jahr nach dem College, als wir uns eine Wohnung teilten, abends lange aufbleiben und uns gegenseitig die Haare mit Henna bekleistern würden, ihre in der Nuance »Honig« und meine in »Mahagoni«. Aber jetzt wohnt dieser Tony bei ihr.

Jeden Morgen frühstücken Ruth, Simone, Tony und ich miteinander. Simone löffelt Cheerios in ihren Mund, und rechts uns links fallen bunte Kringel auf ihren Schoß und auf den

Boden, während ihr Blick zwischen Tony und ihrer Mutter hin- und herwandert. Sie ist erst drei, aber es steht ihr deutlich ins Gesicht geschrieben, was sie denkt: *Wer ist dieser Kerl? Und wo ist mein Vater?* Ruths Zahnarzt-Ehemann Mark machte sich kurz nach Simones Geburt mit seiner Hygienikerin aus dem Staub. Tony ignoriert Simone, die er vorwurfsvoll »Schmatzmonster« nennt, größtenteils.

»Woher stammen Sie, Tony?«, frage ich, als wir uns zu den Buchweizenpfannkuchen an den Tisch setzen, die ich gebacken habe.

»Aus Albuquerque.«

Ha! In Albuquerque werden ständig Folgen der »Cops« gedreht. Ich will ihn gerade fragen, was ihn nach Ashland verschlagen habe, als Ruth mir einen Blick zuwirft, der mir ein deutliches »Das reicht, Barbara Walters« vermittelt. Sie schiebt ihren Stuhl zurück.

»Ich muss los«, sagt sie. Ruth leitet das Aufnahmebüro der örtlichen Universität und erscheint jeden Morgen, vernünftig gekleidet mit einem wollenen Schottenrock, Pullover und bequemen Schuhen, die langen blonden Haare zu einem hübschen Bauernzopf geflochten, pünktlich um acht an ihrem Arbeitsplatz. Sie küsst Simone, und dann gibt Tony ihr einen langen, nassen Kuss. Ich blicke verlegen zu Boden, fühle mich fehl am Platz.

Während ich das Geschirr abwasche und die Küche aufräume, spielt Simone im Wohnzimmer, und Tony sieht fern. Was immer sein Job sein mag, er muss damit erst mittags anfangen. Ich habe mich bereit erklärt, auf Simone aufzupassen, weil die Babysitterin mit Bronchitis im Bett liegt. Als ich die Teller unter klarem Wasser abspüle, überlege ich, was ich zum Abendessen machen könnte. Ich möchte etwas beitragen,

indem ich koche, doch das stellt eine gewisse Herausforderung dar, da Ruth eine gesundheitsbewusste Vegetarierin ist und ich aus der Schlemmerecke komme. Ich höre Simone mit ihrem Schachtelclown spielen, der hochspringt, wenn man den Deckel öffnet, und das, bis man versucht ist, ihm mit einem Hammer den Schädel zu spalten.
»Schluss!«, schnauzt Tony, und ich höre, wie er Simone das Ärgernis aus den kleinen Händen reißt und in ihre Spielzeugkiste pfeffert. Sie kreischt wie am Spieß, und als ich um die Ecke schaue, sehe ich, wie Tony sich über sie beugt.
»Heulsuse!«, zischt er. Als er mich bemerkt, richtet er sich auf und tritt einen Schritt zurück. Ich stürze hin und nehme Simone auf den Arm. Sie bohrt mir ihre rotbesockten Fersen in die Seiten, schlingt die Ärmchen um meinen Hals und vergräbt ihr Gesicht an meiner Schulter.

»Glaubst du, es stört Simone, dass Tony hier wohnt?«, frage ich Ruth abends, als wir uns zum Essen hinsetzen. Tony ist noch in der Arbeit. Er taucht für gewöhnlich erst auf, wenn Simone schon im Bett ist.
»Unsere Zeitplanung ergänzt sich ideal«, antwortet sie ausweichend, schiebt eine Gabel Tofuauflauf in den Mund und kaut unnötig heftig.
»Entschuldige meine Neugier«, ich schenke ihr Wein nach und häufe Salat auf ihren Teller, »aber ist er wirklich dein Typ?«
Ruth schluckt hinunter und überlegt. Dann antwortet sie: »Ich glaube, ich bevorzuge gar keinen bestimmten Typ.«
Ich zucke mit den Schultern. »Ich meine ja nur … er ist nicht besonders nett zu Simone.«
Ruth legt die Gabel hin und verschränkt die Arme. »Ja, er ist alles andere als vollkommen.« Sie schiebt ihren Teller weg.

»Ich sage nicht, dass du einen vollkommenen Mann brauchst. Aber du und Simone braucht jemanden, der gut für euch ist.«
»Gut für mich? Mark war das angeblich.«
Mark war Ruths erster »richtiger« Freund. Sie lernten sich im College kennen, und er gewann sie für sich, indem er sie buchstäblich überwältigte. Er überschwemmte ihr Zimmer im Wohnheim mit Rosen und brachte ihr abends Ständchen unter ihrem Fenster. Einen Monat nach der Abschlussprüfung heirateten sie. Jetzt scheint Ruth von *allem* überwältigt, ist dünnhäutig und reizbar. Es ist nicht zu fassen, dass Mark mit seiner Hygienikerin abhaute. Diese Missy war das absolute Gegenteil von Ruth. Eine blonde, dumme Schnecke, die ständig grundlos kicherte und eine alberne Stofftiersammlung auf der Hutablage ihres Autos mitfahren ließ.
»Ich verbitte mir, dass du mein Liebesleben kritisierst«, setzt Ruth in scharfem Ton hinzu.
»Es ist ja nur … ich bin sicher, dass du die begehrteste Frau in Ashland bist …«
»Als Mutter einer Dreijährigen ganz bestimmt«, höhnt sie und steht auf. Es kränkt mich ein wenig, dass sie den Essensrest von ihrem Teller im Mülleimer versenkt.
Sie ist seit dem College kaum gealtert, hat immer noch eine glatte, zarte Haut, rosige Wangen und dicke, maisblonde Haare. Wegen ihrer schönen Haut gaben wir ihr damals den Spitznamen »Taube«. Tony oder nicht Tony – ich möchte den Abend noch mal von vorne beginnen. Wenn man weit von seiner Freundin entfernt lebt, erinnert man sich nur an die schönen Momente. Man vergisst, dass man jemals fähig war zu streiten.
»Du bist ein Snob«, fährt Ruth fort. »Nur weil Tony nicht auf dem College war …«

»Darum geht es doch überhaupt nicht. Ich finde lediglich, dass du und Simone jemanden haben solltet, den ihr verdient.
»Was ich verdiene, ist nicht der Punkt. Es wimmelt in Ashland nicht von Traummännern, Soph.« Sie wendet mir den Rücken zu und wäscht ihren Teller im Spülbecken ab. »Ich bin lieber mit Tony zusammen als allein. Du kannst das nicht nachvollziehen, ich weiß, aber so ist es nun mal.« Sie seufzt, stellt den Teller in das Abtropfgestell und lässt die Arme hängen.
»Aber was ist mit Simone? Er hätte sie heute fast geschlagen.« Meine Hände zittern, als ich meinen Essensrest ebenfalls in den Mülleimer schütte. Ich bin seit langem nicht mehr so energisch gewesen. »Widersprich mir. Sag mir, dass ich mich irre, dass Tony gut für dich und Simone ist.«
Nebenan singen im Fernsehen helle Kinderstimmen ein Lied über »Mother Goose«, und Simone lacht glucksend.
Ruth wendet sich mir zu und wischt sich mit den Handflächen Tränen von den Wangen. »Na ja, er ist nicht gerade verrückt nach Kindern.« Sie gießt ihren Wein in den Abfluss.
»Mehr habe ich nicht gesagt.«
»In Ordnung. Ich hab's begriffen.«

Ich schlafe im hinteren Teil von Ruths altem viktorianischem Haus im Gästezimmer, bis ich etwas zum Mieten gefunden habe. Das Zimmer ist altjüngferlich, wie gemacht für eine Witwe – mit den blütenweißen Spitzengardinen und vergilbten Deckchen auf der Kommode, dem schwachen Geruch von Mottenkugeln und den muffigen Rosenduftsäckchen. Der arthritische Holzboden knarzt unter meinen nackten Füßen. Eine unerotischere Unterkunft wäre sicherlich schwer zu finden. Aber das ist gut so: Hier erinnert mich nichts an Ethan. Es ist schwer, seine Nähe in dem schmalen Einzelbett zu vermissen, dessen Matratze die Form einer Hängematte hat. Und ich kann ihn mir beim besten Willen nicht in der altmodischen, klauenfüßigen Wanne im Bad nebenan beim Duschen vorstellen.

Trotzdem träume ich jede Nacht von ihm. Er ist jedes Mal krank, und es scheint, als träume ich nicht von meinem Mann, sondern von Krebs. Als Ethan im Sterben lag, verbarg ich meine Angst, um ihn nicht noch zusätzlich zu demoralisieren. Wenn jemand todkrank ist, bemüht man sich ständig, optimistisch zu sein, nur die Lichtblicke zu sehen, selbst, wenn diese Lichtblicke darin bestehen, einen Löffel Apfelmus hinunterzuschlucken oder allein auf die Toilette gehen zu können. Und wenn dann alles vorbei ist, bleibt man mit unerschöpflichem Stoff für Alpträume zurück.

In einem der Träume fahren Ethan und ich über Land.

»Glaube mir – du willst nicht in Oregon leben«, sagt er. »Da regnet es unentwegt.«

Auf dem Sitz ist etwas Warmes, Nasses, Klebriges, und als ich hinunterschaue, sehe ich, dass es Blut ist, dunkel und glitschig wie Motoröl.

In manchen Nächten höre ich Ruth und Tony durch unsere gemeinsame Schlafzimmerwand: leise Stimmen, Gekicher, das rhythmische Klopfen, mit dem das Kopfteil des Bettes an die Wand schlägt. Und dann schwappen plötzlich Show-Musik und Gelächter aus dem Fernseher herüber. Viele Gründe, schnellstens eine eigene Bleibe zu finden.

Ich stellte meine Habseligkeiten in einem Lagerraum an der I-5 unter, weil ich dachte, ich würde nichts davon brauchen, bis ich eine Wohnung oder ein Haus für mich fände. Aber jetzt, nach einer Woche bei Ruth, fange ich an, Ethans Sachen zu vermis-

sen. Ich kaufe mir ein Allzweckmesser, fahre zum Lager hinaus und hacke mich durch Klebeband und Pappe zurück in seine Welt, schließe die Augen und atme tief den muffigen Geruch seiner Fachbücher, Ledergürtel und Schuhe ein.
Dann setze ich mich auf den kalten Betonboden und blättere Ethans High-School-Jahrbücher durch, fahre mit dem Finger über die krakeligen Kugelschreibereinträge seiner Klassenkameraden. Als einer der Klügsten in der Klasse half er offenbar einer Menge hübscher Mädchen bei den Hausaufgaben. *Lieber Ethan,* schrieb eines mit feinen blonden Haaren und reichlich Wimperntusche, *danke für die Hilfe bei Trigonometrie!* Eine andere namens Emily mit einer enganliegenden Muschelkette um den Hals, schrieb *Hey, Ethan, danke, dass du mir gezeigt hast, wie der Bunsenbrenner funktioniert.* Ich möchte diese Frauen besuchen und feststellen, ob sie sich an meinen Mann erinnern. Ich fürchte, dass die oberflächliche Welt ihn schnell vergessen wird.
Ich packe Ethans Flanellhemden, Jogginghosen und Baseball-Kappen in Einkaufstüten. Sie werde ich mit zu Ruth nehmen. Nach langem Suchen finde ich seinen Skipullover, ziehe ihn mir über. Die festgestrickte Wolle schützt mich wie eine Rüstung vor der feuchten Oregon-Luft.
»Ich kann dir Pullover leihen«, bietet Ruth mir mit einem skeptischen Blick auf Ethans kastenförmigen Pullover an, als ich zurückkomme. Ich habe ihn nach seinem Tod nicht reinigen lassen. In der Mitte des gelben Streifens prangt ein tränenförmiger Teefleck.
»Ich trage lieber den hier«, gebe ich zurück.

Ashlands Stadtkern ist von Ruths Haus aus bequem zu erreichen. Die Stadt ist viel hübscher als die endlose Straßenzug-

Einkaufszentrum-Landschaft von Silicon Valley. Die Siskiyou Mountains, umschwebt von Wattewolken und bestreut mit Puderzuckerschnee, schmiegen sich eng an die East Main Street. Auf den Straßenlaternen flattern Shakespeare-Festival-Fähnchen.

Ich entdecke einen Makler, Kit Whittaker, der Mietobjekte in der Stadt vermittelt. Sein Büro liegt im ersten Stock eines Hauses gegenüber der Handelskammer. Kit ist ein freundlicher, gutaussehender Mann mit olivbraunem Teint, goldenen Lichtern in den grünen Augen und dicken braunen Locken. Das Ausfüllen des Mietgesuchsformulars erweist sich als in höchstem Maße peinlich. Ich habe nicht viel anzubieten. Weder einen Arbeitgeber noch ein festes Jahreseinkommen. Als Referenz gebe ich meinen Vater an, was kindisch wirkt. Und dann kommt die schlimmste Frage: *Wer soll bei einem Notfall benachrichtigt werden?* Nach einigem Überlegen schreibe ich Ruths Namen hin und bei *Art des Verhältnisses: Freundin.* Es macht mich fertig, dass es das Wort *Ehemann* in meinem Leben nicht mehr gibt.

Ich schaue zu Kit hoch, der hinter seinem großen Eichenschreibtisch sitzt und nachdenklich durch seine randlose Brille auf eine Schreibarbeit hinunterschaut. Rechts vor ihm steht eine gerahmte Fotografie, das Bild einer hübschen Frau mit langen Zöpfen, neben ihr zwei kleine Mädchen.

»Zwillinge?«, frage ich. Er hebt den Blick und nickt lächelnd, und ich möchte am liebsten *seinen* Namen in die »Bitte benachrichtigen Sie bei einem Notfall«-Rubrik schreiben. Ich stelle mir vor, wie er sich in der Notaufnahme über meine Trage beugt und mir mit goldglitzernden Augen zuflüstert *Don't worry. Alles wird gut.*

Kit holt mich am nächsten Morgen bei Ruth ab. Er bringt

mir einen Becher Kaffee mit Milch und Zucker mit und die neuesten Mietangebote. Im Winter ist der Mietmarkt in Ashland ruhig, und so hat er Zeit, mir Sehenswürdigkeiten und Künstlerlokale zu zeigen und mich über die Stadtgespräche zu informieren – die Rivalität zwischen den Frühstückspensionen und das schlimme Hochwasser, das vor ein paar Jahren einen Großteil der East Main Street wegspülte. Der Kaffee ist heiß und süß, und Kits Autotüren sind schwer und nicht leicht zu schließen. Ich fühle mich sicher und behütet, als er die Zentralverriegelung betätigt.

Nach zwei Besichtigungstagen mit Kit habe ich alles an ihm liebgewonnen – seine Cordhosen und seine Zopfmusterpullover, seine Vorliebe für Holzböden und Fenstertüren, die Gewissenhaftigkeit, mit der er seiner Frau telefonisch Bescheid gibt, wenn es bei ihm später wird als angekündigt, seine zwei kleinen Töchter und sogar sein Auto: den Cowboygeruch von neuen Ledersitzen.

Ich stelle mir vor, dass Kit Witwer wird, seine Frau und seine Kinder plötzlich auf irgendeine Weise gestorben sind. Armer Kit! Ich bringe ihm etwas zu essen nach Hause – vielleicht selbstgemachte Bolognese –, und irgendwann landen wir auf dem Küchenboden und lieben uns. Das Linoleum unter mir ist kalt und hart. Was für eine verrückte Phantasie! Ich würde niemals eine Affäre anfangen! Außerdem: Kit ist verheiratet. Ich bin verheiratet. *War* verheiratet. Liebe Ethan noch immer. Es ist nur, Kit verströmt Ruhe, ist nachdenklich, und er hat breite Schultern und schmale Hüften. Eine Taille, um die man die Arme schlingen könnte, wenn man nachts im Meer badet. Das ist alles, was ich möchte. Keine Affäre. Nur ein einziges Mal mit meinem Makler nackt im Meer baden. Einsamkeit. Es muss Einsamkeit sein, was mich auf eine solche Idee bringt.

Sosehr ich meinen Job hasste – plötzlich sehne ich mich in meinen Verschlag im Büro zurück, wo mir Neonlicht und schlechter Kaffee die Vitalität raubten. Jetzt, da ich meine Energie wiedererlange, bin ich nicht sicher, dass mir gefällt, wie ich mich dadurch fühle: wieder lebendig, mit allen Schwächen der Lebenden. Ich bin scharf auf meinen Makler! Das kann unmöglich ein Trauerstadium sein.

Es ist nicht nur Kit. Plötzlich sehe ich überall Männer. Sogar Tonys in Jeans steckender Hintern ist mir einen Blick wert, trotz seines Rattengesichts. Monatelang habe ich Männer nur als geschlechtslose Schemen wahrgenommen, die um mich herumwaberten und gelegentlich so nah herankamen, dass ich ihre Körperwärme spürte oder die leichte Berührung eines Baumwollärmels.

Ich fühle mich schuldig, weil ich plötzlich nicht nur meinen Mann vermisse. Ich vermisse *den Mann an sich.*

Die Wahrheit ist, dass ich während meiner Ehe mit Ethan für *einige* Männer schwärmte. Für den aufmerksamen Angestellten im Gartencenter zum Beispiel, der die Namen sämtlicher Salvia-Pflanzen kannte (im Gegensatz zu Ethan, der eine Plastikpalme nicht von einem blühenden Rosenstock unterscheiden konnte). Die Risse und Schnitte in den Handflächen des Mannes waren erdverkrustet. Einmal, als er Behälter mit Wandelröschen in meinen Kofferraum lud, stellte ich mir vor, ihm dabei zu helfen, seine Hände zu waschen. Und in der darauffolgenden Nacht *träumte* ich von diesen Händen – dass seine Finger unter meine Bluse glitten und seine Schwielen mich am Bauch kitzelten. Nach einer wilden Knutscherei wachte ich nach Luft ringend neben Ethan auf.

»Bist du okay?«, fragte er besorgt.

»Es geht mir GUT!«, schrie ich ihn an, raffte die Bettdecke bis unters Kinn hoch und sagte mir im Stillen: *Du hattest gerade* keinen *erotischen Traum von diesem grünen Jungen aus dem Gartencenter. Du bist verheiratet.*

Kit muss mich für bescheuert halten, denn als er mich das nächste Mal morgens abholt, kann ich ihn nicht ansehen und bringe vor lauter Verlegenheit nicht einmal ein Hallo heraus.

»Sie haben es sich doch nicht anders überlegt mit Ashland, oder?«, fragt er, während ich unglücklich durch die Windschutzscheibe in den Regen hinausstarre.

»Oh, nein«, versichere ich ihm, doch die Wahrheit ist, dass ich nach Hause möchte. Ich fühle mich wie damals als Kind im Ferienlager, wenn mir Heimweh den Magen zuschnürte.

10

Dr. Rupert hatte mir den Namen eines Psychiaters in der Nachbarstadt Medford genannt, doch der hat dummerweise meine Krankenversicherung nicht auf seiner Liste. Ich telefoniere herum und erfahre, dass keiner der Psychiater und Psychotherapeuten in Ashland Kassenpatienten behandelt.
In meiner Not fahre ich doch zu dem Arzt nach Medford, und er erklärt sich bereit, mir mein Antidepressivum zu verschreiben, wenn ich mich alle drei Monate einmal bei ihm sehen lasse und in eine Gruppe gehe, die einmal wöchentlich in Ashland zusammenkommt. Die Sitzungen kosten nichts.
Die Gruppe trifft sich dienstagabends im Ashland Community Center, einer langgestreckten Holzbaracke gegenüber dem Lithia Park, die aussieht, als müsste eigentlich Daniel Boone darin wohnen. Die erste Zusammenkunft fällt auf den Valentinstag. Ich bin dankbar, eine Verabredung zu haben, wenn auch nur mit einem Raum voll fremder Menschen.
In dem offenen Kamin prasselt ein Feuer. Auch hier im Kreis Aluminiumklappstühle, bitterer Kaffee in Styroporbechern mit Inseln von Kaffeeweißem darauf und herzförmige Kekse mit rosa Zuckerguss.
Der Leiter heißt Sandy, und er ist ein auf pastellige Art gutaussehender Bursche – sandfarbenes, zerzaustes Haar, als käme er gerade aus dem Bett. Aprikosenwangen und ein sandfarbener Spitzbart. An seiner linken Hand blitzt ein Ehering. Nachdem er uns aufgefordert hat, Platz zu nehmen, erzählt er uns, dass er müde sei, weil seine Tochter Emma ihn mit ihrer Erkältung

bis spät in die Nacht auf Trab gehalten habe. Emma. Was für ein hübscher Name für eine Tochter.

»Na, dann wollen wir mal loslegen«, meint Emmas Dad.

Zuerst sollen sich alle der Reihe nach vorstellen. Da ich neben Sandy sitze, fangen wir mit mir an. Ich erzähle dem Kreis von Gesichtern, dass mein Mann vor sieben Monaten an Krebs gestorben ist. Bisher fühlte ich mich, wann immer ich jemandem von Ethans Tod erzählte, als schwebe ich über der Erde und sehe mir einen Film an, in dem sich zwei Leute über seinen Tod unterhielten. Jetzt aber bin ich in der Lage, die Tatsache festzustellen, als informiere ich die Runde darüber, was für ein Auto ich fahre. Zu meiner Überraschung ist Ethans Tod keine grausame Unfassbarkeit mehr für mich, sondern ein Teil meines Lebens wie beispielsweise mein zweiter Vorname. (Enid, nach meiner Tante. Entsetzlich.) Sophie Enid Stanton. Witwe. Fängt von vorne an.

»Erzählen Sie uns etwas, was Sie jetzt vermissen«, sagt Sandy.

Wo soll ich da anfangen? Wäre es nicht einfacher zu erzählen, was ich *nicht* vermisse? Zum Beispiel, wie er den Wagenschlüssel im Kofferraum liegen ließ und die Klappe zuschlug, oder wie er meinen Geburtstag vergaß? Aber das ist der Ärger mit Verstorbenen: Sie sind perfekt. Sie sind niemals rechthaberisch oder kauen mit offenem Mund.

Offen gestanden störte es mich, wie Ethan aß. Er stopfte sich Riesenbissen in den Mund, so dass seine Wangen regelrecht ausbeulten, starrte mit leerem Blick in die Ferne, während er über einen Software-Code grübelte.

Sandy räuspert sich. Beugt sich vor, wartet.

»Seine Haare«, eröffne ich der Gruppe mit leiser Stimme. »Abends mit ihm ins Bett zu gehen.« Ich spüre mich erröten und hoffe, sie denken jetzt nicht, dass ich nur den Sex meine.

»Jemanden, den man angeben kann, der bei einem Notfall zu benachrichtigen ist.«

Die Gruppe lächelt und nickt, und es geht weiter mit dem Mann neben mir: Al, Klavierlehrer, seit knapp einem Jahr verwitwet. »Es ist einfach nicht mehr dasselbe«, sagt er, schüttelt den Kopf und zupft an seinem schwarzen Bart. Er schaut zu der Kaffeemaschine, die im hinteren Teil des Raums auf einem Tisch steht, und fragt: »Sind Donuts da?«

Der Nächste ist ein älterer Mann, dessen Frau kürzlich an Alzheimer gestorben ist. Sie erkannte ihn nicht mehr, und wenn er sie im Pflegeheim besuchte, schrie sie ihn an, er solle die gedeckte Brücke aus ihrem Zimmer schaffen.

Nachdem sich alle vorgestellt haben, fordert Sandy uns auf, einen Brief an unsere Lieben zu schreiben. Er teilt gelbe Schreibunterlagen, Papier und Wegwerfkugelschreiber aus. Noch mehr harte Arbeit! Ich konzentriere mich darauf, meine Nagelhaut zu zerfetzen.

Das leere Blatt glotzt mich teilnahmslos an.

Lieber Ethan. Ich schaue in die Runde. Alle sitzen mit gesenkten Köpfen da und schreiben eifrig. Wo werden wir die Briefe hinschicken? An den Nordpol?

Ich bin nach Ashland gezogen und wohne bei Ruth, bis ich was Eigenes finde, und wir haben uns gestritten. Die Stadt gefällt mir, sie hat etwas von der Idylle eines Margarine-Werbespots, aber ich fühle mich einsam. Ich hatte gedacht, ich könnte die Einsamkeit in San Jose zurücklassen, doch sie ist mir hierhergefolgt wie ein Stalker. Glaubst du, es war richtig von mir, nach Oregon zu ziehen?

Ich sollte Ethan schreiben, dass ich unser Haus verkauft habe. Ach, zum Teufel! Er kann das doch sowieso nicht lesen. Ich reiße das Blatt ab, zerknülle es und fange noch mal an.

Lieber Sandy, darf ich mit Ihnen schlafen? Wie kommt es, dass in keinem Trauer-Ratgeber *erwähnt wird, wie mannstoll Witwen werden? Man wird wie der Vogel in dem Kinderbuch, der seine Mutter verliert und anfängt, alles für seine Mutter zu halten, sogar einen Löffelbagger. Bist du meine Mutter?, fragt er immer wieder. Bist du mein Ehemann?*

Ich schaue auf und sehe den anderen beim Schreiben zu. Sandy räuspert sich erneut und raschelt mit irgendwelchen Unterlagen. Schließlich fragt er, ob einer seinen Brief vorlesen möchte. Die Leute winden sich und schauen sehnsüchtig zur Tür.

»Ich weiß, dass es schwer ist«, sagt Sandy und streicht sich seinen Ziegenbart. »Aber möchte nicht vielleicht doch jemand seinen Brief vorlesen?«

Er wendet sich mir zu. Seine Augen sind groß und braun. Mein Herz gerät ins Stolpern. Ich falte meinen Brief zusammen und stecke ihn hastig in die Jackentasche. Während ich auf den Boden starre, produziert mein irregeleitetes Wunschdenken das Verlangen, mit der Hand über die goldenen Härchen auf Sandys Arm zu streichen. Das Verlangen, ihn in einem Schlafsack unter dem Sternenhimmel zu lieben. Dabei ist er gar nicht mein Typ! Ich habe normalerweise nichts übrig für urige Männer mit Ziegenbart. Aber da ich dicht neben ihm sitze, kann ich nicht umhin zu bemerken, dass er auf eine urige Weise gut riecht. Nach Kartoffeln. Es wäre ein Daunenschlafsack, und wir wären nackt, und ich hätte wieder einen flachen Bauch. Und wir wären auf einem anderen Planeten, wo es bessere Methoden gibt, Menschen zu trösten, als einen Schreibblock.

Eine Frau, deren Mann beim Eisfischen einbrach, fasst sich ein Herz. In ihrem Brief geht es darum, dass ihr Mann überhaupt nicht zum Angeln hätte gehen sollen. Es war nicht kalt genug und das Eis nicht fest genug, und außerdem hatten sie schon den ganzen Tiefkühler voller Fisch, und es war dumm zu trinken und zu fischen und so unvorsichtig zu sein, wo er doch zwei Kinder und eine große Familie hatte, die ihn liebte.

»Und falls du es nicht wusstest«, ihre leise, zitternde Stimme wird lauter, »bei Safeway haben sie so viel Fisch, dass sie ihn verkaufen! Wir brauchten nicht noch mehr Fisch aus diesem verdammten Dreckstümpel!« Sie hebt den Blick. »Weiter bin ich nicht gekommen.«

Sandy dankt ihr und sagt, dass es okay ist, wütend zu sein, und dass sie keine Hemmungen haben soll zu schimpfen.

Am Ende der Stunde kommt Gloria, eine ältere Frau, deren Tochter an Leukämie gestorben ist, quer durch den Raum auf mich zu.

»Sie erinnern mich an meine Tochter«, sagt sie und umarmt mich. »Sie hatte auch so einen Lockenkopf.« Ich spüre die einzelnen Wirbel ihres Rückgrats durch den Pullover und den Umhang. Sie riecht würzig, nach Zimt und Nelken, wie Apfelkuchen, und ich will sie nicht loslassen.

Gloria löst sich sanft aus meiner Umklammerung und tritt einen Schritt zurück, streckt die Hand aus und berührt meine Haare. »Passen Sie auf sich auf«, sagt sie. »Bis nächste Woche.«

Dann steht plötzlich der Klavierlehrer vor mir. »Sophie, richtig?«, fragt er.

»Ja.«

»Al.« Er gibt mir die Hand. Sie ist kalt und schwitzig.

»Hi, Al.«

»Hätten Sie Lust, mit mir essen zu gehen?« Er trägt eine Großvaterstrickjacke und hat seine spärlichen, drahtigen Haare von

hinten nach vorne gekämmt, so dass sie wie ein Schatten auf seinem Kopf liegen. Ich schätze ihn auf Mitte vierzig. »Sie hatten erwähnt, dass Sie nicht gern allein essen«, erinnert er mich verlegen, »und ich versuche verzweifelt, meiner Isolation zu entrinnen.«
»Ähhh …« Ich suche nach einer Antwort. Aussehen ist schließlich nicht alles, und immerhin haben wir Valentinstag. Vielleicht ist es gar nicht schlecht, in der freundlichen Gesellschaft eines Mannes zu essen, der mein Verlangen unter gar keinen Umständen wecken kann. Außerdem ist Al Musiker und wahrscheinlich begabt und sensibel und interessant.
»Einverstanden«, sage ich und versuche zu lächeln. Al erinnert mich an meinen Geometrielehrer Mr Rowinson, der ähnlich scheußliche, braune Polyesterhosen trug, aber ein lieber und geduldiger Mensch war, der einem jede Chance gab, seine Note zu verbessern.

Al und ich wandern miteinander zu der Brauerei in der Stadt, die wie ein Lagerhaus aussieht und wo es italienisches Essen gibt. Ich bestelle mir ein Weißbier und eine vegetarische Pizza. Al entscheidet sich für Pasta und Wein. Im Laufe der Unterhaltung beugt er sich vor und greift nach meiner Hand. Ich ziehe sie weg, und er kriegt nur zwei Fingerspitzen zu fassen. Er hält sie fest und sieht mich bekümmert an.
»Es ist schwer, ich weiß«, sagt er.
»Für Sie doch auch.« Ich befreie meine Fingerspitzen und falte die Hände im Schoß.
Im Film passiert Folgendes: Eine alleinstehende Frau zieht in eine malerische Kleinstadt, um von vorne anzufangen, und lernt einen wettergegerbten Sam-Shepard-Typen kennen – schlank, muskulös, mit einem Grübchen im Kinn, breitem Brustkorb,

schmalen Hüften und endlos langen Beinen, die in ausgebleichten Jeans stecken. Er hat einen alten Ford-Pick-up mit einem gutmütigen, schwarzen Labrador auf der Ladefläche, ein großes, weiches Messingbett und einen riesigen Flanellquilt, unter dem man sich den ganzen Tag verstecken könnte.

Im Leben passiert Folgendes: Eine alleinstehende Frau zieht in eine malerische Kleinstadt, um von vorne anzufangen, und lernt Professor Tweedly kennen, dessen Atem nach Katzenklo riecht und dessen Finger glitschig sind und dick wie Würste. Trotz seiner jämmerlichen Frisur denkt sie, dass er ein netter Gesellschafter sein und sie mit ein paar verträumten Mozart-Melodien von ihrem Kummer ablenken könnte.

Weit gefehlt! Nach dem Essen stimme ich zu, noch auf einen Kaffee mit zu Al zu gehen. Nachdem wir die vier Blocks zu seiner Wohnung hinter uns gebracht haben, setzt er sich in seinem Wohnzimmer ans Klavier und intoniert einen Barry-Manilow-Song.

»I write the songs that make the young girls cry ...« Al schließt verzückt die Augen und wiegt sich hin und her. Plötzlich begreife ich, warum Ruth ihre Ansprüche für Tony heruntergeschraubt hat. Wenn das hier die Alternative ist! Das Weißbier macht mir Kopfschmerzen. Ich verwünsche mich dafür, die Einladung angenommen zu haben. Das hat man davon, wenn man nicht allein essen will!

»Al?« Er ist bei der zweiten Strophe angelangt, und ich muss fast schreien, um ihn zu übertönen. »Al! Ich habe Migräne.« Ich presse die Hände an die Schläfen.

Er hört sofort auf zu spielen, klappt den Klavierdeckel herunter und setzt sich zu mir aufs Sofa.

»Ich werde Sie massieren.« Er streckt die Hände nach meinen Schultern aus.

Ich weiche zurück. »Nein, danke. Ich muss gehen.«
»Natürlich, ganz wie Sie wollen. Ich fahre Sie.«
Es gießt inzwischen in Strömen, und ich bin total erledigt und außerdem ohne Schirm unterwegs. »Okay.« Ich greife mir meinen Mantel. Als Al mir hineinzuhelfen versucht, senke ich den Kopf und dränge die aufsteigenden Tränen zurück. Ethan! Wo immer mein Mann ist, wie dunkel es dort auch sein mag, ich möchte zu ihm. Auf der Stelle.
Das Auto steht vor dem Haus auf der Straße. Wir steigen ein, und er lässt den Motor an, doch dann legt er die Hände in den Schoß statt ans Steuer.
»Ich hatte gehofft …« Er bricht ab, senkt den Blick – und dann hechtet er plötzlich zu mir herüber und will mich küssen. Ich drehe den Kopf weg, und seine warmen, klebrigen Lippen streifen meine Wange. Sein Bart ist hart und kratzig wie das künstliche Gras in Osterkörbchen. Er schlingt die Arme um mich. Aus dem Augenwinkel entdecke ich einen Tennisschläger auf dem Rücksitz. Ich befreie mich aus Als Umklammerung, packe den Schläger und knalle ihn gegen das Fenster, als ich meinen stürmischen Verehrer mit einer ungelenken Rückhand zur Räson bringen will.
»Lassen Sie das!« Das Racket trifft ihn am Hinterkopf.
»Au!«
Ich halte den Tennisschläger zwischen uns und sehe Al durch die Bespannung drohend an. Er rutscht bis zur Fahrertür zurück.
»Schon gut. Es tut mir leid. Sie sind nur so wunderschön, und ich bin so einsam.«
»Reißen Sie sich zusammen.«
In diesem Moment kommt eine Frau in einem gelben Regenmantel um die Ecke des Hauses, in dem Al wohnt. Als sie das

Auto sieht, stürmt sie mit schwingenden Armen und wehendem Kopftuch darauf zu.
»Al!«, kreischt sie im höchsten Diskant.
Al rutscht unter das Lenkrad und legt sich mit dem Oberkörper auf den Sitz.
»Scheiße! Meine Frau!«
»Ihre Frau? Ihre *tote* Frau?«
»Na ja – so richtig tot ist sie nicht«, antwortet er kleinlaut, greift nach der zwischen den Sitzen klemmenden Zeitung und breitet sie über sich.
»Was soll das? Sie hat Sie doch schon gesehen.«
»Al!« Die Frau klappt ihren Schirm zusammen und klopft damit ans Fenster. »Wo bleibt der Scheck? Wir leben von Instanthaferbrei, Al! Und ich spreche nicht vom Frühstück! Ich spreche davon, dass deine Tochter, die du nicht einmal zum Geburtstag anrufst, Instanthaferbrei zum Abendessen isst!« Sie versetzt dem Fenster noch einen Schlag mit ihrem Schirm. »Und wer ist das da? Eine von deinen Schülerinnen? Hast du sie zu einem teuren Dinner eingeladen, während deine Tochter Instanthaferbrei aß?« Sie sieht mich an. »Schätzchen«, sie richtet die Spitze ihres Schirms auf mein Gesicht, »dieser Mann bekäme nicht einmal in einer drittklassigen Bar einen Job als Pianist.«
»Sie sind arbeitslos?«, frage ich Al.
»Das ist eine lange Geschichte.«
»Sie haben sich als Witwer ausgegeben, um sich eine Verabredung zu erschleichen?«
»Ich habe alles verloren, und es geht mir schlecht«, antwortet er unter der Zeitung hervor und versucht, sich noch kleiner zu machen.
Ich öffne die Beifahrertür und steige aus.

»Ich bin nicht seine Schülerin«, kläre ich die Frau auf. »Ich habe ihn heute Abend bei der Trauergruppe kennengelernt. Er sagte, seine Frau sei gestorben.«
»Wenn er weitermacht, hat er das bald erreicht«, gibt sie giftig zurück. Sie beugt sich in den Wagen hinein und schlägt mit dem Schirm auf die Zeitung. »Du mieser Kerl! Du mieser, schlechtfrisierter Mistkerl!«
Mir wird plötzlich bewusst, dass ich noch immer das Racket umklammert halte. Ich versetze der Zeitung über Als Kopf einen ordentlichen Klaps und gebe den Schläger dann seiner Frau.
»Lügner!«, keift sie, drischt ein paarmal mit dem Racket auf die Zeitung ein und wirft es dann auf den Rücksitz.
»Lügner«, stimme ich mit ein.
»Au! Au!«, jammert Al.
»Wir sehen uns vor Gericht, Al!«, kreischt die Frau und knallt die Beifahrertür mit einer solchen Wucht zu, dass der Motor ausgeht. Einen Moment lang sehen wir uns an, sie und ich. Ihrer Miene nach kommt sie zu dem Schluss, dass ich keine Bedrohung darstelle. Ohne ein Wort wenden wir einander den Rücken zu und gehen in entgegengesetzte Richtungen davon.
Al wie Alimente. In diesem Fall offenbar wie *keine* Alimente.
Es hat aufgehört zu schütten. An den Rhododendronbüschen glitzern Regentropfen wie Glasperlen. Der Wind schüttelt Wasser von den Bäumen. Kalt tropft es auf meinen Kopf. Der Regen in Oregon ist anders als der im Valley, eisig und durchdringend. Man hat das Gefühl, als finde er den Weg durch die Kleider in die Adern und Knochen, und alles tut einem weh.

Neuland

11

Gibt es keinen Ausweg aus dieser Misere? Mit diesem Gedanken wache ich mitten in der Nacht auf, verzweifelt auf der Suche nach einer Möglichkeit, darum herumzukommen, ein neues Leben ohne meinen Mann beginnen zu müssen.
Vielleicht ist ein Fehler passiert. Ein himmlischer Irrtum. Vielleicht war der Todesengel nicht bei der Sache und hat den falschen Ethan mitgenommen. »Oh, *Ihr* Ethan«, würde die freundliche Empfangsdame in ihrem osterglockengelben Kittel hinter dem Schreibtisch in der Eingangshalle des Krankenhauses sagen, wenn ich dort anriefe, um mich zu vergewissern. »Der ist nicht gestorben. Er ist *nach Hause* gefahren.« Dann würde ich in meinen Honda steigen, nach San Jose zurückrasen und Ethan in unserer Küche vorfinden.
»Ich war im Heimwerkermarkt«, würde er sagen und mir eine kleine, braune Papiertüte mit Bohrer-Bits hinhalten.
Genau: Mein Mann war sieben Monate lang im Heimwerkermarkt. Man weiß ja, wie Männer sind!
Ich wünschte, das Leben wäre so wie diese albernen Filme, in denen Verstorbene als Geister zu ihren Lieben zurückkehren, Sachen umwerfen und einem warmen Atem in den Nacken pusten, wenn man sich gerade die Zähne putzt oder die Post öffnet.
Vielleicht, wenn wir einen Monat früher zum Arzt gegangen wären, gleich, als Ethans Lymphknoten so geheimnisvoll anschwollen und weh taten, vielleicht wäre er dann jetzt mit mir hier in Ashland, und wir würden gemeinsam von vorne

anfangen. Er könnte die Website des Festival-Komitees betreuen und jeden Abend pünktlich zum Essen nach Hause kommen.
Aber Ethan ist nicht hier, und Ruth muss früh aus dem Haus, und Simone braucht ihre Cheerios. Also stehe ich jeden Morgen auf und bemühe mich, einen Beitrag zu leisten – wenn schon nicht zur Rettung der Welt oder meiner Seele, dann doch wenigstens zu Ruths Haushalt.
Ruths strenge Arbeitsmoral inspiriert mich dazu, zumindest die Hausaufgaben zu machen, die Sandy uns aufgegeben hat: jeden Tag zwanzig Minuten körperlich bewegen. Ich würde zwar lieber einen Klumpen Plätzchenteig essen, als um den Block laufen, aber Sandy hat versprochen, dass die Bewegung unserer Psyche guttun wird. In San Jose hätte ich seinen Rat in den Wind geschlagen, aber hier und jetzt wünsche ich mir meine Taille und meine Energie zurück. Ich leiste mir ein Paar neue Laufschuhe, weiche, weiße Socken und einen Sport-BH, der mich mit einer Du-schaffst-das-Umarmung unterstützt.
Jeden Morgen nach dem Frühstück mache ich mich mit Simone in ihrem Baby-Jogger und der Hoffnung auf den Weg, die fünfzehn Schwabbelpfunde zu verlieren, die ich seit Ethans Tod zugelegt habe. Ich laufe von Ruths Haus über die Brücke in die Stadt, an der Buchhandlung vorbei und in den Park. Anfangs brennt in meiner Brust ein Feuer, und meine Beinmuskeln protestieren. Simone kommt mir so schwer vor wie ein Sack Zement. Dann vertreibt die feuchte Oregon-Luft die Angst davor, in die Welt zurückzukehren, aus meinen Lungen, und mein Körper beginnt vor Zuversicht zu kribbeln. Ich werde ganz bald ein Haus finden. Und einen Job. Entschlossenheit beflügelt meine Füße. »Ganz bald«, sage ich zu Simone. »Ganz bald«, echot sie fröhlich.

Schließlich falle ich am Ententeich total erschöpft auf eine Bank. Mütter und noch mal Mütter auf den Wegen Richtung Wasser. Und Kinder in Sportwagen, deren Kunststoffräder auf dem Belag klackern. Als ich Simone aus ihrem Jogger hebe, schießt mir der Baby-Shampoo-Duft ihrer Löckchen direkt ins Herz. Wenn ich schon keinen Job habe, sollte ich wenigstens ein Baby haben. Man kann ein Haus mieten und einen Wagen und einen Lagerraum – ein neues Leben –, warum kein Baby? Es ist merkwürdig, morgens um neun keinerlei Pflichten zu haben. Die Tage der Mütter im Park sind mit Sicherheit straff durchgeplant: Spaziergang, Schläfchen, Mittagessen. Und nachmittags wird warme, weiche Babywäsche aus dem Trockner geholt und zusammengefaltet.

Ich gebe Simone eine Tüte mit Maisbruch, und die Enten umschwärmen sie und strecken ihre orangefarbenen Schnäbel nach ihren kleinen Fingern aus. Auf der anderen Seite des Parks, jenseits des Gemeindezentrums, wo sich meine Gruppe trifft, säumt eine Reihe hübscher Häuser die Straße. Ich frage mich, ob eines davon zu mieten ist. Aber sie sind zu groß für eine Person. In solche Häuser gehören Familien, so wie Familienfotos in Brieftaschen. Kits Formulare mit den vielen Rubriken möglicher Ausstattungen kommen mir in den Sinn: Möbliert? Waschmaschine und Trockner? Garage? Teppichboden? Ehemann? Kind? Zwillinge?

Ich habe mir immer ein volles Haus gewünscht. Mit acht Jahren bedrängte ich meine Mutter, noch ein paar Kinder zu bekommen, damit ich mit Geschwistern am Küchentisch sitzen könnte.

»Ich kann keine Kinder mehr bekommen, Schätzchen«, sagte sie, wobei sie mir über die Haare strich und versuchte, sie hinter die Ohren zu klemmen.

»Warum nicht?«
»Manche Frauen tun sich schwer. Darum ist es ein großes Glück für mich, dich zu haben.«
Ich hatte den Verdacht, dass sie statt *kann* in Wahrheit *will* meinte, und nervte sie schon ein paar Tage später wieder mit meinem Wunsch.
Als Ethan und ich uns abmühten, dass ich schwanger werde, wünschte ich, ich hätte Mutter nicht so bedrängt, wäre rücksichtsvoller gewesen.
Wenn ich jetzt ein Baby hätte, wäre zumindest ein Teil von Ethan bei mir: Vielleicht hätte es seine Erdnusszehen oder seine Unfähigkeit, eine einfache Melodie zu singen. Ich könnte auf Partys mit den anderen Müttern Kinderanekdoten austauschen.
Ruth hatte damals im College ein Kind sozusagen gemietet. Sie trat bei Big Brothers/Big Sisters ein und holte jedes Wochenende ein winziges, sommersprossiges Mädchen in unser Wohnheim. Wir brachten ihm bei, wie man Dame spielt und stickt und mit einem Basketball dribbelt. Vielleicht könnte ich ja auch eine kleine Schwester bekommen, ein Mädchen wie Simone, das noch Hilfe dabei braucht, Schmetterlingsspangen in seinem Haar zu befestigen. Ich weiß noch, wie Ruth und ihre kleine Schwester im Schneidersitz auf dem Boden saßen und aus vollem Hals bei »The Sound of Music« mitsangen.
Simone stochert mit ihrer Schuhspitze in einer von Entendreck umgebenen Pfütze. Ich hebe sie hoch und zwänge sie zurück in ihren Jogger. Auf dem Heimweg stelle ich mir vor, dass wir zu meinem gemieteten Häuschen laufen, wo es eine sonnige Küche mit einem alten Kühlschrank gibt, dekoriert mit Collagen auf Millimeterpapier und Fingerfarbengemälden meiner

»kleinen Schwester«, mit Abdrücken winziger, schmuddeliger Hände, umrandet von leuchtenden Farben.

Wieder in Ruths Haus, rufe ich bei Big Brothers/Big Sisters an. Die Frau, die sich meldet, gibt mir einen Termin für ein erstes Gespräch. Sie kündigt an, dass sie viele Fragen stellen werden. Zu meiner Person. Und warum ich bei dem Programm mitzumachen wünsche. Und dass sie meinen Hintergrund durchleuchten werden. Ich versuche, mir meine Enttäuschung nicht anmerken zu lassen. Natürlich können sie mir nicht schon morgen früh ein Kind geben.
»Mama?«, höre ich Simone fragen, als ich den Hörer auflege.
»Sie ist in der Arbeit«, erkläre ich ihr, um einen fröhlichen Ton bemüht. Doch als ich in die Küche komme, sehe ich Ruth zu meiner Überraschung im Bademantel am Tisch sitzen, das Kinn auf den verschränkten Armen und das Gesicht unter einem seidigen, blonden Vorhang verborgen. Nachdem ich selbst kürzlich vom Planeten Bademantel zurückgekehrt bin, gefällt es mir nicht, dass sie am späten Vormittag in rosa Frottee gefangen herumhängt.
»Hast du dir heute freigenommen?« Ich gebe mir Mühe, nicht bewertend zu klingen. Der Kaffee in der Kanne hat sich zu einer zähflüssigen Masse verdickt. Simone sitzt im Wohnzimmer auf dem Fußboden und redet beruhigend auf einen Plüschtiger ein, verspricht ihm irgendetwas.
»Ich habe mir diesen Tag für meine Seele genehmigt«, antwortet Ruth und schaut an mir vorbei aus dem Fenster. Ihre Augen sind rot gerändert. Sie starrt in die Ferne, ohne zu blinzeln. Ich kicke meine Sneakers weg und setze mich zu ihr.

»Hey.« Ich lege den Arm um ihre Schulter. »Du hast nicht vor, dich als Bademantelmodel zu versuchen, oder?«
»Ich habe Tony gebeten, nicht mehr zu kommen.«
»Du hast Schluss gemacht?«
Sie nickt.
»Das tut mir leid.« Es fällt mir schwer, meine Erleichterung zu verbergen.
»Du hattest recht mit dem, was du über ihn gesagt hast.«
»Es ging mir nicht darum, recht zu haben. Ich hätte mich gern geirrt. Aber er ...«
Ruth hebt die Hand, um mich zum Schweigen zu bringen, und zeigt mir dann die Nachricht, die Tony in seiner Viertklässlerschrift auf eine Papiertüte gemalt hat.
Baby, steht da, *du bist die Größte. Ruf mich an, wenn du es dir anders überlegt hast. In Liebe Tony.*
»Das Erschreckende ist, dass ich ihn anrufen möchte«, gesteht Ruth. »Nein, ich möchte ihn nicht anrufen – ich möchte mit ihm *schlafen*. Glaube ich wenigstens. Schimmelpilz!« Wütend schlägt sie mit der Faust auf den Tisch. Sie hat sich eine ganze Sammlung von Ersatzschimpfwörtern zugelegt, damit Simone keine unflätigen Ausdrücke von ihr lernt. »Schauspielhaus!«, fügt sie inbrünstig hinzu. Dann senkt sie die Stimme. »Es geht mir schrecklich. Ich krieche noch mal ins Bett.« Sie spreizt die Finger auf der Tischplatte, bleibt jedoch sitzen. »Ich denke, ich nehme mir die ganze restliche Woche frei.«
»O nein!« Ich hole ihr ein Glas Wasser. »Heute kannst du von mir aus rumgammeln, aber morgen musst du wieder zur Arbeit.«
Sie schaut das Glas Wasser an, das ich vor sie hingestellt habe.
»Ich genehmige dir *einen* Bademanteltag. Morgen ist Schluss

damit, und wenn es sein muss, ziehe *ich* dich an.« Das sage ich so energisch, wie ich kann, doch es kommt mir seltsam vor, dass ausgerechnet ich sie zu überzeugen versuche, dass sie nicht zusammenbrechen darf.

»Du hast recht«, murmelt Ruth, rührt sich jedoch nicht. Ihr Blick wandert zu einem Butterklecks auf dem Küchentisch. Sie runzelt die Stirn, als würde sie ihn gern wegputzen, hat aber nicht die Kraft dazu. Ich kenne dieses Gefühl, wenn einen Kleckse bedrängen, während man in einer Unbeweglichkeit gefangen ist, die so klebrig ist wie einer dieser altmodischen Fliegenfänger.

»Du wirst Tony natürlich vermissen«, sage ich, »aber glaube mir: du bist allein besser dran als mit ihm.« Woher ich das weiß? Weil ich so einsam bin, dass ich sogar mit Keine-Alimente-Al zum Essen ging!

Ruth nimmt den Butterklecks mit dem Finger auf und leckt ihn ab.

»Früher war es umgekehrt«, erinnere ich sie. »Damals hast du *mich* ermutigt, die Loser in die Wüste zu schicken. *Du* bist die Erfinderin der Gute-Gründe-Liste.«

Ruth schüttelt den Kopf, und ihre Mundwinkel heben sich ein Stückchen. Sie tupft sich mit einer Serviette die Tränen von Wimpern und Wangen.

Die Gute-Gründe-Liste war eine Liste negativer Eigenschaften eines Freundes, die man aufstellen sollte, nachdem man sich von ihm getrennt hatte. Wann immer man ihn vermisste, sollte man sie zu Rate ziehen, sagte Ruth.

Ich ging auf dem College eine Weile mit einem goldblonden Jurastudenten namens Tad Pennington, der wie Robert Redford in »The Way We Were« aussah, sich aber als Lügner und Betrüger erwies, der nebenher noch eine andere Freundin hatte. Ich war am Boden zerstört, als die Sache auseinanderging, doch Ruth zwang mich, eine Gute-Gründe-Liste aufzustellen und immer im Portemonnaie bei mir zu tragen.

»Tad warf seine Kaugummis aus dem Autofenster«, sage ich zu ihr, »und er benahm sich flegelhaft gegenüber Bedienungen. Siehst du – ich weiß es noch.«

Sie putzt sich die Nase und lacht. »Tad, der Flegel. Er war ein hübscher Kerl.« Wieder runzelt sie die Stirn, packt mit beiden Händen die Revers ihres Bademantels und zieht sie eng über der Brust zusammen.

»Ich war immer ein bisschen neidisch auf deine perfekte Ehe«, beichtet sie. »Ich wünschte, ich wäre nicht so stinksauer und könnte ebenfalls Sachen meines verlorenen Mannes in Ehren halten und seinen dreckigen Skipullover tragen.«

»Der Pullover ist nicht dreckig«, bringe ich mühsam hervor.

Ruth sieht mich an und zieht die Brauen hoch.

Als sie das über Mark und Missy erfuhr, stellte sie keine Gute-Gründe-Liste auf. Stattdessen schnitt sie sämtliche Knöpfe von seinen Hemden und Sakkos ab, warf seine Kleider in den Vorgarten hinaus und ließ die Türschlösser auswechseln. Das war eine Seite an ihr, die ich bis dahin nicht gekannt hatte. Eine Seite, die mir sehr viel gesünder erschien als die unerschütterliche Beherrschung, die sie über die Jahre hinweg praktiziert hatte. Später schickte sie ihm die Knöpfe zusammen mit den Scheidungspapieren.

»Meine Ehe war nicht perfekt«, sage ich. Unsere Knie stoßen unter dem Tisch aneinander, als ich mich zu ihr hinüberlehne. »Wir konnten kein Baby machen, und Ethan war ein Workaholic. Nicht einmal der Krebs schaffte es, dass er unsere gemeinsame Zeit über seine Arbeit stellte.« Das stimmt zwar, aber ich glaube, dass Ethan sich, kaum dass es ihm besserging, wieder so in die Arbeit stürzte, um dem Krebs die Stirn zu bieten. Er war grimmig entschlossen, sich nicht von der Krankheit besiegen zu lassen.

»Aber er hat dich nicht wegen einer Idiotin im Mickymaus-Kittel mit einem Baby sitzengelassen.«

»Nein, das hat er nicht.« Ich massiere Ruths Schultern. Vielleicht muss man es ja tatsächlich so sehen: Ein Ehemann, der gestorben ist, hat einen wenigstens nicht wegen einer anderen verlassen. Krebs kann man nicht als persönliche Kränkung auffassen.

Ich schaue durch die offene Tür zu Simone hinüber, die sich darauf konzentriert, mit den Buntstiften innerhalb der Umrisse eines Motivs in ihrem Malbuch zu bleiben. Sie macht den Himmel braun und das Haus blau und den Baum gelb. Ich stehe auf und fülle ihre auslaufsichere Tasse mit verdünntem Fruchtsaft. Dann gehe ich in Ruths Schlafzimmer und hole ihre Kleider und eine Bürste. Als ich die Jeans, den Pullover und frische Unterwäsche auf den Tisch türme, schließt Ruth die Augen, als überfordere es sie im Moment, sich damit zu befassen.

Ich nehme mir ihre Haare vor. Die Bürste stößt in der seidigen Flut auf keinerlei Widerstand. Ruth entspannt sich und legt den Kopf in den Nacken. Ich drehe die Papiertüte mit Tonys Nachricht um und schreibe »Tonys Gute-Gründe-Liste« auf die andere Seite. Dann drücke ich meiner Freundin den Kugelschreiber in die Hand.

Hässlich zu Kindern, schreibt sie. *Fettige Haare.* Sie hält inne, liest, was sie geschrieben hat, lässt den Kugelschreiber sinken und betrachtet den Kleiderberg vor sich. Dann schiebt sie ihren Stuhl zurück, packt ihre Sachen und verlässt die Küche. Erleichtert höre ich kurz darauf das Wasser im Bad rauschen.

12

Kit hält vor einem Queen-Anne-Haus. Es ist zartblau gestrichen und zuckergussweiß abgesetzt, ein Holzzaun friedet den Garten ein. Eine Wasserähre rankt über das Törchen zu dem von Buchshecken gesäumten Weg.

»Das ist zu vermieten?«, frage ich ungläubig. Efeu ergießt sich aus einer alten Milchkanne, die neben einer zweisitzigen Holzschaukel auf der Veranda steht.

»Es ist eigentlich eine Frühstückspension, aber einer der Besitzer ist krank geworden, und jetzt vermieten sie das Haus, bis der Sohn hierherziehen und das Geschäft übernehmen kann.« Kit erzählt, dass die Pension nach dem ursprünglichen Eigentümer, einem pensionierten Colonel aus dem Bürgerkrieg, der als Bahnhofsvorsteher fungierte, als noch Züge durch Ashland fuhren, »Colonel Cranson's« heißt.

»Das Haus sieht wie die Illustration des Märchenendes ... *und sie lebten glücklich bis ans Ende ihrer Tage* aus«, finde ich.

»Ja – und Sie können am Ersten einziehen.«

Nach einigem Hin und Her lässt der Schlüssel sich im Schloss drehen, und Kit öffnet die schwere Eichentür. Im Haus riecht es nach muffigen Wollteppichen und ein wenig nach Katzenurin. Sonnenschein fällt durch die Fenster des Wohnzimmers, das mit bulligen Polstersesseln und -sofas möbliert ist. Die Porzellanknöpfe an den Türen sind echte Schmuckstücke. Eine Standuhr schlägt. Ich erschrecke und packe Kit beim Arm, lasse ihn aber schnell wieder los, spüre mich erröten.

Durch einen schmalen Flur kommen wir in die Küche, die groß und hell ist. Hier hängt noch der Geruch von Kaffee und Hefe in der Luft.
»Wir brauchen nicht weiterzusuchen«, erkläre ich Kit.
Lieber Ethan, mach dir keine Sorgen um mich. Ich darf in einem Märchenhaus wohnen.
»Vorsicht!«, bremst Kit meine Euphorie. »Vielleicht gibt es Mäuse hier.« Mit einer schwungvollen Handbewegung fegt er Spinnweben aus einer Ecke. »Und Gerüchten zufolge spukt es im Haus.« Er stößt die Hintertür auf, durch die man auf die umlaufende Veranda gelangt. Wir treten ins Freie. »Hier frühstücken die Gäste«, erläutert mir Kit. Auf der anderen Straßenseite befindet sich eine Tankstelle mit Waschanlage. Maschinen schnarren, und Wasser rauscht. Ein Wagen kommt langsam durch die Waschstraße auf uns zu. Riesige, schwarze und blaue Bürsten streifen rotierend an ihm entlang. »Es ist ein wenig laut«, meint Kit.
Ich zucke mit den Schultern. »Ich werde immer ein sauberes Auto haben.«
Wir setzen uns auf der Veranda in Schaukelstühle und gehen den Mietvertrag durch. Kit beugt sich zu mir herüber und sagt mit gesenkter Stimme: »Der Name des Gespenstes ist Alice.« Er lacht. »Sie war Cransons Tochter und starb an Lungenentzündung. Die Eigentümer behaupten, dass sie spätnachts in der Küche herumkramt und einmal die Milch auf dem Tisch stehenließ.«
Ich kann Alice nachfühlen, dass sie nachts ruhelos und hungrig in die Küche geht und gedankenverloren die Milch draußen stehenlässt.
»Das kann mich nicht schrecken. Ich bin gewohnt, mit Geistern zu leben.«

Kurz nach der Unterzeichnung des Mietvertrages für Colonel Cranson's ruft Big Brothers/Big Sisters an, um mir mitzuteilen, das meine Überprüfung abgeschlossen ist und mir eine dreizehnjährige Achtklässlerin namens Crystal Lowman anvertraut wird. Bei dem Einführungsgespräch hatte ich der Beraterin gesagt, dass ich auf kein bestimmtes Alter festgelegt sei, worauf sie meinte, dass ich unter diesen Umständen ziemlich bald mit einem Kind rechnen könne, aber insgeheim hatte ich mir doch ein kleines Mädchen wie Simone erhofft, mit dem ich Fingerfarbenbilder malen und Legohäuser bauen könnte. Wird eine Dreizehnjährige auch so leicht zufriedenzustellen sein?

Die Beraterin erklärt mir, dass Crystal bei ihrer Mutter lebt und Probleme in der Schule hat. »Sie ist durchaus intelligent, verbringt jedoch die meisten Nachmittage mit Nachsitzen«, berichtet sie mir. »Die Mutter scheint sich nicht viel um sie zu kümmern. Aber ich bin sicher, dass Sie ein ausgezeichnetes Vorbild für sie sein werden.«

Ein Vorbild! Klar. Ich kann ihr beibringen, wie man in null Komma nichts fünfzehn Pfund zunimmt, seinen Job verliert und sein Haus verkaufen muss.

Das erste Treffen zwischen Crystal, ihrer Mutter und mir findet in der Agentur im Beisein einer Beraterin statt. Crystal sieht jünger aus als dreizehn. Sie ist dünn, ohne jegliche Rundung, doch sie hat ein hübsches Gesicht mit hohen Wangenknochen wie Ruth und eine Stupsnase. Ihre Haut ist makellos und bläulich weiß wie stark entfettete Milch. Die kinnkurzen Haare sind weißblond. Roxanne, ihre Mutter, ist eine ältere Ausgabe ihrer Tochter, dünn und biegsam, mit langen Beinen. Sie wirkt jünger als ich, eher wie Crystals Schwester als ihre Mutter.

Als wir darüber sprechen, an welchem Tag der Woche Crystal und ich uns treffen wollen, trifft die Gleichgültigkeit des Mädchens mich hart. »Mir egal«, erklärt sie theatralisch genervt, als ich »sonntags um zwei« vorschlage. Anscheinend erwartet sie, dass unsere Zusammenkünfte ebenso unterhaltsam werden, wie es ihr Nachsitzen in der Schule ist. Sie schaut mich während des Gesprächs kaum an. Stattdessen inspiziert sie akribisch die gespaltenen Spitzen ihrer Haare, wobei sie schielt, weil sie sie dicht vor die Nase halten muss. Was ihre Mutter angeht, so hat sie entweder zu viel Kaffee getrunken oder sie muss dringend irgendwohin. Sie wippt unentwegt mit ihrem Reebok-beschuhten Fuß und schaut ständig auf die Uhr. Mutter und Tochter strahlen eine derartige Ungeduld aus, dass ich mich frage, warum sie sich überhaupt an die Agentur gewandt haben.
Ein paar Tage später nehme ich an einem Orientierungstreffen für »Große« teil. Die Berater empfehlen, dass wir mit unseren »Kleinen« etwas Aufregendes im Freien unternehmen, zum Beispiel wandern oder eislaufen gehen. Sie warnen uns davor nachzugeben, wenn die »Kleinen« betteln, einen Einkaufsbummel zu machen oder in die Videothek oder in ein Fast-Food-Lokal zu gehen.
»Sie sollen eine freundschaftliche Beziehung aufbauen und ein Vorbild sein«, erklärt einer der Counselors, »nicht jemand, der dem Kind jeden Wunsch erfüllt.«

Als ich Sonntagnachmittag zur verabredeten Zeit an der Tür des pfefferminzbruchrosa gestrichenen Hauses klingle und niemand reagiert, sehe ich sicherheitshalber auf dem Zettel mit der Adresse nach. Sie stimmt. Also bin ich versetzt worden! Von einer Dreizehnjährigen! Ich komme mir verschmäht

vor. Was für ein Unsinn. Schließlich war ich nicht mit einem Mann verabredet.
Ich klingle ein zweites Mal. Nichts. Ich klopfe. Es kommt kein Laut von drinnen.
Wahrscheinlich gibt es hundert Dinge, die ein Teenager lieber tut, als mit einer Sechsunddreißigjährigen herumzuhängen.
Ich spähe ins Wohnzimmer. An der Antenne des Fernsehers sind kleine Fahnen aus Alufolie befestigt. Auf dem Sofa stehen aufrecht nebeneinander quadratische, rote Kissen. Der Raum ist spartanisch eingerichtet und tadellos aufgeräumt.
Ich schreibe auf die Rückseite eines Kassenzettels an Crystal: »Ich war hier, aber leider umsonst. Ich rufe später an, Sophie«, und stecke die Nachricht so in den Briefkasten, dass eine Ecke herausschaut. Als ich die Verandatreppe hinuntersteige, fühle ich mich nicht wie eine ausgesprochen »Große«.
Auf dem Weg zum Gartentor entdecke ich etwas im Gras, das wie ein weißer Seestern aussieht. Ich erschrecke bis ins Mark, als ich erkenne, dass es eine offene Hand ist. Dann sehe ich den Ärmel eines dunkelblauen Sweatshirts daran, der im Rhododendron verschwindet. Ich gehe in die Hocke und finde Crystal unter dem Busch. Sie liegt mit ausgebreiteten Armen und gespreizten Beinen auf dem Rücken, wie Kinder sich hinwerfen, wenn sie einen Schneeengel machen.
»Crystal?«
»Ja?« Eine weiße Atemwolke steigt mit dem Wort ins Geäst auf.
»Hi.«
Sie wendet mir das Gesicht zu. »Ich habe auf dich gewartet«, sagt sie. Ihre hellblauen Augen sind von schwarzem Kajal umrahmt, auf ihren Lippen schimmert rosa Gloss.

»Für gewöhnlich wartet man im Haus oder auf der Veranda.« Ich lache, aber nur aus Nervosität, denn lustig ist es ja nicht.

»Ehrlich? Meine Mom sagte mir, ich soll draußen warten.«

»Im Gebüsch?« Meine Schenkel schmerzen von meiner morgendlichen Joggingtour, und ich lasse mich im Schneidersitz auf dem kalten Plattenweg nieder.

»Sie ist ein Biest.«

»Aha. Was möchtest du heute unternehmen?«

Crystal wälzt sich auf die Seite, stützt sich auf ihren Ellbogen und legt die Wange in die Hand. Eine blonde Strähne fällt ihr in die Stirn. »Hast du eine Zigarette?«

»Natürlich habe ich eine Zigarette. Ich habe auch Crack, wenn du das lieber möchtest. Nein, ich habe keine Zigarette. Ich rauche nicht. Und selbst wenn, würde ich dir keine geben.«

Crystal verdreht die Augen und lässt sich wieder auf den Rücken fallen. Mit gerunzelter Stirn späht sie durch das Gebüsch nach oben. Mich beschleicht das Gefühl, schon verloren zu haben. Dabei möchte ich so gerne cool sein. Ich wünschte, Ethan wäre hier. Er würde die Situation mit links meistern. Für einen Computerfreak war er ganz schön cool.

Crystal erinnert mich an die Mädchen in der Junior High, die schon die Hüften schwangen und mit heiserer Stimme sprachen, als wir anderen abends noch mit einem Stofftier im Arm einschliefen. Manchmal versteckte ich mich auf der Toilette in der letzten Kabine, während sie qualmten und über die Jungs redeten, die sie nach der Schule am Ausgang der Turnhalle abpassen wollten. Allerdings hat Crystal nicht so üppige Formen wie diese Mädchen.

Plötzlich dreht sie sich herum, kommt, einen schwarzen Rucksack hinter sich herziehend, unter dem Busch hervorgekrochen und steht auf. Die weite Kapuze des übergroßen

Sweatshirts fällt auf ihre Schultern. Sie trägt Hüftjeans, deren weite Bellbottoms ausgefranst und schmutzig sind. Mürrisch reibt sie sich Erde von den Händen und sagt: »Na dann, Alte – gehen wir ins Kino.«

»Netter Karren«, urteilt Crystal auf dem Weg zum Kinocenter nach Medford gnädig über meinen Honda.
»Danke. Er ist im Moment das Einzige, was ich besitze – abgesehen von allem möglichen Kleinkram in Kartons.«
Sie stützt sich mit ihren Plateausohlen am Armaturenbrett ab und knickt zwei Streifen Kaugummi in den Mund. »Wie das?«
»Ich bin gerade erst hergezogen.«
»Du meinst, du lebst *freiwillig* in diesem Kuhkaff?«
»Ja. Wenn es für Shakespeare gut genug ist, dann ist es für mich erst recht gut genug.«
»Du arbeitest fürs Festival?«
»Nein.«
Schweigen. Kaugummischmatzen. »Kennst du die Stücke?«
»Ein paar. Aber jetzt will ich sie mir alle ansehen.«
Crystal dreht die Heizung höher. »Wir waren letztes Jahr mit der Klasse dort. Was für eine gequirlte Scheiße.«
Ich versuche, mir nicht anmerken zu lassen, wie Crystals Ausdrucksweise mich entsetzt.
»Wenn du Theater magst, dann bin ich gespannt, wie dir der Film gefallen wird.« Sie hält mir einen Zeitungsausschnitt unter die Nase, auf dem sie mit Kugelschreiber einen Titel umkringelt hat. Ich habe Kritiken gelesen und weiß daher, dass dieses Machwerk von Sexszenen und Kraftausdrücken strotzt.
»Oh.« Ich schiebe das Papier zur Seite, um wieder die Straße

sehen zu können. »Der ist nicht jugendfrei. Wie wär's, wenn wir einen Kompromiss schließen und einen deinem Alter entsprechenden aussuchen?«

»Was soll denn das für ein Kompromiss sein, Chiquita? Meine Mom hat nichts dagegen, dass ich solche Filme gucke. Willst du sie anrufen?« Crystal lässt ihre Fingerknöchel knacken, zieht ein Handy aus der Kängurutasche ihres Sweatshirts und hält es mir hin. »Ich darf damit niemanden außer Mom anrufen. Es ist so was wie der Mom-Notruf. Sie ist in der Arbeit. Du kannst sie fragen.«

»Okay«, stimme ich unsicher zu. Was bin ich nur für eine Memme! Ich sollte diese Situation wirklich ohne die Hilfe von Crystals Mutter in den Griff kriegen.

Crystal drückt auf eine Taste, und automatisch wird eine Nummer gewählt. Dann streckt sie mir das Handy wieder hin, und gleich darauf meldet sich eine dienstlich forsche Stimme: »Roxanne Lowman.«

Ich erkläre ihr, dass Crystal einen nicht jugendfreien Film sehen will.

»Das sind doch völlig veraltete Maßstäbe«, antwortet Roxanne ärgerlich. »Es ist viel besser, offen mit Teenagern umzugehen, als ihnen alles vorenthalten zu wollen. Teenager haben Sex, wissen Sie.«

»Ähhh …« Haben sie das? Hat Crystal Sex? Ich werfe einen Blick zu ihr hinüber und kann es mir beim besten Willen nicht vorstellen. Die ist doch noch ein Kind.

»Okay«, sage ich zu ihrer Mutter und versuche, zustimmend zu klingen.

»Siehst du!« Crystal blitzt mich triumphierend an und klappt ihr Handy zu. »Mom geht es nur darum, dass meine Schulnoten nicht unter den Durchschnitt sacken und dass ich nicht

im Gefängnis lande. Sie legt Wert auf ein respektables Mittelmaß.«
Das erscheint mir als eine sehr erwachsene Interpretation aus dem Mund einer Dreizehnjährigen, die noch dazu zeigt, dass sie sich erstaunlich gewählt auszudrücken versteht.

Im Kino nimmt Crystal einen langen Zug aus ihrer Maxiflasche Coke und fährt dann mit den Zähnen an dem Strohhalm entlang, dass es quietscht.
»Ruhe!«, zischt einer der Jungs im Collegealter aus der Reihe vor uns nach hinten.
»Okay, Knackarsch«, gibt Crystal verächtlich zurück und tritt mit ihrem klobigen Schuh gegen seine Rückenlehne. Dieses Mädchen wird sicher niemals Dame mit mir spielen oder bei »The Sound of Music« mitsingen.
Er fährt herum und starrt mich feindselig an.
Ich zucke verlegen mit den Schultern und flüstere: »Tut mir leid.«
Crystal kichert.
»Keine Beschimpfungen mehr«, bitte ich mir aus.
Sie seufzt gereizt, schlägt die Beine übereinander und verschränkt die Arme, wechselt das Standbein und legt die Hände in den Schoß. Ständig ist sie in Bewegung, als wollten ihre Knochen ihren Körper verlassen. Ich frage mich, ob sie in Wahrheit nur jemanden sucht, der ihr Grenzen setzt. Vielleicht sollte ich es mit »liebevoller Strenge« probieren, wie es so schön heißt. Aber das ist nicht so einfach. Lieber würde ich bei Big Brothers/Big Sisters anrufen und um ein jüngeres, pflegeleichteres Kind bitten, ein kleines Mädchen mit Rattenschwänzchen, das gern malt oder Plätzchen bäckt. Doch ich kann Crystal nicht so einfach abschieben. Ich muss ihr eine Chance geben.

Der Film fängt an, und die Kritiken, die ich gelesen habe, erweisen sich als untertrieben. Crystal hört auf herumzuzappeln und starrt mit offenem Mund und ohne zu blinzeln auf die Leinwand. Ich schwöre mir, dass der nächste Sonntag anders verlaufen wird. Dann machen wir Popcorn und spielen am Kamin Monopoly.

»Verheiratet?« Crystal deutet auf meinen Ehering und bohrt dann mit ihrem langstieligen Löffel ein Loch in die mit gehackten Nüssen bestreute Schlagsahne, die den bombastischen Bananensplit krönt, den ich ihr nach dem Kino spendiert habe. Bisher muss sie glauben, leichtes Spiel mit mir zu haben, weil ich sie trinken und essen lasse, so viel sie will, aber sie kann wirklich ein paar Pfund mehr auf den Rippen brauchen.

»Verwitwet.« Ich schiebe einen Löffel Pralineneis mit Sahne in den Mund.

»Was ist passiert?«

»Krebs.«

»Und warum trägst du den Ring noch?« Crystal redet nicht um den heißen Brei herum wie die Erwachsenen.

»Ich bin ja nicht geschieden.«

»Aber verheiratet bist du auch nicht mehr, und du findest nie einen Freund, solange du das Ding am Finger hast.« Sie zieht die Brauen hoch und deutet mit dem Kinn auf den Ring.

Mein Eis ist wächsern und schmeckt nach nichts. Auf einmal wünsche ich mich weit weg. Ich bin aus dem Valley zu Ruth geflohen und aus Ruths Haus mit Crystal ins Kino, und jetzt würde ich am liebsten vor Crystal auf die Toilette fliehen, mich für ein halbes Jahr in einer Kabine einschließen und von Tictacs und Fusseln aus meiner Handtasche ernähren.

»Ich *will* ja gar keinen finden«, antworte ich und wechsle das Thema: »Euer Haus hat eine ungewöhnliche Farbe.«

»Ja. Meine Mom liebt Rosa. Mann, war das ein abgefahrener Film!« Ihre Augen leuchten. »Hey – kaufst du mir ein Bier?«

»Auf keinen Fall! Und wir sehen uns auch keinen solchen Film mehr an!«

»Wie du meinst.« Sie hat Schlagsahne am Kinn, und ich muss mich beherrschen, um nicht die Hand auszustrecken und den Klecks mit dem Finger wegzuwischen. Ich schiebe meinen Eisbecher beiseite und sehe ihr beim Essen zu. Erst jetzt fällt mir auf, dass sie erbsengroße, rote Male auf den Handrücken hat. Manche sind bräunlich verschorft, während andere feuerrot glänzen. Crystal bemerkt meinen Blick, zieht die Ärmel ihres XXL-Sweatshirts lang, so dass nur noch die Finger herausschauen, und kramt dann ein Döschen Rouge aus ihrem schwarzen Rucksack. Mit dem Zeigefinger schmiert sie etwas davon auf ihre Wangen, jedoch so ungeschickt, dass sie wie ein Clown aussieht. Der Farbton ist viel zu rosa und zu grell für ihre Haut, aber das ist jetzt nicht zu ändern.

»Lass mich dir helfen.« Lachend stehe ich auf, um mich neben sie zu setzen. (Als wäre ich ein Make-up-Profi!) Sie rückt keinen Zentimeter, um mir Platz zu machen, und so muss ich auf der Kante der Sitzbank balancieren, doch wenigstens wendet sie mir ihr Gesicht zu. Während mir der Rauch ihrer Zigarette in die Nase steigt und in den Augen brennt, verreibe ich die rosa Kleckse mit den Fingerspitzen, was sie mit geschlossenen Augen geschehen lässt.

»Du siehst ungeschminkt viel hübscher aus«, sage ich. Ihre Wimpern sind von zu viel Tusche verklebt. »Ich fände es gut, wenn du die Farbe wegließest.«

»Ohne sehe ich aus wie zehn«, gibt sie verdrießlich zurück. »Ich brauche jede Hilfe, die ich kriegen kann.«
Ich entferne das überflüssige Rouge mit einer Serviette.
Sie mustert sich in dem von Fingerabdrücken speckigen Spiegel des Döschens, schnalzt angewidert mit der Zunge und klappt den Deckel der Dose zu. »Ich bin die Kleinste in meiner Klasse.« Sie hebt die Hände zu ihrem Oberkörper. »Obenrum, meine ich.«
Ich sehe mir die Flecken auf ihren Handrücken genauer an. »Woher hast du die?« Vorsichtig berühre ich die Wülste, die sich erstaunlich weich anfühlen.
»Das ist nichts.« Sie versteckt die Hände unter dem Tisch.
»So sieht es aber nicht aus.« In ihrer Brust pfeift es leise, wenn sie atmet, und mir fällt ein, dass die Beraterin mir gesagt hat, dass Crystal an Asthma leidet und ich sie daran erinnern soll, bei Ausflügen ihren Inhalator mitzunehmen. »Was ist passiert?«
»Ich habe mich verbrannt.« Sie fährt sich mit der Zungenspitze über die Lippen und schaut an mir vorbei.
»Wie?«
»Mit einer Zigarette.«
»Absichtlich?«
»Wie kommst du denn auf *so was?*«
Crystals Sarkasmus ist gleichermaßen irritierend und herzzerreißend. »Du solltest das nächste Mal einen Aschenbecher benutzen.«
»Sehr komisch.«
»Ich meine es ernst.«
»Ist ja noch komischer.«
Sie drückt ihren Rucksack an die Brust, und ich deute auf den Silberreif an ihrem Daumen. »Der ist hübsch.«

»Das ist der Ehering von meinem Dad.« Sie setzt sich aufrechter hin. »Meine Mutter hatte ihn in den Mülleimer geworfen, aber ich habe ihn wieder rausgeholt.«

»Wo lebt dein Vater?«

Sie leckt die Rückseite ihres Löffels ab und zuckt mit den Schultern.

»Besucht er dich oder ruft an?«

»Einmal rief er aus Arizona an und hinterließ mir eine Nachricht auf dem Anrufbeantworter. Aber unter der Nummer, die er angegeben hatte, meldete sich eine Frau, die kaum ein Wort Englisch sprach und Dad überhaupt nicht kannte. Meine blöde Mutter muss die Nummer falsch aufgeschrieben haben. Jetzt denkt er wahrscheinlich, ich hatte keine Lust, zurückzurufen, und meldet sich deswegen nicht mehr.«

Zumindest lässt die Tatsache, dass die Nummer falsch war, diese einigermaßen tröstliche Deutung zu.

»Er sieht aus wie Mel Gibson«, ergänzt Crystal, schiebt die leergegessene Eisschale weg und rülpst.

»Wow!«

»Du sagst es. Ich kann nicht meckern, dass er meine Mutter verlassen hat. Sie ist ein solches Biest. Es ist nicht zu fassen, dass ich bei ihr wohnen muss. Ich komme mir vor wie eine Geisel.«

Ich kann mir nicht vorstellen, dass ich jemals eine solche Abneigung gegen meine Mutter hätte entwickeln können. Als ich in Crystals Alter war, war sie tot, und manchmal vermisste ich sie so sehr, dass es weh tat. Als ich in die Junior High ging, gab es im Fernsehen einen Werbespot für ein Dressing, in dem eine Mutter mit einer rot-weiß karierten Schürze ihrer Tochter zeigte, wie man Salat macht. »Du darfst grünen Salat nie schneiden. Man muss die Blätter vorsichtig zerreißen«, erklärte die Mutter ihrer Tochter liebevoll, aber mit Nachdruck, während sie Eissalatköpfe auseinandernahmen. Ich dachte damals, dass alle Mütter so seien – abgesehen von Joan Crawford vielleicht –, und wünschte, meine Mutter würde zurückkommen und darauf bestehen, dass ich sanft mit grünem Salat umging, einen Pullover anzog, wenn es kühl war, und im Sommer einen Sunblocker benutzte.

»Hey – wie kommt es, dass du nicht in einer coolen Stadt wie L.A. lebst?«, fragt Crystal.

»L.A. wäre nichts für mich.«

»Warum nicht?«

»Es ist teuer, und außerdem kenne ich dort keine Menschenseele.«

»Ich wette, es ist Spitze.«

»Du warst noch nie dort?«

Sie schüttelt den Kopf.

»Vielleicht fahren wir ja mal zusammen hin. Wenn wir Glück haben, können wir bei der Aufzeichnung einer Show zuschauen.«

»Hey, geil! Vielleicht sehen wir Rockstars!«

Als Crystal vor Begeisterung auf- und abhüpft, denke ich bang, dass ich lieber vorsichtig mit Versprechen sein sollte, von denen ich nicht weiß, ob ich sie halten kann.

Kellnern

13

Von mir aus«, meint Crystal, als ich anrufe und frage, ob sie Lust hat, am Sonntag zum Grillen zu mir zu kommen. Ich sehe sie auf dem Sofa vor mir, den Hörer zwischen Kinn und Schulter geklemmt, damit sie beide Hände frei hat, um ihre gespaltenen Haarspitzen inspizieren zu können, fast in der Horizontalen, die langen, dünnen Beine weit von sich gestreckt. So sitzt sie meistens.

»Das klingt ja schwer begeistert.«

»Immerhin haben wir erst März.«

»Wir können doch trotzdem grillen. Und mein Haus wird dir gefallen. Es gibt massenweise Zimmer hier und ein Gespenst.«

»Na schön.«

Als ich auflege, frage ich mich, wie lange ich diese Ablehnung noch ertragen werde. Oder ist es einfach nur Gleichgültigkeit? Crystal scheint mich nicht mehr abzulehnen als den Rest der Welt. Ich werde versuchen, es nicht so persönlich zu nehmen.

Außerdem habe ich weiß Gott andere Probleme. Eines davon ist, dass meine Ersparnisse wegschmelzen. Ich muss Geld verdienen.

Als ich am nächsten Morgen die Stellenanzeigen aufschlage, habe ich ein flaues Gefühl im Magen und einen bitteren Geschmack auf der Zunge. Jobsuche bedeutet Vorstellungsgespräche.

Die Zeitung fühlt sich an wie Tafelkreide, und Druckerschwärze färbt meine Fingerspitzen. Glücklicherweise werden in Ashland zu dieser Jahreszeit keine »richtigen« Jobs angeboten. Unter Marketing oder Public Relations: kein »Gesucht«. Kellnern befindet sich unter Versicherung und Schweißen. Ich habe in meiner Studienzeit nie gekellnert. Während ich in der Bibliothek Bücher einsortierte, servierten andere aus meinem Wohnheim Drinks – trugen herzförmige, schwarze Nylonschürzchen mit Taschen, die prallgefüllt mit Dollarscheinen waren, balancierten winzige Tabletts mit überschäumenden Biergläsern darauf. Aber das erzähle ich Bill, dem Manager des Le Petit Bistro in der East Main Street nicht.

»Haben Sie schon gekellnert?«, fragt er, während er meinen Bewerbungsbogen überfliegt.

»Ja! Während des Studiums.« Ich hatte nicht vorgehabt zu lügen. Ich hatte zugeben wollen, dass ich im Kellnern keine Erfahrung besitze, ich aber überzeugt sei, den Job zu packen. Doch mein Selbstvertrauen scheine ich draußen vor der Tür gelassen zu haben, und jetzt erschwindle ich mir den Weg in die Welt der Gastronomie.

Wir sitzen in einer Nische im hinteren Teil des Bistros, das kleine Tiffany-Tischlampen in graurosa Licht tauchen. Bill trägt ein gestärktes weißes Oberhemd und eine mit winzigen Martini-Gläsern gemusterte Krawatte. Er ist der erste elegant gekleidete Mensch, den ich in Ashland sehe.

»Was ist Ihr Fernziel?« Er beugt sich über die rot-weiß karierte Tischdecke zu mir vor. »Ich kann mir nicht vorstellen, dass es Kellnern ist.«

Er riecht nach brauner Butter und Möbelpolitur. Was soll ich als Ziel angeben? Ein Jahr in Ashland durchhalten? Heute in zwölf Monaten aufwachen und mir nicht gleich wieder die

Bettdecke über den Kopf ziehen zu wollen? Vielleicht verkündet der Radiowecker in einem Jahr eines Morgens eine Neuigkeit, über die ich gern mit Ethan sprechen würde – beispielsweise, wer die World Series gewonnen hat oder wer als Präsident kandidiert –, und es bringt mich nicht zum Weinen. Ich kann an meinen Mann denken und lächeln, die Trauer wegschnippen wie eine Fliege oder einen Fussel. Dann dusche ich und bügle mir ein gestärktes weißes Hemd, wie mein Chef es hier im Le Petit Bistro trägt.

Bill beugt sich noch weiter vor.

»Nichts verschütten«, antworte ich und lache und ziehe mit den Fingern die scharfen Falten meiner Khakihosen nach, die ich heute früh so mühsam hineingebügelt habe.

Bill lacht ebenfalls, und dann legt er den Kopf ein bisschen schief. »Was würden Sie als Ihre Stärken bezeichnen?«

Stärken? Sicher nicht, Abteilungskonferenzen zu leiten und Miederhöschen zu tragen. Stärken? Ich kann einen Apfel schälen, dass die Schale eine lange Spirale bildet. Und mir hoffentlich Sonderbestellungen merken.

Als ich nichts sage, stellt Bill die nächste Frage: »Schwächen?«

Vollfettbutter. Kodak-Werbespots, in denen Mütter und Ehemänner vorkommen.

Bill geht zur nächsten Frage weiter: »Wie arbeiten Sie unter Stress?«

Ich breche zusammen, weine und komme im Bademantel zur Arbeit. »Ziemlich gut«, erkläre ich leichthin. Ich meine – wie schwierig kann Kellnern sein?

Hier ein paar Beispiele dafür, wie schwierig Kellnern sein kann: Versuchen Sie, ein mit Vorspeisen beladenes Tablett auf der Schulter zu balancieren, ohne gebückt daherzukommen wie Groucho Marx. Versuchen Sie, einen widerspenstigen Korken aus einer Flasche Merlot zu ziehen, ohne ihn abzubrechen und den stirnrunzelnden Gästen Krümel einzuschenken. Versuchen Sie, sich zu merken, wer die Schnecken und wer die Zwiebelsuppe bestellt hat und sein Dressing *extra* haben wollte, *ich sagte extra, bitte!*

Ich habe meinen Job gerade eine Woche, als ich mich bemühe, einen kochend heißen Teller Shrimps um eine mittelalterliche Fregatte herumzumanövrieren, die mit den Armen rudert, während sie einem Schauspieler vom Shakespeare-Festival und dessen weiblicher Begleitung erzählt, was sie angestellt hat, um in New York ein Taxi zum Anhalten zu bringen.

Der Schauspieler ist ein gutaussehender Bursche mit Michael-Douglas-Kinn und Grübchen in den Wangen. Er lächelt mich an, und plötzlich komme ich mir in meiner Uniform – schwarze Hose, weiße Hemdbluse, schwarze Weste – qualvoll albern vor. Wahrscheinlich sehe ich aus, als sollte ich eigentlich bei Nordstrom Klavier spielen. Seine Freundin oder Frau ist offenbar ein Fan von Isadora Duncan. Das erkenne ich an dem Flatterschal und dem Eyeliner. Sie verschränkt ihre schlanken, wohlgeformten Arme und hebt ihre schmal gezupften Brauen.

»Es geht los!«, kündige ich an und versuche, den Vorspeisenteller der Fregatte unter ihren gestikulierenden Armen hindurch auf den Tisch zu stellen. Die Hitze des Tellers hat inzwischen mein Serviertuch durchdrungen und versengt meine Finger. Plötzlich schwingt ihr Baseballschlägerarm durch die Luft, um einer Aussage Nachdruck zu verleihen, schlägt mir den Teller aus der Hand, und die Shrimps in Knoblauchöl ergießen sich über den Rücken der Frau. Heißes Öl fließt in ihren

Kragen, und Shrimps purzeln ihren grauwollenen Hosenanzug hinunter. Sie springt mit einem Aufschrei aus der Nische und vollführt einen hektischen Tanz, denn wie es scheint, haben sich ein, zwei Shrimps in ihre Bluse verirrt.
Die Augen des Schauspielers weiten sich, doch er schweigt. Es ist der diesjährige Hamlet-Darsteller. Ich erkenne ihn wieder. Ich kenne ihn von einer Probe, in die ich mich geschlichen habe, und ich erinnere mich, wie mein Herz klopfte, als er deklamierte: »O Gott! O Gott! Wie ekel, schal und flach und unersprießlich erscheint mir das ganze Treiben dieser Welt!«
Die Fregatte schlägt mit ihrer Serviette wie wild auf ihren Rücken. Die anderen beiden Vorspeisenteller auf dem Tablett stehen natürlich nicht in der Mitte. Das Ding kippt über, und alles landet auf dem Fußboden. Die Hintergrundmusik, klassisches Klavierstück – CD natürlich –, steigert sich zu einem Crescendo. Die Begleiterin des Schauspielers unterdrückt ein Kichern. Ich versuche, der panischen Frau zu helfen, die sich aus ihrer Jacke schält und sie auf den Boden wirft. Ihr Gesicht ist puterrot, und ihre Augen quellen aus den Höhlen. Der Schauspieler will ihr ebenfalls helfen. Er steht da mit einem Glas Wasser in der Hand, unschlüssig, ob er es ihr zum Trinken anbieten oder sie damit »löschen« soll. Er sagt, ich solle mir keine Vorwürfe machen, es sei nicht meine Schuld, nein, mich treffe absolut keine Schuld.
Bill biegt bei der Kaffeemaschine um die Ecke und kommt mit wehender Martini-Krawatte angestürmt. »Was um Himmels willen …«

Am Sonntag schleppe ich den Grill aus der Garage in den Garten und plaziere ihn auf dem Rasen an der Seitenveranda. Mein Plan stellt mich vor ein Problem: Meine Küchenutensilien sind noch im Lager, und ich konnte in der Küche keine Fleischzange finden. Ich male mir aus, dass sich meine Habseligkeiten zusehends in Luft auflösen, bis ich am Ende nur noch ein Paar Socken und einige alte *National Geographics* besitze.

Obwohl ich die gähnende Leere hasste, die nach Ethans Tod in unserem Haus in Kalifornien herrschte, vermisse ich es jetzt, in meinen eigenen vier Wänden zu wohnen. Bevor ich zur Arbeit gehe, wandere ich durch die Fremdenzimmer von Colonel Cranson's, streiche mit den Händen über die Chenilletagesdecken, lasse die Finger an den Rändern der vergilbten Lampenschirme entlanggleiten und rieche an den Potpourrischalen aus Porzellan, in denen winzige getrocknete Rosenblüten längst ihren Duft verströmt und Staub angesetzt haben. Alles im Haus ist hübsch, aber nur weniges gehört mir. Ich bin als Besucherin hier. Vorübergehend.

Crystals Vorbereitungen für unser Grillfeuer nehmen für mich beunruhigende Ausmaße an: Sie rollt Zeitungen zusammen, häuft trockene Zweige und Blätter darauf und bekrönt das Ganze mit einem Berg Holzkohle. Obwohl es ein warmer Märztag ist und die Sonne die Dächer dampfen lässt, trägt sie wie bei winterlichen Temperaturen ihre Schlagjeans und eines ihrer riesigen Kapuzensweatshirts.

»Lass *mich* das machen!« Sie reißt mir die Flasche mit dem Grillanzünder aus der Hand.

»Okay, das reicht!«, bremse ich sie, als die Holzkohle vor Nässe glänzt. Manchmal glaube ich, Crystals Lebenszweck besteht darin, andere nervös zu machen.

Sie zieht eine Schachtel Streichhölzer aus der Gesäßtasche, und dann beobachte ich staunend, wie sie in einer fließenden Bewegung, als führe sie einen Zaubertrick vor, ein Hölzchen herausnimmt, anreißt und auf den Grill wirft. Mit einem dumpfen Knall schießt eine orangerote Stichflamme in die Höhe und leckt an der Glyzinie, die sich an der Pergola über der Veranda entlangrankt. Ich zerre Crystal zurück.

»Gib das her!« Erbost greife ich nach der Anzünderflasche. Sie lässt sie los, sieht mich aber nicht an. Wie verzaubert beobachtet sie die Flammen, die sich wie Lava über den Grill ergießen.

Ich setze mich auf den Rand der Veranda, stelle die Flasche hinter mich und fahre mir mit dem Ärmel über die Stirn. Das Feuer frisst sich knackend und zischend durch die Mahlzeit, die Crystal ihm bereitet hat. Ich hoffe nur, dass niemand in der Nachbarschaft zu Hause ist und etwas mitbekommen hat. Das sind alles Freunde der Besitzer von Colonel Cranson's, und ich möchte, dass sie mich für eine anständige Mieterin halten.

Ich habe den kleinen schmiedeeisernen Tisch auf der Veranda liebevoll mit Tafelsilber, Gläsern mit Eistee und dreierlei Saucen für unsere gebackenen Kartoffeln gedeckt. Jetzt erscheint mir das lächerlich. Wie soll eine Dreizehnjährige Sinn dafür haben?

Crystal reißt einen Beutel Marshmallows auf, spießt eines davon auf einen Stock und hält es in die Flammen. Es fängt Feuer und zerfließt. Sie stampft wütend mit dem Fuß auf. Als wir für unser Grillfest einkauften, stellte ich mir vor, dass es werden würde wie bei den Pfadfinderinnen. Ich würde mir das Große-Schwester-Abzeichen verdienen und Crystal das Abzeichen für gutes Benehmen.

Sie greift sich den Teller mit dem Fleisch und klatscht die Steaks auf den Rost.

Ich springe auf. »Noch nicht!«

Das Fleisch zischt protestierend. Crystal schnappt sich die Flasche mit dem Anzünder von der Veranda und spritzt einen dicken Strahl in die Flammen. Eine schwarze Rauchwolke steigt auf. Crystal setzt zum Sprung an, als wolle sie sich ins Feuer stürzen, doch ich erwische sie gerade noch am Arm.
»Halt!« Mein Mund ist wie ausgetrocknet, und ich habe einen metallischen Geschmack auf der Zunge. Crystal scheint mich nicht zu hören. Sie hält die Flasche so fest umklammert, dass ich sie ihr nicht entreißen kann. Ich versuche es von der anderen Seite, denn, schießt mir durch den Kopf, ich darf mich nicht von dieser Göre unterbuttern lassen.
»Lass mich!«, kreischt sie und fährt herum. Wir geraten ins Stolpern, taumeln in den Grill, worauf er klirrend und krachend umfällt. Brennende Papierfetzen und Holzkohlestücke landen in einem Haufen zusammengerechter Blätter. Am Ende liege ich auf Crystal und starre in ihr Gesicht. Ihre Wangen sind ziegelrot, und auf ihrer Stirn glänzen dicke Schweißperlen. Ich rutsche von ihr herunter und rapple mich auf.
Ein Zweig in den Blättern pfeift und fängt Feuer. Ich trete die Flammen aus. Die Blätter schwelen und qualmen, und dann schlängelt sich ein widerspenstiger Ausläufer des Feuers durch das trockene Laub. Wo ist der Schlauch, zum Kuckuck? Nach hektischem Suchen entdecke ich ihn am Ende der Veranda. Ich drehe den Hahn auf, zerre den Schlauch zu dem Haufen und lasse das Wasser laufen. Gott sei Dank genügt das jämmerliche Rinnsal, um die niedrigen Flammen zu löschen. Doch dann kommt ein Windstoß und weht schwelende Blätter unter die Veranda.
Crystal macht einen Satz nach hinten, als sei das Wasser gefährlicher als das Feuer.

»Hilf mir!«, schreie ich sie an. Meine Nase brennt, und meine Augen tränen. Crystal schnappt sich unsere Gläser vom Tisch und schüttet den Eistee auf das Laub.
»Hab dich nicht so«, knurrt sie genervt. »Es ist doch fast aus.« Sie zündet sich eine Zigarette an.
Ich versuche auf Händen und Knien, unter die Veranda zu spähen, doch es ist zu dunkel, um etwas zu erkennen. Schweiß läuft mir über Gesicht und Hals. Ich schaue zum Haus hinauf, das alt und gebrechlich aussieht, und beschließe, sicherheitshalber die Feuerwehr zu alarmieren. Ich lege den Schlauch so hin, dass das Wasser unter die Veranda rinnt, und gehe hinein, um zu telefonieren.
Als ich wieder rauskomme, lehnt Crystal rauchend an der Garage.
»Was hast du dir dabei gedacht?« Ich sammle die verkohlten Steaks vom Rasen auf und werfe sie auf einen Teller.
»Ich hab mich gelangweilt.« Die Zigarette zwischen zwei Finger geklemmt, macht sie sich daran, ihre splissigen Haarspitzen zu untersuchen.
»Du hast dich gelangweilt? Und da dachtest du, es wäre eine nette Abwechslung, den Garten abzufackeln?«
Sie schnalzt mit der Zunge und verdreht die Augen.
»Es ist Zeit für dich, nach Hause zu gehen«, sage ich ruhig. »Noch mehr Action könnte ich an einem Nachmittag nicht verkraften.«
»Können wir nicht zu McDonald's fahren?«
»Nein. Du gehst jetzt nach Hause.« Ich grabe die Zähne in meine Unterlippe, um nicht mehr zu sagen.
»Aber ich habe Hunger!«, jammert Crystal.
»Du *gehst* jetzt, verdammt!« Mit ausgestrecktem Arm deute ich in Richtung Straße. Ja, ja, ich soll »groß« sein, mit gutem

Beispiel vorangehen. Aber gibt es denn keine Richtlinien für die »Kleinen«?

»Okay«, sagt Crystal kleinlaut und schnieft. Vielleicht legt sie es ja darauf an, von mir angepfiffen zu werden. Ruth sagt, Kinder wünschen sich von Erwachsenen, dass sie energisch sind und ihnen Grenzen setzen. Crystal schnippt ihre Zigarette ins Gras und tritt sie aus.

»Die nimmst du mit!« Ich zeige auf die Kippe. Sie hebt sie auf, schließt ihre Finger darum, schlingt die Arme um den Oberkörper, schließt die Welt aus. Ihre Plateauschuhe donnern über die Veranda. Gleich darauf quietscht die Fliegengittertür. Crystal dreht sich um und schaut zu mir herunter. »Dann bis bald, Alte.«

Ich antworte nicht.

Nachdem die Haustür ins Schloss gefallen ist, entspanne ich mich, setze mich wieder auf den Rand der Veranda, lege den Kopf in den Nacken und schaue zum Himmel hinauf. Er ist durchscheinend blau und wirkt dünn wie ein überdehnter Stoff. In der Ferne heult eine Sirene, und eine Feuerwehrhupe röhrt ungeduldig. Ich unterdrücke das Schluchzen, das wie eine Flamme in meiner Kehle aufzüngelt.

In dieser Nacht träume ich, dass Crystal bei einem Brand schwer verletzt worden ist. Sie liegt ganz still in einem Krankenhausbett. Ihr Nachthemd hat das vertraute blaue Schneeflockenmuster, und ihr spitzes Gesicht ist schwarz und ledern wie verkohltes Fleisch. Die Haare kleben an ihrem Kopf und stinken wie versengter Teppich. Ihre murmelblauen Augen sehen mich an, bettelnd, flehend, aber ich weiß nicht, was sie möchte. Morphium? Eiscreme?

»Kannst du mich hören, Schätzchen?«, frage ich. Warum

sage ich »Schätzchen« zu ihr? Das sagt eine Mutter zu ihrer Tochter.
Crystal streckt mir einen Arm entgegen. Der Rücken ihrer Hand ist von roten Malen verunstaltet, rostfarbener Schaum blubbert aus den Wundrändern. Ich fühle mich schuldig, weil ich sie nicht anfassen will. Hoffentlich schläft sie ein, damit ich gehen kann. Während ich mir den Kopf nach einem Grund zermartere, das Zimmer verlassen zu dürfen, weiche ich langsam zurück.
»Ich komme gleich wieder«, würge ich mühsam hervor. »Ich hab etwas vergessen.« Als ich mich zur Tür umdrehe, ist Ethan da, in einem Rollstuhl, mit tiefliegenden Augen, klappernden Zähnen und einem randvoll gefüllten Urinbeutel. Ich möchte ihn umarmen, aber ich möchte ihn nicht anfassen.
Ich drehe mich zu Crystal um. Ihre fleckige Hand streckt sich nach mir aus. Ihre Augen sind wach, fragen mich, warum ich gehen will. Aber ich kann nicht gehen. Meine Füße bewegen sich nicht. Sie sind bleischwer und taub und am Boden festgeschweißt.
Als ich aufwache, sitze ich im Bett. Es ist, als drücke ein Schraubstock meinen Brustkorb zusammen, und mein Puls hämmert in meinen Schläfen. Meine Arme sind eingeschlafen, sie kribbeln und sind schwer wie Holzscheite. Ich schüttle und zwicke sie. Ein ekelhaft sauer-rauchiger Geschmack klebt auf meiner Zunge, und ich sehe Qualm unter der Zimmerdecke wabern. Als ich Licht mache und meine Brille aufsetze, ist der Schwaden verschwunden.
Das Zimmer ist mit einem wilden Muster tapeziert. Selbst die Decke und die Abdeckplatten der Lichtschalter sind zugekleistert, und ich sehe die schwindelerregenden Massen von Kornblumen sogar, wenn ich die Augen schließe.

Ich versuche, mich zu beruhigen, indem ich bewusst ein- und ausatme, aber meine Lungen spielen nicht mit. Irgendetwas Wollenes verstopft sie. Ich stelle mir vor, wie sie immer mehr schrumpfen, bis sie so klein sind wie Kidneybohnen und nur noch zwei Teelöffel Luft für meinen ganzen Körper zur Verfügung stellen.

»Ich habe einen Herzinfarkt!«, schreie ich die Kornblumen an. Meine Stimme klingt dünn und fremd in meinen Ohren. Der Holzboden glänzt mich streng an. Eine Nuss vom Baum schlägt ein Loch ins Dach. Ich taumle aus dem Bett, schlüpfe in Jeans und Sweatshirt, greife mir Handtasche, Schlüssel und Mantel und stürze in die feuchte Nachtluft hinaus.

In der Notaufnahme hält es mich nicht auf dem Stuhl. Während ich mit fünfzig Stundenmeilen durch die stillen Straßen von Ashland raste, war mir nicht bewusst, dass ich mich geradewegs in meinen Alptraum zurückbeförderte: ins Krankenhaus. Plötzlich sehe ich Ethan wieder in diesem Bett liegen und die weiße Decke über seinem abgemagerten Körper.

Ruhelos gehe ich vor einer Frau auf und ab, deren Mann gefallen und mit dem Kopf gegen einen Holzofen geknallt ist. Ihr Blick schießt unaufhörlich zwischen der großen schwarzen Uhr an der Wand und der Angestellten hin und her, die hinter einem Schiebefenster sitzt.

Als Teenager war ich Babysitterin bei einem Jungen, der alles wörtlich nahm und glaubte, dass Colonel Sanders tatsächlich in jeder Kentucky-Fried-Filiale arbeitete und Jesus tatsächlich in jeder Kirche wohnte. So geht es mir jetzt mit Ethan: Ich glaube irgendwie, dass er in jedem Krankenhaus ist. Dort habe ich ihn zuletzt gesehen, dort habe ich ihn zurückgelassen. Ich erwarte beinahe, dass er auf einer Trage angerollt kommt und seine knochigen weißen Arme nach mir ausstreckt.

Ein Arzt in blassgrünem Kittel eilt vorbei. Wie ich dieses Grün hasse! Es ist die Farbe von Krankheit und Operationen. Die Farbe des Todes. Aber ich *musste* heute Nacht ins Krankenhaus. Ich will nicht allein an einem Herzinfarkt sterben, in einem Haus, wo man mich vielleicht erst nach Tagen findet. Im Geist sehe ich den höflichen, aber eigenwilligen Gast mit der Fliege vor mir, der sich jeden Donnerstagabend an denselben Tisch meines Reviers im Le Petit Bistro setzt und Caesar's Salad und Coq au Vin ohne Garnierung bestellt, weil er Petersilie nicht ausstehen kann. Vielleicht würde er in seiner Pingeligkeit fragen: »Wo ist meine übliche Bedienung?«, und dann würde Bill vielleicht zu Colonel Cranson's fahren und mich zusammengesunken und leblos in einer Ecke des Hauses finden.

Die Angestellte hinter dem Schiebefenster gähnt und streckt sich. Es geht mir alles viel zu langsam hier. Durch meine Adern rauscht Adrenalin, und ich würde am liebsten zu meinem Wagen laufen und nach San Jose zurückfahren, den Honda mit hämmerndem Herzen die I-5 entlangjagen. Ich sollte Dad anrufen. Ich sollte eine »Bitte-benachrichtigen-Sie-bei-einem-Notfall-Person« anrufen. Also Ruth.

»Sophie Stanton?«, ruft eine Stimme durch die Tür der Notaufnahme, und gleich darauf sitze ich nach Luft ringend hinter einem Vorhang auf einer Rolltrage, bis ein weißbekittelter Arzt erscheint. Er drückt zwei weiche Fingerspitzen auf mein Handgelenk und fixiert nachdenklich einen Punkt in der Unendlichkeit, während er meinen Puls misst. Dann hebt er mein Kinn an und leuchtet mir mit einer grellen Lampe in die Augen. Seine Haare sind weiß und kurz geschnitten. Sie sehen aus wie ein seidiges Fell, und ich muss mich beherrschen, um nicht die Hand zu heben und darüberzustreichen.

»Ich denke, wir haben es mit einer leichten Panikattacke zu tun«, meint er schließlich in fast entschuldigendem Ton und legt mir eine warme Hand auf die Schulter. »Hatten Sie in letzter Zeit viel Stress?« Er setzt sich rittlings auf einen schwarzen Stuhl.

Ich erkläre ihm, dass mein Mann gestorben ist, dass ich gerade erst hergezogen bin und zu lernen versuche, wie man kellnert, ohne kochend heiße Shrimps über Gäste zu schütten. Damit lasse ich es gut sein, denn es ist mir peinlich, Patienten, die wirklich krank oder verletzt sind, ihre Zeit zu stehlen.

Der Arzt lächelt mich an und zieht einen kleinen Block aus der Tasche seines weißen Mantels.

»Die werden Ihnen helfen zu schlafen.« Er schreibt mir ein Rezept. Ich erzähle ihm, dass ich ein Antidepressivum nehme, aber er sagt, dass ich dieses Beruhigungsmittel trotzdem gelegentlich nehmen darf.

Ich umklammere das Stückchen Papier so fest, dass es knittert.

»Sie dürfen es auch tagsüber nehmen – nur nicht, wenn Sie Auto fahren müssen.«

»Danke.«

»Ich werde Sie sicherheitshalber noch von einem Kardiologen untersuchen lassen.« Er schreibt mir einen Namen und eine Telefonnummer auf. »Aber Sie müssen bedenken«, er tätschelt meinen Arm, »dass der Verlust eines geliebten Menschen, ein Umzug und ein Jobwechsel zu den stressigsten Ereignissen im Leben gehören.«

Ich möchte mit diesem Arzt nach Hause gehen, seine halbwüchsige Adoptivtochter werden und den ganzen Tag auf seinem Sofa liegen, Kaffee-Milch-Shakes trinken und in Filmzeitschriften schmökern.

Der Kardiologe will ein paar Untersuchungen machen, was mich beunruhigt. So fing es bei Ethan an. *Wahrscheinlich ist gar nichts. (Beruhigender Klaps auf den Rücken.) Lassen Sie uns nur für alle Fälle ein paar Untersuchungen machen.*
Vierundzwanzig Stunden lang trage ich ein EKG-Gerät am Körper, das meinen Pulsschlag aufzeichnet, während ich Rühreier mache und, von dem aggressiven Deutschen Schäferhund der Nachbarn gejagt, vom Haus zum Auto hetze. Anschließend wird im Krankenhaus ein Echokardiogramm gemacht, wozu ich in einem dunklen Raum unter einer Baumwolldecke liege, während eine technische Angestellte eine Platte über meinem Brustkorb bewegt und via Ultraschall in mich hineinspäht. Am Fußende des Bettes befindet sich ein Monitor, auf dem ich mein Herz beobachten kann, das auf dem Schwarzweißbildschirm wie ein zermatschter Frosch in den letzten Zuckungen wirkt. Es sieht einsam aus in seiner trüben Umgebung.
»Kopf hoch«, möchte ich es aufmuntern. »Du machst deine Sache gut.«
Am unteren Rand des Geräts kriechen meine Herzschläge entlang. *Am Ende bist du ganz allein,* scheinen sie zu sagen. *Dann können dir keine Seelenklempner, keine Ärzte und keine Trauergruppen mehr helfen.*
»Das ist ja eine beeindruckende Maschine«, sage ich zu der MTA.
»Mmm«, bestätigt sie.
Ich frage sie, welche Ausbildung sie gemacht hat, wie lange sie brauchte, um dieses komische Ding bedienen zu können. Vielleicht ist das ein Job für mich. Es würde mir gefallen, meine Tage in diesem warmen, stillen Raum zu verbringen und Herzen von anderen Leuten zu überprüfen.

Die Frau ermahnt mich mit einem Lächeln, mich ruhig zu verhalten.

Ein paar Tage später ruft mich der Kardiologe an. Meine sämtlichen Untersuchungsergebnisse sind ohne Befund. Er rät mir, viel Flüssigkeit zu mir zu nehmen und auf ausreichend Schlaf und Bewegung zu achten. Zum Schluss fügt er noch hinzu, dass ich bei Bedarf auf das Beruhigungsmittel zurückgreifen soll.

Ohne Befund! Dieses Ergebnis wünschte ich mir inständig, als Ethan vor drei Jahren untersucht wurde. Ich malte mir aus, wie der Arzt ihn über seine Brille hinweg ansah und freundlich sagte: »Es ist nichts. Sie dürfen nach Hause gehen.« Stattdessen rückte er, als wir ihm gegenübersaßen, nervös die Ordner auf seinem Schreibtisch zurecht, schaute auf seine Uhr, räusperte sich und begann, uns die Möglichkeiten zu erläutern.

14

Was ist, wenn ich in der Arbeit eine Panikattacke bekomme? Mit diesem Schreckgespenst befasse ich mich am nächsten Morgen, während ich meine Bluse und Weste bügle. Ganz in Gedanken, lasse ich das Eisen so lange auf einer Stelle stehen, dass es ein Loch in die Weste schmilzt.
Was ist, wenn plötzlich wieder dieses Wollsockengefühl meine Lungen verstopft und ich nicht mehr atmen, geschweige denn die Gäste fragen kann, ob sie als Beilage eine Ofenkartoffel oder lieber Reis möchten? Was ist, wenn ich beim Aufnehmen einer Bestellung merke, dass mein Hals zuschwillt und ich husten und würgen und entweder auf die Toilette flüchten oder wieder in die Notaufnahme fahren muss?
Mit Schwung reiße ich den Stecker des Bügeleisens aus der Dose und stürme in die Küche, krame mit fliegenden Fingern das Beruhigungsmittel aus meiner Handtasche, schraube den kindersicheren Verschluss ab und schütte zwei Tabletten in meine Hand. Sie sind hübsch, zart pfirsichfarben wie Baby-Aspirin. Ich schlucke sie und setze mich an den Küchentisch.
Nichts. Ich schnüre meine hässlichen, aber bequemen, schwarzen, gummibesohlten Kellnerinnenschuhe zu und versuche, eine Scheibe Toast zu essen. Aber meine Kehle lässt das kratzige Brot nur unter Protest durch, und so gebe ich nach dem ersten Bissen auf. Der Arzt im Krankenhaus sagte, ich solle das Beruhigungsmittel nicht jeden Tag nehmen, sondern es für Notfälle bereithalten wie einen Feuerlöscher. An diesem Morgen scheint das Feuer unersättlich zu sein. Während ich ein

paar Tabletten aus der Flasche schütte, sehe ich im Geist die Flugzeuge vor mir, die über Waldbränden Wasser abwerfen. Ich stecke mir noch eine Tablette in den Mund, spüle mit Saft nach und schicke eine letzte hinterher. Endlich entkrampft sich meine Kehle. Ich befestige die Fliege am obersten Knopf meiner Hemdbluse und mache mich zu Fuß auf den Weg zum Le Petit Bistro. Die Bäume scheinen mir freundlich zuzunicken.

Als ich ankomme, stelle ich fest, dass das Restaurant sich jetzt unter Wasser befindet. Alles ist unwirklich und blau, meine Kollegen treiben an mir vorbei, Worte quellen wie Luftblasen aus ihren Mündern und steigen der Oberfläche des Raums entgegen. Als ich auf meine ersten Gäste zugehe, einen Dreiertisch, fühle ich mich, als sei ich aus Gummi, knochenlos, und beschließe, mich sicherheitshalber hinzusetzen. Ich lasse mich neben dem Mann in dem hübschen grauen Sakko nieder. Es ist aus Flanell oder Wolle, und ich fahre mit den Fingerspitzen über den moosweichen Stoff. Wirklich sehr hübsch.
»Laschen Schi misch Ihnen unschere Tageschpeschialitäten aufsehlen«, fange ich an. Ich kenne diese Leute nicht, aber ich liebe sie. Ich frage die Frau, die mir gegenübersitzt, woher sie ihr phantastisches, rosarot gemustertes Halstuch hat. Ich finde es so schön, dass ältere Leute sich noch feinmachen fürs Theater. Sie spielt mit ihrem Halstuch und schaut ihren Begleiter an.
Mein Nachbar nimmt meine Hand von seinem Ärmel und legt sie auf meinen Schoß, wo sie fremd und seltsam weit weg wirkt. Böse Hand! Das Paar mir gegenüber beugt sich gleichzeitig vor, schwimmt auf mich zu, wobei die Münder sich zu einem fischigen »O« runden.

»Arbeiten Sie hier?«, fragt der Mann.
»Daschtuisch«, antworte ich. Plötzlich will mein Kopf nicht mehr oben bleiben. Ich lege meine Wange auf das gestärkte Tischtuch. Wie hart das ist. Unangenehm.
»Sophie! Stehen Sie auf!« Die Stimme klingt wie die von Bill, dem Geschäftsführer, und als ich hochschaue, erkenne ich ihn auch. Er hilft mir auf die Füße, führt mich nach hinten und drückt mich neben dem Garderobenständer auf einen Stuhl. »Haben Sie getrunken?«, fragt er, wartet meine Antwort jedoch nicht ab, sondern eilt an den Tisch zurück, von dem er mich gerade entfernt hat. Ich höre ihn »kürzlich verpickelt« sagen. Vielleicht heißt es auch »kürzlich verwitwet«. Bill bestellt ein Taxi für mich. Ich ziehe mich an dem Garderobenständer hoch und zerre ihn dann wie einen Infusionsgalgen quer durch das gutbesuchte Restaurant neben mir her.
»Grofer Gopp«, höre ich Bill hinter mir murmeln, bevor mir die Eingangstür des Bistros ins Kreuz kracht.

Ethan ist da und flüstert mir ins Ohr. Er will wissen, warum ich ihn nicht vom Flugplatz abgeholt habe. »Ich musste ein Taxi nehmen, Dummerchen«, tadelt er mich liebevoll und streichelt meinen Arm. Er war in New York und hat sich mit Anlageanalysten getroffen. Seine Firma geht an die Börse, der Markt explodiert, und ich kann meinen Job als Bedienung kündigen. Wir werden für eine Woche nach Paris fliegen, in Straßencafés starken Kaffee aus Porzellantassen trinken, die so weiß wie Knochen sind, während die Sonne uns auf den Rücken scheint und Ethans Haare golden schimmern lässt. Er kitzelt mich am Arm, und ich kichere.
Es klingelt. Ich öffne die Augen und starre an die Decke.

Die Kornblumen verschwimmen zu einer blauen Masse. Ich merke, dass ich noch angezogen bin. Meine Ärmel sind hochgekrempelt, und der Spitzenvorhang neben dem Bett berührt meinen Arm. Für gewöhnlich bin ich erleichtert, wenn ich aus einem Traum von Ethan aufwache, denn er ist immer krank in meinen Träumen. Immer spielt der Krebs eine Rolle – in Form eines Blutergusses von einer Infusion oder in Form der Reihe brauner Medizinflaschen auf dem Küchenfensterbrett mit ihren besorgniserregenden Nebenwirkungen. Aber dieser war ein krebsfreier Traum, und der Schmerz darüber, dass Ethan nicht wirklich bei mir ist, fährt mir wie ein Messer in den Leib. Verzweifelt haltsuchend, greife ich nach dem steifen Spitzenvorhang.
Es klingelt zum zweiten Mal. Ich lasse den Vorhang los und schleppe mich zur Haustür.

Ruth steht auf der Veranda.
»Dieser Briefkastenplatz ist ungünstig«, erklärt sie mir und bedenkt den Postkasten mit einem besorgten Blick. Sie sieht sogar in Räuberzivil hinreißend aus. Die Leggings bringen ihre wohlgeformten Waden zur Geltung, und mit dem großzügig fallenden Sweatshirt und den Wanderstiefeln mit den eckig geschnittenen Schuhspitzen wirkt sie wie aus einem L.L.-Bean-Katalog entsprungen. Ihr Gesicht erstrahlt in frisch gewaschener Rosigkeit, die zu einem hoch angesetzten Pferdeschwanz gebundenen Haare leuchten in der Sonne. »Da kann ja jeder deine Identität stehlen.«
Mein Kopf fühlt sich zentnerschwer an, und einen anderen Platz für den Briefkasten zu suchen würde mich momentan völlig überfordern. »Sie können meine Identität haben«, antworte ich. »Meine ruinierte Taille, meine schmelzenden

Ersparnisse und meine jämmerlichen Kellnerfähigkeiten.« Wie es aussieht, habe ich wahrscheinlich meinen Job verloren.

»Was sind wir heute optimistisch!« Ruth holt die Post aus dem Kasten, tritt an mir vorbei ins Haus und legt sie auf den Tisch in der Diele. »Wie kommt es, dass du mich aufbauen kannst, aber dich selbst nicht?« Sie zieht ihre Stiefel aus.

»Entschuldige, dass ich dir deine Position als Chefpessimistin streitig mache.«

»Ha!« Sie umarmt mich und begutachtet dann mein Outfit. »Bist du auf dem Weg zur Arbeit, oder hast du einen Auftritt als Magierin?«

Ich reiße mir die Fliege herunter. »Ha-ha. Ich bin auf dem Heimweg. Gewissermaßen.« Ich will ihr nicht von meinem Malheur erzählen. Da hatte ich endlich einen Job, und dann stelle ich mir selbst ein Bein!

Ihr Blick wandert an mir vorbei. »Ich brauche was zu trinken.«

In der Küche macht Ruth den Kühlschrank auf und entdeckt, dass nichts darin ist außer ein paar Orangen und einem Tetrapack mit fettfreiem Sauerrahm.

»Die beste Möglichkeit abzunehmen, ist, nichts zu essen zu kaufen«, eröffne ich ihr meine kürzlich gewonnene Erkenntnis, halte den Mund unter den Wasserhahn und schließe die Augen. Die kalte Flüssigkeit rinnt wie ein frischer Bergbach durch meine Kehle.

»Dein Selbstkritiker schielt. Du hast eine ausgesprochen hübsche Figur.« Ruth durchforstet die leeren Schränke, in denen Flaschen und Dosen Ringe auf dem Auslegepapier hinterlassen haben.

»Ja, *sehr* hübsch. Ich kriege meine Jeans nicht mehr zu.«

»Sieh der Wirklichkeit ins Auge: Die Welt wird nicht untergehen, wenn du dir eine in der nächsten Größe gestattest.«

»Die Wirklichkeit sieht so aus: Ich habe mir schon zwei nächste Größen gestattet, und mein Hinterteil stellt das von J. Lo weit in den Schatten.« Ich drehe mich um, damit Ruth sich davon überzeugen kann.

»Sei nicht albern.« Sie steigt auf einen Stuhl, öffnet die Tür über dem Kühlschrank und findet eine Flasche Mount Gay Rum.

»Bingo!«

»Ein Stück die Straße runter gibt es einen Laden«, sage ich.

Doch Ruth ist bemerkenswert erfinderisch. Sie hat bei den Pfadfinderinnen jedes Abzeichen bekommen, das Esoterische-Textilien-und-Fasern-Abzeichen und das Wetterbeobachtungsabzeichen eingeschlossen. Sie presst Orangen aus, zerkleinert Eiswürfel im Mixer, gießt den Rum hinein und fügt zu guter Letzt Puderzucker hinzu, den sie als steinharten Klumpen in einem Behälter entdeckt hat.

Als wir uns im Wohnzimmer auf eines der Sofas sinken lassen, steigt Staub aus den blumengemusterten Polstern auf.

»Cheers.« Ruth stößt mit mir an.

»Cheers.« Ich trinke einen kleinen Schluck. Der Rum wärmt auf seinem Weg in den Magen meine Brust, aber meine Zunge ist noch pelzig von dem Beruhigungsmittel und mein Gehirn etwa so brauchbar wie ein ausgetrockneter Tonklumpen. Das Letzte, was ich jetzt brauche, ist ein Drink. Ich stelle mein Glas hin, und Ruth und ich legen unsere Füße nebeneinander auf den Couchtisch.

»Er will zurückkommen«, sagt Ruth.

»Tony?«

»Mark.«

»Ach nein. Und was ist mit Missy?«
»Er behauptet, er habe sie nie geliebt. Sie sei seine Midlife-crisis gewesen, und die sei nun vorbei.« Orangefarbener Schaum bekränzt Ruths Oberlippe. »Er vermisst Simone und will nach Hause kommen.«
»Wirst du das zulassen?«
Sie trinkt einen großen Schluck und wischt sich mit dem Handrücken den Mund ab. »Er ist Simones Vater.«
Ich möchte Ruth verbieten, Mark und Tony jemals wieder einen Fuß über ihre Schwelle setzen zu lassen. Sie soll einen wundervollen Mann kennenlernen – vielleicht einen Professor von der Universität oder sogar den Rektor – und viele Kinder mit ihm bekommen und ihnen frisch gepressten Orangensaft mit Puderzucker zu trinken geben und bis an ihr Lebensende glücklich sein.
»Er *bleibt* ihr Vater, auch wenn er nicht wieder einzieht«, rufe ich ihr ins Gedächtnis.
Ruth legt ihre Hand auf meine. Ihre langen Finger sind kühl und glatt. Sie trägt ihren Ehering.
»Du hast ja deinen Ehering angesteckt!«
Sie nickt und zieht ihre Hand weg. »Du hast deinen nie abgezogen.«
Ich zucke mit den Schultern und lasse den Ring an meinem Finger kreisen. Nach unserer Hochzeit hatte ich den Verlobungs- und den Ehering vom Juwelier zu einem kombinieren lassen. Das Gold fühlt sich weich an, der kleine, blitzende Diamant kratzt an meinem Daumen. »Ich glaube, der Brillant würde sich in einer Brosche gut machen«, überlege ich laut.
»Meiner würde sich verscherbelt und auf meinem Bankkonto gut machen.« Ruth reißt den Ring vom Finger und wirft ihn

auf den Tisch. »Schulschluss! Scheibengardinen!«, flucht sie. »Was habe ich mir nur gedacht?«
»Dass du theoretisch noch immer verheiratet bist und eine Familie hast. Dass es vielleicht doch funktionieren kann. Wir wollen doch versuchen, optimistisch zu sein, weißt du noch?«
Ruth schließt die Augen. Nach einer Weile öffnet sie sie und deutet mit dem Kinn auf meinen Ring. »Was meinst du – wie lange wirst du deinen tragen?«
»Gute Frage.« Wahrscheinlich hätte ich ihn längst an eine weniger verheiratete Stelle transferieren sollen – zum Beispiel an eine Halskette. Ich ziehe ihn ab und lege ihn neben Ruths. Wie oft hat mich die Panik gepackt, wenn ich ihn im Bad abzog und der Abfluss plötzlich wie ein riesiger, gieriger Schlund aussah. Jetzt fühlt der Finger sich auf einmal viel leichter an – als würde er jeden Moment davonfliegen. Ich setze mich auf meine Hand, um seinen Plan zu vereiteln. Der Druck ist eine Erleichterung.
»Es ist nichts dagegen zu sagen, wenn du ihn tragen willst«, meint Ruth. Sie ist mit anderen immer nachsichtiger als mit sich selbst. Wäre sie Witwe geworden, hätte sie ihren Ring zwei Wochen nach der Beerdigung abgezogen und mit der nackten, grazilen Hand Überweisungen und einen pointierten Nachruf für das Magazin der Ehemaligen geschrieben. Sie würde die gleiche Disziplin an den Tag legen wie damals im College, als sie in die Bibliothek marschierte, während wir uns über Football unterhielten und Bier tranken. Darum kann ich nicht verstehen, warum sie bei Tony so langmütig war und es jetzt bei Mark sein wollte.
Ich sage mir, dass ich den Ring nicht mehr tragen muss. Ethan wird meine Finger trotzdem umhüllen wie ein Handschuh.

Indem ich mich zur Seite neige, drücke ich mit meinem ganzen Gewicht auf meine Hand. Sie ist taub geworden und kribbelt.
Mein Blick kehrt zu unseren Ringen zurück. Sie sehen hübsch und hoffnungsvoll aus wie Mädchen, die darauf warten, zum Tanzen aufgefordert zu werden.

Als ich am Spätnachmittag zur Arbeit komme, bittet Bill mich in sein Büro. Ich folge ihm an der Bar vorbei, wo die anderen Bedienungen schweigend Servietten falten. Sonst scherzen sie dabei und tratschen, doch heute starren sie stirnrunzelnd auf ihre Hände hinunter. Vielleicht wissen sie etwas, was ich nicht weiß. Vielleicht werde ich tatsächlich gefeuert. Zum zweiten Mal in sechs Monaten. Ich atme den Geruch brauner Butter und die schwindelerregenden Dämpfe der Messingpolitur ein, die der Barkeeper auf ein Tuch träufelt. Dann haben wir die Bar hinter uns, und ich gehe hinter Bill den Flur hinunter. Zum ersten Mal bemerke ich, dass die Kopfhaut durch seine Haare hindurchschimmert. Er lässt mir den Vortritt und schließt die Tür.
»Setzen Sie sich.« Er deutet auf den Stuhl vor seinem Schreibtisch. An der Highschool wurde ich mal ins Rektorat beordert, weil ich eine Prüfungsarbeit für Danny Glutcher geschrieben hatte, einen Leichtathletikstar, der sich die Haare mit Zitronensaft bleichte und es verstand, Leute für sich einzuspannen. Das Thema des Aufsatzes war »Der scharlachrote Buchstabe«, und ich hatte für einen Jungen ein bisschen zu viel Leidenschaft und ein bisschen zu viel Mitgefühl für Hester hineingelegt.
Die dunkelbraune Holztäfelung in Bills Büro macht den Raum erstickend klein. In der Mitte des Schreibtisches thront

auf einem Stapel rosaroter Zettel ein Briefbeschwerer in Form eines Salatkopfes.

»Es tut mir Leid«, sagt mein Chef zu dem Salatkopf, »aber Sie können nicht mehr im Gastraum arbeiten.«

»Ich verstehe.« Ein Teil von mir sagt: *Widersprich ihm. Du kannst sehr wohl im Gastraum arbeiten. Versprich ihm, dass du lernen wirst, Weinflaschen richtig zu entkorken und Tabletts und Teller im Gleichgewicht zu halten.* Doch ein anderer Teil von mir will sich gar nicht mehr mit dem Gastraum befassen.

»Aber ich kann Ihnen etwas anderes anbieten. In der Küche.«

»Geschirr spülen?«

Bill lacht leise und reibt sich die Augen. »Nein, nein.« Ich weiß, dass er ein Baby zu Hause hat, und ich glaube nicht, dass er viel zum Schlafen kommt. Er ist bestimmt froh, dass Lucille Ball jetzt nicht mehr durch seinen Gastraum tobt.

»Als Salaterin.«

»Salaterin?« Aus der PR-Abteilung an die Salatschüssel! Was soll ich Dad sagen? Was würde ich Ethan sagen? Ich wünschte, ich könnte ihm sagen, dass sie mich bei Gorgatech zur Direktorin befördert haben, dass ich das Leck unter dem Garderobenschrank geflickt und die Natursteinterrasse gelegt habe.

»Ist Salaterin nicht eine abwertende Berufsbezeichnung?«, frage ich Bill. Es ist nicht als Kritik gemeint, ich denke nur laut. Im Geist sehe ich mich als vegetarische Superheldin mit Rote-Bete-Kopf, Auberginen-Körper, Karotten-Armen und -Beinen und Fingern aus grünen Bohnen. Salaterin ist ein High-School-Nebenjob.

»Die korrekte Bezeichnung lautet ›Küchenhilfe dritten Grades‹«, korrigiert sich Bill.

Der zweite Grad bezeichnet wahrscheinlich die Spülerin und der erste Grad die Abfallbeseitigerin. Das Komische an der Talsohle ist, dass es darunter *noch etwas* gibt. Man denkt, *das war's: Ich bin jetzt ganz unten. Von hier aus kann es nur bergauf gehen!* Dann stellt man fest, dass der Lift zu einer noch tiefer gelegenen Erniedrigungsetage abwärtsfährt.

»Sie müssten allerdings schon um zwei reinkommen«, fährt Bill fort, »ein paar Stunden Vorbereitungsarbeiten erledigen, dann bis um zehn Salate und Dessertbestellungen herrichten und zum Schluss für Sauberkeit und Ordnung sorgen. Natürlich verdienen Sie damit nicht so viel wie bisher – die Trinkgelder fallen ja weg –, aber dafür haben Sie nur wenig Stress.«

Ich möchte Bill sagen, dass ich früher tüchtig und belastbar war. Ich wurde aus fünfundsiebzig Kandidatinnen für meinen PR-Managerin-Job ausgewählt. Davor war ich Publications-Managerin, ich gab zwei preisgekrönte, vierfarbige Newsletters heraus, schrieb Reden für den Rektor der Universität und herrschte über mehrere Untergebene. Ich sprach vor großem Publikum und fuhr in der Stoßzeit ein Auto mit Knüppelschaltung.

Bill reibt sich wieder die Augen und dann die Stirn und die Schläfen, als wolle er etwas aus seinem Kopf reiben. »Aber wenn Sie sich lieber nach etwas Besserem umschauen wollen, dann verstehe ich das. Vielleicht finden Sie ja bei der Handelskammer was. Oder beim Shakespeare-Festival.« Er sagt das hoffnungsvoll, als fürchte er, dass ich auch als Salaterin Mist bauen werde – vielleicht Schokoladensauce auf den Romanasalat träufeln.

»Danke. Vorläufig bin ich sehr zufrieden damit.« Zumindest werde ich etwas verdienen. Ein bisschen für meine Krankenversicherung und für Colonel Cranson's.

Bill dreht sich mit seinem Stuhl um, nimmt einen Stapel Kleidungsstücke aus dem Regal hinter seinem Schreibtisch und reicht ihn mir herüber: eine schwarz-weiß karierte Hose, eine gestärkte weiße Kochjacke und eine Papiermütze. Das erscheint mir eine übertriebene Aufmachung für meine neue Tätigkeit.

»Damit werde ich ja richtig wichtig aussehen«, meine ich mit einem Blick auf mein neues Outfit.

»Das sollen Sie auch. Unser Küchenchef nimmt alles in seinem Reich wichtig«, antwortet Bill und verdreht gutmütig die Augen.

»Nochmals danke.« Das Kleiderbündel an die Brust gedrückt, verschwinde ich auf die Toilette, wo ich mich in der engen Kabine mit einigen Schwierigkeiten umziehe. Als ich mich anschließend im Spiegel betrachte, erinnere ich stark an den Mann auf der Cream-of-Wheat-Schachtel. Nur die Mütze will nicht so recht sitzen. Sie schwebt auf meinen Locken wie eine fliegende Untertasse, die gerade dort gelandet ist.

Vorbild

15

»Wieso?«, jammert Crystal, als ich sie anrufe, um ihr zu sagen, dass aus unserem nächsten Sonntagstreffen nichts wird.

»Weil ich Erholung brauche.«

»Von mir?«

»Von dir.«

»Aber du bist meine große Schwester, und die Regeln besagen, dass du jeden Sonntag für mich Zeit haben musst.«

»Die Regeln besagen sicher auch, dass du den Garten deiner großen Schwester nicht in Brand setzen darfst.«

»*Du* wolltest doch unbedingt grillen!«

Mit Mühe unterdrücke ich den Impuls, den Hörer auf die Gabel zu knallen. »Ich werde nicht mit dir diskutieren.«

Ich ziehe das lange, spiralige Telefonkabel bis zum Küchentisch aus, setze mich und sehe mir noch einmal das Festival-Programm an. Anstatt mich am Sonntag von Crystal terrorisieren zu lassen, werde ich mir »Blithe Spirit« anschauen, eine Komödie, zu der meine Mutter mich nach New York mitnahm, als ich noch in die Grundschule ging. Ich weiß noch, wie wir mit dem Zug fuhren und im Plaza Tee tranken, wo es auf Porzellantellern mit rosa Rosenbordüre Zimt-Toast-Ecken dazu gab.

»Und nächsten Sonntag?«, fragt Crystal. Ich höre sie an einer Zigarette ziehen. Ob ihre Mutter weiß, dass sie raucht?

»Wir werden sehen.« Es überrascht mich, dass Crystal so auf ein Treffen drängt. Bisher schienen unsere Unternehmungen sie nicht besonders begeistert zu haben.

»He!«, schnaubt sie empört. »Willst du mich vielleicht abhängen?«
»Nein.« Oder doch? Ich bin nicht sicher. »Aber du musst dein Verhalten ändern.«
»Wie soll ich denn sein?«, fragt sie in pampigem Ton.
»Netter.«
»Und was soll ich jetzt am Sonntag machen?« Plötzlich klingt sie kleinlaut. »Ich will doch nicht den ganzen Tag allein rumsitzen.«
»Ruf Freundinnen an.«
Schweigen. Crystal zieht an ihrer Zigarette. Vielleicht hat sie gar keine Freundinnen. Vielleicht ist sie kontaktgestört.
»Irgendwas wird dir schon einfallen«, meine ich und will auflegen, aber Crystal will reden. »Ein Mädchen in der Schule, sie heißt Tiffanie, hat das gleiche Hemd wie ich, und sie sagt, ich darf meins nicht mehr anziehen.«
Vielleicht gibt es in Crystals Junior High Mädchen, die noch unangenehmer sind als sie. Wahrscheinlich können die anderen nichts mit ihrem Sarkasmus und ihrer Chuzpe anfangen und beneiden sie um ihr hübsches Gesicht. Wahrscheinlich ist sie für sie nur ein sonderbares Mädchen, das in einem sonderbaren rosa Haus wohnt.
»Hör zu«, sage ich. »Hier hast du einen Zeitvertreib für Sonntag: Fang ein Tagebuch an. Kauf dir ein dickes Heft und schreib über dieses Mädchen. Schreib alles auf, was dir einfällt.« Vielleicht hilft Dr. Ruperts Anregung ihr ja auch.
»Bist du jetzt meine Lehrerin?«
»Nein. Ich habe dir nur einen Vorschlag gemacht.«
»Willst du es lesen?«
»Nein. Du sollst das nur für dich schreiben. Damit du dich besser fühlst.«

»Ich fühle mich nicht schlecht.«
»Das ist schön. Aber versuch's trotzdem.«
»Meinetwegen.«
»Ich muss jetzt Schluss machen. Okay?«
»Okay.« Doch sie redet weiter, und ich lasse sie noch ein Weilchen plappern. Vielleicht manipuliert sie mich ja, aber ich habe jetzt ein schlechtes Gewissen, weil ich unsere Verabredung nicht einhalte. Ich weiß noch sehr gut, wie lang Wochenenden für ein Einzelkind sein können. In der Grundschule überredete ich oft Leslie Bennington, eine unnahbare Blondine, die im Chor neben mir stand, bei uns zu übernachten. Sie hatte Massen von Geschwistern und brauchte mich eigentlich nicht, doch sie kam trotzdem gern, weil meine Mutter uns Berge von Tater Tots servierte und uns länger aufbleiben und »Laverne & Shirley« anschauen ließ. Wenn es dann für Leslie Zeit zum Gehen wurde, versteckte ich eines ihrer Kleidungsstücke, weil ich hoffte, sie würde dableiben und noch mal »Trouble« mit mir spielen oder vierhändig auf dem Klavier.
»Und dann haben sie ...«, beginnt Crystal eine neue Geschichte über Amber und Tiffanie, die beiden Tyrannen in ihrer Klasse, aber ich falle ihr ins Wort, erkläre ihr, dass ich jetzt wirklich auflegen muss, und verabschiede mich endgültig.

Ruth kann nicht mitgehen ins Theater, und es reizt mich nicht besonders, allein zu gehen, doch andererseits will ich das Stück unbedingt sehen. Das stört mich am meisten an meinem Singledasein: Ich kann entweder allein ins Kino oder Restaurant gehen oder mit »Lean Cuisine« und der Fernbedienung zu Hause bleiben. Man sagt sich, dass man es genießt, Zeit für sich zu haben. Man nimmt ein Schaumbad, wie es in den Frauenillustrierten empfohlen wird, kuschelt sich anschließend mit einem der Bücher aufs Sofa, die man schon so lange lesen will, und macht sich bewusst: *Das ist Entspannung!* Aber man kann sich nicht konzentrieren. Die Gedanken schießen hierhin und dorthin wie ein Eichhörnchen auf der Straße, und man fragt sich: *Werde ich jemals einen Partner finden? Werde ich jemals eine Tochter oder einen Sohn den Mittelgang einer Kirche hinaufschreiten sehen? Werde ich wenigstens Silvester eine Verabredung haben?*

Am Sonntag beschließe ich, vor der Matinee essen zu gehen. Meine Wahl fällt auf einen Diner in der East Main Street.

Wenn man allein im Restaurant sitzt, erhebt sich die Frage, wo man hinschauen soll. Auf den Teller oder lieber auf den unbesetzten Stuhl gegenüber? Ich entscheide mich für Letzteres und versuche mit einer fröhlichen Miene auszudrücken, dass es mir nichts *ausmacht,* keine Gesellschaft zu haben.

Als ich den Blick über den Stuhl hinwegwandern lasse, entdecke ich Sandy, den Leiter meiner Trauergruppe, und seine Frau. Sie sitzen auf der anderen Seite des Raums nebeneinander in einer Nische und schmusen und kichern. Mir fällt ein, wie Sandy einmal sagte, dass es zwei Arten von Einsamkeit gibt: die intime, wenn man keinen körperlichen Kontakt hat, und die soziale, wenn man keinen Kontakt zu Menschen hat. Er sagte, die meisten Witwen litten unter beidem. Die schwarzen, kurzen Haare seiner Frau lassen kleine, hübsch geformte Ohren sehen. Ihr Bauch drückt gegen die Tischkante – sie erwartet wieder ein Kind. Sandy lacht, und sie zieht die Nase kraus. Ich käme mir wie ein Eindringling vor, wenn ich grüßen würde, und so tue ich, als hätte ich sie nicht gesehen, drehe den Kopf zur Seite und starre durch das tropfenfleckige Fenster auf die Straße. Mein Truthahnsandwich schmeckt fade, das Fleisch ist faserig. Trotzdem esse ich es auf und auch alle Pommes. Kaue und schlucke ohne Genuss, um die fünfzig Minuten bis zum Beginn der Vorstellung totzuschlagen. Dann bestelle ich ein Stück Pfirsichkuchen zum Mitnehmen und esse es im Auto, während der Regen aufs Dach trommelt.

Jeder andere wäre begeistert von meinem Platz – zehnte Reihe Mitte –, aber ich leide seit jeher an Platzangst und hasse es, mitten im Publikum eingepfercht zu sein. Wenn Ethan und ich in einem vollen Aufzug gefangen waren, klammerte ich mich an seine Hand und konzentrierte mich ganz auf die warme Haut und das filigrane Netzwerk von Knochen darunter. Ich zähle die Plätze bis zu den Enden der Reihe und stelle fest, dass ich tatsächlich genau in der Mitte sitze und somit gleich weit von beiden Seitenausgängen entfernt. Ein schmaler Gang voller Füße und Handtaschen liegt zwischen mir und der Freiheit.
Ich umklammere mein Täschchen und spüre die Flasche mit den Beruhigungstabletten durch das dünne Leder. Soll ich hier vor allen Leuten eine nehmen? Nein, ich will es lieber ohne durchstehen. Außerdem laufe ich sonst Gefahr, wieder zu viele zu nehmen und aus der Rolle zu fallen wie im Le Petit Bistro. Also konzentriere ich mich stattdessen auf meine Atmung, zähle die Atemzüge und drehe mein Programm zu einem Rohr zusammen. Mein Rollkragen fühlt sich wie ein Würgehalsband an, und tief in meiner Kehle kitzelt etwas. Wahrscheinlich nur ein Hustenreiz. Oder doch ein Schrei? Nicht auszudenken.
In der Grundschule schrie einmal eine der Mütter bei einem Klavierabend, während Eva Cross ein Chopin-Prélude spielte. Die Frau sprang auf – ich weiß noch, dass ich dachte, ihr beigefarbener Mantel steht wie ein »A« von ihr ab –, schrie gellend und raufte sich die sorgfältig in Locken gelegten schwarzen

Haare. Wir schauten alle zu, wie ihr Mann den Arm um ihre Schultern legte und seine Frau aus der Aula führte. Das Komische ist, dass Eva weiterspielte und das triste A-Dur-Prélude so zum Soundtrack dieses hysterischen Ausbruchs wurde.

Schließlich geht langsam das Licht aus, und Dunkelheit hüllt das Publikum ein. Eine Welle von unterdrücktem Husten, Räuspern und Bonbontütengeraschel läuft durch die Reihen. Dann dämmert gelbes Rampenlicht auf, und plötzlich explodiert die Handlung in Gelächter und Helligkeit, die die Gesichter der Zuschauer golden schimmern lässt. Das Kitzeln in meiner Kehle hört auf.

Als meine Mutter und ich das Stück in New York sahen, steckten wir die Köpfe zusammen, alberten herum und naschten Karamellbonbons aus ihrer Handtasche. Wenn Crystal besser erzogen wäre, hätte ich sie mitnehmen können. Andererseits – wenn sie besser erzogen wäre, würde sie wahrscheinlich keine große Schwester brauchen.

Akteure trampeln durch das Wohnzimmer, stürmen die Treppe herunter, lassen sich, nach Luft schnappend, auf das viktorianische Sofa sinken. Ich möchte auf die Bühne klettern und zwischen Fransenlampenschirmen, Plüsch und Flügel leben, mitsingen und Bissigkeiten verspritzen, jeden Morgen in einer Salonkomödie aufwachen, in der fröhlich Türklingel und Telefon schrillen, ein stetiger Strom von Besuchern vorbeischaut und ständig Gelächter durchs Haus schallt.

Das Publikum um mich herum johlt. Ich bin nicht mehr allein im Theater, wir scheinen alle aus einem Mund zu lachen, mit einem Händepaar zu klatschen und alle einen gemeinsamen Puls zu haben, der vor Vergnügen Purzelbäume schlägt.

Plötzlich betritt der Schauspieler die Bühne, der mich nach

dem Shrimps-Desaster im Le Petit Bistro tröstete. Er spielt Charles, den Ehemann, und er sieht blendend aus in seinem Samtsmoking und intelligent mit seiner hohen Stirn, in die verwegen ein paar braune Haare fallen.

Ich wünschte, ich wäre auf dem College in der Theatergruppe geblieben. Aber es war albern: Jetzt spielt jeder einen Baum! Jetzt ist jeder eine Farbe! Spielt Grün! Trotzdem – als Charles abgeht, möchte ich ihm durch die Kulissentür in den dunklen Bauch des Theaters folgen und zu der anschließenden Party, auf der, da bin ich sicher, die Schauspieler bis zum Morgen lachen und singen werden.

16

Ich stehe an meinem Arbeitsplatz im Le Petit Bistro, einem langen Edelstahltisch mit einem Spülbecken von den Ausmaßen eines Kofferraums an einem Ende, und putze einen Berg Shrimps, wobei ich von dem attraktiven Schauspieler aus »Blithe Spirit« träume, als plötzlich eine klebrige Hand an meinem Nacken hochkriecht. Küchenchef Alan. Ich zucke zusammen und knalle mit dem Schienbein gegen das Regal unter dem Tisch. Zwiebelatem weht mir ins Gesicht, und als ich zu Boden schaue, sehe ich, dass seine schwarzen Clogs mit Butter und Bratensauce bekleckert sind.

»Entspannen Sie sich«, sagt er mit schmieriger Stimme, und es ziept schmerzhaft, weil er meine Haare zwischen die Finger kriegt, als er zu massieren anfängt. »Sie sind so verkrampft.«

Mein Schienbein brennt, und das weiße Geschirrtuch, mit dem der Küchenchef kaschiert, dass ihm an der linken Hand ein Stück des kleinen und des Ringfingers fehlen, kitzelt mich an der Schulter. Der Tellerwäscher sagt, Alan habe früher in einem großen New Yorker Restaurant gearbeitet und sich eines Abends, als viel Betrieb war, beim Steakschneiden in der Eile die obere Hälfte der beiden Finger abgesäbelt. Ich nehme an, er schrie und schluchzte und zerschlug Geschirr, ließ dann einen Teller mit seinem Blut daran rausgehen und wurde gefeuert. Jetzt bohrt er mir seine Fingerstümpfe in die Schulter.

»Lassen Sie das!«, knurre ich und weiche zur Seite aus. »Es gibt Gesetze, wissen Sie.«

Der Küchenchef erstarrt für einen Moment und schaltet dann auf Kotzbrocken um, fährt mit einer Riesenzange ins Spülbecken und hebt eines der Salatblätter heraus, die ich dort in Eiswasser schwimmen lasse, damit sie schön knackig werden.
»Sie haben wohl keine Augen im Kopf!«, schnauzt er und hält mir das Blatt unter die Nase. Es ist ein schwarzer Fleck darauf.
Wenn ich mich bei der Arbeit wohl fühlen will, muss ich wahrscheinlich mein eigener Boss werden. Ich ziehe einen Darm, der wie ein Stück schwarzbraune Schnur aussieht, aus der fleischigen Mitte eines Shrimps.
»So etwas können wir keinem Gast zumuten.« Alan lässt das Salatblatt des Anstoßes angewidert in den Mülleimer fallen. »Vielleicht legte man bei Ihrer letzten Arbeitsstelle ja keinen Wert auf Qualität.«
Er weiß nicht, dass dies mein erstes Gastspiel in diesem Metier ist, und geht offenbar davon aus, dass ich schon immer in Restaurants gearbeitet habe. Ich verschränke meine Arme, die von dem häufigen Eintauchen in die großen Vanilleeis-Container chronisch klebrig sind.
»Wir sind hier in keinem Pizza Hut«, fährt er fort, »und auch in keinem Red Lobster. Dieses Restaurant ist eine erste Adresse.« Sein Gesicht ist so fettig und pockennarbig wie der Käse auf der überbackenen Zwiebelsuppe.
»Okay, Alan.« Ich lasse die Shrimps Shrimps sein und mache mich an die Überprüfung der Salatblätter. Das Eiswasser ist eine Qual für meine Hände.
»*Küchenchef* Alan«, korrigiert er mich in scharfem Ton und lässt das weiße Geschirrtuch durch die Luft schnalzen.
»Okay, Küchenchef.« Ich überlege, wie sich dieser Job wohl in meinem Lebenslauf ausnehmen wird. Ich glaube, ich unter-

schlage ihn. Ein Zeitloch in meinem Leben, das nach einer Erklärung verlangt.

Als ich eines Vormittags zur Arbeit komme, stürmt gerade wutentbrannt die Konditorin, die morgens die Desserts vorbereitet, die Hintertreppe des Restaurants herunter, dicht gefolgt von einem Blech mit Schokoladenkuchen, das wie ein Frisbee durch die Luft segelt und vor meinen Füßen landet.
»Ich brauche diese Scheiße nicht!«, schimpft sie, wirft ihre Schürze zusammengeknüllt hinter sich und steigt in ihren Wagen.
Ich gehe in die Hocke und sammle die Kuchenfragmente vom Kies auf.
In der Küche drückt Alan mir einen schwarzen Schnellhefter mit Rezepten in die Hand. »Sie werden in Zukunft zwei Stunden eher hier sein müssen, um alles vorzubereiten. Ich werde mich um eine entsprechende Lohnerhöhung kümmern.« Damit stampft er davon und lässt mir meine Ruhe.
Ich bin gern in der Küche. Hier muss ich mir keine Sonderbestellungen merken oder widerspenstige Korken aus Weinflaschen ziehen, hier gibt es keine Konferenzen und keine Anrufe bei den Medien. Innerhalb einer Woche kann ich alles aus dem Schnellhefter backen: den Schokoladen-Rum-Kuchen, die Himbeer-Sahne-Torte, den Karottenkuchen, den Käsekuchen und den gedeckten Apfelkuchen.
Mit Hilfe eines alten Dekosets mit verschiedenen Aufsätzen verschönere ich die Kuchen mit großer Liebe zum Detail. Alan meint, das sei reine Zeitverschwendung, da die Gäste ja immer nur ein Stück zu sehen bekommen. Ich wünschte, ich würde in einer Konditorei arbeiten, wo die Kunden hausgemachte Kuchen und Torten zu schätzen wissen. Es hat etwas

Befriedigendes, die Herstellung von Rosen aus Zuckerguss zu perfektionieren. Ich würde lieber tausend Kuchen glasieren als noch einmal den CEO einer Firma für ein Fernsehinterview präparieren, mir darüber Gedanken zu machen, wie man seine von hinten über die Glatze nach vorne gekämmten drei Sardellen fixieren kann, ohne ihn zu kränken.

Nachdem ich das Kuchenbacken gemeistert habe, erfinde ich einen Grapefruit-Avocado-Salat mit Currydressing. Alan findet ihn »würzig und frisch« und setzt ihn auf die Speisekarte. Als Nächstes wandle ich das Käsekuchenrezept ab, indem ich mit herzhaftem Blauschimmelkäse und Brie experimentiere. Der erste Versuch gerät zu flüssig, der zweite zu krümelig. Beim dritten wird ein nicht zu weicher und nicht zu fester Kuchen daraus, der wunderbar zu einem Glas Cabernet schmeckt. Als Alan ihn kostet, schließt er genießerisch die Augen, leckt sich die Lippen und setzt ihn ebenfalls auf die Speisekarte.

Wenn ich nach Hause komme, dusche ich für gewöhnlich und türme dann im Bett Kochbücher um mich auf. Sie wiegen fast so schwer wie die Glieder eines Liebhabers. Während ich die teigfleckigen Seiten umblättere, stelle ich mir vor, jeden Schritt der Rezepte auszuführen, bis ich schläfrig werde.

Montags ist das Theater geschlossen und das Restaurant ebenfalls, und dienstags ist nie viel los. Deshalb habe ich an den beiden Tagen frei. Sie sind sozusagen mein Wochenende. Die einzigen Geräusche in Colonel Cranson's sind die Schläge der Standuhr zu jeder vollen Stunde und das aggressive Knacken der Heizkörper. Am liebsten würde ich sie abmontieren und in Aggressionstherapie schicken. Ich mache sauber, wasche meine Wäsche, gehe spazieren, lese, lege mich nach dem Essen zu einem Schläfchen hin und bin um vier Uhr nachmittags bereit, Putzlappen zu bügeln oder Wände einzureißen.

Ich versuche, an meinem Laptop zu arbeiten, doch das Ding stürzt ständig ab, als hätte es etwas gegen Colonel Cranson's. Dabei möchte ich Dad so gern eine E-Mail schicken, Marion einen Brief schreiben und im Net nach einem Gore-Tex-Mantel zum Schutz gegen den ekelhaften Oregon-Regen suchen. Genau genommen könnte ich eine ganze Gore-Tex-Garderobe brauchen. Ich würde Gore-Tex-Unterwäsche bestellen, wenn dieser verdammte Apparat mitspielte. Als er zum dritten Mal den Schirm zumacht, breche ich in Tränen aus und schlage mit den Fäusten auf den Esstisch. Ethan soll kommen! Auf der Stelle! Er kann das Ding in null Komma nichts reparieren. Weil er es versteht, elektronischen Geräten zu zeigen, wer der Boss ist. Ich rüttle an dem Laptop, als sei er ein Flipper, und gebe seinem Innenleben damit wahrscheinlich den Rest, klappe ihn zu und reiße den Stecker aus der Dose. Elendes Mistding! Ich verwünsche mich dafür, dass ich mich in allen technischen Dingen auf meinen Mann verließ. Aber es gab auch Aufgaben, bei denen Ethan sich auf mich verließ, wenn auch einfache. Straßenkarten wieder zusammenfalten. Einen Truthahn tranchieren. »Du!«, sagte er und deutete auf die Bratreine, während er nervös vor- und zurückwippte. Und ich richtete ihm immer seine Taucherbrille her. Das war kinderleicht, aber ich wollte ihm nicht verraten, wie man es machte, denn ich genoss es, einen Trick zu kennen, ohne den mein Ehemann nicht schwimmen gehen konnte, etwas zu können, was ihn von mir abhängig machte.

An manchen Nachmittagen übe ich auf dem Eisplatz im Stadtpark Rückwärtsfahren, ziehe auf der holprigen Fläche meine Kreise, während Teenager vergnügt kreischend an mir vorbeischießen. Ich schleppe Ruth in jedes Stück des Festivals. Die Leiden der Akteure mindern meine. Heinrich V. mag in all seine Hosen hineingepasst haben, aber er musste sich Gedanken wegen der Eroberung Frankreichs und der drei Spitzbuben machen, die ihn umbringen wollten.

Während meiner Crystal-Pause klingelt es eines Montagnachmittags, und als ich nachsehen gehe, steht sie, vom Gewicht ihres ausgebeulten Rucksacks nach rechts geneigt, auf der Veranda.

»Hast du Zeit?«, fragt sie. Die Luft ist feucht und riecht muffig, und die Straße glänzt regennass.

»Wir machen eine Pause, weißt du nicht mehr?« Ich verschränke die Arme. Das Kind braucht Grenzen. Ich habe sie gesetzt, jetzt muss ich mich daran halten.

Sie nickt, doch ihr Blick gleitet sehnsuchtsvoll an mir vorbei ins Haus. Ihre Haare stehen in alle Richtungen ab, und ihre Wangen sind gerötet.

»Bist du *gelaufen?«* Es sind etwa zwei Meilen von ihr zu mir. Sie nickt wieder. »Ohne Schirm?« Sie nickt zum dritten Mal und umklammert mit ihren misshandelten Händen die Ärmel ihrer Jeansjacke.

»Ich habe Schulsachen mitgebracht, weil ich dachte, ich könnte hier büffeln.« Sie macht einen Schritt auf mich zu, doch ich versperre ihr den Weg. Ich möchte sie ja reinlassen, aber zu meinen Bedingungen, was ich ihr klarmachen muss, bevor sie die Schwelle überschreitet.

»Schreibt ihr morgen eine Schulaufgabe?«

»Nein. Es sind Frühlingsferien.« Sie schaut die Veranda entlang. »Aber ich muss trotzdem büffeln. Algebra. Und dabei brauche ich Hilfe. Mein Lehrer lässt mich durchrasseln, wenn

ich diese Hausaufgabe nicht hinkriege.« Der Reißverschluss ihres Rucksacks ist kaputt und die Klappe provisorisch mit Sicherheitsnadeln geschlossen.
Ich wünschte, Ethan wäre hier, um ihr bei der Algebrahausaufgabe zu helfen. Er hatte eine große Begabung fürs Lehren, führte einen mit Fragen zur richtigen Lösung und gab einem dazu noch das Gefühl, selbst daraufgekommen zu sein. Ich sehe ihn vor mir, wie er Crystals Schulbücher auf dem großen Eichentisch in der Küche ausbreitet, höre ihn sagen: »Na, dann wollen wir mal sehen, was wir hier haben«, und erlebe, wie er es fertigbringt, eine Algebrahausaufgabe zu etwas Unterhaltsamem zu machen.
»Ich kann Algebra nicht«, muss ich ihr gestehen.
»Ehrlich? Das ist ja der Hammer, Alte! Aber du bist doch erwachsen.«
»Theoretisch, ja.« Ich habe beschlossen, dass es mich nicht kränkt, »Alte« genannt zu werden. Immerhin trifft diese Bezeichnung im Vergleich mit ihr sogar zu.
Crystal stellt ihren Rucksack auf den Boden und lässt sich im Schneidersitz auf der Veranda nieder. Der Wind lässt die Bäume schaudern. Tropfen sprühen von den Blättern. Ich bringe es nicht übers Herz, das Mädchen nach Hause zu schicken. Wenn sie überhaupt nach Hause ginge, käme sie wahrscheinlich in ein leeres Haus.
»Komm schon rein.« Ich strecke ihr die Hand hin, und sie nimmt sie. Ihre Haut fühlt sich kalt und rauh an. Es kostet mich kaum Kraft, sie auf die Füße zu ziehen.
»Können wir Pizza bestellen?«, fragt sie, als sie in der Diele ihre Jeansjacke und die klobigen Stiefel auszieht.
»Sind dir die nicht viel zu groß?« Ich deute darauf.
»Sie gehören meinem Dad.« Sie stellt sie ordentlich neben die

Haustür. Wie könnte ich, die ich den schäbigen Skipullover meines toten Mannes trage, darüber auch nur ein kritisches Wort verlieren?
Als wir uns kurz darauf in der Küche zum Essen hinsetzen, tue ich mir Salat auf und mache Anstalten, auch Crystal welchen zu geben.
»Ich will keinen!«, faucht sie und wedelt mit ihrer Gabel das Salatbesteck weg, in dem grüne Blätter und Tomatenachtel über ihrer Pizza schweben.
»Du meinst sicher ›nein, danke‹.«
»Auch gut. Du hörst dich an wie meine Mutter.«
»Gott sei Dank bin ich das nicht.«
Crystal pflückt die Salami von ihrer Pizza und reiht die Wurstscheiben außen an ihrem Teller auf. Dann knabbert sie in Windeseile den knusprigen Rand ab, und in null Komma nichts verschwindet der weiche, reichbelegte Rest zwischen ihren orange-fettig glänzenden Lippen.
Bei den Heizkörpern gibt es nur zwei Einstellungen – kochend oder kalt –, und heute ist es in der Küche so heiß wie im Death Valley. Crystal starrt, während sie kaut, ins Leere und schiebt geistesabwesend ihren Pulloverärmel nach oben. Die Innenseite ihres Unterarms ist mit roten Strichen übersät. Zuerst denke ich, sie hat sich mit einem Filzstift bemalt, doch dann erkenne ich es: Die Striche sind Schnitte! Ich höre auf zu kauen. Sie bemerkt meinen Blick und zieht hastig den Ärmel herunter.
Ich schlucke und beuge mich zu ihr hinüber. »Du magst keine Salami?«
»Ich bin Vegetarierin«, antwortet sie angewidert. »Wahrscheinlich werde ich mal Tierärztin.«
»Das ist ein schöner Beruf.«

»Nicht immer. Ich habe mal eine Doku über einen Mann gesehen, der Pferde rettet. Manchmal kann er eins nicht heilen, und dann muss er es einschläfern.« Sie fächelt sich mit ihrem schmutzigen Pappteller Kühlung zu.

»Zieh doch deinen Pullover aus.«

»Nein.« Mit zwei Riesenschlucken leert sie ihren Limobecher. Mir fällt auf, dass die Bündchen ihrer Ärmel mit etwas Rötlichbraunem bekleckert sind. Blut? Essen oder Erde, hoffe ich.

»Zeig mir doch mal deinen Arm, Crystal«, bitte ich sie.

»Okay.« Sie rührt sich nicht.

Ich lange über den Tisch, umfasse ihr Handgelenk, schiebe mit der anderen Hand ihren Ärmel zurück und drehe den Arm um. Die weiche, weiße Innenseite ist mit einem Gittermuster aus leicht erhabenen Schnitten überzogen. Die Haut ist heiß. Crystal zieht scharf die Luft ein, als ich behutsam darüberstreiche.

»Wie ist das passiert?« Mein Puls rast, aber ich gebe mir alle Mühe, mein Erschrecken zu verbergen. Bei manchen der Verletzungen ist das Blut erst kürzlich geronnen.

Crystal entreißt mir ihren Arm und zieht mit einem Ruck den Ärmel herunter. Ihre Schultern sacken herab, und sie starrt auf ihren Teller hinunter.

Ich schiebe meinen beiseite und bemühe mich um die gleiche Ruhe, zu der ich mich zwang, als Ethans Haut grau wie Haferbrei und er zu schwach war, die Treppe hinaufzusteigen. Man will einem Kranken ja nicht durch Miene oder Stimme verraten, welche Angst man um ihn hat.

Crystal kaut auf ihrer Unterlippe herum.

»Hast du das absichtlich gemacht? Wie die Brandwunden?« Sie hebt den Blick und verdreht die Augen.

»Ich verstehe.«
»Darf ich rauchen.«
»Okay. Auf der Veranda.« Ursprünglich hatte ich ihr verbieten wollen, in meiner Gegenwart zu rauchen, doch im Vergleich mit dieser Selbstverletzung erscheint mir Rauchen als Lappalie. Ich folge ihr nach draußen und greife mir in meiner Hilflosigkeit im Vorbeigehen einen Teller mit selbstgebackenen, zitronenglasierten Plätzchen. Wir setzen uns in die großen Korblehnstühle und sehen zu, wie auf der gegenüberliegenden Straßenseite Autos durch die Waschanlage geschleust werden.
Crystal zieht ein Hosenbein hoch und eine Schachtel Marlboro aus der Socke und zündet sich eine Zigarette an. Was hat sie wohl noch unter ihrem schwarzen Outfit versteckt?
»Tut es nicht weh?«, frage ich.
»Doch. Aber dadurch tut das andere nicht mehr so weh.« Sie stößt eine große Rauchwolke aus.
»Welches andere?« Im Haus schlägt der Wind eine Tür zu, und ich zucke zusammen.
»Das weißt du doch.«
Ich nicke, aber ich weiß es nicht. Ich war noch nie in diesem Zustand. Doch ich will es verstehen. »Du meinst, es lenkt dich ab?« Ich kenne das schreckliche Gefühl, aus Ohnmacht mit dem Kopf gegen eine Wand rennen zu wollen. Auf die Idee, mich mit einem Messer zu verletzen, bin ich allerdings nie gekommen.
»Am Anfang grub ich meine Fingernägel ins Fleisch«, erzählt Crystal. »Aber Schneiden hilft besser.« Sie nimmt einen tiefen Zug aus ihrer Zigarette. »Mit einem schartigen Messer tut es am meisten weh.«
»Und das ist gut?«

Sie zuckt mit den Schultern und bläst Rauchringe in die Luft, die sich zu Fragezeichen und Klammern verformen.
»Ich verstehe«, sage ich noch einmal, und theoretisch stimmt es. Ich schiebe ein Plätzchen in den Mund. Zucker und Mehl sind Nervennahrung. »Weiß deine Mutter davon?«
»Ja.«
»Und was sagt sie dazu?«
»Sie schreit mich an, was ich mir da antue und was ich *ihr* da antue. Sie sagt, ich bin durchgeknallt, aber das ist ja wohl *sie.*« Crystal steht auf und drückt ihre Zigarette im nassen Gras aus.
»Bitte lass sie nicht da liegen«, sage ich.
Sie steckt den Stummel in die Tasche und fällt in ihren Sessel zurück.
»Was ist mit deinem Dad? Weiß er es auch?«
»Glaub ich kaum. Gesehen hat er es jedenfalls nicht. Er war seit zehn Jahren nicht mehr hier.« Ihre Unterlippe zittert, und sie stopft sich ein Plätzchen in den Mund. »Ich habe ihm zum St. Patrick's Day geschrieben«, mampft sie. »Ich schreibe ihm zu jedem Fest. Sogar zum Passahfest, dabei sind wir gar keine Juden.« Sie schluckt. »Ich habe ihm auch zum Tag der Sekretärin eine Karte geschickt. ›Lieber Dad, danke, dass du so eine tolle Sekretärin bist. Dein Kaffee ist der *Beste!*‹« Sie rutscht in ihrem Lehnstuhl ein Stück herunter und beginnt, an ihren Nägeln zu kauen. »Er hat nie geantwortet. Vielleicht ist er beim Fischen in Alaska und findet meine Post erst, wenn er zurückkommt.« Sie hackt mit ihrer bestrumpften Ferse auf die Veranda ein. »Ich fänd's cool, auf einem Boot zu leben.«
Es hat aufgehört zu regnen, und der Himmel wird heller. Eine Weile hören wir schweigend dem Geräusch der Putzbürs-

ten und dem dumpfen Rauschen des Trockengebläses in der Waschanlage zu.

Schließlich frage ich: »Weiß sonst noch jemand von den Schnitten?«

»Ich bin dienstags nach der Schule immer beim Seelenklempner.«

»Und? Hilft er dir?«

»Es ist eine Sie.« Crystal zuckt mit den Schultern und hebt fragend die Brauen. »Ekelst du dich nicht vor mir?«

Ich schüttle den Kopf.

»Meine Mom sagt, es ist eklig.«

»Nichts an dir ist eklig. Außerdem habe ich schon viel Schlimmeres gesehen. Als mein Mann im Krankenhaus war.« Im Geist sehe ich den Schnitt in seinem Rücken vor mir, der nässte und verschorfte, und ich sehe mich, wie ich ihn vorsichtig mit einem Wattestäbchen reinigte und dabei drauflosplapperte, um Ethan von den Schmerzen abzulenken.

»Es tut mir leid wegen Edgar«, sagt Crystal leise. Ich glaube, das ist das erste Nette, was sie je zu mir gesagt hat.

»Ethan.«

»Ethan.« Sie schaut vor sich hin und wiederholt den Namen langsam. »E-than.« Dann sieht sie mich an und zieht die Nase kraus. »Wie lange wart ihr zusammen?«

Ich gebe nach und erlaube Crystal, über Nacht zu bleiben. Sie erreicht ihre Mutter erst beim zweiten Versuch. Roxanne scheint es nicht zu kümmern, wo ihre Tochter die Nacht verbringt. Geht das nicht über die Definition des »Schlüsselkindes« hinaus?

Ich quartiere Crystal in dem Zimmer neben meinem ein. Sie setzt sich im Schneidersitz aufs Bett, stülpt sich die Walkman-

Kopfhörer über und dreht die Lautstärke auf. Blecherne Musik umklimpert ihren Kopf. Ich habe aus ihrer CD-Sammlung ersehen, dass sie tote Musiker bevorzugt: Jim Morrison, Jimi Hendrix, Janis Joplin, Kurt Cobain. Ob das auch ein Symptom ihres Problems ist? Sie zieht ihr Algebrabuch aus dem Rucksack. Der Rücken knarzt, als sie es aufschlägt.
»Du willst jetzt arbeiten? Mit Musik?«
»Ich kann nur mit Musik arbeiten, Alte! Und ich werde eine Eins auf diese Hausaufgabe kriegen!« Sie wirkt plötzlich fast manisch.
Ich zucke mit den Schultern und gehe in mein Zimmer hinüber.
Als ich unter die Decke krieche, frage ich mich, ob Crystal wohl auch an anderen Stellen ihres Körpers Schnittverletzungen hat. Ich habe ihre Beine noch nie nackt gesehen. Colonel Cransons Sepia-Porträt blickt aus seinem Rahmen an der Wand streng zu mir herüber. Die herunterhängenden Enden seines Schnauzbarts verleihen ihm etwas Grimmiges. Mrs Cransons Kleid ist mit tausend Knöpfchen bis unters Kinn geschlossen, das glatte, dunkle Haar zu einem straffen Zopf geflochten. Das Bettzeug ist kalt. Ich hasse es noch immer, allein zu schlafen, vermisse Ethans Nähe und Wärme und die Möglichkeit, die Ereignisse des Tages mit ihm zu besprechen. Ich angle mir *The Joy of Cooking* vom Nachttisch, lege das Buch offen auf meinen Schoß und wende mich der Herstellung von Meringen zu. Doch meine Gedanken wandern ab. Ich stelle mir vor, wie die Cransons in diesem großen Messingbett in Löffelchenstellung schliefen. Vielleicht trug der Colonel ein Nachthemd und eine Zipfelmütze wie der Mann in »Twas The Night Before Christmas«. Während ich den frischen Geruch des ausgebleichten Kissenbezugs einatme, sehe

ich Mrs Cranson in einem langen weißen Nachthemd, das mit tausend Knöpfchen bis unters Kinn geschlossen ist. Dann ist das Bett eine Wolke, und ich treibe damit am Himmel dahin, bis sich plötzlich der Colonel über mich beugt und mir zuflüstert, dass der Rauchmelder Alarm schlägt.

Feuer, Crystal, Hausschuhe, lauf. Mein verschlafener Verstand kommt mühsam in die Gänge.

Als ich aus dem Bett springe, landet das Kochbuch mit einem Knall auf dem Boden. Ich stürze auf den Flur hinaus und reiße die Tür zu Crystals Zimmer auf. Das Mädchen sitzt auf der Kante des noch unberührten Bettes und schaut in einen Papierkorb aus Metall. Dünne, graue Rauchspiralen steigen daraus auf. Eine orangefarbene Flamme züngelt über den Rand des Behälters und sinkt wieder zurück.

»Crystal!«

»Die sollen sich ihr X und Y hochkant in den Arsch schieben!«, grollt sie, reißt eine Seite aus ihrem Algebrabuch und stopft sie ins Feuer.

»Crystal!«

Sie starrt unverwandt in den Metallkübel. »Was?«

»Es brennt!«

»Aber doch nur da drin.« Sie kratzt sich durch den Pullover an den Unterarmen.

»Mein Gott!« Ich hetze in die Küche hinunter, reiße den Feuerlöscher von der Wand, sprinte, immer zwei Stufen auf einmal nehmend, wieder nach oben und bete mir dabei vor, was ich mal bei einer Feuerübung im Büro gelernt habe: Ziehen, zielen, drücken, sprühen. Ziehen, zielen, drücken, sprühen.

Als ich den kalten Chromgriff des Feuerlöschers packe, schießt gelber Schaum quer durch den Raum, trifft den Papierkorb und bildet Klumpen auf dem Bettüberwurf. Das

Feuer erlischt. Ich huste und wedle mit der Hand vor meinem Gesicht herum. Stinkender, gelber Schaum bedeckt die mit zerbrochenen Bleistiften und zerrissenen Heftseiten übersäte Orientbrücke. Ich hätte einfach Wasser in den Behälter schütten sollen.

»Ruiniert«, ist das einzige Wort, das ich herausbringe, und ich glaube, ich meine damit auch diese Beziehung.

Crystal, die aufgesprungen war, als der Schaum kam, setzt sich wieder auf die Bettkante und tippt mit einer Fußspitze hektisch auf den Boden.

»Ich weiß nicht, ob ich diesen wunderschönen Teppich sauberkriege.« Ich höre meine Stimme zittern. »Er ist alt und nicht strapazierfähig.« Wie ich.

»Ich kam bei der einen Aufgabe einfach nicht weiter.« Crystal hat sich nach hinten fallen lassen und spricht mit der Zimmerdecke. »Außerdem hast *du* alles mit dem Feuerlöscher versaut.«

Ich hole ein Duschtuch aus dem Bad und versuche, den Teppich zu retten, indem ich den Schaum zuerst abtupfe und schließlich darauf einschlage. »Du kamst mit einer Aufgabe nicht zurecht und dachtest, es wäre ein gutes Ventil für deine Wut, wieder mal ein Feuer zu machen?« Ich höre meine Stimme lauter und schneller werden wie einen näher kommenden Zug. »Dieses wunderschöne, denkmalgeschützte Haus niederzubrennen, das für ein Jahr mein Zuhause sein soll?« Jetzt schreie ich. Hinter meinen Schläfen hämmert es, und meine Finger jucken von der klebrigen Löschmasse.

»Meine Mom sagt, es gab gar keinen Colonel Cranson.«

Ich unterbreche meine Bemühungen, den Schaum zu beseitigen, und fixiere eine der Scheuerleisten, um mich daran zu hindern, dem Mädchen etwas an den Kopf zu werfen.

Als ich mich wieder im Griff habe, rapple ich mich auf und sage mit hohl klingender Stimme: »Pack deine Sachen. Ich rufe deine Mutter an, damit sie dich abholt.«
Crystal fährt kerzengerade hoch. »Nein! Tu das nicht!«, fleht sie. »Mom übernachtet bei ihrem Freund.«
Ich breite das Duschtuch über die fleckige Orientbrücke, schleppe mich mit weichen Knien zu dem Sessel neben dem Bett und lasse mich hineinsinken. »Ich weiß nicht, was ich davon halten soll«, sage ich. »Willst du mit mir zusammen sein, oder nicht?«
Sie nickt und reibt sich die Innenseiten ihrer Arme, während sie sich wiegt, vor und zurück.
»Nun, das geht aber nicht, wenn du keine Achtung vor mir oder dem Haus hast, in dem ich wohne.«
»Okay. Tut mir leid«, murmelt sie.
Ich beuge mich vor und suche in ihrem Gesicht nach einem Zugang. Ihre hellblauen Augen sind ausdruckslos. Sie nickt und wiegt sich, nickt und wiegt sich, und ihre Kieferknochen spielen, während sie die Zähne in ihre Unterlippe gräbt.
Ich stehe auf und setze mich neben sie. »Lass die Beißerei.« Ich packe sie beim Kinn. »Hier – trink einen Schluck.« Ich reiche ihr die Büchse Kräuterbier, die sie auf den Nachttisch gestellt hat. »Algebra ist schwer. Viele Schüler haben Probleme damit.«
Ihre Unterlippe ist feuerrot und geschwollen, wodurch ihre jetzt blassen Wangen noch bleicher wirken.
»Ich hab's nur mit Müh und Not hingekriegt«, erzähle ich ihr. »Und weißt du was? Es kommt noch schlimmer. Danach kriegst du nämlich Trigonometrie. Schon das Wort allein ist eine Zumutung. Aber das berechtigt dich nicht, Feuer zu legen.«

Es tut mir leid, dass Crystal niemanden hat, der ihr bei den Hausaufgaben hilft. Ich brauchte jede Menge Hilfe von Dad, um auch nur eine Drei in Algebra zu bekommen. Sonntags machte er uns morgens Pfannkuchen und Würstchen und dann half er mir am Tisch im Esszimmer beim Lernen.

»Wenn Lucy drei Plätzchen mehr als doppelt so viele wie Sally backte und Julio ein Viertel davon aß – wie viele sind dann wohl übrig?«, fragte er mich in den Zeiten der gefürchteten Textaufgaben mit sanfter Stimme und ohne mich je unter Druck zu setzen, aber meine Gehirnwindungen verknoteten sich trotzdem, und statt Antworten sprudelten Tränen. Ich hockte zusammengesunken über meinem Heft, während draußen vor dem Fenster der Sonntagvormittag verging und die glatte, menschen- und autoleere Straße mich zum Rollschuhfahren einlud.

»Ich glaube, du brauchst Nachhilfe«, sage ich zu Crystal. »Ich kann dir bei Algebra nicht helfen – aber ich werde dir helfen, jemanden zu finden, der es kann.«

»Ist mir scheißegal, wenn ich durchfliege. Ich hasse die Scheißschule sowieso!« Ihr Gesicht läuft rot an und verzieht sich zu einer Grimasse wie das eines Babys. Sie fängt an zu weinen.

Obwohl mein Ellbogen schmerzt, den ich mir angeschlagen habe, als ich mit dem Feuerlöscher zu schnell um eine Ecke bog, lege ich den Arm um ihre Schulter. Sie entwindet sich der Berührung.

»Und ich hasse Amber und Tiffanie. Scheißweiber. Als ob ich zu ihren blöden Partys eingeladen werden will! Die wissen ja nicht mal, wer Janis Joplin überhaupt *ist!* Was für Loser!«

Zitternd schlingt sie die Arme um sich und fängt wieder an, sich vor- und zurückzuwiegen. Eigentlich möchte ich sie ermahnen, aber stattdessen versuche ich, sie zu umarmen. Obwohl sie so dünn ist, habe ich Schwierigkeiten, die Arme um sie zu legen. Sie ist so eckig und scharfkantig, besteht nur aus Ellbogen und Schulterblättern. Ich ziehe sie näher zu mir heran. Ihr Brustkorb ist knochig, nach innen gewölbt. Meine Bemühungen machen mich verlegen, und ich gebe auf. Doch als ich sie loslasse, klammert Crystal sich plötzlich an mich.

»Ich vertraue dir ein Geheimnis an«, sage ich, während ich mich mit ihr wiege, wobei ich allerdings ihr Tempo drossle. »Neunzig Prozent aller Erwachsenen hassten die Junior High.« Ihre Haare kitzeln mich an der Wange.

»Meine Mom nicht.«

»Okay. Dann gehört sie zu den restlichen zehn Prozent.« Kit, mein Makler, hat mir berichtet, dass Crystals Mutter in der Junior High unheimlich war. »Oh, Roxanne Lowmans Tochter«, sagte er und senkte verlegen errötend den Blick, als ich ihm von Crystal erzählte. Wie sich herausstellte, war sie zwei Klassen über ihm, und alle Jungs waren verknallt in sie. Sie nannten sie Foxie Roxie. Aber mir scheint, dass das der Höhepunkt ihres Lebens war und es von da an für sie nur noch bergab ging.

»Wenn du wissen willst, wie die Hölle ist«, fahre ich fort, »dann brauchst du dich nur in der Junior High umzusehen.« Ich erinnere mich noch gut, wie ich mich ohne Mutter durch die Schule wurstelte, ängstlich darauf bedacht, den gummischnalzenden Mädchen aus dem Weg zu gehen, die in Horden die Flure bevölkerten, und jeden Morgen mit meinen Haaren kämpfte, um meine Locken auf den Farrah-Fawcett-Look zu trimmen, den sie trugen.

Crystal hat aufgehört zu weinen, wird nicht mehr von Schluchzen, sondern nur noch hin und wieder von einem Schluckauf geschüttelt. Sie löst sich von mir, lehnt sich ans Kopfende des Bettes und hört so aufmerksam zu, als erzählte ich ihr eine Gutenachtgeschichte.

»Ich weiß, dass die Schule schwierig ist, dass dein Dad dich im Stich gelassen hat und du dich nicht mit deiner Mom verträgst. Das alles tut mir sehr leid, und ich möchte dir wirklich helfen. Ich bin auf deiner Seite, aber«, ich umfasse mit einer Geste das verwüstete Zimmer, »du darfst es mir nicht mehr so schwermachen.«

Crystal reibt sich die Augen, bis sie unter ihren Fingern quietschen.

Ich nehme ihre Hände und mustere die bis ans Heft abgenagten Fingernägel. »Du musst dir klarmachen, dass das Leben für andere Menschen auch kein Zuckerschlecken ist. Das bedenkst du nämlich nicht. Du glaubst, dass sich alles gegen dich verschworen hat, dass das Leben nur für dich hart ist, doch das stimmt nicht.«

»Aber diese Mistschnepfen haben wenigstens Väter!«

»Ich verstehe dich ja. Es ist nicht fair.«

Crystal kriecht angezogen unter den Quilt.

»Okay«, gebe ich schon wieder nach. »Du kannst heute Nacht hier schlafen – aber es ist deine letzte Chance. Ich will kein Feuer mehr löschen müssen, verstanden?«

Sie nickt.

»In Ordnung.«

»Hilfst du mir?« Sie setzt sich auf und streckt mir die Arme hin wie ein Kind. Als ich ihr den Pullover über den Kopf ziehe, knistert er statisch aufgeladen, und meine Hände kribbeln. Das weiße T-Shirt lässt ihre verunstalteten Arme sehen.

»Wo ist dein Schlafanzug?«

»Ich habe keinen dabei.«

Ich deute auf den dicken Rucksack. »Und was ist da drin – abgesehen von Streichhölzern?«
»Alles Mögliche.«
Ich umfasse ihre Handgelenke und sehe mir die Schnitte an. An manchen Stellen hat der Schorf Fusseln aus dem schwarzen Pullover gezogen. Ich hole Wasserstoffperoxid und einen Beutel Wattepads aus dem Bad. Als ich die Schnitte reinige, schäumen rosa Bläschen aus den rostbraunen Wunden.
»Das sieht ja gar nicht so schlimm aus«, sage ich, und Crystal lässt sich entspannt zurücksinken.
Ich stecke ihre Arme unter die Decke, wie man es bei einem kleinen Kind tut, und stehe auf, um den Raum zu verlassen, bleibe in der Tür jedoch stehen. »Ich wette, in ein paar Monaten sind die Narben kaum noch zu sehen. Dann kannst du im Sommer kurze Ärmel tragen.« Ich mache das Licht aus. »Natürlich nur, wenn du dich nicht wieder schneidest.«
Im Licht der Straßenlaterne sehe ich, dass sie mir den Kopf zuwendet. »Ist mir egal«, grollt sie.
»Aber …«
»Lässt du die Tür offen?«, fällt sie mir ins Wort.

Am Morgen weckt mich der beißende Geruch angebrannter Butter. Alarmiert stürze ich nach unten, doch diesmal hat Crystal kein Feuer gemacht. Sie sitzt geduscht und angezogen auf dem Sofa und schaut sich im Fernsehen einen Naturfilm an. Über ihrer braunen Hüftcordhose ist ein Streifen sahneweißer, zarter Haut zu sehen. Silbern glänzende Nieten schmücken die Taschen. Statt des unförmigen schwarzen Pullovers trägt sie ein rosa Tanktop, das ihre knochigen Schultern und das Schnittmuster auf ihren Armen denkbar ungünstig zur Geltung bringt.

»Hi«, sage ich.

»Pssst!« Sie deutet auf einen mit einer Schüssel überstülpten Teller, der auf dem Couchtisch steht.

Als ich die Schüssel abhebe, liegen da zwei durchweichte Arme Ritter vor mir. Ich lege ein Kissen auf den Boden, setze mich darauf und greife zu. Die Brotscheiben sind lauwarm und in der Mitte nicht ganz durch. »Lecker«, lobe ich, doch Crystal ist ganz auf den Film konzentriert.

Ein kleiner Maulwurf gräbt ein Loch in den Sand und versteckt sich. Ich mag Naturfilme, weil sie unhektisch und sachlich an Themen herangehen. »In der Wüste«, sagt der Sprecher leise, als kommentiere er ein Golfturnier, »ist ein Loch eine sehr gute Sache.«

Dagegen lässt sich nichts einwenden.

17

Atme, ermahne ich mich, als ich in der Bibliothek von dem Buch über Selbstverletzungen aufschaue. Die Neonröhren an der Decke brummen wie Hummeln, die Luft ist trocken und staubig und dörrt meine Kehle aus. Ich schließe für einen Moment die Augen. Dann lese ich weiter.

Die Haut wird mit einem Messer oder einer Rasierklinge geritzt oder mit einem scharfkantigen Gegenstand, etwa einem Flaschenöffner oder einer Schere, aufgekratzt. Manchmal wird sie auch verbrannt. Was sich darin ausdrückt, ist eine unterschwellige Depression, Wut oder Angst.

Ich atme tief durch die Nase ein und wappne mich für das noch Kommende, indem ich die Hände auf der kalten Tischplatte spreize. Sie fühlt sich fettig an.

Bei einer Verletzung werden Endorphine ausgeschüttet, natürliche Schmerzstiller mit einer betäubenden Wirkung. So gesehen könnte Selbstschädigung als eine Art der Eigenbehandlung betrachtet werden. Man kann auch sagen, dass Menschen, die sich Verletzungen zufügen, dies mit dem Ziel tun, übergroßen psychischen Schmerz mit leichter begreifbarem, physischem Schmerz zu überdecken. Selbstverletzer handeln aus einem inneren Zwang heraus und in einem tranceähnlichen Zustand.

Ich hebe den Blick und lasse ihn durch den Raum wandern. Am Nebentisch schnarcht ein Mann in einem riesigen grünen Regenumhang. Auf dem Pappschild, das vor ihm an seinem Rucksack lehnt, steht in großen Druckbuchstaben: »Vorsicht! Ich bin hungrig!«

Ich schiebe meine Hände in meine Ärmel und fahre mit den Fingern über die warme, glatte Haut meiner Arme, die sich erstaunlich dünn anfühlt. Und ich dachte, Geschirr zu zerschmeißen drücke Verzweiflung aus! Als ich im Geist die zarte Innenseite von Crystals Unterarmen mit ihrem Gittermuster sehe, das an die Blätterteigverzierung auf einem Kuchen erinnert, schaudere ich. Ich kann mir zwar vorstellen, dass man den Drang verspürt, sich zu verletzen, so wie man den Drang verspürt, sich an die Stirn zu schlagen, nur zehnmal stärker, aber ich kann mir nicht vorstellen, es tatsächlich zu *tun.* Auf eine seltsame Weise bewundere ich Crystal dafür, dass sie es fertigbringt, sich selbst diese Schnitte zuzufügen, dass sie fähig ist, so viel Schmerz auszuhalten. Auch das lässt mich schaudern. Ich klappe das Buch zu und greife mir den kleinen Stapel, den ich mir ausleihen will.

Ich höre im Hintergrund das Klacken einer Tastatur, während ich der Beraterin von Big Brothers/Big Sisters am Telefon berichte, was ich bisher mit Crystal erlebt habe – die Brände, die Zigarettenmale auf den Handrücken, die Schnitte an ihren Armen.

»Was schreiben Sie da?«, frage ich.

»Einen Bericht.« Sie seufzt. »Das muss ich.«

»Okay. Aber Crystal wird doch keine Schwierigkeiten bekommen, oder? Sie kann nichts dafür, und ich weiß, dass sie bereits zu einer Therapeutin geht.«

»Trotzdem müssen wir alles festhalten, was für die kleine Schwester, die große Schwester und andere gefährlich sein könnte.«

»Ich verstehe.«

»Die Sozialarbeiter werden den Bericht lesen und sich dann

mit Crystals Mutter und der Schule in Verbindung setzen.« Ich höre die Frau etwas trinken. »Machen Sie sich keine Gedanken«, fügt sie hinzu. »Sie haben das Richtige getan.« Sie unterbricht ihr Getippe für einen Moment und sagt in entschuldigendem Ton: »Ich weiß, dass die Sache problematischer ist, als Sie erwartet haben. Bitte sagen Sie es mir ehrlich, wenn Sie sich überfordert fühlen. Wir würden das durchaus verstehen.«

»Nein, nein – es ist schon okay«, versichere ich ihr. »Ich hatte einkalkuliert, dass es vielleicht nicht ganz einfach sein würde.« Aber das stimmt nicht. Ich war davon ausgegangen, mit meinem Schützling Disney-Filme und Gesellschaftsspiele zu genießen. Nicht im Traum war ich auf die Idee gekommen, dass mich Selbstverletzungen und Brände erwarten könnten. Trotzdem kann ich Crystal nicht einfach zurückgeben wie ein Elektrogerät, das vor Ablauf der Garantiezeit kaputtgegangen ist.

In der Küche des Le Petit Bistro mache ich mir die Zubereitung von Fondant zur Aufgabe, einer widerspenstigen Mischung aus Zucker, Wasser und Weinsteincreme, die man zuerst erhitzt, anschließend abkühlen lässt und dann wie Teig zu einer Platte auswalkt, die eine hübsche, seidig glänzende Hülle für einen Kuchen abgibt. Wenn alles gutgeht, zumindest. Mein Fondant hat mehr Ähnlichkeit mit Zement als mit Seide und klebt an der Arbeitsfläche und unter meinen Fingernägeln. Eines Nachmittags bin ich gerade dabei, noch ein bisschen mehr Puderzucker in die Masse einzuarbeiten, als plötzlich der Schauspieler vom Shakespeare-Festival, der in »Blithe Spirit« Charles, den Ehemann, spielte, durch die Schwingtür in die Küche schneit. Ich lasse vor Schreck den

Messbecher fallen, und der Puderzucker explodiert in einer kleinen Wolke.

»Tut mir leid«, entschuldigt sich Charles und lächelt. Zwei tiefe Grübchen in den Wangen und weiß blitzende Zähne. Ich hebe den Messbecher auf und werfe ein Handtuch über die Bescherung. Es ist der ruhige Teil des Nachmittags, bevor die Kellner und die anderen, die vorne arbeiten, kommen.

»Wie sind die Shrimps heute?« Charles trägt Jeans, eine schwarze Lederjacke und einen schwarzen Rollkragenpullover, der sein kantiges Grübchenkinn einrahmt.

Ich spüre Hitze an meinem Hals hinauf und in mein Gesicht kriechen. Das Letzte, was ich jetzt brauche, ist ein attraktiver Schauspieler. Ich war schon immer anfällig dafür, mich in Künstler zu verknallen. Das fing an, als ich zehn war und unbedingt Elton John heiraten wollte. Damals nähte ich wie besessen aus Pailletten die Buchstaben E-L-T-O-N auf ein T-Shirt, anstatt für Französisch zu lernen.

»Du kannst nicht heiraten, Schätzchen«, sagte meine Mutter in liebevollem Ton. »Du bist erst zehn. Und außerdem glaube ich, Mr John ist schwul.« Ich wollte wissen, was das bedeutete. Dass er, wenn überhaupt, nur einen Mann heiraten würde, erklärte sie mir. Ich verstand nicht, warum er mich nicht trotzdem lieben könnte.

»Drew Ellis«, stellt Charles sich vor und streckt mir die Hand hin. Lachfältchen fächern wie Sonnenstrahlen von den Winkeln seiner schiefergrauen Augen aus. Ich forsche in dem Gesicht nach irgendwelchen Makeln, die mich daran hindern könnten, mich in ihn zu vergucken. Vergebens. Er hat auch keine schmutzigen Fingernägel und spricht keinen unangenehmen Dialekt.

»Ähhh … hi. Sophie Stanton.« Ich wische mir die Hände an meiner Schürze ab und schüttle ihm die Hand. Seine Handfläche fühlt sich warm an. Elektrisierend. Als wir einander loslassen, klebt Fondant an seinem Daumen. Er sieht sich suchend um und leckt ihn dann lächelnd ab.
»Sie arbeiten auch in der Küche?«
Wahrscheinlich ist er gekommen, um mir die Reinigungsrechnung für den ruinierten Hosenanzug zu bringen.
»Ähhh …«, mache ich wieder, um Zeit zu gewinnen, doch dann packe ich den Stier bei den Hörnern. »Nicht *auch. Nur noch.* Ich bin jetzt Salaterin.« Ich höre meine Stimme schneller werden und mein Lächeln zur Maske erstarren. Obwohl ich drei Jahre verheiratet war, weiß ich nicht, wie man sich mit einem Mann unterhält. Mein Kopf ist so leer wie der Messbecher. In meiner Hilflosigkeit illustriere ich mit einer umfassenden Geste meinen Schaffensbereich – den glänzenden Edelstahltisch, den riesigen Mixer und die Steige mit dem grünen Salat, der darauf wartet, gewaschen zu werden.
»Ich hoffe, nicht wegen des Shrimps-Malheurs.« Man merkt Drew an, dass er eine richtige Ausbildung genossen hat: Er verschluckt keine Konsonanten und spricht mit leicht britischem Akzent.
»Nein, nein – wegen eines anderen Malheurs. Ich hatte zu viele Beruhigungstabletten erwischt und wollte an einem der Tische ein Nickerchen machen, doch die Gäste, die da saßen, fanden das irgendwie nicht so gut.« Ich schlage mir an die Stirn. Wie kann ich ausgerechnet ihm diese Geschichte erzählen?!
Drew legt den Kopf in den Nacken und lacht schallend. Er ist einer dieser herzlichen Lacher, die einem das Gefühl geben, etwas Originelles gesagt zu haben. Ich muss kichern, als ich mich daran erinnere, wie ich der Frau an seinem Tisch die

Shrimps über den Rücken schüttete. Wie nett er da gewesen war.
»Möchten Sie vielleicht ein Stück Kuchen?« Bevor er antworten kann, habe ich schon ein Stück Schokoladen-Rum-Kuchen abgeschnitten und auf einen Teller gestellt. Ich drücke ihm eine Gabel in die Hand.
»Wie lange leben Sie schon in Ashland?«, erkundigt sich Drew und fällt mit erfrischendem Appetit über den Kuchen her. Er hat Ruths untadelige Körperhaltung.
Plötzlich wage ich nicht mehr, den Mund zu öffnen. Bestimmt klemmt Spinat zwischen meinen Schneidezähnen. Ich habe zwar die ganze Woche keinen Spinat gegessen, soweit ich mich erinnere, aber ich bin ganz sicher, dass da ein grünlich schwärzliches Stück Gemüse klemmt. Am liebsten würde ich auf die Toilette stürzen, um nachzusehen.
»Seit fast zwei Monaten«, antworte ich schließlich, wobei ich mir angelegentlich die Hand vor den Mund halte. In diesem Moment wird mir klar, dass ich meine Zeit in Ashland ursprünglich als Intermezzo betrachtete, an dessen Ende ich nach Hause zurückkehren würde, zu meinem Mann, der dann wieder da wäre, und in mein normales Leben. Doch mein unbezahlter Urlaub ist vor einem Monat zu Ende gegangen. (Als ich Laura anrief und ihr sagte, dass ich nicht wieder bei Gorgatech arbeiten würde, schickte sie mir ein Dutzend weiße Rosen und eine Gute-Reise-Karte, auf der alle aus dem Büro unterschrieben hatten und mir viel Glück wünschten. Wahrscheinlich dachten sie *Gott sei Dank sind wir die los!*)
»Es tut mir leid, dass ich Ihren Gast bekleckert habe«, sage ich zu Drew, wobei ich den Augenkontakt mit ihm vermeide, indem ich Kuchenteigkleckse von dem großen Mixer wische. »Meine Mutter.«

»Du lieber Himmel! Wie geht es ihr?«
»Gut. Sie bereitet sich auf den Prozess vor.«
Ich schlucke trocken und frage mich, was wohl aus dem Isadora-Duncan-Verschnitt geworden ist, den er an dem Abend dabeihatte.
»Das war ein *Scherz«*, sagt Drew.
»Sie waren ein großartiger Charles«, schwärme ich und fahre dabei mit einem Putzlappen über die Arbeitsplatte. *Blöde. Aufdringlich. Peinlich.*
»Sie haben das Stück gesehen?« Ich beobachte ihn verstohlen. Er vertilgt die letzten Kuchenkrümel und stellt den Teller dann in die Edelstahlspüle. »Köstlich!«
Ich fange an, Geschirrtücher zusammenzufalten.
»Ich wollte fragen ...« Er lässt den Satz in der Luft hängen. Ich falte das letzte Tuch wieder und wieder, bis es nicht mehr zu falten geht. Dann nehme ich allen Mut zusammen und hebe den Blick. »Ja?«
»Ich wollte fragen, ob Sie vielleicht Lust hätten, irgendwann mit mir essen zu gehen.« Während er das sagt, fixiert er seine weißen Nikes. Dann wandern seine Augen über die Kisten mit Aprikosen- und Olivenbüchsen. »Aber vielleicht haben Sie ja genug von Essen. Wie wär's mit Bowling?«
»Sie wollen mit mir ausgehen?«
»Das will ich schon seit dem Abend, als Sie an unserem Tisch bedienten.«
»Aber da waren Sie doch in Begleitung ...« Im Geist sehe ich Isadoras winziges Stupsnäschen und ihren edlen Schwanenhals vor mir und die Flut von erdbeerroten Haaren, die sich über ihre Schultern ergoss.
»Das war nur eine Freundin«, sagt Drew.
Nicht *seine* Freundin. Nur *eine* Freundin. Trotzdem hasse

ich die Frau, ihr affektiertes Gekicher und den seidenen Flatterschal mit den kitschigen Fransen. Was für ein Glamour-Dummchen.

»Oh.« Obwohl ich für heute mit Backen fertig bin, hole ich einen Teigklumpen aus dem Kühlschrank. Am liebsten würde ich hineinklettern und mich hinter der Butter verstecken.

»Ich hoffe, Sie halten mich nicht für anmaßend. Vielleicht haben Sie ja einen Partner.«

»Nein«, sage ich zu den Milchflaschen. »Ich bin ohne Partner.«

»Großartig«, findet Drew und setzt hastig hinzu: »Ich meine, für mich. Wie wär's Montag um sieben? Das ist mein freier Tag.« Dies fügt er in entschuldigendem Ton an, wahrscheinlich, weil Montag eigentlich kein Tag zum Ausgehen ist. Nicht so wie Samstag.

Ich mache den Kühlschrank zu. »Einverstanden.«

»Großartig«, sagt er wieder. »Dann haben wir also ein Date.«

Übelkeit steigt in meiner Kehle auf, und ich würge an dem Wort *Date* wie an verdorbenem Essen, von dem mir schlecht geworden ist. Mein letztes »Date« musste ich mir mit einem Tennisschläger vom Leib halten.

»Montag«, wiederhole ich und walke den unnötigen Teig aus.

»Großer Gott! Ich habe ja Probe!« Drew zieht seinen Ärmel zurück, um auf seine Uhr zu schauen. »Darf ich Sie anrufen?«

Ich reiße eine Ecke von einer Mehltüte ab, schreibe meine Nummer drauf, gebe sie ihm und mache mich wieder an den Teig.

»Großartig«, sagt er zum dritten Mal. »Ich freue mich, dass ich Sie kennengelernt habe. Noch einmal.«

Er geht. Gottlob! Bis er anruft, werde ich mich in eine Person verwandelt haben, die Selbstvertrauen und Schlagfertigkeit besitzt, glatte Haare, einen besseren Job und eine schmalere Taille.

Drew will gerade durch die Schwingtür und ich mich auf einen Karton mit riesigen Tomatensaftdosen sinken lassen, als sie aufgestoßen wird und Roxanne Lowman ihn so grob beiseiteschubst, dass er beinahe das Gleichgewicht verliert.

»Sophie Stanton!«, bellt sie mich an.

Drew schaut fragend von ihr zu mir.

»Was kann ich für Sie tun?«, frage ich Crystals Mutter, die sich wie der fleischgewordene Zorn vor mir aufbaut. Ihr hautenger blauer Angorapullover betont ihre schlanke Taille und ihren großen Busen. Seltsamerweise denke ich in diesem Moment, dass Crystal hoffentlich bald auch so eine Figur bekommt und so beliebt wird, wie ihre Mutter es in der Highschool war.

Ich bedeute Drew mit einem Blick zu gehen. Er rührt sich nicht vom Fleck.

»Sie sind ja wohl nicht ganz bei Trost!«, schimpft Roxanne mit ihrer tiefen, heiseren Stimme. Ihre langen, weißblonden Haare fallen bis über ihre Hüften runter. »Nur weil Sie von der Ostküste stammen, brauchen Sie nicht zu glauben, dass Sie es hier in Oregon mit Unterbelichteten zu tun haben, denen man auf der Nase rumtanzen kann!« Im Gegensatz zu ihrer von Unsicherheit gebeugten Tochter hält sie sich kerzengerade.

Die Frage auf Drews Gesicht wandelt sich zu Besorgnis. »Daddy hat Sie aufs College geschickt, und das macht Sie zu einer Expertin in Kindererziehung?«, motzt Roxanne weiter und schleudert ihre Haare wie Cher nach hinten, indem sie den Kopf nach rechts und links wirft.

Hör zu, du Giftspritze: Ich kam mit einem Teil-Stipendium

aufs College und mit einem Studentenkredit und arbeitete, um meine Bücher bezahlen zu können. Aber darum geht es hier nicht.

Ich winke Drew zu. »Bis bald!« Das kommt wie ein Befehl rüber, und Drew stürzt regelrecht durch die Schwingtür hinaus. Wird er mich tatsächlich anrufen, oder war unser Küchen-Intermezzo alles, was uns an Nähe beschieden ist?

Ich wende mich wieder Crystals Mutter zu: »Hören Sie, können wir nicht ...«

»Wir können gar nichts, große Schwester Suzie«, fällt sie mir ins Wort, wobei sie sich auf die Zehenspitzen stellt. »Sie müssen aus unserem Leben verschwinden!« Auf ihrem Schmollmund schimmert rosa Gloss, die gleiche Farbe, die Crystal sich auf ihre schmalen Lippen schmiert. Ist es möglich, dass sie sich, obwohl sie behauptet, ihre Mutter zu hassen, in Wahrheit sehnlich wünscht, wie sie zu sein? »Weil Sie nämlich keinen Schimmer haben, was es heißt, einen aufsässigen Teenager großzuziehen.«

»Da haben Sie recht«, stimme ich zu. »Aber könnten Sie mich bitte nach der Arbeit anrufen? Ich habe jetzt keine Zeit für ein Gespräch.«

»Ich weiß von den beiden Feuern.« Ihre Augen liegen tief in den Höhlen, und sie hat dunkle Ringe darunter. Das ist aber wirklich das Einzige, was an ihr nicht hübsch ist. »Ich weiß auch, dass sie sich die Arme zersäbelt. Ihre Therapeutin weiß es ebenfalls. Dank Ihrer Meldung weiß es jetzt auch die Schule. Glauben Sie, das macht es Crystal leichter in der Junior High? Wenn alle wissen, dass sie eine Macke hat?«

»Crystal hat keine ›Macke‹.« Ich kann nicht fassen, wie verächtlich diese Frau über ihre Tochter spricht.

»Sie verletzt sich!«

»Ich weiß. Aber Sie sollten sie deshalb nicht abqualifizieren.«
»Wie kommen Sie dazu, mir zu sagen, was ich tun soll?«
»Ich sage Ihnen nicht, was Sie tun sollen – ich meine lediglich, wir sollten ein wenig Vertrauen in sie setzen.«
»Wir? Es gibt kein ›Wir‹. Hier geht es um mich und meine Tochter.«
Ich balle die Hände zu Fäusten, damit sie nicht mehr zittern. »Nun, Ihre Tochter hat um ein Haar mein Haus abgefackelt. Finden Sie wirklich, ich hätte das für mich behalten sollen?«
»Ich finde, Sie sollten sich um Ihren eigenen Kram kümmern.«
»Aber gleichzeitig erwarten Sie von mir, dass ich mich um Crystal kümmere. Wie soll das gehen?«
Die Tür von Alans Büro wird aufgerissen, und der Küchenchef kommt hereingestürmt. Seine Mütze rutscht bedenklich zur Seite.
»Was ist hier los?«, herrscht er mich an.
»Wir unterhalten uns nur«, antworte ich.
Alan mustert Roxanne mit ihrer Stundenglasfigur und der blonden Mähne, und sein Zorn verraucht. Er strafft die Schultern, zieht den Bauch ein und sagt mit gewollt tiefer Stimme: »Wen haben wir denn da?«
Crystals Mutter neigt den Kopf zur Seite und betrachtet ihn wie eine Löwin, die darüber nachdenkt, ob die Antilope die Mühe wert ist.
»Ich glaube, wir kennen uns nicht«, schnurrt mein Chef und geht mit wiegenden Schritten auf sie zu.
Roxanne stößt einen Laut des Unwillens aus, doch Alan schüttet sie mit Komplimenten zu, bis sie auftaut wie eine Eisskulptur, der die Sonne ihre Ecken und Kanten wegschmilzt.
»Spielen Sie beim Festival mit?«, fragt er. »Sie sehen sensatio-

nell aus.« Roxanne schaut unter ihren dick getuschten Wimpern hervor zu ihm auf und fährt sich mit der Zungenspitze über die Lippen. Sie scheint zu überlegen, welche Vorteile ihr die Verehrung des Küchenchefs bringen kann.

Ich ziehe mich zurück, und Alan fasst Roxanne unter.

»Könnte ich Sie für frische Hummerkrabben und ein Glas Chardonnay interessieren?«

Sie wirft mir einen Blick zu, der besagt: *Auf dich komme ich später zurück.*

»Ich liebe das ›Kalbfleisch Oscar‹ hier«, strahlt sie meinen Chef an. Es scheint ihr leichtzufallen, Crystal für den Moment zu vergessen.

»Gestatten Sie mir, Sie herumzuführen«, sagt Alan und verschwindet mit ihr um die Ecke Richtung Lager, wobei er ihr erklärt, dass er sein Olivenöl direkt aus Italien importiert, es mit Olivenölen wie mit edlen Weinen ist und viele Menschen das jedoch nicht wüssten.

Herzklopfen

18

Ich bin sechsunddreißig Jahre alt, seit neun Monaten verwitwet und mache mich im Bad für mein erstes Date seit sechs Jahren zurecht. Voller Entsetzen beobachte ich, über das Waschbecken gebeugt, wie meine letzte Einweg-Kontaktlinse im Abfluss verschwindet. Wie heißt es doch so schön: Mein letzter Wille – 'ne Frau mit Brille. Und mein ramponiertes Schildpattmodell ist ungefähr so modisch wie zweifarbige Sportschuhe. Nachdem ich der Eitelkeit zuliebe auf klare Sicht verzichtet habe, wende ich mich meinen Haaren zu. Sie hängen heute glanz- und formlos herunter wie Wollfäden. Sie wollen nicht zu der Verabredung gehen. Sie sagen: »Lass uns zu Hause bleiben und Rhabarberkuchen essen.«

Ich glaube, jede Frau mit Locken hat für Notfälle wie diesen ein Sortiment von Hilfsmitteln parat – Mousse, Gel und Wachs –, die allesamt Wunderheilung versprechen. Ich habe meine Kollektion sogar im Umzugswagen von Kalifornien nach Oregon gekarrt.

Also gehe ich in die Hocke und durchforste meine Vorräte in dem Unterschränkchen. Nach einigem Hin und Her entscheide ich mich, gebe etwas von dem Glibber in meine Handfläche, verreibe ihn und trage ihn dann beidhändig mit sanftem Tätscheln auf die Verdrusszotteln auf. Jetzt glänzen sie zwar, sind aber nach wie vor filzig und nun außerdem auch noch klebrig. Ich gebe auf, fasse sie zum Pferdeschwanz zusammen und setze die Brille auf, um mir ein deutliches Bild zu machen. *Großartig*, um mit Drew zu sprechen. Der Bibliothekarinnen-Look. *Darf ich Ihnen dieses Werk über das frühe Mittelalter empfehlen?*

Mir fällt ein, wie ich mich im Bad für den Abschlussball der Highschool zurechtmachte, während Dad auf dem Flur lauerte. »Kann ich irgendwas für dich tun, Süße?«, rief er durch die Tür. »Nein!«, rief ich gereizt zurück, während ich mit Hilfe des Föhns versuchte, meine Haare zu glätten – eine Fünfundvierzig-Minuten-Tortur, nach der meine Kopfhaut versengt war und mein Arm lahm.

Ich bin sechsunddreißig Jahre alt, seit neun Monaten verwitwet und mache mich zurecht, um mit einem zu gut aussehenden Schauspieler zum Bowling zu gehen, der eine dunkle Psycho-Killer-Seite haben muss, denn schließlich weiß jeder, dass alle netten, intelligenten, normalen Männer verheiratet sind. Nur die Trolle sind verfügbar.

In der vergangenen Stunde habe ich zuerst eine Cordhose anprobiert, dann Jeans und zu guter Letzt einen Rock. Wie habe ich es geschafft, innerhalb eines Jahres meinen Mann, meinen Job, mein Zuhause und meine Figur zu verlieren?

Merkwürdigerweise machte ich mir vor der ersten Verabredung mit Ethan überhaupt keine Sorgen. Wir wollten die Lakers sehen, die in die Stadt gekommen waren, um gegen die Warriors anzutreten, und ich trug Jeans und ein Flanellhemd. Ich bekleckerte mich mit Senf, und ich weiß genau, dass ich keinen Gedanken daran verschwendete, was der Ingenieur da neben mir von meiner Frisur halten mochte. Vielleicht, weil ich damals keine Angst hatte, den Rest meines Lebens allein verbringen zu müssen.

Keine Frage – Ethan würde wollen, dass ich anfange auszugehen. *Amüsier dich,* würde er sagen. *Sitz nicht zu Hause rum.* Ich verspüre einen Anflug von Eifersucht, als ich mir

vorstelle, dass er wieder heiratete, wenn ich es gewesen wäre, die starb. Wer würde meine Nachfolgerin? Seine Kollegin aus dem Büro, die blitzgescheit und lustig war und wunderhübsche, kleine Füße hatte? Ich *hasse* sie.
Um mir einen gesunden Touch zu verleihen, hauche ich Rouge auf meine Wangen.
Ich habe Ruth nichts von diesem Date erzählt, denn man erzählt es Ruth nicht, wenn man etwas Unpassendes tut. Und ich bin nicht sicher, dass dieses Date passend ist. So früh nach Ethans Tod, meine ich. Sie würde nie ein Wort der Kritik verlieren.
Das Einzige, was noch schlimmer ist, als verwitwet zu sein, ist verwitwet und Single zu sein. Aber wie könnte man verwitwet sein und nicht Single? Am Anfang merkt man es nicht. In der ersten Zeit nach dem Tod des Ehemannes ist man zwar verwitwet, aber irgendwie trotzdem nach wie vor verheiratet. Man verkriecht sich unter der Bettdecke und mampft familienpackungenweise Cremetütchen und kommt gar nicht auf die Idee, den Ehering abzuziehen und sich mit einem Mann zu verabreden, dessen schiefergraue Augen einem Schauer über den Rücken rieseln lassen. Doch irgendwann kommt der Moment, da *muss* man einfach mit einem Schauspieler zum Bowling gehen.
Wie soll ich wissen, ob ich Drew Ellis auch nur mag? Mein Notstand ist so groß – ich würde auch mit einem Baum ausgehen.
Drew rief nach seinem Besuch in der Küche des Le Petit Bistro abends an, um sich zu vergewissern, dass ich »nach dem Auftritt der Verrückten« wieder zur Ruhe gekommen war. Ich erzählte ihm, was ich mit Crystal erlebt hatte, und er stellte sich sofort auf meine Seite, sagte, es sei völlig korrekt gewesen,

dass ich bei dem Verein darüber berichtet hatte, und ich solle Crystals Mutter anrufen und ihr ebenfalls darüber berichten. Sie weiß es schon, erwiderte ich – aber es interessiert sie nicht. Wir redeten fast eine Stunde, und ich erfuhr, dass er aus New York stammt und seine Ausbildung an der Juilliard als Kellner bei Brew Burger im Garment District finanzierte, wo die Gäste manchmal als Trinkgeld Pennys im Ketchup hinterließen. Er sagte, er habe das Kellnern gehasst und könne gut verstehen, dass ich mich in der Küche wohler fühle, und plötzlich war mir mein Job nicht mehr so peinlich. Ich erfuhr, dass er seit fünf Jahren dem Festival-Ensemble angehört, dass er letzten Monat einundvierzig geworden ist und dass seine Eltern Lehrer im Ruhestand sind. Ich verwünschte mich dafür, dass ich mir vorstellte, an Thanksgiving mit Drew in den Osten zu fliegen, um seine Eltern kennenzulernen und mit der im Wohnzimmer um den Flügel versammelten Familie Musical-Songs zu singen.
Ich erzählte, dass mein Mann an Krebs gestorben ist und ich erst kürzlich aus Kalifornien hergezogen bin, nachdem ich meinen Job dort aufgegeben hatte. Dass ich in Bademantel und Häschenpantoffeln an meinem Arbeitsplatz erschienen war, ließ ich unerwähnt.
Als es klingelt, macht mein Herz einen Satz. Pünktlich! Eine weitere unangenehm angenehme Eigenschaft. Ich stelle das Haargel in den Unterschrank zurück, knalle die Tür zu und verlasse das Bad.
In der Diele nehme ich die Brille ab und lege sie auf das Tischchen, atme tief durch – und spiele mit dem Gedanken, nicht aufzumachen. Ich könnte später ja sagen, ich hätte die Tage verwechselt. Ob er mich von draußen sehen kann? Plötzlich höre ich meine Mutter sagen: »Oh, Süße, sei nicht *albern!*«

Nach einem letzten Rockglattstreichen und Haarebetasten greife ich wild entschlossen nach dem Türgriff.
Crystal steht mit verknoteten Beinen auf der Veranda.
»Ich muss pinkeln!«, jammert sie.
Ich wünschte, ich hätte nicht aufgemacht. »Ich mag keine Überfälle«, sage ich und setze meine Brille wieder auf. »Warum hast du nicht angerufen?«
»Unser Telefon ist kaputt.«
»Kaputt?«
»Na ja – abgestellt. Mom hat die Rechnung nicht bezahlt. Strom haben wir auch keinen.« Sie schießt an mir vorbei ins Haus und den Flur hinunter.
Ich denke daran, was für einen ordentlichen Eindruck Crystals rosa Haus mit den eingetopften Geranien entlang der Verandatreppe und dem aufgeräumten Wohnzimmer machte. Damals dachte ich, Crystals Mutter müsse eine sehr gewissenhafte Person sein. Offenbar war dem nicht so.
Ich gehe zur Toilette und sage durch die Tür: »Du kannst nicht hierbleiben. Ich habe ein …« Das Wort *Date* bleibt an meinem Gaumen kleben.
»Die Heizung geht auch nicht«, antwortet Crystal auf dem gleichen Weg. »Ich hab mir fast den Arsch abgefroren.«
»Wann wird denn alles wieder eingeschaltet?« Ich habe ein schlechtes Gewissen, weil ich sie loswerden möchte.
»Keine Ahnung.« Die Wasserspülung rauscht, und gleich darauf öffnet Crystal die Tür. »Das passiert andauernd. Meine Mom schickt zwar den Scheck hin, aber sie lässt absichtlich die Unterschrift weg oder schreibt ein falsches Datum drauf. Damit schindet sie Zeit. Am Anfang hat es funktioniert, weil sie dachten, es sei ein Versehen, aber inzwischen wissen sie, was los ist, und drehen gleich alles ab. Dann übernachtet sie

bei ihrem Arschloch-Freund, und er bezahlt die Rechnung, und sie schalten wieder ein.«

»Ich verstehe.« Es fällt mir im Moment zwar keine einzige Eigenschaft ein, die für Crystals Mutter spräche, aber es wäre sicher nicht hilfreich, sie schlechtzumachen. »Na ja, als alleinerziehende Mutter hat man es nicht leicht, weißt du.«

»Ich glaube, sie hat einfach kein Organisationstalent und setzt ihre Prioritäten falsch«, überrascht Crystal mich wieder mit ihrer altklugen Seite.

Ich schaue auf meine Uhr. Noch sieben Minuten bis zum vereinbarten Zeitpunkt.

»Hör zu: Ich habe einen Termin, und wenn der Mann kommt, musst du gehen, okay?«

»Ein *Mann?* Du hast ein *Date?* Wirklich? Mit wem? Du hast einen *Freund?* Glaubst du, Edgar wäre das recht – ich meine Ethan?« Sie legt den Kopf schief und mustert meine Aufmachung. »*So* willst du gehen?«

Ich erstarre. Wäre ich doch nur bei den Jeans geblieben! Jetzt ist es zu spät zum Umziehen. Ich putze mir die Zähne – zum dritten Mal in dieser Stunde. Crystal steht hinter mir am Waschbecken, so dicht, dass ich ihre spitzen Knie spüre und mir ihr Babypuder-und-Zigaretten-Geruch in die Nase steigt. Ich spucke aus und gurgle, und dann schauen wir gemeinsam in den Spiegel.

»Hmm«, brummt sie und kaut auf ihrer Unterlippe herum. »Ist das mit deinen Haaren Absicht?«

Ich sehe sie im Spiegel an und dann meine Haare und dann bekümmert auf das Waschbecken hinunter.

»Na ja – machen kann man da jetzt sowieso nichts mehr«, erklärt sie. Das Kind versteht es wirklich, einen aufzubauen.

Halb acht. Damit hat Drew sich bisher eine halbe Stunde verspätet. Wir sind inzwischen in der Küche, und Crystal lässt sich darüber aus, dass Amber und Tiffanie, die beiden Mädchen in der Schule, die sie besser nicht so wichtig nehmen sollte, sich den Bauchnabel haben piercen lassen.
»Ohne ihren Müttern was zu sagen!« Sie verschränkt ihre dünnen Arme über ihrer mageren Brust.
Vielleicht wollte Drew ja anrufen, und das Telefon geht nicht. Ich nehme den Hörer ab. Es tutet.
»Und jetzt ist bei ihnen zu Hause die Hölle los«, beendet Crystal ihren Bericht mit einem Unterton der Befriedigung.
Fünf nach halb acht. Das Einzige, was noch schlimmer ist, als verwitwet und Single zu sein, ist, verwitwet und Single zu sein und versetzt zu werden.
»Ich glaube, er hat mich versetzt«, fasse ich meinen Verdacht in Worte.
»Ach wo. Der kommt bestimmt noch.« Crystal kramt ihre Tube Lipgloss aus ihrem Rucksack und streckt sie mir hin, und ich trage eine Spur über meinen Rose-Potpourri-Lippenstift auf.
»Hast du Hunger?«, frage ich.
Sie nickt, und ich mache ihr einen Käsetoast. Ich habe mich damit abgefunden, dass *sie* heute mein Date ist und wir uns über Amber und Tiffanie unterhalten werden und nicht über Hamlet.
»Danke«, sagt sie, als ich den Teller vor sie hinstelle.
Wow. Manieren. »Gern geschehen.«
Sie springt auf und durchforstet den Kühlschrank nach Ketchup. Ich bin erleichtert, dass sie anfängt, sich bei mir zu Hause zu fühlen, denn damit ist sie nicht mehr so sehr

Gast, und ich muss mich nicht mehr so verpflichtet fühlen, ihr etwas zu bieten.

Da ich an diesem Abend offenbar zu Hause bleiben werde, kicke ich meine Schuhe weg und knöpfe den Rock auf, dessen Bund grauenhaft kneift, obwohl ich seit zwei Tagen nur Rühreier aus Eiweiß und Dosenpfirsiche gegessen habe.

»Deine Mom lässt dich also ohne Strom und Heizung allein, während sie bei ihrem Freund ist?« Ich bemühe mich, neutral zu klingen.

Crystal beißt von ihrem Toast ab, und ein Käsefaden bleibt an ihrem Kinn kleben.

»Manchmal. Oder ich übernachte ein Stück die Straße runter bei Melvin. Er ist eine Klasse unter mir und ein Langweiler, aber seine Eltern sind total nett, und es gibt tolle Sachen zu essen wie Pringles und Pop Tarts.« Sie hält verträumt inne. »Die *Glasierten«,* setzt sie schwärmerisch hinzu.

Das Gloss schmeckt nach Seife. Ich nehme eine Papierserviette und wische mir die ganze Farbe von den Lippen.

»Hey! Kann ich vielleicht heute *hier* übernachten statt bei Melvin?«

»Klar.« Was spricht dagegen? Drew kommt nicht.

Crystal lebt auf und spricht schneller. »Ich weiß, was wir machen können: Du kannst mir helfen, Decken fürs Tierasyl zu nähen.«

Schreck lass nach! »Nähen?«

»Ja. Das ist ein freiwilliges Hilfsprogramm. Man zerschneidet alte Quilts, säumt die Kanten der Stücke. Die kriegen die Tiere, weil sie in ihren Käfigen auf Zeitungspapier schlafen müssen. Wo steht deine Nähmaschine?«

Wie soll ich ihr beibringen, dass ich nicht nähen kann? Ich bin in Algebra eine Niete, und ich bin im Nähen eine Niete.

Was für ein leuchtendes Vorbild! In der Junior High war Hauswirtschaftslehre Pflichtfach für Mädchen. Wir backten Rice-Krispie-Riegel und lernten, wie viele Kalorien zehn mittelgroße Kartoffelchips haben, während die Jungs in der Werkstatt am Ende des Gangs Aschenbecher aus Ton machten. Ich nähte bei dem Versuch, die Tasche zu applizieren, bis zur Rückseite meines Rockes durch. Gott sei Dank erlaubte Dad mir, an dem Tag der Modenschau, bei der wir alle unsere Modelle vorführen sollten, zu Hause zu bleiben.

Ich räuspere mich. »Ruth hat eine Nähmaschine. Sie kann nähen. Wir könnten zu ihr gehen.«

Crystal schnalzt ablehnend mit der Zunge und verdreht die Augen. »Vergiss es. Lassen wir's.« Ich weiß, dass sich das nicht speziell gegen Ruth richtet – sie will meine Aufmerksamkeit einfach mit niemandem teilen müssen.

Sie greift in ihr Hosenbein und zieht eine Schachtel Marlboro aus der Socke. Ihr Atem pfeift in ihrer Brust.

»Dein Asthma klingt schrecklich, Süße. Ich glaube, du solltest lieber nicht rauchen.«

»Hey! Du hast ›Süße‹ zu mir gesagt!«

Es ist mir peinlich, dass ich ein so abgedroschenes Kosewort benutzt habe. – »Entschuldige.«

»Ist schon okay. Mein Dad nannte mich ›Muffin‹.« Sie steckt die Zigaretten in die Socke zurück. »Glaub ich wenigstens.«

Zwei Stunden, nachdem Drew hätte auftauchen sollen, richtet Crystal gerade alles für eine Runde »Risiko« her, als das Telefon läutet. Ich springe auf, lasse es dann jedoch noch ein paarmal läuten, weil ich nicht den Eindruck erwecken will, neben dem Apparat gelauert zu haben.

»Hallo?«, melde ich mich schließlich in lässigem Ton.
»Sophie?« Drew spricht undeutlich, als habe er getrunken. Na großartig. Ein Schluckspecht.
»Hi. Sind *Sie* das, Drew?« Ich versuche zu klingen, als hätte ich vergessen, dass wir verabredet waren.
»Esch tut mir scho Leid«, nuschelt er.
»Kein Problem.« Ich habe im Drugstore ja nur fünfzehn Minuten damit verbracht, mich zwischen »sauber trennender« und »dramatisch verlängernder« Wimperntusche zu entscheiden, Arschloch.
Crystal hat sich zu mir gesellt. Sie lässt ihre Fingerknöchel knacken und formt mit den Lippen lautlos die Frage: »Ist er das?« Ich scheuche sie mit einer Handbewegung weg.
»Ich bin im Krangnhaus«, fährt Drew fort. »V'letzt.«
Ich denke an eine Kneipenschlägerei. »Wer war es?«
»Ein Geländewagen. Isch wollte grade über die Schtraße, und da war da plötzlich dieser Kühlergrill.« Er kichert. »'tschuldigung. Sie ham mir was gegen die Schmerzen geschpritzt.«
Einen Moment lang herrscht Stille, und dann fragt er mit plötzlich lebhafterer Stimme und deutlicher Aussprache: »Hey! Wollen Sie nicht herkommen? Ich spendiere Ihnen Erdnussbutterkräcker aus dem Automaten.«
Die Notaufnahme von Ashland. Meine alte Arena. Ein Date und das Krankenhaus – zwei Phobien zum Preis von einer.
»Es wäre schön, wenn Sie mich nach Hause bringen könnten«, setzt Drew hinzu. »Ich kann in dem Zustand nicht fahren, aber selbst wenn – mein Auto ist ja nicht hier.«
»Ähhh … klar.« Ich hoffe, mein Zögern wirkt nicht, als sei ich beleidigt, weil er mich als Chauffeuse benutzen will. Ich möchte ihn fragen, ob es vielleicht möglich wäre, dass man ihn im Rollstuhl bis zur Einfahrt des Parkplatzes bringt, so

dass ich ihn dort abholen kann. Ich möchte ihm erklären, dass ich mein Potenzial an Krankenhaus-Tapferkeit für dieses Leben bereits aufgebraucht habe. Andererseits möchte ich nicht, dass Drew dann seine rothaarige Freundin bittet, ihn zu fahren. Wahrscheinlich würde sie sich, kaum, dass sie zu Hause wären, auf dem Wohnzimmersofa über ihn hermachen.

»Klar«, sage ich noch einmal.

»Großartig«, freut sich Drew.

»Kann ich nicht mitkommen?«, winselt Crystal, als ich sie zu ihrem Freund Melvin fahre, wo sie über Nacht bleiben soll.

»Nein, tut mir leid.«

»Aber du hast doch gesagt, wir würden nähen.«

»Das werden wir auch – nur nicht heute.«

»Ich bin wirklich gut im Bowling.«

»Wir gehen nicht bowlen. Mein Freund ist verletzt.«

Crystal versetzt dem Armaturenbrett einen Tritt.

Ich werfe ihr einen strafenden Blick zu. Sie senkt mit finsterer Miene den Kopf und drückt ihren Rucksack an die Brust.

»Überleg dir schon mal was Lustiges für das kommende Wochenende«, empfehle ich ihr.

»Ich könnte doch das Haus hüten, solange du im Krankenhaus bist, und dann könnten wir alle zusammen …«

Die Glastüren öffnen sich automatisch, und vor mir liegt der tunnelartige Flur zur Notaufnahme. Für jemanden, der Krankenhäuser hasst, besuche ich sie ziemlich oft.

»Weg da!«, brüllt ein Mann und stürmt an mir vorbei zur Anmeldung. Er presst ein blutiges Handtuch an seine Wange. Ich eile ihm nach. Hinter mir gleiten die Türen zu.

Bei der Anmeldung erkläre ich, dass ich gekommen bin, um Mr Drew Ellis abzuholen. »Ich bin seine … *Bitte-benachrichtigen-Sie-bei-einem-Notfall-Person* … Chauffeuse«, beende ich den Satz, denn ich will meinen Status nicht ungerechtfertigterweise anheben.

Die Schwester führt mich den Gang hinunter. Drew sitzt hinter einem braunen Plastikvorhang auf einer Rolltrage und beäugt missmutig ein Krückenpaar. Als er mich sieht, leuchtet sein Gesicht auf. Sogar seine Falten – die Intelligenz-Linien auf der Stirn und die Lächel-Krähenfüße in den Augenwinkeln – lassen mein Herz schneller schlagen. Ethans Gesicht leuchtete auch jedes Mal auf, wenn ich ins Zimmer kam. Ich war dankbar dafür, so geliebt zu werden, einfach nur dafür, dass ich erschien. Aber er kannte all meine Fehler und Schwächen. Wie soll ich Drews Erwartungen erfüllen können?

»Nichts gebrochen«, berichtet er voller Stolz, als sei das eine Leistung, und deutet auf sein bandagiertes Knie, das durch die Risse in seiner blutverschmierten Jeans zu sehen ist. »Nur ein paar Stiche.«

Anscheinend werde ich blass, denn er versichert mir hastig, dass alles viel schlimmer aussieht, als es ist.

Zuerst gelingt es mir noch, die Fassung zu bewahren, doch als ich dann höre, was passiert ist – ein Geländewagen voller Teenager bog bei Rot rechts ab –, fängt mein Puls an zu rasen, und vor meinen Augen tanzen Schleier. Aber dann nehme ich plötzlich etwas ganz deutlich wahr: einen roten Abfalleimer. Er ist übervoll, und obenauf liegt ein mit hellroten Blutstropfen gesprenkelter Katheter. Dahinter stehen, an der Wand aufgereiht, Rolltragen, deren schwarze, kunststoffbezogene Kopfpolster in dem kalten, grellen Licht wie eingefettet glän-

zen. Was ist wohl aus den Menschen geworden, die darauf lagen? Durften sie wieder nach Hause?
Drew erzählt, er habe bei einem Blumenladen haltgemacht, um Narzissen für mich zu kaufen, und sei auf dem Rückweg zu seinem Auto gewesen, als es krachte. Ich sehe ihn ausgestreckt im Rinnstein liegen. Dann werde ich von einem Geruch abgelenkt: medizinischer Alkohol. Der betäubende Geruch von Krankheit. Der Geruch der sterilen Tupfer, mit denen ich Ethans Haut an der Hüfte desinfizierte, bevor ich ihm die Schmerzspritzen gab.
Man muss sich hier doch irgendwo hinsetzen können. Ich trete einen Schritt vor, doch auch hinter Drews Trage steht kein Stuhl. Ich bin gerade so weit, den Fußboden in Betracht zu ziehen, als ich dort einen bräunlichen Fleck von der Größe einer Viertel-Dollar-Münze auf dem Linoleum entdecke. Es könnte Blut sein. Der Raum beginnt, sich um mich zu drehen.

»Miss Stanton?« Ein verschwommenes Schwesterngesicht schaut auf mich herunter. Ich bin eine *Mrs,* möchte ich sie korrigieren, doch dann fällt mir ein, dass ich das *nicht* bin.
»Das bin ich nicht«, stammle ich.
»Sie sind nicht Sophie Stanton?«
»Doch.«
»Okay, Schätzchen. Welchen Tag haben wir heute?«
»Ähhh …« Es ist mein freier Tag. Der Tag, an dem das Theater geschlossen ist. Der Tag meines ersten Dates. »Montag.«
»Sehr gut. Sie sind ohnmächtig geworden, aber jetzt ist wieder alles in Ordnung. Gottlob sind Sie nicht auf den Kopf gefallen.«
»Sondern?« Ohnmächtig! Wie peinlich.

»Vornüber auf die Rolltrage.«
Welche Rolltrage? Etwa Drews Rolltrage? Es ist zwar eine Ewigkeit her, dass ich eine Verabredung hatte, aber ich bin ziemlich sicher, dass es sich nicht gehört, beim ersten Date mit dem Gesicht nach unten auf die Rolltrage des Verehrers zu fallen.
»Geht's wieder?« Drew kommt zu mir herübergehumpelt.
Er hat jetzt ein Sakko an und irgendwelche Papiere in der Hand.
»Alles bestens«, versichere ich ihm.

Drew und ich gehen über den Parkplatz zu meinem Wagen. Ich habe der Schwester zwar gesagt, ich sei wieder völlig okay, aber mir ist immer noch leicht schwindlig. Drew hantiert ungeschickt mit den Krücken und stößt mich dabei. Ich stütze ihn, und er lehnt sich an mich, während er die Gehhilfen neu fasst. Sein Duft steigt mir in die Nase, und meine Knie werden weich.
Plötzlich wird mir klar, dass das eine Sensationsstory für die Kinder abgeben wird: Euer Vater und ich hatten unser erstes Date im Krankenhaus! Nein! Stopp! Wie kann ich ohne Ethan in der Zukunft eine Familie haben?
»Oh! Au!«, jammert Drew, während er auf dem unebenen Asphalt entlanghumpelt.
»Wir sind ein tolles Paar.« Ich lache und fasse mir an den Kopf, als wolle ich mich vergewissern, dass er noch da ist. »Tut mir leid, dass ich umgefallen bin. Seit dem Tod meines Mannes habe ich so meine Probleme mit Krankenhäusern.«
»Oh. Oh!« Drew bleibt stehen. »Mein Gott! Ich hätte Sie nicht bitten dürfen zu kommen!«
»Ist schon gut.«

Ein Auto biegt schleudernd in die Einfahrt zur Notaufnahme ein. Drew fährt zurück, und wir geraten ins Taumeln. Lachend fangen wir uns.

»Zeit für eine Pause.« Drew steuert auf eine Bank zu.

Und dann sitzen wir schweigend nebeneinander wie zwei Kinder, die sich noch nicht kennen und am ersten Schultag auf den Bus warten.

19

Ja, Drew Ellis ist wirklich ein herzlicher Lacher. Er wirft den Kopf nach hinten und schlägt mit der Faust auf den Tisch, läuft rot an und vergießt Tränen vor Vergnügen, und man hat das Gefühl, der komischste Mensch auf Erden zu sein, wenn man ihm eine Geschichte erzählt.

Beim Essen bei unserem zweiten Date (das eigentlich das erste ist, denn unsere Krankenhausepisode endete nach der Heimfahrt) erzähle ich ihm von meinem Job bei Gorgatech. Als ich beim letzten Akt bin, bei »Schalten Sie Ihren Föhn ein, meine Herren«, ringt Drew nach Luft.

»Was für ein schrecklicher Job«, japst er und trocknet sich mit der Serviette die Augen.

Den Job hatte ich nie für schrecklich gehalten. Mich. Mich hielt ich für eine schreckliche Angestellte. Zum ersten Mal sehe ich das Erheiternde an meiner PR-Tätigkeit.

»Ja«, stimme ich zu und lache ebenfalls, *lache* zum ersten Mal über Lara und den Artikel. *Eilmeldung: Dieser Job stinkt!*

Wir essen in einem Restaurant in der Innenstadt, das die Vorspeisen in der Mitte des Tellers aufgetürmt und von Rosmarinzweigen bekrönt serviert, wodurch sie an Damenhüte erinnern.

Drew ist ein Zuhörer. Er beugt sich vor und sieht einem in die Augen und legt den Kopf leicht schief, als höre er so besser. Es widerstrebt mir, Vergleiche mit meinem Mann anzustellen, aber ich kann nicht anders. Ethan hat mir nie so aufmerksam zugehört. Ein Teil seines Gehirns beschäftigte sich immer mit einem Software-Problem. Manchmal fragte er, nachdem ich bereits mehrere Sätze gesprochen hatte: »Was? Was?«, womit eindeutig bewiesen war, dass er nicht zugehört hatte. Das gab mir das Gefühl, ihn zu langweilen, und oft wurde meine Stimme zusehends leiser, bis ich irgendwann zu dem Schluss gelangte, dass das, was ich zu sagen hatte, dumm war. »Ach, lassen wir's«, grollte ich dann, und er beteuerte: »Ich höre zu!«

Drew Ellis ist entscheidungsfreudig. Schon nach einem kurzen Blick auf die Speisekarte wählt er das Filet. Und er scheint auch sehr schnell entschieden zu haben, mich zu mögen. Oder ist er grundsätzlich so aufmerksam, wenn er mit einer Frau ausgeht? Lacht er grundsätzlich über ihre Erzählungen? Und macht er ihr grundsätzlich Komplimente? Wie auch immer – ich weiß nicht, ob ich für diese geballte Aufmerksamkeit bereit bin und für den Stress, den das Aufgeben der Jogginghosen-Behaglichkeit und das Ständig-originell-Sein mit sich bringen.

Drew Ellis hat viele Freunde. Wir sitzen an einem Fenstertisch, und wenn Kollegen ihn draußen beim Vorbeigehen entdecken, kommen sie herein und begrüßen uns überschwenglich.

Drew Ellis ist großzügig. Er hinterlässt ein fürstliches Trinkgeld und winkt Leute im Verkehrsfluss vorbei, ehe er mit seinem alten, klapprigen BMW aus der Parklücke biegt.

Drew Ellis ist ordentlich. Der Innenraum des Wagens ist untadelig. Nur ein Füllfederhalter, ein Päckchen Papiertaschentücher und ein kleiner Block, auf dem er nach dem Tanken den Benzinverbrauch notiert, liegen auf der Ablage. Es ist nicht wie in Ethans Auto, wo man knöcheltief in Fast-Food-Abfall und schmutzigen Kaffeepappbechern stand.

Drew Ellis ist hartnäckig. Immer wieder ruft er mich zu Hause an.
»Hi. Ich wollte nur mal fragen, was Sie so machen«, klingt seine geschulte Schauspielerstimme aus dem Anrufbeantworter. »Und ob Sie Lust haben, übers Wochenende mit mir nach Jackson zu fahren.«
Ich kann Drew Ellis unmöglich zurückrufen. Wenn ich ihn anrufe, gehe ich vielleicht wieder mit ihm aus, und wenn ich wieder mit ihm ausgehe, verliebe ich mich vielleicht in ihn, und wenn ich mich in ihn verliebe, lässt er mich vielleicht fallen oder stirbt.
»Feelings, nothing more than feelings«, singt er am nächsten Tag auf das Band und lacht dann über seine absichtlich übertriebene Schwülstigkeit. »Hören Sie«, seine Stimme wird leiser und ernst, »ich würde es völlig verstehen, wenn Sie lieber nicht mehr ausgehen wollen, aber es wäre nett, wenn Sie mich wissen ließen, ob Sie okay sind.«
Anstatt Drew Ellis anzurufen, trage ich mich an der örtlichen Universität für einen Kurs in kreativem Kochen ein, weil ich fürchte, dass ich den Fondant allein niemals hinkriege. Und außerdem brauche ich keinen Lover. Ich brauche einen Beruf, eine neue Laufbahn. Als ich bei dem Antragsformular zu der Rubrik komme, die jedes Formular für einen wie auch immer gearteten Neuanfang verunziert – »Bitte benachrichtigen Sie bei einem Notfall« –, schreibe ich »George Clooney«. Dann stecke ich die Anmeldung in den Briefkasten auf der Veranda und richte eine Doppelportion Vanillekuchenteig her, um das Glasieren zu üben. Bald duftet es wie in einer Feinbäckerei. Vier Stunden arbeite ich daran, den Fondant zu perfektionieren, und dann ist die glänzende Schicht auf dem Kuchen endlich glatt wie Glas.

Als mir die essbaren Trainingsflächen ausgehen, glasiere ich einen Schuhkarton und zu guter Letzt ein altes Skateboard, das ich in der Garage entdecke. Mit rosa, blauem und gelbem Zuckerguss, den ich durch die verschiedenen Tüllen auf den Fondant drücke, versuche ich mich an Rosen, Ballons und Kursivschrift. Ich wünsche imaginären Leuten Happy Birthday – *Quentin* und *Zachary* –, um auch schwierige Buchstabenkombinationen zu meistern.
Obwohl die Kuchen einen herrlichen Duft verströmen, habe ich keine Lust, sie zu kosten. Vielleicht liegt es daran, dass mir die Freude an der Arbeit eine solche Befriedigung bereitet.
Mit zementhartem Fondant unter den Fingernägeln schlafe ich schließlich total erledigt auf dem Sofa ein. Ich träume, dass Alan, der Küchenchef, alle Vorspeisen von der Karte streicht und durch Desserts ersetzt. Als er das »Kalbfleisch Oscar« und die »Shrimps in Knoblauchöl« durchstreicht, bemerke ich, dass sein Schnauzbart aus Zuckerwatte ist.

Drew Ellis kommt ins Le Petit Bistro, um mich zum Dinner zu sich nach Hause einzuladen. »Entschuldigen Sie, dass ich nicht zurückgerufen habe«, sage ich und hoffe inständig, dass Alan aus seinem Büro gestürmt kommt und stört. »Ich hatte viel zu tun.«
Drew nickt interessiert. »Was haben Sie gemacht?«
»Ähhh …« *Einen Schuhkarton glasiert.* »Mich für einen Kochkurs angemeldet …« Ich breche ab und wünschte, ich hätte das nicht verraten. Es ist, als ob man erzählt, dass man mit dem Rauchen aufhört oder mit einer Diät anfängt: Nachher steht man dumm da, wenn es nicht geklappt hat.
»Großartig.« Er deutet auf die Erdbeer-Rhabarber-Kuchen, die auf Rosten auskühlen. Saftig rot leuchtet die Füllung

durch die goldbraune Gitterkruste. »Sie sind offenbar ein Naturtalent.«
Drew hat die beunruhigende Gabe, immer genau das Richtige zu sagen. Zu meiner Überraschung höre ich mich die Einladung annehmen, am Montagabend, wenn wir beide frei haben, zum Essen zu ihm zu kommen.
»Großartig«, sagt er. »Nach dem verunglückten Start ist das dann unser erstes richtiges Date.«
Da ist es wieder, dieses Wort.

Drew Ellis kann nicht kochen. Im Kühlschrank ist nichts außer einer Tüte mit Kartoffeln, deren Keime bereits Tentakellänge haben. Und es riecht so säuerlich, dass ich gar nicht wissen möchte, was er vor meinem Eintreffen noch schnell in die Mülltonne befördert hat. Das passt nicht zu seinem aufgeräumten Auto!
Auf dem Couchtisch vor dem Kamin stehen Weingläser, eine Flasche Chardonnay, Pappteller (von denen einer benutzt aussieht), Kerzen und eine kleine Vase mit gefüllten Rosen aus seinem Garten. Er gibt mir die Speisekarte eines chinesischen Restaurants und besteht darauf, dass ich aussuche, was wir bestellen.
Drew Ellis bewahrt Bücher in seiner Spülmaschine auf. Bücher! Nachdem wir unser Kung Pao und Mu Shu gegessen haben, räume ich den Couchtisch ab und öffne den Geschirrspüler, um das Besteck hineinzutun. Wo normalerweise die Teller einsortiert werden, stecken, alphabetisch geordnet und mit den Rücken nach oben, Dramen von Tennessee Williams und George Bernard Shaw.
»Sie sehen ja – meine Regale sind voll«, sagt Drew mit einer Geste in Richtung der Wände. »Ich spüle von Hand ab.« Er

setzt hinzu, dass er ohnehin nur selten zu Hause isst, sich meistens in dem Diner an der I-5 etwas kauft, wo es »großartige« Brötchen und Bratensauce gebe. Dass er so gar kein Feinschmecker ist, enttäuscht mich ein wenig.

Trotz seines stinkenden Kühlschranks ist Drew ein Pedant. Als er uns Kaffee macht, fällt mir auf, dass die Henkel sämtlicher Becher in dieselbe Richtung zeigen. Auf dem Rückweg ins Wohnzimmer bückt er sich und stellt meine Schuhe, die ich an der Haustür ausgezogen habe, ordentlich nebeneinander. Als ich mir das Kreuzworträtsel vornehme, springt er auf und bringt mir einen Krug mit gespitzten Bleistiften.

Wie ich auf die Idee komme, bei einem Date ein Kreuzworträtsel zu lösen? Ich habe plötzlich das Bedürfnis, mich mit etwas Unverfänglichem zu beschäftigen, denn alles in diesem Raum schreit förmlich nach einer Liebesszene. Im Kamin knacken Scheite im Feuer, aus der Stereoanlage weht Kuscheljazz herüber, und ich könnte schwören, den Wein in unseren Gläsern sehnsüchtig seufzen zu hören. Im Grunde hätte ich zwar nichts gegen ein Dessert dieser Art, doch ich bin viel zu feige, um Drew zu ermutigen. Als er Holz nachlegt, mustere ich ihn verstohlen. Er ist attraktiv, aber nicht so *umwerfend,* wie ich anfangs dachte. Die Nase ist leicht gebogen, die Haare werden oben schon schütter, die Stirn ist eine Spur zu hoch, und die Augen liegen etwas zu tief in den Höhlen. Nur ein bisschen, aber immerhin. Als er zu mir herüberschaut, kehre ich hastig zu meinem Rätsel zurück. In meiner Hektik drücke ich beim Schreiben so fest auf, dass der Bleistift abbricht.

Während wir uns eine Toblerone teilen, erzählt Drew mir von seinem Beruf. Überrascht höre ich, dass er an Lampenfieber leidet. Mr-attraktiv-und-selbstsicher-mit-der-tragenden-Stimme!

»Sobald ich auf der Bühne stehe, ist alles okay«, erklärt er, »aber in der Stunde davor ist es die Hölle.«
»Was passiert?« Ich habe das Kreuzworträtseln aufgegeben. Wir sitzen im Schneidersitz am Feuer. Unsere Knie berühren sich fast. Die Luft dazwischen ist elektrisch geladen, doch ich gebe mir alle Mühe, unbeeindruckt von Drews Nähe zu wirken.
»Ich zittere, meine Hände sind nass, und mein Puls rast. Im Grunde sind das die klassischen Symptome eines Herzanfalls. Können Sie das nachvollziehen?«
Ich nicke und will ihm gerade schildern, wie gut ich das nachvollziehen kann, als mir der Illustriertenartikel einfällt, den ich gestern Abend gelesen habe: »Dos und Don'ts bei einem Date.« *Erzählen Sie nichts von Ihren Ängsten.* Ich habe den Artikel sorgfältig studiert und sogar einiges mit einem Neonmarker angestrichen, wie man es bei der Vorbereitung für eine Prüfung tut.
»Wovor haben Sie Angst?«, frage ich.
»Meinen Text zu vergessen.«
»Ist das jemals vorgekommen?«
»Nein.« Er setzt sich aufrechter hin und sieht mich eindringlich an. »Aber es ist noch mehr als das. Ich habe auch Angst, meinen Job zu verlieren. Oder eines Tages abgehalftert durch Seniorenheime tingeln und dort ›The Girl of Ipanema‹ zum Sonntagnachmittagskaffee trällern zu müssen.«
»Wow. Das ist eine sehr präzise Angst.«
»Mein Therapeut hat mir geholfen, sie in Worte zu fassen.«
»Sie gehen zum Therapeuten?«
»Ich bin *New Yorker!*«
»Ich habe Ihre Kritiken gelesen, Drew. Sie werden Ihren Job *niemals* verlieren.«

»Einmal spielte ich in einem Musical mit, dessen Premiere gleichzeitig auch die letzte Vorstellung war. Am nächsten Tag bewarb ich mich bei Brew Burger.«

»Wie lange ist das her?«

Er lacht. »Zwanzig Jahre.«

»Na also.«

Er küsst mich. Kühle, süße Mango-Lippen, warme Zunge. Nicht mein Mann.

Er löst sich von mir, und wir starren beide ins Feuer.

Schließlich frage ich, ob ich seine Toilette benutzen darf.

Drew schlendert hinter mir her. Er sagt, er will mir den Zustand des Badezimmerfußbodens erklären. Vor einen Monat hat er den alten herausgerissen, konnte sich aber bisher für keine neue Lösung entscheiden. Gebürsteter Sandstein oder schlichtes Linoleum?

Wir stehen auf dem Unterboden. Vorstehende Nagelköpfe bohren sich durch meine Socken. Drew zieht den Duschvorhang auf und zeigt mir die Wanne, die ihm nicht gefällt. Doch auch hier ist er noch unschlüssig, was die Alternative angeht. *Ich habe mich geirrt:* Nicht *entscheidungsfreudig. Drew Ellis ist ein Schwafler, ein Zauderer. Sehr gut.*

»Warum lächelst du?«, fragt er.

Weil du Fehler hast. Jetzt, da ich eine Gute-Gründe-Liste aufstellen könnte, sehe ich eine Chance für Drew und mich. Unverbindlich, versteht sich.

20

»Du gehst aus? Wunderbar!«, freut sich Ruth.

Es ist ein heißer Sonntagnachmittag in der ersten Maiwoche. Ruth, Crystal und ich sitzen auf der Veranda von Colonel Cranson's und sehen zu, wie Autos durch die Waschanlage rucken und rollen.

»Wenn du meinst.« Plötzlich erwacht der Wunsch in mir, meinen Ehering wieder anzustecken. Ich trage ihn an einer Goldkette um den Hals, in Höhe meines Herzens. Wenn ich lese, ertappe ich mich regelmäßig dabei, dass ich mit ihm spiele oder sogar darauf herumbeiße.

Ich weiß noch, mit welcher immensen Erleichterung mich am Morgen meiner Hochzeit der Gedanke erfüllte, dass ich nie mehr Single sein würde. Mir nach einem One-Night-Stand nie mehr überlegen müsste, ob eine Blutuntersuchung angebracht wäre, mich nie wieder in der Silvesternacht auf einer Party vor einem nach Schweiß riechenden, begleitungslosen, liebeshungrigen Typen im Badezimmer verstecken.

Die Blätter an den Bäumen sind so grün, dass sie wie angemalt aussehen, und die Luft riecht frisch. Nach Seife und Wachs. Ein kühler Sprühnebel treibt von der Waschanlage herüber und kribbelt auf der Haut.

»Das sollte ins Wellness-Programm aufgenommen werden«, sagt Ruth, streckt die Arme in die Luft und schließt genießerisch die Augen. Sie sieht wunderschön aus in ihrem Sommerkleid, dessen Gelb optimal mit ihren Haaren harmoniert. Ich

bin stolz auf meine Freundin: Sie hat beschlossen, ihren Mann nicht mehr einziehen zu lassen.
»Frag mich über Glimmer aus!« Crystal versetzt dem Tisch einen Tritt, und der Eistee in unseren Gläsern schwappt über. Auf dem offenen Schulbuch in ihrem Schoß liegt ein schwarzer Gesteinsbrocken.
»Was gefällt dir an Drew?«, fragt Ruth mich.
»Er bringt den Einkaufswagen nach dem Ausladen wieder zum Geschäft zurück.« Aus irgendeinem Grund ist das das Erste, was mir einfällt: seine Gewissenhaftigkeit.
»Wie sieht er aus?«, will Ruth wissen.
»Frag mich über Glimmer aus!«, wiederholt Crystal in scharfem Ton. Der Gesteinsbrocken glitzert in der Sonne. Sie möchte ihren Lehrer unbedingt mit ihrer Erdkunde-Präsentation beeindrucken. Er ist etwa so alt wie ihr Vater, und ich glaube, sie ist ungeheuer verknallt in ihn.
»Gleich«, vertröste ich sie. »Du kannst nicht einfach dazwischenreden.«
»Aber das ist *unser* Tag.« Crystal bedenkt Ruth mit einem feindseligen Blick. »Was hat *sie* dabei verloren?«
»Du darfst mich jederzeit direkt ansprechen«, meint Ruth kühl.
Jetzt kommt es mir vor, als hätte ich zwei halbwüchsige Töchter.
Die Ärmel des Football-Shirts schlackern um Crystals Handgelenke. Sie hebt den Arm und fängt an, auf einem der Ärmel herumzukauen.
Ruths Korbstuhl knarzt, als sie sich zu ihr hinüberbeugt. »Es tut mir leid. Erzähl uns was über Glimmer.«
»Du brauchst dich nicht zu entschuldigen«, sage ich zu Ruth.

»Glimmer gehört zur Mineralgruppe der Silikate …«, Crystals Blick wandert zu einer Karteikarte auf dem Tisch, die sie in ihrer großen, schwungvollen Schrift mit Kugelschreiber vollgeschrieben hat, »… ähhh … kommt in magmatischem und metamorphem Gestein vor, und die enthalten beide … ähhh …«, sie nimmt die Karte in die Hand und liest langsam ab, »Hydroxyl-, Alk… Alkali- und Aluminium-Silikat-Gruppen, die sich in flexible Schichten teilen, die in der Elek… Elektrotechnik zur Isol… Isol… ach, Scheiße!« Sie schleudert die Karte wie ein Frisbee in den Garten hinunter. »Ich bin so blöd!« Sie knallt ihre nackten Fersen auf den Boden und rutscht in ihrem Sessel nach unten, bis ihr Kinn auf ihrer Brust liegt.

»Nein, das bist du nicht.« Ich gehe die Karte holen.

»Ich habe mir Glimmer ausgesucht, weil er am hübschesten aussieht, aber ich schaffe es nie, das ganze Zeug in meinen Kopf zu kriegen! Ich kann es ja nicht mal richtig ablesen!«

Wenn Ethan hier wäre, hätte Crystal den Stoff in null Komma nichts intus und könnte ihn sogar frei vortragen.

Letzte Nacht backten Ethan und ich in der großen Küche von Colonel Cranson's Baguette. Als er den Teig auf dem großen Kiefernholztisch knetete, hatten seine Wangen Farbe und seine Augen leuchteten. Als ich aufwachte, tastete ich unter der Decke nach einem Bein oder einem Arm von ihm, so sicher war ich, ihn bei mir zu haben. Dann machte ich Licht und notierte den Traum in einem Heft. Sandy hatte uns aufgetragen, unsere Träume aufzuschreiben, und empfohlen, Heft und Stift immer auf dem Nachttisch liegen zu haben. Zu meiner Erleichterung war Ethan diesmal nicht krank gewesen. Ich hatte keine Schläuche oder Verbände gesehen, und plötzlich erschien es mir möglich, dass ich ihn vielleicht nie

wieder krank träumen würde – als sei der Krebs weg und er wieder gesund.
»Mr Matthews wird sich totlachen«, jammert Crystal in meine Gedanken hinein. Sie pult an dem Glimmerbrocken herum, dessen spröde, oberste Schicht wegsplittert wie Nagellack.
»Wann musst du dein Projekt denn vorstellen?«, erkundigt sich Ruth.
»Mittwoch«, sagt Crystal zu mir, als sei Ruth gar nicht da.
»Mach dir keine Sorgen«, versuche ich mich in Ethans Optimismus. »Wir werden ein paar Recherchen anstellen und das Thema dann in laienhafter Form präsentieren.«
»Was heißt das?«, fragt sie.
»Das heißt, dass wir es in Worte fassen werden, die Leute wie du und ich verstehen können, die keine Leuchten in Naturwissenschaften sind.«
»Aber du *bist* doch eine Leuchte«, widerspricht Crystal mir. »Du kannst *alles*.«
Wie kann sie das sagen, wo sie ganz genau weiß, dass ich weder Algebra noch mit einer Nähmaschine nähen kann? Hat sie das vergessen? Oder vielleicht verdrängt? »O nein«, weise ich das unverdiente Kompliment von mir. »*Ruth* kann alles.«
»Aber klar«, nickt meine Freundin und schneidet eine Grimasse.
»Ich sterbe, wenn ich vor der Klasse reden muss!« Crystal wirft den Glimmerbrocken ins Gras hinunter und kaut an ihren Fingernägeln.
Ich ziehe ihre Hand vom Mund weg.
»Amber und Tiffanie hatten sich Sand als Thema ausgesucht«, erzählt sie. »Sie trugen Bikini-Oberteile und Shorts und führten sich total bescheuert auf, aber Mr Matthews lachte und gab ihnen eine Eins.«

Crystal wirft ihr Schulbuch hinter dem Glimmer her. Mit einem dumpfen Laut landet es auf dem Rasen. »Ich bin nächste Woche krank!«, verkündet sie. »Warum kann Mr Matthews nicht was Einfacheres unterrichten? Er ist *so* nett!«

Ich hatte auch einmal einen Schwarm in der Schule. In der vierten Klasse. Sie hieß Miss Brown und hatte lange braune Haare, trug im Winter eine braune Wollmütze und fuhr einen braunen Toyota Celica. Im Naturkundeunterricht ging sie mit uns in den Wald, wo wir Müll aufsammelten, der, wie sie uns erklärte, schrecklich schädlich für die Umwelt sei. Sie war wunderschön, im Gegensatz zu der Drittklasslehrerin Miss Dillon, die ein Riesenmuttermal am Kinn und ein cholerisches Temperament hatte. »Kann Miss Brown bei uns wohnen?«, flehte ich meine Mutter an, denn ich hatte das Gefühl, dass Miss Brown die perfekte Ergänzung für unsere zu kleine Familie wäre.

»Nein, Schätzchen. Sie hat ihr eigenes Zuhause.«

»Ich bin langsam.« Crystal lässt ihr Feuerzeug aufschnappen, um sich eine Zigarette anzuzünden. »Das hat meine Mom gesagt.«

»Ich bin sicher, das bezog sich darauf, dass du eine Weile brauchst, um beispielsweise deinen Mantel zu finden«, interpretiere ich die Aussage ihrer Mutter. »Sie meinte bestimmt nicht, dass du langsam im Denken bist.«

»So was kann man zu einem Kind doch nicht sagen!«, entsetzt sich Ruth und bedenkt Crystals Zigarette mit einem Stirnrunzeln.

»Kann man *wohl!*«, schnauzt Crystal sie an. »Jedenfalls falle ich in Algebra durch!«

»Du fällst überhaupt nicht durch«, widerspreche ich. »Du durftest die Schulaufgabe wiederholen und hast eine Drei bekommen. Das ist eine Riesenverbesserung.«

Crystals Blick schweift ab. Sie fährt mit der rechten Hand in den linken Ärmel ihres Shirts, und ich sehe, dass sie an ihren Narben herumzupft. Seit zwei Wochen hat sie sich keine neuen Verletzungen beigebracht. Sie hat ihrer Therapeutin versprochen, sie anzurufen, wenn sie der Drang überkommt, sich zu schneiden. Als Ersatzventil malt sie jetzt Xe in ihr Schulheft, wobei sie so fest aufdrückt, dass sie mit dem Bleistift das Papier zerschneidet.

»Du bist intelligent«, sage ich zu ihr. »Und das werden weder Mr Matthews noch deine Mom bestreiten, wenn man sie fragt. Weil es einfach wahr ist.«

Das Lob nötigt ihr lediglich eine Grimasse ab, und ich komme mir wie eine dieser Selbsthilfekassetten vor, die keinem helfen, solange er nicht glauben kann, was ihm darauf erzählt wird. Auch wenn ich Crystal mit Komplimenten überschüttete, würde ihr Selbstvertrauen dadurch keinen Deut größer. Sie ist der einzige Mensch, den ich kenne, dessen Selbstwertgefühl im Moment noch geringer ist als meines.

»Vielleicht brauchst du ein bisschen Hilfe in Mathe und Naturwissenschaften«, meint Ruth zu ihr.

»Dafür ist der Nachhilfelehrer zuständig«, sage ich.

Crystal zuckt mit den Schultern. »Mom sagt, ich kann keine Nachhilfe mehr nehmen, weil sie zu teuer ist.«

»Dann bezahle *ich* sie eben«, wische ich dieses Problem vom Tisch. »So viel ist das nicht.«

»Hat ja doch keinen Sinn!«

»Hat es wohl! Wir werden deine Noten verbessern.«

»Auch wenn du vielleicht nicht Tiermedizin studieren kannst – es gibt viele Jobs, in denen man mit Tieren zu tun hat«, sagt Ruth.

»Zum Beispiel?«, knurrt Crystal.

»Zum Beispiel beim Tierfriseur«, bietet Ruth ihr die erste Möglichkeit an, die ihr auf die Schnelle einfällt.
»Na toll! Ich wollte schon immer Hunden die Krallen schneiden!«
»Oder in einer Hundeschule«, kommt Ruth noch eine Idee. »Du könntest Blindenhunde ausbilden.«
»Oder auf einem Gestüt arbeiten«, steuere ich bei.
»Pferde sind teuer«, wendet Crystal ein, und ich erkenne darin die Argumentation ihrer Mutter, die ihr sagt, dass alles außer zur Schule zu gehen und fernzusehen zu teuer ist.
»Die Pferde würden dich ja nichts kosten«, klärt Ruth sie auf. »Du würdest dafür bezahlt, dass du sie versorgst.«
»Wie viel Zeit hast du bisher in dein Glimmer-Projekt gesteckt?«, frage ich Crystal mit einer Kopfbewegung in Richtung Rasen. »Ehrlich! Eine Viertelstunde, um aus dem Lexikon abzuschreiben, was auf der Karte da steht?«
Sie nickt.
»Nun, ein wenig ausführlicher werden wir uns schon damit befassen müssen.« Das sage ich mit Nachdruck, aber freundlich, wie die Mutter in dem Dressing-Spot, die ihre Tochter ermahnt, die Salatblätter mit Zartgefühl zu zerreißen.

Am Mittwochnachmittag streckt Küchenchef Alan seinen schnauzbärtigen Kopf aus seinem Büro und schiebt seine wulstige Unterlippe nach vorne.
»Können Sie mal kurz kommen, Sophie?«
»Einen Moment.« Ich stelle das Haarsieb hin und notiere, wie viele Tassen Mehl ich bis jetzt abgemessen habe.
Wenn er mich feuert, eröffne ich eine kleine Bäckerei und verkaufe die pikanten Käsekuchen, die ich inzwischen zur Vollendung verfeinert habe. Die Rezepte gehören schließlich

mir. Ich habe im Net nach Tipps für eine Existenzgründung gesucht, und mein Herz klopfte bis zum Hals, als ich mit dem Gedanken spielte, meine Ersparnisse für einen eigenen kleinen Laden in der Stadt zu riskieren.
Als ich durch die Tür trete, wird mir bewusst, dass ich das Büro meines Chefs noch nie vorher von innen gesehen habe. Auf einem Bügel an einem Haken hängen ordentlich seine Jeans und sein Flanellhemd, und seine Mütze steht in Hab-Acht-Stellung auf einer Ecke seines Schreibtischs.
»Setzen Sie sich.« Er raschelt mit Papieren. Neuigkeiten, die man sich im Sitzen anhören muss, sind niemals gut. Ich lehne mich auf dem Windsor-Stuhl zurück. Die Längssprossen drücken im Rücken.
»Sie haben hervorragende Arbeit geleistet«, murmelt er.
Ich warte auf das »Aber«. Auf dem Schreibtisch steht ein krummer Hase aus Ton, den offensichtlich ein Kind gemacht hat. Der Kopf und die Ohren sind viel zu groß für den Körper. Ich frage mich, ob mein Chef Vater ist oder Onkel, ob sein Herz irgendwo eine weiche Stelle hat.
»George liebt den pikanten Käsekuchen«, fährt er fort. George ist der pingelige Besitzer des Restaurants, der in Abständen Überraschungsbesuche macht. Der erste Angestellte, der ihn kommen sieht, ist angehalten, »Alarm!« zu rufen, und der Erste, der ihn gehen sieht, gibt »Entwarnung!«. Dann entspannen sich alle, setzen sich wieder auf die Arbeitsplatten oder fegen Brötchen aus dem Brotwärmer.
»Und die Haselnusstorte ist köstlich.« Alan schürzt die dicken Lippen und schließt die Augen, als zergehe gerade ein Bissen davon auf seiner Zunge. Obwohl ich ihn nicht mag, fühle ich mich geschmeichelt.
»Danke.« *Komm zur Sache.*

»Ich werde Sie zur Chefkonditorin befördern.«

»Wirklich?« Ich werde *befördert!* Eine Welle von Selbstvertrauen durchflutet mich, ein Gefühl, das einen erfasst, wenn man unter der Dusche eine Dankesrede für den Oscar probt, obwohl man nie vor einer Kamera gestanden hat. Doch hier geht es nur um einen Job als Feinbäckerin, um Himmels willen. Ich werde nicht plötzlich Außenministerin. Wer würde in diesem albernen Studentenjob *nicht* befördert? »Aber ich bin die *einzige* Konditorin«, erinnere ich Alan.

»Richtig«, stimmt er mir zu, »doch Sie bekommen eine Gehaltserhöhung – und mehr Pflichten. Sie werden auch künftig neue Rezepte entwickeln, Ihre benötigten Zutaten selbst ordern und dafür sorgen, dass der Tellerwäscher spurt. Vielleicht stelle ich eine Hilfskraft für Sie ein, damit Sie nicht so viel Zeit mit Vorbereitungsarbeiten verlieren.« Als er mit seinem Stuhl auf mich zurollt, weht mir eine Mischung aus Moschus und Rinderbrühe entgegen. »Sie sind fleißig und höchst talentiert. Die Gehaltserhöhung bekommen Sie mit der nächsten Abrechnung.« Er streckt seine fleischige Hand aus, und da ich befürchte, dass das in ein Tätscheln münden könnte, danke ich ihm hastig, springe auf und schieße zur Tür hinaus, wo ich mit dem Spüler zusammenstoße, der gerade zur Arbeit kommt.

»'tschuldigung, Mann«, sagt er. Er sagt immer »Mann« zu mir.

Chefkonditorin. Ich kehre in meinen Wirkungsbereich zurück. Das Holzbrett auf der Arbeitsplatte schimmert golden in der Nachmittagssonne. Wer weiß – vielleicht eröffne ich irgendwann ein kleines Café. Im Geist sehe ich Gäste an Tischen auf dem Bürgersteig sitzen und glasierte Hörnchen aufreißen, aus deren Innerem süßer, die Seele streichelnder Dampf aufsteigt.

Am Sonntagmorgen klingelt in aller Herrgottsfrühe das Telefon. Es ist Marion. Ein paar Minuten plaudert sie über Nichtigkeiten, wobei sie es fertigbringt, gleichzeitig freundlich und beleidigend zu sein. Sie fragt, ob ich schon die Möglichkeit hatte, Oregons wunderbare Wanderrouten zu erkunden, und ob ich beim Wandern vielleicht ein paar Pfund abgenommen hätte. Dann bittet sie mich, Ethan an den Apparat zu holen. Ich denke, sie macht einen Witz.

»Ja, ich würde auch gern ein paar Takte mit ihm reden«, gehe ich darauf ein. »Zum Beispiel darüber, wo er meinen Reisepass versteckt hat.« Ich habe ihn bis heute nicht gefunden. »Und ich würde ihm gern erzählen, dass ich befördert worden bin.«

»Wie schön, Liebes. Dann arbeitest du jetzt als Anwältin bei Gericht?«

Da begreife ich, dass sie völlig durch den Wind ist.

»Ich bin Konditorin«, berichtige ich.

»Oh. Ohhh! *Konditorin.*« Sie hatte immer diesen übertrieben begeisterten Ton drauf, wenn sie Interesse an meinem Leben heuchelte. »Wo bleibt Ethan?«, fragt sie ungeduldig. »Ist er draußen beim Rasenmähen?«

Beim Rasenmähen? Ethan? Eine Eisenklammer legt sich um meine Brust.

»Nein. Er ist tot. Weißt du das nicht mehr?«

Im Hintergrund schnarrt der Küchenwecker, und Marion sagt, sie muss die Cookies für den Kirchenbasar aus dem Ofen nehmen. Dann bittet sie mich, Ethan auszurichten, dass er sie anrufen soll, wenn er nach Hause kommt, und legt auf.

In der darauffolgenden Woche nehme ich mir jeden Tag vor, Marion anzurufen, aber es scheitert jedes Mal daran, dass ich nicht weiß, was ich sagen soll. Es ist, als fange sie erst jetzt an zu trauern und stecke mitten in der Verleugnungsphase.

Am ersten Unterrichtsmorgen bin ich überpünktlich auf dem College-Parkplatz, traue mich aber nicht auszusteigen. Studenten eilen mit entschlossenen Schritten auf das Verwaltungsgebäude zu. Sie sehen alle so jung aus! Gestern konnte ich es nicht erwarten, am Kochkurs teilzunehmen, mich dem »Feingebäck-Workshop: Kuchen, Obstpasteten und Früchte im Knusperteig« zu stellen. Ich habe mich sogar für einen Kurs für Klein-Existenz-Gründungen eingeschrieben und Kit gebeten, sich nach einem Mietobjekt umzusehen, das sich für meine Zwecke eignet. »Mein Traum ist eine eigene Konditorei«, erklärte ich ihm, von Koffein und Optimismus beflügelt. Doch jetzt ist mein Selbstvertrauen im Keller, und mein Gehirn fühlt sich wie ein Teigklumpen an. Wie soll man mit einem Teigklumpen einen klaren Gedanken zustande bringen? Eine neue Laufbahn einzuschlagen bedeutet, Zukunftspläne zu schmieden. Ohne Ethan.

Die Sonne heizt das Innere des Wagens auf, und der Kunststoffeinband des Notizbuchs in meinen Schwitzhänden wird glitschig. Die Vorstellung, etwas Neues anzufangen, erfüllt mich immer entweder mit freudiger Erregung oder mit Grauen – Zwischentöne gibt es da keine.

Was ist, wenn ich in diesem Beruf auch versage? Public Relations schien mir damals schließlich ebenfalls eine gute Wahl zu sein. In der Kurzbeschreibung des Kurses für »Fortgeschrittene Schnitt-Techniken« hieß es, dass man dort lernt, Gemüse zu Julienne zu schneiden und ein Hühnchen zu entbeinen und auszunehmen, was immer das heißen mag. Vielleicht sollte ich mir das Hühnchen sparen und lieber nach Hause fahren.

Ich lasse den Motor wieder an und schaue über die Schulter nach hinten, um sicherzugehen, dass ich gefahrlos zurückstoßen kann. Ein neuer, limonengrüner VW-Käfer lauert auf meine Parklücke. Die Fahrerin, ein Mädchen von Anfang zwanzig, schaut ungeduldig zu mir herüber. *So nicht, Mädel! Dieser Parkplatz gehört* mir! *Und ich bin spät dran!* Ich ziehe den Zündschlüssel ab, steige aus und winke den VW weiter. Der Motor röhrt protestierend auf, als die Fahrerin das Gaspedal durchtritt, und dann schießt sie zum anderen Ende des Parkplatzes davon.

»Schätzchen, das ist Kinderkram«, höre ich meine Mutter im Geist sagen. Sie und ihre Delta-Gamma-Verbindungsschwestern fanden immer alles »Kinderkram«. Und Ethan würde sagen: »Es geht doch nicht um das Cordon bleu.«

Ich kann Ruth unmöglich beichten, dass ich an meinem ersten Tag gekniffen habe. Außerdem – wer kann in einem Konditorkurs durchfallen? Okay – *ich* vielleicht. Aber selbst wenn – was wäre schlimm daran? Ich möchte lernen, den Birnenkuchen mit der Cheddar-Kruste zu backen. Den Kursleiter um Anregungen für meine würzigen Käsekuchenrezepte bitten. Übertönt der geräucherte Fontina die Pilze? Noch wichtiger: Will ich im Le Petit Bistro arbeiten, bis ich fünfundsechzig bin? Nein, zum Teufel. Ich schließe den Wagen ab, drücke das Heft an meine Brust und setze mich in Bewegung.

21

Es ist ein Märchen, dass Menschen für eine gewisse Zeit trauern und die Sache dann für sie erledigt ist«, sagt Sandy und lässt seinen Blick von dem einen zum anderen wandern. In seinen ausgebeulten Freizeithosen und dem braunen V-Ausschnitt-Pullover sieht er wie eine Kreuzung aus einem Sportlehrer und einem Soldaten in der Armee aus, die den Krieg gegen die Trauer führt. »In unserer Kultur geht man davon aus, dass Trauer auf ein Jahr begrenzt ist, und so halten sich viele Menschen für verrückt, die sie nicht in diesem Zeitraum ›abfrühstücken‹ können.«

Sandy leitet jede Gruppensitzung mit einem Reizthema ein und fordert dann zur Diskussion auf. Ich wünschte, er würde die Sitzung mit einem intimen Thema beginnen. Zum Beispiel, wie es ist, zum ersten Mal nach sechs Jahren mit einem anderen Mann als dem eigenen zu schlafen.

Drew und ich treffen uns demnächst zum vierten Mal, und ich mache mir Gedanken darüber, wie es in der Horizontalen sein wird. Neun von den fünfzehn Pfund, die ich abnehmen will, klammern sich an mich wie eine überfürsorgliche Mutter, die verhindern will, dass ich mich ausziehe, bevor ich wieder verheiratet bin.

»Meine Freundinnen verlieren allmählich die Geduld mit mir«, sagt Gloria, die neben mir sitzt. Sie ist immer lagenweise in Wolle gehüllt und riecht nach Zimt, wie Weihnachten. »Sie finden, dass ich endlich wieder *leben* sollte«, setzt sie mit leiserer Stimme hinzu und dreht die Quasten ihres Umhangs zwischen den Fingern hin und her.

Ein Mann, dessen Frau an Eierstockkrebs starb, nickt.
Roger sagt: »Zum Teufel mit ihnen!« Rogers Sohn wurde versehentlich von einem Nachbarjungen erschossen, der mit einer Pistole spielte, und Roger ist der Zornigste von uns.
»Es ist normal, zornig zu sein«, sagt Sandy. »Aber wir müssen daran arbeiten.«
Roger rammt seine Faust in seinen Oberschenkel und sagt okay.
Sandy wendet sich mir zu. »Sophie – von Ihnen haben wir noch gar nichts gehört. Sind Sie heute bereit, über Ihre Gefühle zu sprechen?«
Ich möchte der Gruppe nicht gestehen, dass es mir seit einem Monat bessergeht, denn es erscheint mir wie Verrat.
»Ich denke immer noch jeden Tag an meinen Mann«, beginne ich, »doch jetzt lächle ich dabei. Meistens, zumindest. Manchmal weine ich auch. Aber ich krieche nicht mehr im Garten-Center auf den Knien herum und verschlinge auch keine Familienpackungen Cremetütchen.« Die anderen lachen leise und nicken ermutigend. Es ist wie eine sanfte Welle, die sich auf mich zubewegt.
»Wie steht es mit Ihrem Traumbuch?«, erkundigt sich Sandy. Wir führen ja alle eines, doch meines war noch beim letzten Treffen der Spitzenreiter in Krebs-Alpträumen.
Ich eröffne Sandy und der Gruppe, dass ich Ethan seit Wochen nicht mehr krank geträumt habe, keine Krankenhaus-Alpträume mehr hatte.
»Es ist eine Erlösung«, sage ich und verstumme dann verlegen, denn plötzlich weine ich. Gloria nimmt mich unter einen Wollfittich, und ich kuschle mich hinein und lasse mich von ihrem Chai-Duft trösten.
»Nachdem wir erlebt haben, dass ein geliebter Mensch den

Kampf gegen eine tödliche Krankheit verlor, ist es sehr hilfreich, wenn wir uns an ihn erinnern können, wie er vor der Krankheit war«, sagt Sandy in die Runde.

Der Mann, dessen Frau an Eierstockkrebs starb, nickt wieder und wischt sich mit den Handwurzeln die Wangen ab. Er hat eine große, griechische Nase und schwarze Locken, die ihm in die Stirn fallen. Er sieht so jung aus für einen Witwer.

Ich weine immer noch, und der Mann, dessen Frau an Krebs starb, weint, und Gloria weint so sehr, dass ihr Wollfittich bebt. Und dann weinen alle außer Roger, der mit der Faust auf seinen Schenkel eindrischt. Sandy sagt uns, es ist okay, sich elend zu fühlen, und wir fühlen uns elend. Es ist wie bei dem Spiel »Simon Says«. Die Kleenex-Schachtel geht von Hand zu Hand.

»Sie haben einen bemerkenswerten Fortschritt erzielt, Sophie«, sagt Sandy zu mir.

Ich schüttle den Kopf und weise dieses Kompliment verschämt von mir. Gutes Mädchen. Gute Trauerarbeit.

»Sie *alle* haben bemerkenswerte Fortschritte erzielt«, lobt Sandy die Gruppe.

Roger schlägt jetzt mit der Faust seitlich gegen seinen Stuhl. Er kann noch immer nicht weinen. Ich erinnere mich daran, wie ich in San Jose als Einzige mit trockenen Augen dasaß, weil die Tränenmaschine außer Betrieb war.

Glorias Silberarmbänder klimpern, als sie aufsteht, durch den Kreis zu Roger geht und vor ihm in die Hocke. Sie nimmt seine Faust in die Hände, zieht sie an ihre Brust, biegt sanft, einen nach dem anderen, die verkrampften Finger auf. Roger versteift sich anfänglich, doch dann entspannt er sich und beugt sich zu ihr vor. Gloria sagt leise etwas zu ihm, mit dunkler Stimme, so dunkel wie ihre wollene Kleidung. Roger beugt sich noch weiter vor, um zu verstehen, was sie murmelt. Ihre Köpfe berühren sich beinahe. Schließlich nickt er zu etwas, was sie gesagt hat, und seine Schultern beginnen zu zucken. Dann nimmt sie seine andere Hand, drückt beide, legt sie in seinen Schoß und kehrt auf ihren Platz zurück. Roger schaut auf seine jetzt locker daliegenden Hände hinunter und schließt dann die Augen.

Bis zu meinem nächsten Date mit Drew sind es nur noch zwei Tage, und bis dahin kann ich weder neun Pfund abnehmen noch mir einen knackigen Po oder eine appetitliche Sonnenbräune zulegen. »Du siehst toll aus«, beteuert mir Ruth. »Aber wenn du ernsthaft Bedenken hast, kauf dir sexy Unterwäsche.«

Also fahre ich nach Medford und verschanze mich mit einem Armvoll rutschiger Hemdchen in der Umkleidekabine von JC Penney's. Ich betaste die Spitzenborte an einem leopardengemusterten Nichts. Etwas wie das unter einem V-Ausschnitt-Pullover würde lässig und doch sexy wirken. Die Verkäuferin, deren orange gefärbte Stachelhaare wie ein langfloriger, verfilzter Teppich aussehen, will wissen, ob ich Hilfe brauche.

»Werden oben im Schönheitssalon Fettabsaugungen gemacht?«, frage ich.

Sie kichert. »Nein. Aber Sie können sich die Bikinizone mit Wachs enthaaren lassen«, flüstert sie laut durch die Ritzen der Lamellentür.

»Kann man sich auch *Fett* wegwachsen lassen?«

»Oh, Sie müssen sich wirklich keine Gedanken machen«, sagt der Teppich. »Sie sind doch zierlich. Aber wenn Sie tatsächlich Komplexe haben, dann sorgen Sie für gedämpfte Beleuchtung. Das ist ohnehin romantischer.«

Das Leopardenhemdchen ist zwar seidig, kratzt aber trotzdem, und die Spaghettiträger rutschen ständig herunter, als lehne das Top mich ab und wolle mir entkommen.
Ich drehe mich langsam um die eigene Achse, um mich in den drei Spiegeln von allen Seiten zu begutachten. Das Neonlicht lässt meine Haut fleckig und uneben aussehen wie altes Linoleum. Und diese Schenkel können unmöglich meine sein. Die sehen ja aus, als gehörten sie einem Elefanten. Und ich bin kein Elefant. Oder doch?
Ich werde meinen neuen Blauschimmel-Walnuss-Kuchen zu Drew mitnehmen, um ihn an ihm zu testen. Und eine dunkle Schokoladentorte aus dem Feingebäck-Workshop. Außerdem möchte ich ihm den Geschäftsplan für meine Konditorei zeigen. Er wird eine Flasche Portwein aufmachen, die er seit fünf Jahren aufgehoben hat. Der Gedanke macht mich nervös, denn sie ist offensichtlich für einen historischen Anlass vorgesehen – wie zum Beispiel die erste gemeinsame Nacht. Alles an dem Date macht mich nervös – der berauschende Portwein, das aphrodisierende Schokoladendessert und der verfängliche Zeitpunkt unseres Treffens: halb elf Uhr abends, nach seiner Vorstellung und meinem Dienstschluss.
Der letzte Mann, mit dem ich geschlafen habe, war *mein* Mann, und das war vor zehn Monaten und hundert Kilopackungen Erdnussbuttereis. In meinem letzten Leben. In dem Leben, das eigentlich mein einziges sein sollte. Mit meiner einzigen Liebe Ethan.
Trotz der Speckschicht auf meinen Rippen knurrt mein Magen jämmerlich. *Meinst du, es gibt vielleicht einen kleinen Happen für uns im Kaufhaus-Café?*, will er wissen. *Vielleicht ein klitzekleines Croissant?* Nein! Bis nach meinem potenziellen Horizontal-Date mit Drew gibt es nichts als Tomatensaft.

Ich hebe das Kinn, drücke das Kreuz durch und ziehe den Bauch ein. Plötzlich erinnere ich mich, wie ich mir damals auf der Luftmatratze in meinem kahlen Wohnzimmer in San Jose eine ganze Familienpizza einverleibte. Mir graut bei dem Gedanken, dass Drew mit der Hand über meinen runden Bauch streicht und ihn mit dem flachen eines gewissen ätherischen Geschöpfs mit unecht-englischem Akzent und geerbtem, protzigem Schmuck vergleicht. Aber vielleicht hat er die knochigen Schultern ja satt. Und die kleinen Brüste, die unter dem Pullover wie Glasuntersetzer aussehen. Vielleicht sehnt er sich ja nach ein wenig Üppigkeit.

Ich probiere ein schwarzes Spitzentop an, aber es kratzt wie Wolle auf der Haut.

Ethan würde sich bestimmt nicht an meiner neuen Figur stören. Er fand mich immer schön – sogar in Jogginghosen und mit Sturmfrisur.

Ich habe ein schlechtes Gewissen, weil ich mich danach sehne, mit einem Mann zu schlafen, der nicht meiner ist. Das letzte Mal mit Ethan sollte eigentlich das letzte Mal für mein Leben sein. Es war unmittelbar vor seiner endgültigen Einlieferung ins Krankenhaus. Ich hatte den Arzt angerufen und ihm erklärt, dass die Schmerzspritze diesmal nicht half. Er sagte, ich solle ihm noch eine geben und ihn dann in die Klinik bringen, es gehe mit ihm zu Ende, und er wolle ihn gut versorgt wissen. Das kam bedächtig und in sanftem Ton. Und ich erinnere mich, dass ich am liebsten den Hörer aufgeknallt hätte.

Ich gab Ethan eine zweite Spritze, und er ließ sich in die Kissen zurücksinken und fuhr sich mit der Zunge über die Lippen. Seine Lider flatterten. Ich massierte seine Füße, seine Beine, dann seine Schultern und schließlich seinen Kopf. Er sagte,

das lasse die Nervenenden kribbeln und mindere die Schmerzen. Seine früher dichten Haare waren dünn geworden und blieben mir büschelweise in den Händen.
Ethan lachte, von der zweiten Spritze beschwipst, und zog mich an sich. Sein glattrasiertes Gesicht streifte weich meine Wange. Sogar an schlimmen Tagen bestand er darauf, zu duschen, sich zu rasieren und etwas anzuziehen, für gewöhnlich eine Jeans und ein T-Shirt, wobei die Jeans an seinem Hüftknochen hing und das T-Shirt wie auf einem Kleiderbügel. Die Anstrengung kostete ihn allerdings seine ganze Energie, und er legte sich danach meistens wieder hin. Dann brachte ich ihm ein Frühstück, das er zu genießen vorgab.
Sein Atem roch frisch wie Pfefferminzzahnpasta. Er versuchte, mir mein T-Shirt auszuziehen. Ich zog es über den Kopf und legte mich, ihm zugewandt, im Büstenhalter neben ihn. Er deutete auf meine Jeans, und ich streifte sie ab. Er deutete auf seine Jeans und sein T-Shirt, und ich half ihm aus beidem heraus. Dann zogen wir das Baumwolleinschlagtuch über uns, das sich leicht wie ein Hauch anfühlte. Ethans Körper erschien mir so mager und hinfällig wie der eines alten Mannes, und als ich ihn umarmte, spürte ich seine Schulterblätter wie zwei Vogelflügel vorstehen. Er atmete flach, und es rasselte leise in seiner Brust. Wir legten die Stirn aneinander, und ich spürte einen Rest Kraft in seinen Armen, als er sie um mich schlang. Plötzlich kam Leben in ihn, und dann waren wir eins, und ich versteckte mein Gesicht im Kissen, damit er mich nicht weinen sah.
Anschließend half ich ihm in ein heißes Bad, was die Schmerzen in seinen Hüften jedes Mal linderte. Ich setzte mich zu ihm und las ihm Gedichte von Blake vor, den er so

mochte. Er legte den Kopf nach hinten an den Wannenrand und schloss die Augen. Seine Wimpern waren so lang und dicht wie eh und je, und ich weiß noch, dass ich dachte, das ist das letzte Gesunde an ihm. Zurückschauend wünschte ich, er wäre damals gestorben, wohlig in dem warmen Wasser, in seiner vertrauten Umgebung und in harmonischer Atmosphäre.
Ich entscheide mich für ein konservatives, aprikosenfarbenes Hemdchen mit einer winzigen Schleife und ziehe mich wieder an.

Die Wärme von Drews nach Rosinen schmeckendem Portwein strömt von meiner Brust aus in meine Arme und Beine. Plötzlich taumeln wir auf sein Bett, eine weiche Daunenwolke. Wir haben dazu nicht weit gehen müssen, denn unser spätabendlicher Picknickplatz war der Fußboden vor dem Kamin in seinem Wohn-Schlaf-Zimmer gewesen. Die Flammen tanzen Samba an der Decke, und der ganze Raum scheint lichterloh zu brennen.
Drews Lider hängen wie halbgeschlossene Jalousien herunter.
Er massiert meinen Nacken und dann meine Füße und zieht mir anschließend die Jeans und den Pullover aus, und ich liege in meinem Slip und dem aprikosenfarbenen Nichts da, dem einzigen Schutz, der mir geblieben ist. Ich habe Angst davor, auch ihn noch zu verlieren. Obwohl der Portwein mich ziemlich entspannt hat, frage ich mich bang, ob wir den Liebesakt nicht vielleicht durch ein Loch in einem der Laken vollziehen könnten wie die Mitglieder der Shaker-Sekte.
Ich rühre mich nicht, damit nur ja nichts wabbelt. Andererseits möchte ich nicht verklemmt wirken. Also ziehe ich

den Bauch ein und drehe mich im Zeitlupentempo zu Drew herum.
»Kalt?«, flüstert er.
»Eisig«, lüge ich. Vielleicht kriege ich ja jetzt meinen Pullover wieder.
Aber ich kriege weder ihn noch meine Jeans wieder. Und mit dem Slip und dem Hemdchen geht auch meine Angst dahin. Und dann ist da nur noch Feuer, an den Wänden, an der Decke, zwischen meinen Schwabbelschenkeln.

Am Morgen stehe ich barfuß auf dem Spanholzfußboden in Drews Badezimmer und putze mir mit dem Zeigefinger und einem Klecks aus Drews Zahnpastatube verträumt die Zähne, wobei ich den Kopf hin und her drehe und im Spiegel meine wüste Hatte-gerade-Sex-am-Strand-Frisur betrachte, die Drew angeblich so gut gefällt. Ich versuche, etwas Ordnung in den Lockenwirrwarr zu bringen, gebe jedoch bald auf und schaufle mir mit beiden Händen kaltes Wasser ins Gesicht.
Wir haben nur vier Stunden geschlafen, und mein Portwein-Sex-und-Schokoladenkuchen-trunkenes-Gehirn ist noch nicht betriebsbereit.
»Bist du okay?«, fragt Drew durch die Tür. Er möchte mir ein frisches Handtuch und ein warmes Sweatshirt geben und mich auf ein Blaubeerpfannkuchenfrühstück in seinen Lieblingsdiner an der I-5 einladen, wo es gemütliche, weich gepolsterte Nischen gibt, in denen man versinken und den ganzen Tag Zeitung lesen kann.
Aber mir ist nicht nach Frühstück und Tageslicht. Ich bin übermüdet, und man sieht es mir an. Es war so wunderbar letzte Nacht. Und ich habe Angst, dass beim Frühstück

durch irgendetwas alles ruiniert werden könnte. Vielleicht vertraut Drew mir an, dass er heimlich einer Satanistensekte angehört. Außerdem bin ich in ein paar Stunden mit Kit verabredet, der mir eine Reihe möglicher Räumlichkeiten für meine Konditorei zeigen will. Und so danke ich Drew für die Einladung, erkläre ihm jedoch, dass ich keine Zeit habe.

Während ich in der Küche von Colonel Cranson's darauf warte, dass das Teewasser kocht, vermeide ich angestrengt jeden auch nur flüchtigen Blick zu meinem Hochzeitsfoto. Ich habe es neben die Zuckerdose gestellt, damit ich es jeden Morgen gleich sehe, wenn ich mir Frühstück mache. Das Schlimme ist nicht, dass ich mit einem anderen Mann *geschlafen* habe – das Schlimme ist, dass ich es *genossen* habe. Mit jeder Faser. Es war ein spontanes Erlebnis, keine sorgfältig terminierte Wir-wollen-ein-Baby-machen-Pflichtübung. Und bevor ich zu Drew fuhr, hatte ich meine Goldkette mit dem Ehering abgenommen. Ich legte den Ring und die Kette in mein Schmuckkästchen, neben den zusammengefalteten Zettel, auf dem stand, dass Ethan in den Heimwerkermarkt gefahren war. Ich habe ein rabenschwarzes Gewissen und möchte mich bei ihm entschuldigen. Das Delirium ist vorbei, und jetzt liegt mein Herz wie ein Bleiklumpen in meiner Brust. Und zu Ethan möchte ich sagen: »Es tut mir leid.«
Ich dusche, ziehe mich an und setze mich dann auf die Veranda, um auf Kit zu warten, starre auf meine Füße in den Sandalen hinunter. Füße sehen merkwürdig aus, wenn man sie lange anstarrt. Wie flache, rechteckige Hände mit kurzen Fingern.

Alles beginnt merkwürdig auszusehen, wenn man es lange anstarrt. Ein Loch in einer der Verandaplanken sieht wie ein kleiner, offener Mund aus. Oh, sagt er. O-oh.
Und Geräusche beginnen merkwürdig zu klingen, wenn man lange hinhört. Ein Specht hämmert auf den Stamm des Baumes neben der Garage ein, unermüdlich, penetrant. Ich halte mir die Ohren zu, und das Stakkato wird zu einem anderen Rhythmus. Und es kristallisiert sich ein Wort heraus: Lover, Lover, Lover …

22

Die alte Holztür der ehemaligen Konditorei in der East Main Street ist so verzogen, dass Kit seine ganze Kraft einsetzen muss. Als sie schließlich nachgibt, geschieht es so überraschend, dass er, von dem fröhlichen Klingeln der Ladenglocke begleitet, in den Verkaufsraum taumelt. Er fängt sich und lacht. Es hallt gespenstisch von den schmutzig weißen Wänden wider.

Nachdem ich die Backstube gesehen habe, die jenseits einer langgestreckten Glasvitrine im rückwärtigen Teil des Geschäfts liegt, komme ich zu dem Schluss, dass sich eine Besichtigung der anderen Objekte, die Kit noch für mich in petto hat, erübrigt. Die Lage, nur ein paar Blocks vom Theater entfernt, ist perfekt. Im Geist sehe ich Sommertouristen aus San Francisco und Portland die Straße herunterschlendern und, von dem Duft aus meiner Konditorei angelockt, bei mir haltmachen.

Der Laden steht seit zwei Monaten leer, weil die Besitzer in den Ruhestand gegangen sind. Die Luft ist warm und abgestanden. Eine Fliege summt träge hinter einer der staubtrüben Glasscheiben der Vitrine. Die Gitter darin sind rostig, aber in meiner Phantasie glänzen sie und sind mit Käsekuchen bestückt.

Eigentlich würde ich gern Drews Meinung zu dem Laden hören, doch das würde er vielleicht als aufdringlich empfinden. Erinnerungen an unsere gemeinsame Nacht überfallen mich aus dem Hinterhalt: Portwein und zerwühlte Laken, Haut an

Haut, glitschig von Schweiß, der Lattenrost, der unter unserem Gewicht ächzte, die Daunendecke, die vom Bett fiel.
»Was denken Sie?«, fragt Kit.
Ertappt spüre ich meine Wangen heiß werden und konzentriere mich eilends wieder auf das momentan Wesentliche. Meine Feinbäckerei. An der Vitrine läuft ein Tresen aus Eichenholz entlang. Ansonsten steht nur eine Holzbank da, von der die Farbe abblättert. Ich stelle im Geist Tische an die Fensterfront, von denen aus die Leute auf die Straße hinausschauen können. »Ideal«, antworte ich.
»Ein bisschen heruntergekommen«, meint er, »aber mit etwas Arbeit und Phantasie lässt sich was daraus machen.«
Ich gehe noch einmal in die Backstube, wo eine Reihe schwarzer Backöfen fast bis zur Decke reicht. Ich werde das Geld vom Hausverkauf und vom Verkauf von Ethans Firmenaktien in das Geschäft stecken. Einen Bankkredit werde ich auch brauchen.
»Wahrscheinlich müssen Sie ein paar feuerpolizeiliche Auflagen erfüllen«, vermutet Kit nach einem Blick in einen der Öfen, »doch das kann nicht die Welt kosten. Und sehen Sie sich diese Decke an!« Als ich den Kopf in den Nacken lege und die geprägte Aluminiumdecke bewundere, wird mir schwindlig. Kein Wunder nach der Nacht.
Vielleicht ist es Kits unerschütterlicher Optimismus, der mich anfänglich für ihn schwärmen ließ. Er gab mir das Gefühl, dass von vorne anzufangen ganz einfach sei, ja, sogar Spaß mache. Gott sei Dank male ich mir nicht aus, mit meinem Makler ins Ramada Inn zu gehen, denn jetzt habe ich ja einen … Lover? Eine zukünftige bessere Hälfte? Drew braucht unbedingt einen Arbeitstitel.
»Ich wette, darunter liegt ein schöner Holzboden«, sagt Kit

und tippt mit dem Fuß auf das alte, schwarze, goldgesprenkelte Linoleum.
Wir setzen uns an den wackeligen Tisch und gehen den Mietvertrag durch. Er gilt erst einmal für zwei Jahre und beinhaltet die Möglichkeit, ihn danach ohne eine Mieterhöhung um fünf Jahre zu verlängern, und die Erlaubnis zur Untervermietung, was Kit für optimal hält. Auf diese Weise muss ich, falls der Laden gutläuft, nicht schon bald einen neuen suchen. »Dann sitzen Sie, wenn Sie das wollen, sieben Jahre zu einer durchaus annehmbaren Miete hier drin.«
Seltsamerweise weckt diese Formulierung die Assoziation mit einem Gefängnis in mir – und erschreckt mich dementsprechend. »Sieben Jahre?«
»Das klingt, als müssten Sie sie absitzen«, lacht Kit und bringt es damit auf den Punkt. »Aber das müssen Sie nicht. Sie können ja untervermieten, wenn Sie Lust auf etwas anderes bekommen.«
»Oder wenn ich Pleite mache.« Im Geist sehe ich Touristen den Bauch einziehen und an meiner Konditorei vorbei zum Coffeeshop ein Stück weiter die Straße runtereilen, um sich dort eine Magermilch zu genehmigen. Wer will sich vor einem Theaterbesuch den Magen mit Teig vollstopfen? Wer will sein Kalorien-Tageskonto nach der gehaltvollen Zwiebelsuppe und den Schnecken in Knoblauchbutter im Le Petit Bistro noch zusätzlich belasten?
Kit legt die Hand auf meine Hände und lächelt mich an. »Sie machen sich zu viele Sorgen, Sophie.«
»Hören wir mal, was die Bank dazu meint«, erwidere ich.

Ruth hilft mir, meinem Geschäftsplan den letzten Schliff zu verleihen, und dann gehe ich damit zur Bank. Die Frau von der Kreditabteilung, eine hagere Person mit spitzer Nase, ist spröde und humorlos wie eine Schulkrankenschwester. Je mehr ihr Gesicht sich beim Durchlesen meines Darlehensantrags verfinstert, umso hektischer plappere ich über meine pikanten Käsekuchen. (»Die Rezepte kommen Ihnen vielleicht etwas merkwürdig vor, aber die Kuchen sind wirklich wunderbar als Horsd'œuvre oder erster Gang eines Menüs!«) Nach einer Ewigkeit sagt sie: »Das sieht alles recht zufriedenstellend aus, Ms Stanton. Sie hören von uns. Guten Tag.« Ich ignoriere die Verabschiedung, bleibe sitzen und zermartere mir das Hirn, um ihr noch ein weiteres, reizvolles Detail zu servieren.

»Zu den süßen Käsekuchen werde ich verschiedene Saucen anbieten«, fällt mir ein. »An Thanksgiving zum Beispiel Cranberry.«

Sie lächelt gequält. »Das klingt gut. Ich bin Diabetikerin.«

Nach meinem Besuch in der Bank brüte ich nächtelang über Kochbüchern, um neue Rezepte zu erfinden.

Ein- bis zweimal in der Woche übernachte ich bei Drew, und ein paarmal in der Woche übernachtet er bei mir. Er hat gleich beim ersten Mal ein Deo, einen Rasierer und eine Zahnbürste in meinem Bad deponiert, während ich meine Toilettensachen immer in der Handtasche hin- und hertrage, da ich zu dieser intimen Form der Zweisamkeit noch nicht bereit bin. Trotzdem tut es mir gut, wenn Drew sich um mich sorgt, wie ein Ehemann es täte. Er findet es gefährlich, dass ich abends allein von der Arbeit nach Hause gehe.

»Hast du keine Angst, im Dunkeln übersehen und überfahren zu werden?«

»Ich bin doch auf dem Bürgersteig.«

»Viele Straßenlaternen stehen da aber nicht. Du solltest Airbags haben.«

»Ich bin *zu Fuß* unterwegs.«
Er lacht glucksend. »Weiß ich doch. Ich meine Airbags am *Körper.* Unter der Kleidung, natürlich.«

Eines Morgens ruft mich eine Sozialarbeiterin von Big Brothers/Big Sisters an. Als ich ihren ernsten Ton höre, befürchte ich, dass sie mir Vorhaltungen machen will. Ist ihr zu Ohren gekommen, dass ich Crystal mit meinem Wagen habe fahren lassen? Es war auf einem leeren Parkplatz. Wir waren ordnungsgemäß angeschnallt und drehten nur ein paar Runden. Crystal stellte sich sehr geschickt an, auch beim Schalten.
Aber die Sozialarbeiterin ruft an, um mir zu sagen, dass Crystal bis Schuljahresende suspendiert ist: Sie hat im Umkleideraum der Mädchen Feuerwerkskörper hochgehen lassen. Die Sozialarbeiterin berichtet, dass die gesamte Schule evakuiert werden musste und die Schüler eine geschlagene Stunde vor dem Gebäude warten mussten. Eigentlich war für diese Zeit ein Konzert der Schulband geplant. Ich knirsche wütend mit den Zähnen, während ich zuhöre. Crystals Egoismus ist wirklich unerträglich. Die Frau erzählt, Crystal habe die Feuerwerkskörper von ihrem Freund Melvin bekommen, den sie angestiftet hatte, sie bei seinem älteren Bruder zu klauen. Melvin ist für zwei Wochen vom Unterricht suspendiert, und seine Eltern haben Crystal Hausverbot erteilt.
Keine Übernachtungen mehr mit Pringles und Pop Tarts, denke ich. Nun, da ist Crystal selbst schuld. Wie kommt sie nur darauf, die Schule in die Luft sprengen zu wollen? Dabei war in letzter Zeit alles so gut für sie gelaufen. Algebra stellte kein Versetzungsproblem mehr dar, und ihr Glimmer-Projekt war ausgewählt worden, um bei der staatlichen Wissenschaftsmesse ausgestellt zu werden. Und ich habe ihr gerade

erst einen hübschen Haarschnitt machen lassen. Aber es ist, als wolle Crystal gar nicht, dass sich ihr Leben verbessert. Als fühle sie sich nur wohl, wenn sie in Schwierigkeiten steckt.

»Crystal hasst den Sportunterricht«, erkläre ich der Sozialarbeiterin. »Die anderen Mädchen hänseln sie ständig.« Ich weiß, dass das keine Entschuldigung ist, doch ich möchte wenigstens darauf hinweisen, wie schwer sie es in der Schule hat. Neulich erzählte Crystal, Amber habe sie gefragt, ob die beiden Knochenknubbel auf ihren Schultern ihre Titten seien. »Nein, aber sie sind größer als dein Hirn«, gab Crystal angeblich zurück. Wenn das stimmt, dann hat sie wenigstens eine gekonnte Retourkutsche gelandet. Jetzt allerdings würde ich sie am liebsten schütteln und anschreien.

»Da sie jetzt nicht mehr in die Schule geht, wird sie ihre viele Freizeit vielleicht mit Ihnen verbringen wollen«, warnt die Sozialarbeiterin mich vor. »Bleiben Sie dabei, sich nur einmal in der Woche mit ihr zu treffen, und machen Sie sich deswegen keine Gewissensbisse.«

»Okay.«

»Vergessen Sie nicht – Sie sind nicht ihre einzige Bezugsperson. Sie sind nur eine Bereicherung in ihrem Leben. Es ist nicht Ihre Aufgabe, sie zu retten.«

»Aber ich bin gern mit ihr zusammen.« Wenn sie nicht gerade versucht, mein Haus abzufackeln. Oder im Drugstore Lippenstift klaut. Oder sich auf dem Minigolfplatz an die Windmühle hängt, bis der Motor jault und der Manager uns niederbrüllt.

»Crystal scheint ja auch eine echte Beziehung zu Ihnen aufgebaut zu haben. Wahrscheinlich, weil Sie so einfühlsam sind. Selbstverletzer erfahren im Allgemeinen nicht viel Verständnis, meist sogar Abscheu. Das mindert ihr Selbstwertgefühl um ein Weiteres. Und die Selbstverletzungen nehmen noch schlimmere Formen an.«

Ich erzähle, dass ich schon unappetitlichere Wunden gesehen habe, dass mein Mann an Krebs gestorben ist.

»Mein Beileid.«

»Danke.« Ich möchte ihr sagen, dass ich das Gefühl habe, dass es mir jetzt bessergeht. Endlich. Und dass ich jemanden kennengelernt habe. Dass ich mit jemandem *geschlafen* habe. Ist das okay? Aber wir reden hier nicht über mich.

Ich kann mir nicht vorstellen, was Crystal den lieben, langen Tag in ihrem rosa Haus anderes tun wird, als Kette zu rauchen, Sachen zu verbrennen und sich wieder die Arme zu zerschneiden.

»Was halten Sie davon, wenn ich Crystal Arbeit gebe?«, frage ich die Frau.

»In welcher Form?«

»Ich mache einen Laden auf. Eine Feinbäckerei.« Bisher wussten nur Dad, Ruth, Drew und die Bankangestellte davon, und ich gerate in eine regelrechte Hochstimmung, als ich ihr schildere, wie mein neues Leben aussehen wird. Der Kredit ist noch nicht bewilligt, der Mietvertrag noch nicht unterzeichnet, und ich habe auch noch keinen Gewerbeschein – aber das größte Problem ist bereits gelöst: Ich habe die Zuversicht gewonnen, dass ich es schaffen kann. Vielleicht ist das ja verrückt, doch ich bin lieber verrückt vor Optimismus als verrückt vor Pessimismus. Wie damals, als ich den ganzen Tag im Pyjama herumhing und unfähig war, das Haus zu verlassen.

»Das hört sich gut an«, meint die Sozialarbeiterin, wenn auch in dem nachsichtigen Ton, den man überschwenglichen Kindern gegenüber gebraucht. »Ein Job könnte ihr Selbstwertgefühl aufbauen.«

Als ich am nächsten Tag nach den Vormittagskursen den Plattenweg zu Crystals Haus hinaufgehe, versuche ich, eine liebevoll strenge Ansprache zu entwerfen, aber alles, was mir einfällt, ist: »Was um Himmels willen hast du dir bloß gedacht?« Die Fliegengittertür schlägt im Wind auf und zu, und das Windspiel klimpert eine misstönend unheimliche Melodie. Zigarettenstummel säumen die Stufen der Verandatreppe. Auf mein Klingeln erfolgt keine Reaktion. Zu meiner Überraschung ist die Tür nicht abgeschlossen. Ich stoße sie auf und trete in eine dämmrige, ungemütlich kühle Diele. Unter meinen Sohlen knirscht etwas. Ein Blick bringt die Erklärung: Die Scherben einer Colaflasche sind über den Holzboden verstreut.

»Crystal?« Nichts. Wahrscheinlich schläft sie noch. Hoffentlich. Das wäre normal für einen Teenager.

Ich bücke mich und fege die Scherben auf, wozu ich Briefe von dem Tischchen neben der Tür als Schaufel und Besen zweckentfremde.

Vielleicht hätte ich Crystal erlauben sollen, bei mir zu übernachten, als sie gestern anrief und darum bat. Es war kurz vor Mitternacht, und Drew und ich machten uns gerade bettfertig. Sie sagte, ihre Mutter sei mit einem neuen Freund an den Crater Lake gefahren, und sie wolle nicht allein zu Hause sein. Ich überlegte einen Moment, weil mir der Gedanke, Crystal sich selbst zu überlassen, nicht schmeckte, doch dann erinnerte ich mich an die Ermahnung der Sozialarbeiterin von Big Brothers/Big Sisters. Also erklärte ich Crystal, sie könne nicht kommen, versprach ihr aber, dass wir uns heute sehen würden.

»Warum geht es nicht?«, fragte Crystal und zog geräuschvoll an einer Zigarette. »Ist dein Schauspieler da?« In diesem Moment trat Drew hinter mich und küsste mich auf den Nacken. Ich schauderte wohlig und wies entsetzt die Vorstellung von mir, Crystal in meinem Haus zu beherbergen, wenn ich unter demselben Dach das Bett mit meinem Lover teilte. Rückblickend verstand ich das nicht mehr. Was hätte es ausgemacht?

Ich habe Crystals Haus zuvor noch nie betreten. Abgesehen von den Scherben ist es ordentlich und hübsch, wenn auch ein wenig grell. Crystals Mutter hat eine ausgesprochene Vorliebe für die Farben Rot und Rosa. Auf den rosa Vorhängen leuchten rote Malvenblüten, und auf dem Sofa stehen Chenillekissen im selben Ton. Im Kamin liegen exakt parallel zwei Scheite, und auf dem Sims reihen sich Fotos von Roxanne mit verschiedenen Freunden und Freundinnen aneinander. Von Crystal gibt es nur ein Foto, ein Porträt, auf dem sie zu viel blauen Lidschatten aufgetragen hat und übertrieben fröhlich in die Kamera lächelt, als wolle sie sagen: »Schaut mich an – ich hasse mein Leben nicht.«

Es liegt ein schwacher, merkwürdiger Geruch in der Luft, und ich gehe ihm nach. Er kommt aus der Küche. Hier stinkt es im Sinne des Wortes atemberaubend. Ich halte die Luft an, laufe zum Fenster und reiße es auf. Nach was riecht es nur? Es erinnert an verbrannte Haare und an faule Eier. *Verbrannte Haare?*

»Crystal?«, rufe ich in wachsender Panik und mache mich auf die Suche nach ihrem Zimmer. »Crystal?«

Letzte Nacht sagte ich ihr, ich würde sie heute auf einen Veggieburger einladen. Ihr lustloses »Wie du meinst« war ein deutlicher Hinweis für mich, dass etwas nicht stimmte. Trotzdem legte ich auf und schenkte meine Aufmerksamkeit wieder Drew.

Da. Eine geschlossene Zimmertür. Ich mache sie auf.

Die rosa Vorhänge sind zugezogen, und es riecht nach Zigaretten. In dem Licht, das durch den Stoff hereindringt, sehe ich eine hochaufgebauschte rosarotkarierte Decke auf dem Bett und am Kopfende ein paar helle Haarspitzen darunter hervorlugen.

»Crystal?«

»Mmm«, brummt sie unter der Decke hervor, rührt sich jedoch nicht.

»Zeit zum Aufstehen! Dass du nicht in die Schule gehst, bedeutet nicht, dass du den ganzen Tag schlafen darfst.«

Ihre Reaktion erschöpft sich in einem Knurren.

Ich ziehe die Vorhänge auf. Als ich mich auf die Bettkante setze, fällt mir ein, was mein Dad damals in San Jose machte, wenn er mich zum Aufstehen bewegen wollte.

»Komm schon. Ich lade dich zum Mittagessen ein.«

Crystal zieht sich die Decke vom Gesicht und starrt nach oben. Ihre Wangen sind gerötet, die Augen glasig, als habe sie Fieber, die Lippen geschwollen und aufgebissen. Kleine weiße Hautfetzen kleben daran.

»Bist du krank, Schatz?« Ich lege die Hand auf ihre Stirn. Sie ist schweißklebrig und warm, aber nicht heiß.

»Nee.«

Ich ziehe einen ihrer Arme unter der Decke hervor und streiche zart mit den Fingern über ihn, auf und ab. Früher bat ich immer meine Mutter vor dem Einschlafen, mich so zu streicheln. Crystals Narben verblassen allmählich. Jetzt könnte man sie auch für eine abklingende Giftsumach-Allergie halten oder für ein leichtes Ekzem.

»Das sieht ja schon toll aus«, lobe ich sie. »Ich werde mit dir shoppen gehen. Wir kaufen dir ein paar kurzärmelige Ober-

teile.« Ich merke, dass ich in meinem Bemühen, mein Gewissen zu beruhigen, das mich wegen einer lustvollen Nacht mit Drew peinigt, überfröhlich klinge.
Crystal sagt nichts. Sie befeuchtet mit der Zungenspitze ihre Lippen und schließt die Augen.
»Jetzt komm. Steh auf und geh duschen. Ich mach inzwischen dein Bett.«
Sie zieht sich die Decke wieder über den Kopf. Ich packe sie und schlage sie zurück.
Im ersten Moment denke ich, dass etwas auf Crystals Schenkel klebt: Ein großer, rötlich schwarzer Fleck verunziert ihr Bein. Doch dann erkenne ich, dass die Haut verbrannt ist. Schlimm verbrannt. Darum hat sie die Decke gebauscht: damit sie die Wunde nicht berührt.
Beim Anblick der wie plissiert aussehenden, nässenden Blasen und des rohen Fleisches darunter steigt Übelkeit in meiner Kehle hoch, und ich wende den Blick ab, weil ich fürchte, mich sonst übergeben zu müssen.
»Crystal«, sage ich mit belegter Stimme. »Was ist passiert?«
Sie schweigt so lange, dass ich mich ihr schließlich wieder zuwende, um nachzuhaken. Sie starrt ihr Bein mit einem Ausdruck an, als versuche sie, sich zu erinnern, wo sie es schon einmal gesehen hat.
»Ich habe mich verbrannt«, antwortet sie nach einer ganzen Weile tonlos.
»Womit?«
»Mit dem Teekessel.« Als sie ihr Bein zu bewegen versucht, wimmert sie leise. Ihr rosa Top ist nach oben gerutscht und gibt den Blick auf ihren eingesunkenen Bauch frei. Sie scheint noch dünner geworden zu sein.
»Absichtlich?«, frage ich, doch ich kenne die Antwort. Ich

überwinde mich, die Wunde noch einmal anzusehen. »Tut es weh?« Blöde Frage!
Crystal nickt. Tränen laufen über ihre Wangen, aber sie gibt keinen Laut von sich, und ihr Gesicht ist unbewegt, wie in Trance.
»Okay.« Ich atme tief und lasse den Blick durch den Raum wandern, während ich überlege, was geschehen soll. Als Erstes fällt mir ein, 911 anzurufen, doch dann kommen mir Bedenken, weil Crystals Krankenversicherung einen Transport vielleicht nicht bezahlt. Also werde ich sie selbst in die Notaufnahme bringen. Ich suche und finde das Badezimmer, um etwas zum Verbinden zu holen, aber es ist nichts Geeignetes da. Als ich mich wieder aufrichten will, tanzen Sterne in der Luft, und mein Kopf fühlt sich an, als sei die Schädeldecke abgesprengt worden und schwebe davon. Ich klammere mich einen Moment am Waschbecken fest, lasse mich dann gegen die Wand sinken und rutsche daran runter, bis ich auf dem roten Frotteeteppich sitze. Mit der Stirn auf den Knien zähle ich langsam bis zehn.
»Du bist bald wieder okay«, rufe ich zu Crystal hinüber und danke Gott, dass sie mich nicht sehen kann. »Aber es wird noch eine ganze Zeit lang weh tun.« Meine Stimme klingt wie von weither und schrill. »Ich bringe dich jetzt ins Krankenhaus, damit du fachgerecht versorgt wirst«, setze ich, um einen ruhigeren Ton bemüht, hinzu.
Ich ziehe mich am Waschbecken hoch und kehre zu Crystal zurück.
»Warum schreist du so?«, fragt sie.
Ich helfe ihr, sich aufzusetzen und die Füße auf den Boden zu stellen. Wieder wimmert sie. Und dann schluchzt sie auf: »Mein Dad!«

»Was ist mit ihm?«
Sie streckt die Hand aus, und erst jetzt fällt mir auf, dass am Fußende des Bettes fächerartig Grußkarten auf dem Boden ausgelegt sind. Als ich genauer hinschaue, sehe ich, dass auf jedem der verschiedenfarbigen Umschläge, in Crystals schwungvoller Handschrift, der Name ihres Vaters und eine Adresse in Alaska stehen. Alle sind mit dem Vermerk »Nicht zustellbar« versehen und mit einem blassroten Stempel, auf dem ein stilisierter Finger auf die Worte »Zurück an Absender« deutet.
»Alle Karten, die ich an ihn geschickt habe, sind zurückgekommen.«
»Oh, Schätzchen, das tut mir leid.« Ich möchte sie gerne in den Arm nehmen, doch ich habe Angst, ich könnte ihr weh tun.
Also helfe ich ihr aufzustehen und zur Toilette zu gehen. Als ich vor der Tür warte, bete ich, dass sie nicht ohnmächtig wird.
In ihrer Kommode finde ich ein Paar Baumwollshorts. Sie steigt hinein, und ich ziehe sie langsam hoch, wobei ich sorgfältig darauf achte, dass der Stoff die Wunde nicht berührt. Wieder laufen Tränen über ihre Wangen, und wieder gibt sie keinen Laut von sich. Es ist gut, dass ich kein Verbandszeug gefunden habe – damit hätte ich die Schmerzen noch verschlimmert. Ich ziehe ihr ein T-Shirt über den Kopf und Clogs an die Füße, und dann machen wir uns langsam auf den Weg zu meinem Auto. »Auaaua«, jammert sie beim Einsteigen, aber sobald sie sitzt, ist sie still.

Auf dem Heimweg vom Krankenhaus versuche ich, Crystal zu trösten, indem ich ihr sage, dass es besser ist, dass die Post

zurückgekommen ist, als wenn ihr Vater sie erhalten und sich nicht die Mühe gemacht hätte, ihr zu antworten.
»Ja.« Crystal schaut aus dem Beifahrerfenster zu einem kleinen Jungen hinüber, der allein im Garten spielt. »Aber jetzt weiß ich überhaupt nicht, wo er wohnt. Oder ob er noch lebt. Er kann ja auf einem Fischerboot gestorben sein. Oder über Bord gefallen.«
Der Arzt, der Crystal behandelt hat, war derselbe, der mich mit meiner Panikattacke versorgte. Er ging freundlich und sanft mit ihr um, gab ihr ein Antibiotikum und eine Schmerztablette, die bereits zu helfen scheint, und zeigte uns, wie der Verband zu wechseln ist.
»Ich weiß, Schatz. Es ist schrecklich.«
»Woher willst du das denn wissen?«
»Na ja – ich kann mir vielleicht nicht vorstellen, wie es ist, nicht zu wissen, ob der eigene Vater noch lebt, doch ich weiß, wie es ist, die Mutter zu verlieren.«
»Ehrlich? Wann ist das passiert?«
»Als ich in deinem Alter war.«
»Und wie?«
»Durch einen Autounfall.«
Crystal überlegt einen Moment und fragt dann: »Warst du mit im Auto?«
»Nein. Ich war zu Hause bei meinem Dad.«
»Hast du dir je gewünscht, dass du mit im Auto gewesen wärst?«
Ja, einmal. Nein, nicht ganz. Ich wünschte mir nicht, mit im Auto gewesen zu sein – ich wünschte mir, bei meiner Mutter zu sein, wo auch immer sie sein mochte. Es war kurz vor ihrem ersten Todestag, und mein Dad wollte die Schlaghosen, die er mir gekauft hatte, auf meine Beinlänge kürzen. Der

steife Denim staute sich, und Dad schrie über das Brummen des strapazierten Nähmaschinenmotors hinweg hektisch: »Ist das denn die richtige Nadel?« Dann sank er in sich zusammen und fing an zu weinen. Väter durften aber eigentlich nicht weinen. Ich sehnte mich so sehr nach meiner Mutter, dass ich mir in einer Küchenschublade die Finger einklemmte. Ich wusste nicht, warum – ich hatte einfach das Bedürfnis, etwas zu tun. Es musste etwas geschehen.

»Nein, Schätzchen«, antworte ich Crystal. »Das habe ich mir nie gewünscht.«

Mir fällt ein, wie ich in San Jose einmal mitten in der Nacht aufwachte und in meinem Körper ein loderndes Feuer brannte, weil ich Ethan so vermisste. Ich war sicher, dass da drinnen irgendetwas kaputtgegangen war und ein Stück davon in meiner Kehle hochstieg.

Ich wollte Dr. Rupert anrufen, doch dann wurde mir klar, dass er nichts für mich tun konnte. Ich wollte Dad anrufen, doch dann wurde mir klar, dass er nichts für mich tun konnte. Ich wollte Ruth anrufen, doch dann wurde mir klar, dass sie nichts für mich tun konnte. Wie viele Medikamente ich auch nähme, wie oft in der Woche ich auch in meine Therapie ginge, in wie viele Yogastellungen ich mich auch verrenkte, durch wie viele Trauerseminare ich mich auch weinte und wie viele Pralinenschachteln und Eiskartons ich auch leerte – niemand und nichts würde mich trösten können.

Ich schaue zu Crystal hinüber. Dank der Schmerztablette ist sie eingeschlafen. Heute habe ich das Gefühl, dass es tröstet, andere zu trösten.

23

Als die Frau aus der Kreditabteilung anruft und mir mitteilt, dass mein Darlehen bewilligt wurde, muss ich mich sehr beherrschen, um nicht »Mein eigenes Geschäft!« ins Telefon zu jubeln. Im Geist sehe ich sie hinter ihrem großen Schreibtisch sitzen, dünn und würdevoll wie ein Silberreiher, und unterdrücke meine Begeisterung, gehe stattdessen ganz cool die Einzelheiten des Vertrages mit ihr durch, als würden sich alle Banken in der Stadt darum reißen, mich zu finanzieren.

Anschließend informiere ich Kit, dass ich die alte Konditorei mieten werde, und danach gehe ich ins Le Petit Bistro, um dem Küchenchef zu eröffnen, dass ich kündige.

»Wie können Sie mir das antun?«, schnauzt er. Sein Atem riecht nach Sherry.

Der Tellerwäscher späht von seinem Arbeitsplatz aus um die Ecke. Seine braunen Haare hängen ihm bis über die Augen. Als er sieht, dass Alan mir mit seiner schinkengroßen Faust droht, geht er schnell wieder hinter der Wand in Deckung.

»Ich bin sicher, Sie finden einen guten Ersatz«, sage ich. »Ich werde noch zwei Wochen bleiben und meine Nachfolgerin einarbeiten.«

»Nein!«, blafft Alan und dreht trotzig das Gesicht zur Wand. »Das ist nicht nötig. Sie können sofort gehen.« Seine drahtigen Locken stehen heute in alle Richtungen ab, als hätte er eine unruhige Nacht gehabt.

Tatsache ist, dass ich etwas verdienen muss, während ich das

Geschäft herrichte und Rezepte ausprobiere. »Ich kann auch noch *drei* Wochen bleiben, wenn Ihnen das hilft …«

»Ich will niemanden in dieser Küche haben, der nicht gern in dieser Küche arbeitet«, gibt er bissig zurück, ohne sich mir zuzuwenden. »Der das Privileg nicht zu schätzen weiß, in dieser Küche arbeiten zu *dürfen.* Der meint, er sei zu *gut* für dieses Restaurant …«

»Ich halte mich überhaupt nicht für zu gut. Für gar nichts. Und ich *habe* gern hier gearbeitet. Aber freuen Sie sich denn gar nicht für mich, dass ich mich selbständig mache?«

Alan geht auf sein Büro zu. »Es ist schwierig, ein eigenes Geschäft zu führen. Sie haben ja keine Ahnung. Sie sind naiv und unerfahren und zum Scheitern verurteilt.«

»Vielen Dank für diese ermutigenden Worte.« Vielleicht hat er ja irgendwann selbst ein Restaurant gehabt und damit Schiffbruch erlitten. »Ich räume nur noch hier auf und gehe dann.«

»Lassen Sie alles liegen und gehen Sie *sofort!«,* bellt er, doch dann fasst er sich. »Bitte geben Sie Ihre Uniform ab, bevor Sie das Haus verlassen.«

Er hat sein Büro erreicht und knallt die Tür hinter sich zu.

»Tu das bitte in die Rührschüssel.« Ich reiche Crystal eine Schachtel Frischkäse und eine Ecke Brie. Meine Rezepte müssen vor der Eröffnung der Konditorei perfekt sein, und ich möchte den Porcini-Brie-Käsekuchen auf der Abschlussparty meines Back-Workshops testen.

»Ich habe keine *Lust* zum Backen.« Crystal knallt den Käse auf die Arbeitsplatte, befeuchtet ihren Zeigefinger mit der Zunge, steckt ihn in die offene Zuckerdose und lutscht ihn dann geräuschvoll ab.

»Crystal!« Ich packe ihre Hände und halte sie unter den Wasserhahn. »Bevor du irgendetwas tust, wasch dir die Hände! Hier ist mein Angebot: Falls du mehr Zeit mit mir verbringen willst, musst du helfen. Ich zwinge dich nicht – ich stelle dich vor die Wahl. Entweder beschränken wir unser Zusammensein wie bisher auf die Sonntage, oder wir arbeiten die Woche über zusammen. Ich bezahle dir auch etwas.«

»Wie viel?«

»Acht Dollar die Stunde.«

Crystals Brauen schießen in die Höhe. »Das ist nicht schlecht.« Sie pumpt sich eine große Portion Flüssigseife in die Hand, wäscht sich ausführlich die Hände und trocknet sie ab.

»Bind die um.« Ich gebe ihr eine Schürze. Sie zieht sie über den Kopf und schlingt die Bänder zweimal um ihre schmale Mitte. Dann wickelt sie den Brie aus und lässt ihn in die Kitchen-Aid-Schüssel plumpsen. Als sie das Gerät auf Höchstgeschwindigkeit einstellt, wird ein Stück Käse quer durch die Küche geschleudert und bleibt an einer Schranktür kleben. Crystal biegt sich vor Lachen.

»Beruhige dich.« Ich greife um sie herum, um die Maschine runterzuschalten.

Sie deutet auf den Stapel Kochbücher, der auf der Arbeitsplatte liegt, und ruft, um die Küchenmaschine zu übertönen: »Hey! Wer ist Fannie Farmer?«

»Eine berühmte Köchin von der Ostküste.« Ich reiche ihr einen Behälter mit Porcini-Pilzen. »Spül sie unter fließendem Wasser ab. So heiß, wie es aus der Leitung kommt.« Ich gebe ihr ein Sieb.

»Die Dinger stinken wie Schweißfüße.« Angeekelt streckt sie die Zunge heraus.

»Sie schmecken würzig.« Ich schalte die Küchenmaschine aus. »Das wird mein Markenzeichen: Porcini-Brie-Käsekuchen.«

»Wie du meinst, Fannie.« Sie krempelt ihre Ärmel hoch, und ich stelle mit Erleichterung fest, dass keine frischen Schnitte zu sehen sind. Trotzdem würde ich ihre Arme am liebsten mit Vitamin-E-Salbe eincremen. Stattdessen lasse ich sie Zwiebeln schneiden.

»Was ist denn nun mit diesem bescheuerten Schauspieler?«, fragt Crystal und entfernt die Schale. »Gehst du jetzt fest mit dem?«

Ich zucke mit den Schultern und mache mich daran, in einer Schüssel Sesam-Kräcker für die Käsekuchenkruste zu zerbröseln.

»Glaubst du, Ethan würde wollen, dass du einen Freund hast?« Sie hat die Zwiebeln inzwischen geviertelt und wischt sich mit dem Handrücken Tränen aus den Augen. Dann hält sie inne und überlegt einen Moment, nickt und beantwortet ihre Frage selbst: »Ja, ich glaube, er würde es wollen.«

»Ich habe Drew in der Stadt gesehen«, sagt Ruth merkwürdig langsam und akzentuiert. Vorsichtig, um ihn nicht zu zerbrechen, löst sie einen Minikäsekuchen aus seinem Förmchen. Ich habe sie gebeten, das klassische New-York-Rezept zu testen, das ich in dieser kleinen Version als Einzelportion anbieten möchte.

»Hast du ihn begrüßt?«

»Nein. Er ging auf der anderen Straßenseite und hat mich gar nicht bemerkt.« Sie leckt sich einen Teigbrösel vom Finger. »Er war nicht allein.«

Ich schalte das Rührwerk aus. Der Käsekuchenteig wirft eine Blase, aus der Luft entweicht. Es klingt, als seufze er.

»Er war mit dieser Schauspielerin unterwegs«, fährt Ruth fort. »Mit der rothaarigen.«

»Oh. Ich *hasse* das Weib.« Aber ich bin erleichtert. »Die beiden sind nur Kumpel. Sie hat einen Verlobten in New York. Er ist ein stinkreicher Seifenopernstar.«
Ruth hebt zweifelnd die Brauen.
»Was?«, frage ich ungeduldig.
»Na ja – sie wirkten recht innig miteinander. Gingen eng umschlungen.«
»Sie kennen sich eine Ewigkeit – schon seit der Juilliard School.« Ich schalte die Küchenmaschine wieder ein.
»Aha.«
»Vielleicht hatten sie damals was miteinander«, denke ich laut. »Auf der Juilliard, meine ich.«
»Jedenfalls scheinen sie *jetzt* was miteinander zu haben. Sie hatten diese Für-uns-zählt-nichts-als-unsere-Wollust-Aura.«
Ich schalte die Küchenmaschine wieder aus. »Was willst du mir sagen?«
Ruth schiebt unbehaglich die kleinen Käsekuchen auf der Platte herum. »Dass du aufpassen sollst. Häng dein Herz nicht zu sehr an ihn.«
»Ich hänge mein Herz *überhaupt nicht* an ihn.« Ich beiße in einen der Miniaturkäsekuchen, die auseinandergefallen sind. Er ist warm und süß und zergeht auf der Zunge, und ich würde am liebsten alle in mich hineinstopfen.
»Oh, doch, das tust du«, widerspricht sie und droht mir mit einem Teigschaber. »Ich kenne dich.«
»Also gut – du hast recht. Aber warum sollte ich Angst haben? Ich hab dir doch gesagt, dass sie sich seit vielen Jahren kennen und dass sie verlobt ist.«
»Aber ihr Verlobter ist dreitausend Meilen weit weg.« Ruth macht sich daran, die Käsekuchenförmchen im Spülbecken abzuwaschen. »Ich möchte nur sicher sein, dass Drew zu

haben ist, bevor du glaubst, nicht mehr ohne ihn leben zu können.
»*Er* ist auf *mich* zugekommen – hast du das vergessen?«
»Ich könnte es nicht ertragen, wenn dir noch einmal das Herz gebrochen würde.«
Ruth ist so misstrauisch. Misstrauisch und verbittert und total auf dem Holzweg. Ich möchte sie loswerden. Musst du nicht gehen? Hast du nichts vor?, frage ich sie im Geist, aber laut greife ich zu Crystals Ausweichfloskel: »Wie du meinst.«

Es ist schön mit Drew und mir.
Abends nach der Arbeit schlendern wir Arm in Arm durch den Lithia Park, wo sich der schwarzblaue, sternenbestickte Nachthimmel über uns wölbt und Frösche uns ein Ständchen bringen. Morgens trödeln wir im Bett herum, trinken Milchkaffee und lösen Kreuzworträtsel. Wir gehen Salsa tanzen, ich bringe ihm bei, seinen Videorekorder zu programmieren und Arme Ritter zu braten, und er erwärmt mich für Dixieland-Jazz und speichert meine Nummer in das Schnellwählsystem seines Handys ein, und ich schreibe seinen Namen in die »Bitte-benachrichtigen-Sie-bei-einem-Notfall«-Spalte meines Anmeldeformulars für den Yogakurs. Ich male mir aus, wie ich beim Großen Rad zusammenbreche und Drew mich zum Chiropraktiker bringt und die ganze Fahrt über meine Hand hält.
»Ich habe jemanden kennengelernt«, gestehe ich Dad am Telefon.
»Das ist ja wunderbar, Süße.« Ich sehe ihn auf der anderen Seite des Landes in Khakihose und Chamoishemd an seinem Küchentisch sitzen. »Und wann lernen *wir* ihn kennen?«
»Wann ihr wollt. Er ist Schauspieler. Ihr könntet herfliegen

und ihn auf der Bühne sehen. Er würde uns gute Plätze reservieren.«

Doch dann, eines Montagnachmittags, sagt Drew nach einem Picknick im Park – ich hatte Champagner und Frittata und Tomatenscheiben mit Basilikum und zwei große Stücke Schokoladen-Rum-Kuchen mitgebracht –, dass er sich nicht wohl fühlt und früh ins Bett will.

Ich bin enttäuscht, weil Montag unser einziger gemeinsamer freier Tag ist und wir abends etwas miteinander unternehmen könnten.

Aber ich sage, du Armer, das wird eine Migräne sein, ich habe Aspirin und Magentabletten zu Hause. Ich setze dich vor den Fernseher und lege dir das Heizkissen auf den Nacken.

»Ich bin nämlich eine erstklassige Krankenschwester«, schließe ich mein eilends zusammengezimmertes Fürsorglichkeitsangebot ab.

»Danke, aber daraus wird nichts. Ich muss morgen früh raus.«

»Seit wann stehst du denn früh auf?«

Drew führt das Leben eines Schauspielers. Wälzt sich gegen zehn aus dem Bett, geht gegen elf Kaffee trinken und erscheint um eins zu den Proben. Wenn ich bei ihm übernachte, bleiben wir mindestens bis zwei auf, lieben uns und balgen uns und trinken Wein und essen kalte Pizza im Bett.

»Ich habe eine Verabredung.« Er verzieht das Gesicht, als er den Kopf steifhalsig hin und her dreht.

Ich massiere seinen Nacken, und seine Schultern sinken herunter, als er sich entspannt.

»Ich begleite dich nach Hause«, sagt er.

Wir wandern schweigend dahin, wobei er den Bürgersteig fixiert, als fürchte er, dass er plötzlich aufbrechen und ihn verschlingen könnte, und ich zu große Angst vor der Antwort habe, um ihn zu fragen, was los ist. Eine Verabredung? Mit wem? Seiner Frau? Seinem Dealer? Seinem Mafia-Boss? Was ist das große Geheimnis?

Als wir bei Colonel Cranson's ankommen, küsst er mich brüderlich auf die Wange. »Vielleicht können wir uns ja irgendwann in den nächsten Tagen auf einen Kaffee treffen«, meint er.

»Auf einen *Kaffee?*« Ich bemühe mich redlich, nicht alarmiert zu klingen.

Er nickt.

Welchem Umstand verdanke ich diese Degradierung zur Kaffeeverabredung? Ich bin die *Freundin,* oder nicht? Ich schlafe seit fünf Wochen mit diesem Mann! Ich habe sein Deo benutzt und seine Blinddarmnarbe gesehen. Wurde ich nicht erst kürzlich vom Date zur Freundin befördert – wie von der Salaterin zur Chefkonditorin? Stand ich nicht kurz davor, seine Familie kennenzulernen?

Auf einen Kaffee?

Jetzt weiß ich, wie der heilige Christophorus sich gefühlt haben muss, als ihm seine Heiligkeit aberkannt wurde, weil plötzlich Zweifel daran wachwurden, dass er die drei Wunder tatsächlich vollbracht hatte. Jetzt weiß ich, wie Pluto sich gefühlt haben muss, als Astronomen plötzlich einfiel, dass er vielleicht gar kein Planet sei, sondern nur eine große, dreckige Eiskugel.

Vielleicht bin ich ja gar nicht Drews Freundin. Vielleicht bin ich ja nur eine Bekannte, ein Kumpel. Jemand, mit dem er einen Kaffee trinken geht, wenn er gerade nicht mit seiner sensationellen Schauspieler-Freundin mit dem Isadora-Duncan-Fransenflatterschal, dem Emma-Peel-Augen-Make-up,

dem Marilyn-Monroe-Kichern und der Lauren-Bacall-Taille beschäftigt ist. Diese Frau ist ein Mischwesen, ein Konglomerat aus sämtlichen Glamour-Frauen des frühen Hollywood. Ich bezweifle stark, dass sie Plain-Jane-Jockey-Unterwäsche trägt. Wahrscheinlich trägt sie überhaupt keine Unterwäsche.
Ich räuspere mich, täusche einen Husten vor und frage dann heiser: »Stimmt was nicht?« Ich bemühe mich, Ruhe zu bewahren. Ich bemühe mich, nicht zu kreischen.
»Es tut mir leid.« Er starrt auf seine makellos weißen Nikes hinunter und sagt dann mit gequälter Stimme, als tue es ihm weh: »Ich bin durcheinander.«
Ich krame den Hausschlüssel aus meiner Handtasche. Er blitzt im Sonnenlicht. Keine Verabredung sollte enden, wenn die Sonne noch über den Bäumen steht.
»Durcheinander? Weshalb?«, frage ich, obwohl ich nicht sicher bin, dass ich es wissen will. Hat er mit ihr geschlafen, seit wir zusammen sind? Der Schlüssel klemmt, und ich muss all meine Beherrschung aufbieten, um nicht mit der Faust die Glasscheibe in der Tür zu zertrümmern.
»Unseretwegen.« Er schaut an mir vorbei. »Und wegen jemand anderem.«
»Deiner Schauspieler-Freundin?«
Drew nickt. »Ja. Ginger.«
Ruth hatte recht. Ginger, deren Taillenumfang geringer ist als meine Schuhgröße. Ginger, deren rote Haarflut bis über ihren kleinen Knackarsch fällt.
Endlich dreht sich der Schlüssel doch, und ich schlage Drew, der dabei war, seinen Fuß über meine Schwelle zu setzen, die Tür vor der Nase zu. Das Letzte, was ich von ihm sehe, sind ungläubige Augen unter dem braunen Schuljungenpony und ein leicht geöffneter Mund.

Ich lege den Riegel vor und laufe den Flur hinunter zur Küche, mache die Tür hinter mir zu, ziehe die Rollos herunter und verkrieche mich in der Speisekammer. Dieser Raum ist der am weitesten von Drew Ellis entfernte. Ich reiße an dem Zugschalter der nackten Glühbirne an der Decke, ziehe die Tür zu und setze mich in dem trüben, gelben Licht auf den Fußboden.

Obwohl wir erst gerade vorhin gegessen haben, bin ich hungrig. Aber hier gibt es nichts als nackte Grundnahrungsmittel: Mehl, Zucker, Backfett, Hefe und Maisgrieß. Ich öffne einen Behälter mit Roggenmehl und greife hinein. Es ist trocken und weich wie feiner Sand und kitzelt, als es zwischen meinen Fingern hindurchrinnt. Ich schaufle mir etwas davon in den Mund und versuche zu kauen, doch Mehl kann man nicht kauen. Ich huste und würge. Der Speichel verwandelt das Mehl in einen teigigen Klumpen. Mir wird übel, aber ich schlucke das Ding trotzdem hinunter.

Erstens ist sie schöner und zweitens, wie Drew einmal erwähnte, ein Fan der Seattle Seahawks. Ich habe mich ehrlich bemüht, Drews Begeisterung für dieses bescheuerte Team zu teilen. »Sie sind wirklich auf Zack«, sagte ich zum Beispiel, wenn wir sie im Fernsehen spielen sahen, und verschwieg tunlichst, dass ich die Lakers vorziehe, die Ethan ebenfalls liebt. *Liebte.* Wie auch immer. Drew sagte, die Lakers seien ihm zu sehr Hollywood, und ich gab vor, seine Meinung zu teilen. Warum tut man das? Warum fühlt man sich als Frau verpflichtet, gleiche Interessen und Meinungen zu heucheln, solange eine Beziehung noch neu ist?

Ich wünschte, Ethan wäre hier und würde Drew in seinen knochigen Hintern treten.

Ach, was soll's? Ich werde Drew Ellis nicht wiedersehen. Ich werde nicht einmal in Ashland bleiben, wo die Gefahr besteht, ihm über den Weg zu laufen.

Nein. Ich werde in den Südwesten gehen, nach Phoenix oder Santa Fe. Ich war da schon mal. Und die Luft ist dort so trocken, dass meine Haare sich nicht kräuseln. Sie legen sich in weiche Wellen.

Wahrscheinlich könnte ich es mir in Santa Fe leisten, ein kleines, stuckverziertes Haus mit einem Pool im Garten zu kaufen. Die Samstagvormittage unter einer Palme im Liegestuhl verträumen, während leise die Poolpumpe summt und Eidechsen über die Natursteinterrasse huschen. Und hätte außerdem jeden Tag blauen Himmel statt unaufhörlich diesen Oregon-Regen.

Ich werde wieder heiraten. Meinen Nachbarn. Einen hinreißend schönen Mann mit einer Hautfarbe wie schwarzer Tee und drahtigen schwarzen Locken. Er wird nicht krank werden oder mir das Herz brechen. Er wird mich nicht wegen einer rothaarigen Schauspielerin verlassen. Er wird nur ein Bein haben, und ich werde seine Prothese nachts auf meiner Seite des Bettes deponieren, damit er an mir vorbeimuss, wenn er wegwill.

Ich stelle das Mehl ins Regal zurück, mache das Licht aus und lasse mich in der Dunkelheit wieder auf dem Boden nieder.

Ich sehe Ginger in einem String-Bikini vor mir, verführerisch auf Drews Bett sich räkelnd und ihn mit Ingwerchips und Ginger Ale füttern.

Ich habe keine Ahnung, wie lange ich schon im Finstern in der Speisekammer hocke, als es läutet. Meine Kehle ist so trocken, dass es mich würgt. Ich schlucke, um Spucke zu produzieren.

Die Türglocke schlägt ein zweites Mal an. Sie ist alt und klingt ohrenbetäubend schrill, wie die Klingeln in Theaterkulissen.

Ich stütze das Kinn auf meine angezogenen Knie und fixiere den schwachen Lichtstreifen unter der Tür. Hoffentlich gibt, wer immer es ist – Drew oder Ruth –, bald auf und geht wieder. Wenn es Ruth ist, möchte ich nicht ihr »Ich hab's dir ja gesagt« hören. Sie würde es nicht aussprechen, aber ich könnte es ihrem Ton entnehmen. Und wenn es Drew ist, möchte ich ihn nicht sehen lassen, wie tief getroffen ich bin. Ich möchte nicht, dass er erkennt, wie viel er mir bedeutet hat. Vielleicht ist er gekommen, um sich zu entschuldigen. Um mir zu sagen, dass er nicht wisse, was über ihn gekommen sei. Dass dieser plötzliche Sinneswandel nur eine Nebenwirkung des Medikaments sein könne, von dem er mir nicht habe sagen wollen, dass er es einnehmen muss.

Jemand klopft an die Glasscheibe der Hintertür. Ich wage kaum zu atmen.

»Hey, Fannie Farmer – was ist los?«, ruft Crystal. »Dein Auto steht vor dem Haus, also musst du da sein.« Der Knauf wird gedreht und dann die Tür geöffnet. Ich hatte nicht realisiert, dass sie unverschlossen war.

»Süßigkeiten oder Leben!«, ruft sie und murmelt nach einer kleinen Pause: »Na toll! Wahrscheinlich bumst sie ihren bescheuerten Schauspieler.«

Der Kühlschrank wird geöffnet, dann klimpert Glas, und gleich darauf läuft Wasser ins Spülbecken.

Ich stoße mit dem Fuß die Tür der Speisekammer auf und blinzle in die plötzliche Helligkeit.

»Hey! Was machst du denn da drin?« Crystal stellt ihr Glas auf die Arbeitsfläche, öffnet die Speisekammertür bis zum

Anschlag und streckt mir ihre kleine Hand hin, um mir aufzuhelfen. Meine Gelenke sind eingerostet, und mein Steißbein tut mir weh. Ich habe Schwierigkeiten, mich auf den Beinen zu halten.

»Mich verstecken«, antworte ich.

»Vor mir?«

»Nein, Schätzchen. Ich wusste doch gar nicht, dass du kommen wolltest.«

»Vor wem dann?«

»Vor der Welt.« Ich will nicht weinen, aber ich kann nicht anders. »Vor Drew. Er hat mich abserviert.«

»Du bist voller Mehl.« Sie fährt mir mit der flachen Hand übers Gesicht. Als ich an mir herunterschaue, sehe ich, dass meine Jeans weiß bestäubt ist.

Ich reiße mich zusammen und wische mir mit dem Ärmel die nassen Augen ab. Wie konnte ich nur so viel Zeit mit der Auswahl meiner Kleidung vertrödeln? Ich dachte, das lachsfarbene Seidentop mit dem passenden Jäckchen sei schlicht, aber sexy, bringe meine Haut zum Schimmern, aber Drew schien es nicht einmal zu registrieren.

Ich sinke auf einen Küchenstuhl, und Crystal gießt mir Orangensaft in ein Glas und schiebt es so vorsichtig und langsam über den Tisch auf mich zu, als sei ich ein verletztes Tier und sie hätte Angst, es zu erschrecken.

Ich leere das Glas in einem Zug.

Crystal schnaubt verächtlich. »Dieser Drew ist doch ein Loser. Du hast was Besseres verdient. Vergiss ihn.«

»Du hast ihn doch nie gesprochen.«

»War nicht nötig, sah man von weitem …«

»Wie geht's deinem Bein?«, unterbreche ich sie und wechsle das Thema.

»Schon besser.« Sie winkelt es an, um mir die Beweglichkeit zu demonstrieren.
»Ich muss die Gute-Gründe-Liste aufstellen«, fällt mir ein.
»Die *was?*«
»Die Gute-Gründe-Liste. Da schreibt man auf, was einem alles nicht gefällt an einem Typen. Die macht man, wenn mit jemandem Schluss ist.«
»Geil!« Crystal kramt Papier und Kugelschreiber aus der Schublade neben dem Telefon. Der Kugelschreiber funktioniert nicht. Sie fährt damit wie wild auf dem Papier herum, bis endlich eine schwache blaue Linie entsteht.
Idiotische Frisur!, schreibt sie in ihrer großen, schwungvollen Schrift als erstes Manko auf. Ihre i-Punkte sind kleine Kringel. *Pfeift bescheuerte Songs.* Ich beobachte sie fasziniert, wie sie mit Feuereifer bei der Sache ist. Es ist schon komisch: Man muss mit einem Menschen nicht verwandt sein, um ihn wie ein Familienmitglied zu lieben.

Die Gute-Gründe-Liste ist so lang und detailreich wie ein Käsekuchenrezept, doch das hindert mich nicht daran, morgens um drei zu Drews Haus zu fahren.
Drei Uhr morgens ist eine schreckliche Tageszeit. Es ist zu spät, um noch munter zu sein, und zu früh, um aufzustehen. Es ist ein Zwischenreich, ein Vorhof der Hölle, in dem die Laken nass und kalt von Alptraumschweiß sind und das Blut zu schnell durch die Adern rauscht und der Puls in den Schläfen schlägt wie eine verrückte Uhr, die die Millionen Sekunden bis zum Morgen zählt: warum, warum, warum?
Weil ich sagte, dass ich Musicals nicht mag? Dass ich Theaterstücke vorziehe? Weil ich in der Gesellschaft seiner übermütigen Schauspieler-Freunde schüchtern war? Weil ich einen

verdammten Kugelschreiber benutzte, wenn ich Kreuzworträtsel löste? Oder vielleicht, weil die noch immer überzähligen Pfunde zu langsam schwanden?

Ich stehe auf, mache mir eine Tasse Tee, dusche, ziehe mich an und steige in mein Auto, und die ganze Zeit habe ich das Gefühl, dass ich das alles nur träume.

Um drei Uhr früh ist in Ashland niemand unterwegs. Langsam steuere ich den Wagen Drews Haus entgegen.

Tu das nicht, sage ich zu mir und zum Lenkrad. Fahr lieber zu Ruth.

Ruth schläft, summt der Motor. *Bieg hier rechts ab und fahr bei Drew vorbei, um zu sehen, ob ihr Auto da steht.*

Außer seinem alten BMW steht kein Auto vor dem Haus oder in der Einfahrt. Ich hatte mir vorgestellt, dass ein niedlicher, pastellblauer, alter VW Käfer besitzergreifend vor der Garage stünde. Ich fahre an den Straßenrand und schalte ein Haus zuvor die Zündung aus. Der Motor tickt und seufzt. Vielleicht ist Drew ja bei ihr. Nein – dann wäre er mit seinem Wagen hingefahren. In Drews Küche brennt gedämpftes Licht. Ich versuche, mich auf meine Gute-Gründe-Liste zu konzentrieren. *Idiotische Siebziger-Jahre-Frisur.* (Habe ich nachträglich präzisiert.) *Bescheuerter Ordnungsfreak.* Aber keiner seiner Fehler ist so bildhaft wie meine Vision von Drew und Ginger, die es auf dem Fußboden in seiner Küche treiben, Drew mit in der Ekstase hochrotem und verzerrtem Gesicht.

Käsekuchen

24

Reden wir heute mal über schwere Tage«, eröffnet Sandy unseren Dienstagabend-Trauertreff. Ich habe Bananentörtchen für die Gruppe mitgebracht, aber Gloria ist allergisch gegen Milchprodukte und muss die obere Frischkäseschicht abkratzen, und Robert verträgt die Walnüsse nicht, die ich feingehackt in den Teig gerührt habe, und Alvin, dessen Frau an Alzheimer starb, ist Diabetiker, wie sich herausstellt. Menschen mit Essen zu trösten ist schwieriger, als man glaubt.

»Als ob es unschwere Tage gäbe«, brummt Roger verdrießlich. Er behält immer sein Sakko an und sitzt auf der Stuhlkante, als sei er im Begriff zu gehen.

Sein Sohn, der ja bekanntlich von einem Nachbarjungen erschossen wurde, war offenbar ein begabter Softball-Spieler, und seit seinem Tod ist die Zeit der Entscheidungsspiele eine Qual für Roger. Er hat niemanden mehr, den er anfeuern kann. Wenn man ihm zuhört, gewinnt man den Eindruck, als seien alle Fehler, die Roger in seinem Leben unterliefen, durch seinen Sohn wiedergutgemacht worden, den guten Schüler und talentierten Sportler. Bis dieser Angeber daherkam. Seitdem gibt es keine Wiedergutmachung mehr für Roger, sieht er keinen Sinn mehr im Leben.

»Sicher sind alle Tage schwer«, stimmt Sandy ihm zu, wobei er sich seinen Ziegenbart streicht. »Aber manche sind schwerer als andere.«

Alvin nickt zögernd. Ich glaube, er fühlt sich ein wenig schuldig, weil er den Tod seiner Frau als Erleichterung empfindet. In ihrem letzten Jahr auf Erden erkannte sie ihn nicht mehr und war hässlich zu ihm. Wenn er sie im Pflegeheim besuchte, empfing sie ihn mit der verletzenden Behauptung: »Sie stinken.« Neuerdings scheint er mit einer Witwe befreundet zu sein. Ich sehe die beiden sich manchmal eine Portion frittierte Zwiebelringe im A&W teilen.

»Die Feiertage natürlich«, beginnt Sandy aufzuzählen, »und Geburtstage, Hochzeitstage und Meilensteine im Leben wie der Tag des Schul- oder Studienabschlusses.«

Jeder Tag, an dem man befürchten muss, in der Stadt dem Schauspieler über den Weg zu laufen, der einen sitzengelassen hat, Arm in Arm mit Ginger Gingivitis. (Den Nachnamen habe ich mir ausgedacht, weil er wie eine schlimme Krankheit klingt.)

»Der Todestag«, ergänzt Gloria mit einem tiefen und schweren Seufzer.

»Genau«, pflichtet Sandy ihr bei. »Das kann der schwerste Tag sein, und der erste ist am schwierigsten, denn dann wird uns richtig bewusst, dass der geliebte Mensch für immer von uns gegangen ist.«

Toll. Nächste Woche dräut mein Hochzeitstag und im nächsten Monat Ethans Todestag. Gerade hatte ich angefangen, mich wieder wie ein Mensch zu fühlen. Werde ich demnächst in Bademantel und Häschenpantoffeln die East Main Street entlanggeistern?

»Das sind sogenannte Auslöser-Tage«, fährt Sandy fort. »Die Trauer wird buchstäblich im Körper ausgelöst und macht einen verwundbar und anfällig für Rückschritte. Das heißt aber nicht, dass Sie nicht im Großen und Ganzen Fortschritte machen. Ein Auslöser-Tag kann sogar Teil Ihres Fortschritts sein.«

Die Leute rutschen unbehaglich auf ihren Stühlen hin und her. Es ist nicht angenehm, wenn Sandy darüber spricht, was für eine harte Arbeit Trauer ist.

Ich würde der Gruppe eigentlich gern von meinem Rückschritt erzählen – dass ich, seit Drew mich in die Wüste geschickt hat, wieder mit Ethans Skipullover schlafe, ihn zusammenrolle und mit dem schäbigen Ding schmuse –, aber irgendwie wäre es mir peinlich.

»Der Sinn dieser Treffen liegt unter anderem darin, dass Sie die Möglichkeit bekommen, einander an schweren Tagen beizustehen«, sagt Sandy.

»Ich hoffe sehr, dass dabei Scotch eine Rolle spielt«, brummt Roger.

»In gewisser Weise, ja.« Sandy redet sich in Begeisterung. »Wenn Sie einen schweren oder einen Auslöser-Tag erleben und sich scheußlich fühlen, wenn Sie am liebsten im Bett bleiben oder sich betrinken würden, dann rufen Sie Ihren Trauerpartner an.«

Sandy teilt die Gruppe in Paare auf, die ihre Privat- und Büronummern austauschen sollen, damit sie einander anrufen können, wenn es ihnen schlechtgeht.

Mich spannt er mit Gloria zusammen, was ich einerseits als Glücksfall betrachte, andererseits jedoch mit Schuldgefühlen, denn ich denke, dass Roger sie sich als Bezugsperson erhofft hat. Als ich gerade mit dem Gedanken spiele, einen Tausch anzubieten, wird Roger Emily zugeteilt, einer Frau in den Zwanzigern, die erst vor kurzem zu unserer Gruppe gestoßen ist, nachdem ihr Freund bei einem Motorradunfall ums Leben gekommen war. Auch sie hat eine sehr liebe Ausstrahlung. Er beugt sich zu ihr hinüber, um ihre Telefonnummern zu notieren.

Sophie Stanton. Meine Hände zittern, als ich in Kits Büro den Zweijahresvertrag für die Konditorei unterschreibe. Es ist der vierzehnte Juni. Mein Hochzeitstag.

»Meinen Glückwunsch.« Kit reicht mir mit einer schwungvollen Geste drei Schlüssel an einem schlichten Metallring.

Ethan und ich wären heute vier Jahre verheiratet. Wenn er bei mir geblieben wäre, hätte ich ihn vielleicht überreden können, seinen Job aufzugeben, und dann hätten wir gemeinsam nach Ashland gehen und die Konditorei aufmachen können.

»Rufen Sie mich an, wenn Sie etwas brauchen.« Kit händigt mir eine Fotokopie des Mietvertrages aus und lächelt. »Ich werde bestimmt Stammkunde bei Ihnen.«

Sandy hat uns empfohlen, uns an den schweren Tagen Zeit dafür zu nehmen, an den geliebten Menschen zu denken, den wir verloren haben. Als ich am Abend meines Hochzeitstages nach Hause komme, krame ich aus einer Schachtel in der Garage mein Hochzeitsalbum hervor, mache mir eine Flasche Wein auf und setze mich ins Wohnzimmer.

Die dicken Pappseiten des Albums fühlen sich unzerstörbar an. Als wir den Fotografen anheuerten, erschien sein Honorar uns astronomisch, sogar für das kleinste Sortiment. Aber wenn man bedenkt, dass das Fotopapier, die Pappe, das Leder und der Goldrand die meisten Leute überleben, die in diesen Büchern abgebildet sind, war es rückblickend gar nicht so horrend. Die Farben sind so leuchtend wie am ersten Tag. Ethans Gesicht ist von Champagner und der Hitze des Junitages in San Jose gerötet. Es ist eine gesunde Röte. Nichts deutet darauf hin, dass der Krebs schon in seinem Körper lauert. Trotz des Smokings mit Satinrevers und steifem weißem Kummerbund sieht er wie ein Junge aus, der gleich zum Frisbeespielen geht. Zärtlich streichle ich mit der Fingerspitze seine Wangen. Bis zu Ethans Todestag sind es noch genau fünf Wochen. Das ganze Jahr lag dieser Tag hinter mir. Jetzt liegt er vor mir, und ich werde ihn von neuem durchleiden müssen.

Als ich umblättere, muss ich über Marion lachen, die gezwungen in die Kamera lächelt. Sie hat einen verkniffenen Zug um den Mund, als kneife sie ihr Korsett.

Gegen Ende des Albums komme ich zu den heiteren Aufnahmen. Ich hatte völlig vergessen, dass Ethans Verbindungsbrüder die Barfrau abfüllten. Auf einem der Fotos tanzt sie inmitten unserer Familie. Kurz danach verschwand sie mit einem unserer Single-Freunde, und Dad musste die Drinks mixen, bis das Hotel einen Ersatzbarkeeper schickte. Eigentlich war die Band nur bis Mitternacht engagiert, doch Dad legte noch was drauf, damit sie eine Stunde länger spielte. Die Hotelgäste beschwerten sich. Ich fahre mit dem Finger an dem Goldrand entlang. Es war ein tolles Fest, eine Hochzeit, wie sie sein sollte.

Ich klappe das Album zu, schenke mir noch ein Glas Wein ein und gehe damit in die Bibliothek, wo ich einen alten *Knigge* im Regal entdecke. Wie ich feststelle, werden zum vierten Hochzeitstag traditionell Obst und Blumen geschenkt. Zwei Dinge, die ebenso vergänglich sind wie ein Ehemann mit Krebs. Heutzutage werden Haushaltsgeräte als passende Geschenke angesehen. Dann hätte Ethan sicher nichts dagegen, wenn ich mir eine neue, industrietaugliche Küchenmaschine kaufe.

Am nächsten Tag bin ich bis nach Mitternacht damit beschäftigt, den Laden zu putzen, zu schrubben und zu schrubben, bis die zähe Mischung aus Fett und Dreck sich von den Wandfliesen und Arbeitsflächen löst. Ein Teil davon sammelt sich unter meinen Fingernägeln, der Rest färbt das Wasser im Eimer bräunlich grau.

Zum Teufel mit Drew Ellis, dem Prinzen Zu-gut-um-wahr-zu-Sein mit seiner gespenstischen Attraktivität und seiner Begabung, immer das Richtige zu sagen. *Du bist so klug und lustig. So ein großartiges Vorbild für Crystal.* Schleimscheißer. Er sollte in die Politik gehen. Senator Honig-ums-Maul-Schmierer.

Ich nehme mir die Scheuerleisten vor, krieche auf allen vieren daran entlang und schrubbe die schwarze Schmiere ab. Was macht es schon, dass ich nach einer gemeinsamen Nacht mit ihm zum ersten Mal seit einem Jahr glücklich und ausgeruht aufwachte?

Ruth half mir, meine Gute-Gründe-Liste zu erweitern, indem sie hinzufügte, dass Drew ein Zauderer mit einer Beziehungsphobie sei, der mich nicht zu schätzen wusste. Sie sagte nicht »Ich hab's dir ja gesagt«. Sie sagte, da Drew erzählt habe, dass Ginger verlobt sei, hätte ich keinen Anlass gehabt, so misstrauisch und paranoid zu sein, wie sie es mir geraten hatte.

Als der Laden sauber ist, gehe ich in die Backstube, wo die früheren Besitzer einen schokoladeverkrusteten Teekessel zurückgelassen haben. Obwohl ich ihn wahrscheinlich nie benutzen werde, mache ich mich darüber her, bis ich einen Krampf in den Fingern und Schultern habe, aber immerhin wird meine Hartnäckigkeit belohnt, denn schließlich fördere ich glänzendes Kupfer zutage.

In der Mitte des Raums steht ein kleiner Tisch mit einer Marmorplatte. Ich versuche, ihn an die Wand zu schieben, doch er lässt sich nicht bewegen, als sehe er in mir einen Eindringling, dem er mit seinen begrenzten Mitteln das Leben schwermachen will.

Ich wünschte, ich hätte Hilfe. Dad oder Ethan oder … nein, nicht Drew. Ergänzung für die Liste: Wer in aller Welt bewahrt *Bücher* im Geschirrspüler auf? Und wer will mit jemandem essen, dessen Zähne beim Kauen klappern, als wären sie aus Holz? Anfangs störte es mich nicht, aber so um die fünfte gemeinsame Mahlzeit herum hätte ich Drew gern die Kiefer zusammengehalten, um dieses Geräusch zu stoppen.
Morgen werde ich Crystal zum Putzen einspannen, sie zwingen, ihre mageren Arme mit einem Schrubber zu trainieren.
Ich ziehe die Schublade unter der Marmorplatte auf. Sie ist voller Holzlöffel, Fondantmesser und Holzspatel zum Umrühren von Schokolade. Nicht besonders nützlich für Käsekuchen. Als ich hinten in der Schublade Mäusedreck entdecke, erscheint mir die Räumlichkeit plötzlich zu schmutzig und zu schäbig für eine Konditorei. Und dann überwältigt mich, was vor der Eröffnung noch alles ansteht: Saubermachen, Inspektionen, Genehmigungen, ein neues Abluftsystem, Wände streichen, Vorhänge und Tische besorgen, ein Schild über dem Schaufenster anbringen lassen, ein Logo erfinden, eine Liste der bei mir erhältlichen Leckerbissen drucken lassen. Kostproben und Werbung. Was ist, wenn der Küchenchef vom Le Petit Bistro recht hat und ich einen schrecklichen Fehler mache? Was ist, wenn ich im ersten Jahr keinen Gewinn erwirtschafte?
Ich ziehe mir einen Stuhl heran, setze mich an den obstinaten Marmortisch und versuche, positiv zu denken.
Nach einer Weile gehe ich nach vorne in den Laden. Die Straße glänzt im Lampenlicht, das aus dem Schaufenster der Buchhandlung gegenüber fällt, regennass. Trostlos. Ich halte mir vor Augen, dass das Leben einen nachts oft ängstigt, das erste Tageslicht einen jedoch wieder glauben lässt, dass alles möglich ist.

Ich kehre in die Küche zurück, hole Block und Kugelschreiber aus der Handtasche und fange an, eine Liste aufzustellen. Wandfarbe. Welche? Wie viel?
Ich blättere die Muster durch, die ich mir im Malergeschäft geholt habe. Am besten gefällt mir Pineapple Cream, ein zartes Gelb, das wie Kuchenteig glänzt. Selbst an verregneten Tagen wird das Geschäft damit sonnig wirken und Ashland auf ein Stück Kuchen und eine Tasse Tee hereinlocken.
Meine Gedanken wandern zu Drew ab, doch ich hole sie energisch zu meiner Einkaufsliste zurück: Schutzfolie gegen Farbspritzer, Leiter, Abklebeband, Pinsel, Roller, Nasenhaare. Hatte Drew nicht Haare in der Nase? Ich bemühe mich, lange, schwarze, unappetitliche Nasenhaare in meiner Erinnerung heraufzubeschwören, nicht nur langsame Tänze, zerwühlte Laken, tiefe Grübchen und seine liebenswerte Begabung, Kinder zum Lachen zu bringen.
Wenn das Leben einem Zitronen gibt, macht man Limonade. Wenn ein Mann einem das Herz bricht, beschwört man Nasenhaare herauf. Die gehören auch noch zu den guten Gründen.

25

Crystal klettert bis zur obersten Leitersprosse und reißt das braune Papier von der Schaufensterscheibe. Knisternd fällt es über ihren Kopf und hüllt sie ein wie eine riesige Tüte. Zur feierlichen Eröffnung meiner Konditorei ist es noch eine Woche hin, aber theoretisch könnten wir schon heute aufmachen. Und genau das werde ich tun. Es kann nicht schaden, ein paar Erfahrungen zu sammeln, bevor der Bürgermeister, der Kritiker von der Zeitung, der Vorsitzende der Handelskammer und der Rest der Stadt sich zu meiner Eröffnungsparty einfinden.

»Vorsichtig!«, rufe ich zu Crystal hinauf.

Sie klettert die Leiter herunter und tanzt, in das Papier gewickelt, durch den Laden, wobei sie das verbrannte Bein noch immer merklich schont. »Ich bin eine Mumie!«, kreischt sie übermütig.

Während ich die Glasscheiben mit Zitronenwasser und Haushaltspapier putze, malt Crystal mit bunten Neonmarkern ein Schild.

Montag große Eröffnungsparty schreibt sie, die Zungenspitze in einen Mundwinkel geklemmt, sorgfältig und konzentriert, und darunter *Schauen Sie schon jetzt auf eine Gratis-Kostprobe herein!* Der Platz geht ihr aus, und darum muss sie die letzten Buchstaben schmalbrüstig ans Ende des Papiers quetschen. Ich wünschte, wir hätten ein professionell wirkendes Schild, aber natürlich sage ich das nicht.

»Toll!« Ich reiche ihr das Klebeband. »Mach's ans Fenster.«

Ich drehe das »Geschlossen«-Schild an der Tür um, so dass von draußen »Geöffnet« zu lesen ist, und dann warten Crystal und ich hinter der Kasse auf unseren ersten Kunden.
In den Wochen der Vorbereitung auf die Eröffnung, in denen ich mich mit dem Gesundheitsamt herumschlug, mit dem Grafiker traf und mein Teigrezept perfektionierte, schien es, als würde dieser Tag nie kommen, und nun, da es so weit ist, liegt der Bürgersteig menschenleer da. Langsam fährt wasserrauschend ein Auto vorbei. Manchmal lässt das Oregon-Wetter den ganzen Tag wie Abenddämmerung aussehen. Aber die Konditorei wirkt sonnig – und appetitlich – mit den buttergelben Wänden und dem weiß abgesetzten Stuck entlang der Decke. Die frisch eingelassenen Dielen glänzen wie Honig, die Astlöcher wie Schokolade.
Über die Kasse habe ich ein gerahmtes Foto von mir als Kind gehängt. Auf dem Bild stehe ich am Weihnachtsmorgen mit meiner Mutter neben meinem neuen Suzie-Homemaker-Herd. Mutter hat eine weiße Schürze über ihrem rot-grün gemusterten Kleid an, und ihr schöner Mund ist leuchtend rot geschminkt. Niemand käme auf die Idee, dass meine Mom eine schreckliche Köchin war oder dass mich der Nachbarjunge, ein übler Bursche namens Jeremy, eine Woche später zwang, ihn einen Frosch in meinem neuen Backofen braten zu lassen. Das ganze Haus stank wie die Pest, und Dad stellte den Herd für den Sperrmüll an den Straßenrand.
Crystal hilft mir, ein Tablett mit Gratis-Kostproben herzurichten, das ich an die Kasse stellen will: Baby-Kirsch-Käsekuchen, Walnussbrownies, Scheiben von Zitronenkuchen und Ecken von Rührkuchen mit gemischten Beeren.
Und endlich besucht uns der erste Kunde – eine Mutter mit einem riesigen Zwillingskindersportwagen kämpft sich durch

die Tür. Ich schieße hinter der Theke hervor, um ihr zu helfen, drossle mein Tempo dann jedoch, um nicht zu umsatzgierig zu erscheinen. Die Frau macht große Augen, als sie die Cookies und Muffins entdeckt.

»Darf es sonst noch etwas sein?«, fragt Crystal mit einem Miss-Amerika-Lächeln, dessen ich sie nicht im Traum für fähig gehalten hätte. »Die Meringen sind sehr leicht und fettarm.« Sie ist eine echte Verkaufsbegabung. Kleine rosa und blaue Schleifchenspangen zieren ihren Zickzackscheitel. Wenn man sie so sieht, würde man ihr niemals zutrauen, dass sie sich selbst schädigte, mit einem Teekessel eine Verbrennung zweiten Grades zufügte. Unsere Kundin nimmt einen Baby-Kirsch-Käsekuchen von dem Gratis-Kostproben-Tablett und knabbert vorsichtig daran.

»Ohhh!«, stöhnt sie verzückt. »Mmmm!« Sie leckt sich die Krümel von den Lippen.

Crystal deutet auf die Käsekuchen in Standarddurchmesser in der Vitrine, und kurz darauf hat die Frau einen New Yorker für zehn Personen gekauft und Brombeersauce dazu.

»Einen schönen Tag noch«, tiriliert Crystal ihr hinterher, als sie den Zwillingswagen auf die Straße hinausschiebt.

»Du hast deinen ersten Käsekuchen verkauft!« Wir schlagen hoch in der Luft die Hände aneinander, und Crystal macht einen Knicks.

Letzte Woche habe ich ihren Vertrauenslehrer in der Schule angerufen, um ihm zu erzählen, wie sehr sie mir bei den Vorbereitungen für die Eröffnung der Konditorei geholfen hat. Ich wollte ihn wissen lassen, dass Crystals zwangsweise schulfreie Zeit produktiv gewesen ist. Mit der Hightech-Kasse kann sie sogar besser umgehen als ich. Ich fühlte mich wie ein prahlerischer Elternteil, als ich ihm das berichtete.

»Hey, Alte! Der erste Gehaltsscheck meines Lebens!«, strahlte Crystal, als ich ihn ihr überreichte. Sie schloss die Augen und küsste ihn. Ich war in Sorge, dass sie ihren Verdienst für Junkfood, CDs und Feuerwerkskörper rauswerfen würde, doch sie kaufte sich nur eine Sache: eine Taxidermie-Ausrüstung – eine Ausrüstung zum Haltbarmachen toter Tiere.

»Willst du das wirklich haben?«, fragte ich, als ich über ihre Schulter in den Katalog schaute, und schauderte bei der Beschreibung der inbegriffenen Glasaugen.

»Ja, klar«, antwortete sie. »Manchmal werden Tiere überfahren und sind trotzdem nicht total zermatscht, und wenn man sie ausstopft, muss man sie nicht verbrennen lassen, sondern kann sie behalten«, erklärte sie mir, während sie den Bestellzettel ausfüllte.

Ein seltsames Kind, dachte ich, doch ich sagte: »Okay, das klingt einleuchtend.«

Um die Mittagszeit kommen zwei kichernde Teenager durch die Ladentür getrampelt. Obwohl draußen keine Sommertemperatur herrscht, tragen sie kurze Trägertops, die viel weiße Haut über den wurstpelleengen Jeans sehen lassen. Kleine silberne Kreolen glänzen in ihren Bauchnabeln.

»Oh, Crystal«, sagt eine von ihnen spöttisch, als sie sie hinter der Theke stehen sieht. »Ich wusste nicht, dass du *arbeitest.*« Neongrüne und orangefarbene Gummibänder leuchten in der Zahnspange des Mädchens.

Crystal strafft ihre Schultern und rückt unnötigerweise eine Reihe von Karotten-Rosinen-Muffins gerade. »Die Konditorei gehört meiner Tante«, antwortet sie. »Ich helfe ihr ein bisschen.«

Ein fragender Blick trifft mich, aber ich reagiere nicht darauf.
»Cool«, meint das andere Mädchen unbeeindruckt.
Sie entscheiden sich für Erdnussbutter-Schokosplitter-Brownies und zwei Dosen gekühlte Cola, und Crystal tippt die Beträge in die Kasse ein. Als sie das Wechselgeld herausgibt, schaut eines der Mädchen über den Ladentisch auf Crystals Füße hinunter und prustet los.
»Was?«, fragt Crystal in scharfem Ton.
»Nichts«, antwortet das Mädchen und stößt die Freundin in die Seite, während beide ihre Coke-Dosen öffnen.
»Du trägst Krankenschwesternkähne«, spottet die Wortführerin und deutet naserümpfend auf Crystals weiße Gesundheitsschuhe. Jetzt tut's mir leid, dass ich ihr die Dinger im Interesse ihrer Füße aufgezwungen habe.
»Na, vielleicht wird sie ja mal eine«, meint die andere.
»Wir sehen uns in der Schule«, sagt die Erste. »Ach nein – du *darfst* ja nicht in die Schule!« Sie machen kehrt, donnern mit ihren Plateauschuhen auf die Straße hinaus und biegen sich auf dem Bürgersteig vor Lachen.
»Was soll's«, murmelt Crystal. Ihre Schlagfertigkeit hat sie offenbar verlassen.
»Lass mich raten – Amber und Tiffanie?«
Sie nickt und wischt den sauberen Ladentisch mit einem Schwammtuch ab. Ich würde am liebsten rauslaufen und die beiden Rotzgören schütteln, bis ihnen Hören und Sehen verginge.
»Sie sind nicht besonders hübsch und machen weder einen intelligenten noch einen netten Eindruck«, versuche ich, Crystal aufzubauen, und wünsche mir, ich könnte mit einem saftigen Seitenhieb im Teenager-Jargon aufwarten.
Crystal zuckt mit den Schultern. »Alle mögen sie.«

»Wer hat dir beigebracht, so zu kochen?«, wollte Drew eines Abends wissen, als er bei mir mit einem Teelöffel Spaghettisauce aus dem Topf naschte. In der Schule hatte ich es nicht gelernt – ich war in Hauswirtschaft gerade mal so durchgerutscht –, und bei den Pfadfinderinnen war ich rausgeflogen, und meine Mutter konnte nicht kochen.

»Niemand. Ich habe es allein gelernt.« Wahrscheinlich, weil ich gern esse – und weil ich nach Moms Tod nach etwas Tröstlichem suchte.

Ich reibe Zitronenschale in ein Schüsselchen und messe Zucker ab.

Nachdem Drew mich sitzengelassen hatte, musste ich neue Bettwäsche kaufen, da ich mich sonst nicht in mein Bett hätte legen können. Die Erinnerungen wären zu schmerzlich gewesen. Aus demselben Grund hatte ich, als das mit Drew anfing, neue Bettwäsche gekauft, *Ethans* wegen. Auf der jetzigen leuchten Hortensien – es ist die fröhliche Bettwäsche eines allein schlafenden Mädchens.

»Madam?«, ruft jemand im Laden.

Ich schalte das Knetwerk aus. Als ich nach vorne komme, sehe ich meinen ehemaligen Chef vor der Vitrine stehen. Er trägt Jeans und ein T-Shirt und die Haare nass nach hinten gekämmt.

»Hallo.« Ich hatte damit gerechnet, ihm irgendwann irgendwo zu begegnen – aber nicht in meinem Geschäft.

Er deutet eine Verbeugung an.

»George würde Ihre Käsekuchen gern auf der Speisekarte belassen.« Er meidet meinen Blick, richtet ihn stattdessen auf den Schaukasten, während er seine Fingerknöchel knacken lässt. »Und ich bin damit einverstanden. Sie sind … *angemessen.*« Ich weiß noch, wie er meine pikanten Käsekuchen in

den höchsten Tönen lobte. »Vielleicht bin ich Ihr erster Handelspartner.«
Das ist wohl seine Art, sich zu entschuldigen. »Danke«, sage ich. *Vielleicht kann ich ja andere Restaurants veranlassen, die Käsekuchen ebenfalls in ihr Angebot aufzunehmen.*
»Ich möchte den Porcini-Brie als Vorspeise anbieten und den New Yorker als Dessert.« Nachdenklich runzelt er die Stirn. Für ihn ist die Bestellung von Lebensmitteln eine ernste Sache. Er brüstet sich damit, immer die richtige Menge von allem zu ordern, so dass kaum etwas weggeworfen werden muss.
Und dann hebt er endlich den Blick und schaut mich über die Vitrine hinweg an. Er sieht müde aus, und in seinen schwarzen Augen ist ein Hunger zu erkennen, der mit Essen nicht zu stillen ist. »Wenn Sie notieren wollen – ich habe meine Bestellung im Kopf.«

»Sophie?«, kommt eines Morgens Drews Stimme aus dem Anrufbeantworter, als ich gerade aus dem Haus will. Ich erstarre mit der Hand auf dem Knauf.
Nach einer kleinen Pause spricht er weiter. »Es tut mir leid.«
Einen Stapel Kochbücher an die Brust drückend laufe ich auf leisen Sohlen und flach atmend, als könne er mich hören, den Flur hinunter zur Küche.
Ich rate ihm, sich anzustrengen.
»Ich möchte mit dir reden. Bist du da?«
Schwacher Vortrag. Was willst du? Mit mir Kaffee trinken?
»Es gab da etwas, bevor wir uns kennenlernten, was ich dir gern erklären würde.«
Etwas? Vielleicht ein *sexbezogenes* Etwas? Auf Zehenspitzen nähere ich mich der Maschine.

Drew räuspert sich. Für einen sprach- und vortragsgeschulten Schauspieler gibt er eine bestürzend stockende Vorstellung. »Es ist aus.« Wieder eine Pause. »Mit Ginger, meine ich.«

Sehnsüchtig beuge ich mich über den Anrufbeantworter, als könne ich Drews Frische-Wäsche-Duft riechen. Ich sehe seine breiten Schultern und seine schmalen Hüften vor mir, spüre seine warmen Hände, und kein einziger Punkt von meiner Gute-Gründe-Liste fällt mir ein.

»Ich möchte dich sehen.« Seine Stimme ist leiser geworden. »Bald. Bitte ruf mich an.«

Das kannst du vergessen, Mr Kaffee!

Er seufzt tief, und dann endet die Aufnahme mit einem Knacken.

Ich lege die Kochbücher und meine Handtasche auf die Arbeitsplatte, öffne den Kühlschrank und starre blicklos hinein. Kommt gar nicht in Frage, dass ich Drew Ellis zurückrufe! Kühle Luft streicht über meine Arme und mein Gesicht. Eine Flasche von Drews Bloody-Mary-Mix glotzt mich an. Ich schütte das Zeug ins Spülbecken und pfeffere die Flasche in den Recycling-Eimer. Genussvoll höre ich sie darin zerschellen.

Nach einem Schluck Milch aus dem Tetrapack mache ich die Kühlschranktür zu und gehe ganz cool zum Telefon hinüber. Ich hatte vergessen, mit welcher Macht ein neuer Mann im Leben einen Anrufbeantworter ausstattet. Wie man sich danach sehnt, ihn mit einer Axt kurz und klein zu schlagen, nur weil das kleine rote Lämpchen nicht blinkt. Ist man erst einmal verheiratet, kümmert einen das rote Lämpchen nicht mehr die Bohne. Wenn es blinkt, hat wahrscheinlich ein anderes Ehepaar angerufen, um zu fragen, ob man was vom Grillen versteht.

Während ich über den Anrufbeantworter gebeugt stehe, sehe ich im Geist meinen attraktiven Phantasiegatten mit der Beinprothese in Santa Fe vor mir. Er wird mir in einem hohen Glas Eistee an den Pool bringen, mit frischer Minze und Eiswürfeln. Und ich werde seinen Namen in die Rubrik »Bitte benachrichtigen Sie bei einem Notfall« eintragen.

Crystal brütet an dem Marmortischchen in der Backstube über ihrem Erdkundebuch. Plötzlich schlägt sie mit der Faust darauf.

»Scheiße!«

»Keine Kraftausdrücke, bitte.« Ich ziehe ein Blech Haferkekse aus dem Rohr und schließe für einen Moment die Augen. Es gibt noch so viel zu tun bis zur Eröffnung, aber meine Füße und mein Rücken bringen mich jetzt schon um, ganz zu schweigen von dem dickflüssig süßen Geruch um mich herum. Dazu kommen der Kredit, die Miete, die Versicherungsprämien. Wie soll ich das alles schaffen?

»Ich *hasse* die Sommerschule!«, schimpft Crystal mit Tränen in der Stimme.

Die Beraterin von Big Brothers/Big Sisters hat mich darauf vorbereitet, dass Crystal erregbarer werden könnte, wenn sie die Selbstschädigung einstellt. »So makaber ihre Eigentherapie auch war – jetzt ist sie ihr genommen«, erklärte sie mir. »Doch die Wut ist noch da.«

»Ich kann mir vorstellen, dass du keinen Spaß daran hast«, sage ich zu Crystal. Sie muss drei Kurse absolvieren, um in die zehnte Klasse versetzt zu werden, und der komprimierte Lehrstoff verlangt ihr einiges ab.

»Ich will sowieso nicht in die Schule zurück«, mault sie. »Und der Erdkern ist mir sch… total egal. Mineralien interessieren mich nicht. *Tiere* interessieren mich. Wenn es einen Ferienkurs über Tiere gäbe, würde ich *gern* hingehen.«

»Welches ist denn dein Lieblingstier?«, greife ich diesen positiven Ansatz auf.

»Pinseläffchen finde ich süß. Sie sind so klein und total …«

Sie wird von einem lauten Klopfen an der Ladentür unterbrochen. Die ist abgeschlossen, wir haben bereits Feierabend. Als ich vorsichtig um die Ecke spähe, sehe ich Drew, der, die Hände ums Gesicht gelegt, durch die Glasscheibe schaut. Er entdeckt mich, winkt und lächelt sein hinreißendes Lächeln. Ich gehe hastig in Deckung und ziehe scharf die Luft ein.

Um Fassung bemüht, sage ich tonlos zu Crystal: »Bitte schließ auf.«

Sie steuert auf den Durchgang zu, bleibt dort wie angewurzelt stehen und wendet sich mir zu. »Aber das …«

Ich sehe sie durchdringend an. »Geh!«

Ohne mich aus den Augen zu lassen, bewegt sie sich rückwärts in Richtung Tür und dreht sich erst im letzten Moment um. Ich beobachte verstohlen, wie sich die Sache entwickelt.

»Hi«, sagt Drew, begleitet vom fröhlichen Bimmeln der Ladenglocke, und streckt ihr die Hand hin. »Ich bin Drew Ellis.«

Sie verschränkt demonstrativ die Arme. »Ich weiß. Was wollen Sie?«

»Sophie besuchen.«

»Warum?« Breitbeinig verstellt sie ihm den Weg zur Backstube.

Drew hat mich über ihre Schulter hinweg entdeckt und schaut mich bittend an. Ich wende mich ab und versenke ein Backblech in der Spüle.

»Ich möchte mich bei ihr entschuldigen und sie fragen, ob sie mit mir zum Essen geht«, erklärt er mit erhobener Stimme, um sicherzugehen, dass ich es höre.

»Das glaub ich kaum«, erwidert Crystal giftig.

Entweder ist er um sie herumgegangen, oder er hat sie beiseitegeschoben – jedenfalls sagt er plötzlich dicht hinter mir »Hi«, so selbstverständlich herzlich, als sei nichts geschehen, als hätte er mich nicht wegen einer rothaarigen Hexe mit zu schmal gezupften Brauen sitzengelassen. Ich drehe mich zu ihm um. Er sieht sehr sexy aus in der schwarzen Jeans und dem weißen T-Shirt. »Es ist einfach zu viel des Guten«, meinte Ruth zu dem Grübchen in seinem Kinn. Aber mir gefällt es. Ich schaudere und wende mich den schmutzigen Backblechen zu.

»Wir haben geschlossen«, erklärt Crystal, die ihm gefolgt ist.

Ich wage einen Seitenblick. Drew knetet mit beiden Händen seine Baseball-Kappe und starrt auf den Boden.

»Lass es gut sein, Crystal. Ich würde sagen, du gehst jetzt nach Hause, und wir sehen uns morgen früh wieder.«

»Nee!« Sie stampft mit dem Fuß auf.

»Doch.«

Sie packt ihr Erdkundebuch und ihre Jacke und stürmt wütend hinaus. Gleich darauf fällt krachend die Ladentür zu.

»Sie mag mich nicht«, sagt Drew.

Ich zucke mit den Schultern und stelle die Bleche zum Trocknen ins Gitter.

»Ich nehme es ihr nicht übel«, fährt er fort. »Darf ich mich setzen?«

»Wie du meinst.« Ich habe diese Redewendung seit meiner Bekanntschaft mit Crystal schätzen gelernt. Sie wirkt wie ein Schutzschirm der Gleichgültigkeit, hinter dem man seine wahren Gefühle verbergen kann.

»Ich möchte mich entschuldigen.« Drew reibt sich mit beiden Händen das Gesicht. »Ich weiß, dass das idiotisch klingt, aber ich habe mich in den vergangenen zwei Wochen unheimlich herumgequält.«
»Und jetzt willst du mit mir Kaffee trinken gehen?« Ich putze einen der Öfen.
Er sieht mich verständnislos an; er scheint sich nicht an seinen albernen Abschiedsvorschlag zu erinnern.
»Ich war durcheinander.«
»Ich weiß. Wegen Ginger.«
Er nickt. »Ich hatte mich vor zwei Jahren in sie verliebt – lange bevor du herzogst.«
»Soll mich das trösten?«
Drew hebt die Hand, um mich zu stoppen. »Sie hatte einen Verlobten in New York, wie ich dir erzählt habe, aber wir verbrachten viel Zeit miteinander. Als Freunde, obwohl ich immer hoffte, es würde mehr daraus. Bis ich *dich* kennenlernte.«
»Ach, tatsächlich.«
»Ja! Nachdem ich dich getroffen hatte, war Ginger nicht mehr interessant für mich. Nicht in dieser Weise. Wir verbrachten immer noch viel Zeit miteinander, aber ich himmelte sie nicht mehr an, und das vermisste sie. Sie vermisste das Kribbeln, das meine Anbetung bei ihr auslöste. Die Sehnsucht in meinen Augen machte sie high. Schauspieler können extrem narzisstisch sein.«
Drew sieht schlecht aus. Er ist blass und hat dunkle Ringe unter den Augen. Ich würde mich gern zu ihm an den Tisch setzen. Stattdessen gehe ich zur Hintertür und nehme meine Jacke und die Handtasche vom Haken.
»Als ich ihr erzählte, wie sehr ich dich mochte und wie glück-

lich ich war, wollte sie mich plötzlich haben. Sie ertrug es nicht, mich mit jemand anderem glücklich zu wissen, und ich war auf einmal in der Situation, mich entscheiden zu müssen.«

Will ich diese Geschichte wirklich hören? Ich fühle mich der Schilderung von Gingers Verführungstaktik nicht gewachsen.

Ich schalte die Beleuchtung des Verkaufsraums aus und den Abzug in der Backstube.

»Deshalb hielt ich es für besser, dich eine Weile nicht zu sehen.« Ich wende mich Drew wieder zu. Er schaut flehend zu mir auf. »Aber es war *schrecklich,* dich nicht zu sehen.«

Ich gehe wieder zur Spüle, suche in meiner Handtasche nach dem Autoschlüssel.

Drew seufzt und lässt die Arme hängen. »Ich werde mich nicht mehr mit ihr treffen – auch nicht als Freund. Sie ist ein Kontrollfreak und egozentrisch, und ich möchte nicht, dass du dir ihretwegen Sorgen machst. Es ist zu Ende. Genau genommen hat es nie angefangen.« Leise fügt er hinzu: »Ich habe kein einziges Mal mit ihr geschlafen.«

Ich finde den Schlüssel und deute damit auf Drew. »Du arbeitest mit ihr«, sage ich, als sei das schlimmer als Sex. In gewisser Weise stimmt das sogar, denn eine solche Beziehung kann enger sein als eine sexuelle.

»Ja, wir arbeiten zusammen – aber nicht mehr lange. Sie wechselt am Ende der Spielzeit zu einem anderen Ensemble. Es sind also nur noch sechs Monate.«

»Sechs Monate sind eine lange Zeit.«

»Ich hab's dir doch gesagt – ich bin fertig mit ihr. Bitte gib mir noch eine Chance.«

»Wir werden sehen«, antworte ich. *Er ist ein aalglatter Bur-*

sche, hatte Ruth auch noch zu meiner Gute-Gründe-Liste beigesteuert. *Nicht zu packen.*

»Wir werden es langsam angehen«, erkläre ich ihm nach reiflicher Überlegung.

Drew steht auf und kommt mit ausgestreckten Armen auf mich zu. »Ganz wie du willst.«

Aus Angst vor seiner Umarmung weiche ich zurück, stoße gegen die Spüle.

»*Sehr* langsam.« Ich mache das Licht in der Backstube aus.

Drew lässt die Arme fallen und senkt den Kopf. »Es tut mir leid«, sagt er so leise, dass ich ihn kaum verstehe. »Ich …«

Ich öffne die Hintertür und halte sie mit einer Kopfbewegung in Richtung Parkplatz für ihn auf. »So langsam, dass du dich jetzt verabschieden musst.«

26

Am nächsten Morgen ruft Marions zehn Jahre jüngere Schwester Jolene, die in Sacramento lebt, bei mir an. Nachdem sie sich darüber ausgelassen hat, was für ein netter, junger Mann Ethan war und wie sie sich zu Tode erschreckt hat, als sie kürzlich die Nachbarskatze schlafend in einem Korb mit frisch gewaschenen Handtüchern entdeckte, kommt sie endlich zur Sache.

»Es geht um Marion«, erklärt sie und seufzt tief.

»Was ist mit ihr?«

»Sie haben Alzheimer bei ihr festgestellt.«

Ich kann es nicht glauben. Marion vergisst nie etwas. Sie erinnert sich immer, wo sie ihren Wagen geparkt hat, es entgeht ihr kein Geburtstag, und sie kann Eintopfrezepte aus dem Kopf aufsagen. Sie kennt die Texte sämtlicher alten Songs, zu denen sie und Charlie früher tanzten, und singt mit, wenn die »Big Sal's Swing Show« im Radio läuft.

»Tatsächlich? Das tut mir leid.«

»Sie möchte dich besuchen.«

»Mich?« Das ist seltsam, wenn man die kontrollierte Missbilligung bedenkt, mit der meine Schwiegermutter mich immer betrachtete – als sei ich eine Zimmerpflanze, die sie gewissenhaft goss und düngte und die trotzdem nicht blühen wollte.

»Okay«, antworte ich zögernd, doch dann bemühe ich mich, freundlicher zu klingen, gastfreundlich. »Das ist nett. Und wann will sie kommen?«

»Diese Woche.«

Panik steigt in mir auf, als mir einfällt, mit welch brutaler Tüchtigkeit Marion die Habseligkeiten ihres Sohnes und meines Mannes in San Jose in die Garage schaffte. Inzwischen stehen die Sachen in der Garage von Colonel Cranson's. Wird sie mich zwingen, sie wegzugeben, wenn sie sie dort entdeckt?
»Das wird ihre letzte Reise sein«, sagt Jolene. »Zumindest ohne Begleitung.«
»So schlimm ist es?«
»Nun ja – sie hat auch gute Tage.«

Als ich Marion abhole, zeigt sich, dass dies nicht einer ihrer guten Tage ist. Ich kann nicht fassen, dass Jolene sie hat allein fliegen lassen.
Auf dem Rückweg vom Flughafen in Medford drückt sie ihren hartschaligen, toastergroßen Kosmetikkoffer an ihre Brust, als befürchte sie, dass man ihn ihr stehlen könnte. Bekümmerung legt ihr geschminktes Gesicht in Falten, während sie mir zu erzählen versucht, dass Jolene sie zwingt, in ein Heim zu ziehen. (»Eine ausgesprochen hübsche Einrichtung für betreutes Wohnen«, hatte Jolene mir am Telefon erklärt.) Aber Marion hat Wortfindungsschwierigkeiten, und jedes Mal, wenn es passiert, klopft sie sich frustriert mit den Fingerknöcheln an die Stirn, als wolle sie ihre grauen Zellen damit aufwecken. Die Worte, um die es geht, sind immer ganz einfache Substantive wie Haus oder Zimmer.
Ich denke daran, wie agil meine Schwiegermutter immer war. Jeden Tag hatte sie etwas vor, ging zur Kirche oder zum Bowling oder zum Bridge oder arbeitete, von einer Hilfsorganisation eingeteilt, der sie angehörte, ehrenamtlich im Krankenhaus.
Wir fahren zum Supermarkt, um einen Liebesroman zu kau-

fen, da sie ihren im Flugzeug fertiggelesen hat. Ich weiß noch, wie sie die Bücher in einem Affentempo verschlang, wobei sie ärgerlich mit der Zunge schnalzte, wenn der Inhalt an einer Stelle nicht ihre Billigung fand. Sie bevorzugt Hochglanzdeckel, auf denen sonnengebräunte Männer mit ausgeprägtem Bizeps Frauen mit tiefem, schweißglänzendem Dekolleté umarmen, die den Kopf, in Verzückung entrückt, in den Nacken geworfen haben.

Mich zu sehen stürzt Marion offenbar in zusätzliche Verwirrung. Sie geht davon aus, dass Ethan und Charlie sich ebenfalls in Oregon aufhalten, den sie fragt mich, wo sie sind – in misstrauischem Ton, als glaube sie, dass ich die beiden vor ihr verstecke.

»Sie sind gestorben«, erinnere ich sie.

Ethans Tod wird sich in sechs Tagen jähren – einen Tag nach der offiziellen Eröffnung meiner Konditorei. Ich habe sie absichtlich so terminiert, um vor lauter Vorbereitungen an nichts anderes denken zu können, denn ich fürchte dieses schreckliche Jubiläum mehr, als ich damals Ethans Tod fürchtete.

»Ethan und Charlie sind nicht mehr da«, sage ich zu Marion, lange hinüber und tätschle das rutschige Knie ihrer Polyesterhose. »Du musst mit mir vorliebnehmen.«

»Ich wollte nie eine Tochter«, erwidert sie abweisend. »Ich wollte drei Söhne.« Sie drückt ihren Kosmetikkoffer noch fester an sich und schaut aus dem Beifahrerfenster.

»Du willst dein Geld zurückhaben?«, frage ich.

Sie wendet sich mir zu und nickt mit geschürzten Lippen.

»Wenn du herausfindest, wohin man sich mit dieser Forderung wenden kann, lass es mich wissen«, bitte ich sie. »Ich hätte auch gern eine Entschädigung.«

Am nächsten Morgen weckt mich ein lautes Da-DONG, Da-DONG! Ich springe aus dem Bett und stürme die Treppe hinunter. Der Krach kommt aus der Waschküche: In dem laufenden Trockner scheppert eine Bratpfanne!
»Höchste Zeit für dich, mit deinem Tagwerk zu beginnen«, flötet Marion, als ich in die Küche komme, wo sie dabei ist, mit einem Putzschwamm die sauberen Arbeitsflächen zu schrubben. »Du kannst doch nicht den ganzen Tag schlafen!« Schaum quillt zwischen ihren Fingern hervor.
Es ist erst halb sieben, aber sie ist bereits angezogen. Heute hat sie eine leuchtend grüne Hose und einen zitronengelben Baumwollpullover an. Sie trägt immer grelle Countryclub-Farben – und dicksohlige weiße Schuhe, die bei jedem Schritt quietschen. Trotz ihrer Kind-der-Wirtschaftskrise-Genügsamkeit kauft sie sich alle sechs Monate ein neues Paar dieser Schuhe, und sie sind immer fleckenlos, niemals irgendwo abgestoßen oder verkratzt.
Wenn Marion arbeiten will, kann sie mir bei den Vorbereitungen für die Eröffnung helfen. Es sind nur noch vier Tage bis dahin.

Als Crystal vormittags zum Arbeiten erscheint, ist sie sehr schnell von Marions Verwirrtheit genervt.
»Lassen Sie das!«, faucht sie und schlägt Marion auf die Hände, als diese anfängt, Blaubeermuffins in den Geschirrspüler zu packen.
»Hab Geduld«, bitte ich Crystal. Ich hatte gedacht, je mehr Helfer ich hätte, umso schneller würde es vorangehen, aber jetzt frage ich mich, ob ich allein nicht besser dran wäre.
Ich dirigiere Marion vom Geschirrspüler weg, hole die Muffins aus den Formen und arrangiere sie auf einer Platte. »Das

werden Probierhäppchen für die Gäste«, erkläre ich meiner Schwiegermutter. »Sehen sie nicht gut aus?« Die Muffins sind goldbraun und mit Hagelzucker bestreut.
»Wer ist diese junge Dame?«, fragt Marion hochnäsig, schnappt sich ein Muffin und funkelt Crystal herausfordernd an.
»Geben Sie her!« Crystal streckt gebieterisch die Hand aus. »Die sind für die Party.«
Marion versteckt den Muffin hinter ihrem Rücken. Ihre topasblauen Augen werden schmal.
»Den einen kann sie ruhig essen«, sage ich zu Crystal.
»Warum? Ich darf immer nur die zerbrochenen essen!«
»Ethan wird dieses Benehmen nicht gutheißen«, schilt Marion und droht Crystal mit dem Finger. »Wo steckt er überhaupt?«
Meine kleine Schwester verdreht die Augen und schiebt einen Brocken Zuckerglasur in den Mund. »Er isch pop«, antwortet sie mit vollem Mund. »Geschtorm. An Krebsch.« Sie schluckt. »Schon vor einem Jahr!«
Marion legt ihren Muffin auf den Tisch, schaut von Crystal zu mir, und dann holt sie aus und versetzt dem Mädchen mit ihrer kleinen Hand eine schallende Ohrfeige.
Crystal fährt zurück und hält sich die Wange. »Sie spinnen ja wohl!«, kreischt sie und schaut mich hilfesuchend an.
»Es geht ihr nicht gut«, sage ich zu Crystal.
Ich schenke Marion ein Glas Milch ein. Sie nimmt es in die Hand und starrt ins Leere, als hätte sie vergessen, was gerade passiert ist.
»Sie hat mich geschlagen!« Ungläubig betastet Crystal ihre Wange.
»Aber sie hat es nicht böse gemeint«, erkläre ich ihr. »Und du bist nicht verletzt.«

»Da hab ich ja Glück gehabt«, erwidert Crystal sarkastisch. »Für wen hält die sich?«

»Sie ist verwirrt.«

»Ja, ich bin verwirrt.« Marion nickt ein paarmal, und dann fängt sie an zu weinen. »Ja, das bin ich.« Jolene hat gesagt, Marion weiß, dass sie Alzheimer hat, doch es ist ihr so peinlich, dass sie nicht darüber reden will. Ihre Schultern beben kaum merklich, als sie damenhaft dezent schluchzt. Meine Schwiegermutter hat Schwäche immer verachtet, und es muss eine grauenhafte Vorstellung für sie sein, die Kontrolle über sich zu verlieren. Es ist das erste Mal seit dem Gedenkgottesdienst für Ethan, dass ich sie weinen sehe. Damals waren ihre Wangen tränennass, als sie am Strand stand. Aber der Wind trocknete sie schnell, und kurz darauf waren wir bei ihr zu Hause und arrangierten Narzissen in Vasen und Teufelseier auf Servierplatten.

»Ich will nicht in ein Pflegeheim«, jammert sie.

»Dann dürfen Sie niemanden schlagen«, sagt Crystal bissig.

»Es ist kein Pflegeheim«, erkläre ich Marion. »Es ist eine Einrichtung für betreutes Wohnen. Jolene hat erzählt, dass es da einen großen Garten gibt und einen hübschen Speisesaal, wo du mit den anderen essen kannst, wenn du Lust hast. Ich werde dir beim Packen helfen und beim Umzug und die ersten paar Nächte bei dir schlafen, wenn du möchtest.«

Ich habe zwar keine Ahnung, wie ich gleichzeitig in San Jose sein und hier die Konditorei geöffnet halten soll, aber ich will ihr helfen. Marion ist noch einsamer als ich. Ich habe immerhin Dad und Jill und Ruth und Crystal. Wenn doch Ethan hier wäre! Er könnte sie trösten. »Mach dich nicht verrückt, Mom«, sagte er immer, wenn sie sich aufregte, und streichelte ihre Hände, bis sie sich beruhigt hatte.

Marion hebt den Kopf und schaut mich an, wischt sich mit dem Ärmel die Tränen ab und trinkt einen Schluck Milch. »Das wäre nett, Liebes«, sagt sie.

Während ich einen Schwung schmutziger Schüsseln abwasche, kommen mir Bedenken. Was ist, wenn niemand zu meiner Party erscheint? Vielleicht interessiert sich ja keiner für die Eröffnung einer Konditorei. Noch schlimmer: Was ist, wenn alle geladenen Gäste kommen und das Essen nicht reicht?

»Die Zeit läuft uns davon!« Crystal klatscht in die Hände, als sei sie die Chefin, und kommandiert: »Die hier müssen glasiert werden.« Sie stellt eine Platte mit Bananennapfkuchen und eine Schüssel mit Zuckerguss vor Marion auf den Tisch.

»Ha-loo-ho!«, ruft eine Stimme vorne im Laden. Drew Ellis. Toll. Das hat mir noch gefehlt, dass »Seine Kaffeeheit« mich durcheinanderbringen.

»Hi«, rufe ich zögernd zurück.

Crystal formt mit den Lippen das Wort *Loser.*

»Wer ist das?«, flüstert Marion.

»Das ist ihr Freund«, erklärt Crystal ihr und leckt sich Zuckerguss von der Handkante.

Marion zieht hörbar die Luft durch die Nase ein. »Aber sie ist verheiratet!« Das sagt sie in demselben missbilligenden Ton, in dem sie über die lasziven Frauen in ihren Liebesromanen spricht.

Drew erscheint in der Backstubentür. Schiefergraue Augen. Tiefe Grübchen. Meine Hände wandern zu meinen Locken hinauf, versuchen, sie zu ordnen. Das ist unsere erste Begegnung seit seinem Entschuldigungsbesuch. Am Tag danach schickte er mir einen Bitte-um-eine-zweite-Chance-Rosenstrauß, aber ich rief ihn nicht an.

»Hi«, sagt er fröhlich. Marion schmilzt dahin. Sie legt eine

Hand auf ihre Brust, ihr Mund rundet sich zu einem kleinen, korallenroten »O«, und ihre Brauen heben sich vor Entzücken.

»Das ist meine Schwiegermutter Marion Stanton«, erkläre ich Drew.

»Es ist mir ein Vergnügen.« Drew ergreift ihre Hand und haucht einen Kuss darüber. »Wie gefällt Ihnen Oregon bis jetzt?«

»Es ist wunderschön«, gurrt Marion. Gestern sagte sie mir, es sehe aus wie ein trostloses Aquarell.

»Waren Sie schon im Theater?«

Marion sieht mich vorwurfsvoll an.

»Nein. Wir waren die ganze Zeit mit den Vorbereitungen für die Party beschäftigt«, antworte ich an ihrer Stelle.

»Sie müssen unbedingt kommen«, sagt er zu ihr. »Ich sorge für zwei Plätze in der Mitte der ersten Reihe.«

Marion schaut unter gesenkten Wimpern hervor kokett zu ihm auf.

»Wir *arbeiten* hier«, mischt Crystal sich in scharfem Ton ein.

»Und du machst das großartig«, lobt Drew.

Sie seufzt gereizt, als schmeichle ihr sein Kompliment nicht im mindesten, und glasiert weiter. »Haben Sie schon mal in einem Film oder in einer Fernsehserie mitgespielt?«, fragt sie.

»In einer Seifenoper.« Die Erinnerung daran lässt ihn schaudern. »Ich war Anthony, der Bruder von Albany, der einen Tumor hatte.«

Ich ertappe mich dabei, dankbar dafür zu sein, dass Crystal ihn intuitiv bei seiner größten Angst gepackt hat – ein zweitklassiger Schauspieler zu sein. Ich möchte ihm ebenfalls weh tun, auch wenn es nur ein bisschen wäre.

»Was für einen Tumor?«, will Crystal wissen.
»Im Gehirn. Ich hatte Gedächtnisschwund und konnte mich nicht an Rachel erinnern.«
»Du meine Güte!«, sagt Marion alarmiert. »*Wächst* der Tumor?«
»Er hat doch gar keinen!«, fährt Crystal sie ungeduldig an. »Nur in der Fernsehserie, Sie Dummkopf.«
»Ich bin nicht dumm!« Marion strafft stolz ihre Schultern.
»Wer war Rachel?«, erkundigt sich Crystal.
»Eine Verflossene.«
»Hatten Sie Sex im Fernsehen?«, fragt sie gespannt.
Im Geist sehe ich Drew einen glühenden Kuss mit einem Seifenopern-Sternchen tauschen, das kiloweise fettiges Gloss auf dem Froschmund hat, und es gibt mir einen Stich. Ich ärgere mich über meine Eifersucht, über Drews Fähigkeit, mich zu verunsichern.
Er wendet sich mir zu. »Ich habe etwas für dich.«
Ich schaue auf seine leeren Hände hinunter, ich schaue hinter ihn …
»Es ist draußen.«
Ich habe jetzt keine Zeit für einen Zweite-Chance-Bestechungsversuch.
Ich habe etwas für dich, äfft Crystal, die hinter Drew steht, ihn lautlos nach. Er bemüht sich redlich, ihre Sympathie zu erlangen und meine zurückzugewinnen, aber wir sind beide harte Nüsse.
»Komm mit.« Er nimmt mich beim Ellbogen und führt mich zur Hintertür hinaus. Auf dem Parkplatz ist etwas Großes, Eckiges unter einer grünen Plastikplane versteckt.
»Mach die Augen zu«, fordert er mich auf.
Ich gehorche und lege sicherheitshalber noch die Hand dar-

über. Gleich darauf höre ich ein Rauschen, als er mit einem Ruck die Plane herunterzieht.

»Ta-taaa!«

Ich öffne die Augen und blinzle ungläubig. Es ist ein Herd. Nicht irgendein Herd, sondern ein Westinghouse automatic, etwa aus dem Jahr 1937, in Kirschrot und mit Chromleisten, vier Gasflammen und übergroßen weißen Regulierungsknöpfen. Es ist der Herd, den Drew und ich auf einem unserer ersten gemeinsamen Ausflüge in einem Antiquitätenladen in Jackson entdeckten. Ich konnte mich eine halbe Stunde lang nicht losreißen, strich immer wieder über die glattlackierte, bauchige Backofentür, öffnete die Brötchenwärmeschublade darunter und wünschte, der Herd würde mir gehören.

»Der würde sich toll in meiner Konditorei machen«, sagte ich verträumt zu Drew.

»In welcher Konditorei?«, fragte er.

»In der, die ich eines Tages aufmachen werde.«

Der Antiquitätenhändler erzählte, dass die alte Frau, die ihm den Herd verkauft hatte, behauptete, ihr Bruder sei, als er zu früh auf die Welt kam, in einer Schuhschachtel in der Brötchenschublade am Leben erhalten worden. Ich weiß, dass der Herd um die zweitausenddreihundert Dollar kosten sollte. Ich weiß, dass Drew nicht viel verdient und dass dieser Kauf ein tiefes Loch in seine Ersparnisse gerissen haben muss. Und ich weiß, dass dieses Geschenk ein wohldurchdachtes ist.

»Er ist wunderschön.« Ich bewundere die gedrungenen Beine und gepolsterten Füße, aber ich wage nicht, Drew anzusehen, weil ich nicht will, dass er merkt, wie ich mich freue.

»Ich denke, er wird vorne im Laden in der Ecke gut wirken«, sagt er.

Ich zittere ein bisschen vor Aufregung und schlinge die Arme

um mich. »Danke.« *Das heißt aber nicht, dass wir jetzt wieder zusammen sind,* möchte ich eigentlich hinzusetzen, doch tief in meinem Herzen spüre ich Verzeihen aufkeimen.
»Ich muss ins Theater«, entschuldigt sich Drew. »Die Männer von der Transportfirma kommen in einer Stunde wieder und stellen dir den Herd dann wohin immer du ihn haben willst.« Er küsst mich leicht auf die Wange. »Die Party wird ein voller Erfolg.«
Das sieht ihm ähnlich: Wieder einmal hat er genau das Richtige gesagt.

27

Wie es scheint, bewahrheitet sich Drews Prophezeiung. Zumindest erscheinen jede Menge Gäste zu der offiziellen Eröffnung meiner Konditorei, und die Stimmung, untermalt von Big-Band-Swing, den Drew beigesteuert hat und auf Crystals CD-Player abspielt, könnte nicht besser sein.

»Diese Leute sind keine Knabberer – es sind Schlinger«, sage ich zu Ruth, während ich Nachschub an Plätzchen, Torteletts, Brownies und Miniaturnapfkuchen auf Tabletts packe.

»Hetz dich nicht so.« Meine Freundin hält mich am Arm fest. »Sie sind nicht am Verhungern – und, wie es sich anhört, amüsieren sie sich hervorragend.«

Ich streiche mit den Händen die festonierte weiße Schürze glatt, die ich über meiner pastellblauen Fünfziger-Jahre-Kellnerinnenuniform trage. Ich habe dieses Outfit für Ruth, Marion, Crystal und mich ausgeliehen, und bis jetzt sind wir mit Komplimenten überschüttet worden.

Crystal schnappt sich ein Tablett und verlässt die Backstube. Die Uniform hängt ein wenig unglücklich an ihrer knabenhaften Figur. Am Morgen hat sie sich für die Party schön gemacht, als ginge sie zu ihrem Abschlussball. Hatte blauen Lidschatten und rosa Gloss aufgelegt und mit einer Tube aus dem Drugstore, die wie ein Neonmarker aussah, magentarote Streifen in ihre Haare gemalt. Ich finde zwar, dass sie damit aussieht wie ein Clown, aber gesagt habe ich es nicht, denn ich wollte sie nicht kränken.

Ich beobachte, wie sie der Vorsitzenden der Handelskammer eine Makrone anbietet.
»Du siehst aber hübsch aus«, lobt sie die Frau und tritt einen Schritt zurück, um Crystal ausführlich zu bewundern. Meine kleine Schwester, die Komplimente gleichermaßen liebt und hasst, senkt verlegen den Blick.
Sobald die Bürgermeisterin erscheint, wird sie das rote Band zerschneiden, das Ruth um die Vitrine geschlungen und in der Mitte zu einer großen Schleife gebunden hat. Dann wird Drew den Champagner einschenken.
Drew hat sich bei den Vorbereitungen für die Eröffnung sehr schnell unentbehrlich gemacht. Er pustete Ballons auf, besorgte den Blumenschmuck, richtete die Bar ein und half Crystal, Girlanden zu binden und aufzuhängen. Trotzdem habe ich Abstand zu ihm gewahrt und mich ganz auf meine Arbeit konzentriert, denn der Wiedergutmachungs-Drew beunruhigt mich. Ich fürchte mich vor dem Augenblick, in dem der echte Drew zurückkehrt. Der Drew, der sich aufregt, wenn ich das Kreuzworträtsel mit Kugelschreiber ausfülle. Der Drew, der einer gewissen rothaarigen Schauspielerin hinterherhechelt. Der Drew, der mich vielleicht wieder zu einer Kaffeebekanntschaft degradiert.
»Geh raus«, kommandiert Ruth, drückt mir ein Tablett in die Hände und schiebt mich zu der offenen Backstubentür.
Als ich den Blick über die Gäste wandern lasse, entdecke ich die Damen vom Touristikbüro, die Chefin des Gewerbeamts, die Leiterin meines Back-Workshops und einen ganzen Schwung neue Gesichter. Ein Anfall von Lampenfieber lässt meinen Puls rasen. Wenn Ethan und ich eine Party gaben, begrüßte immer er die Gäste, nahm ihnen die Mäntel ab und schenkte ihnen einen Begrüßungsdrink ein, während ich in

der Küche letzte Hand anlegte. Nicht selten überkam mich Schüchternheit, wenn es an der Tür klingelte. Es beruhigte meine Nerven, Salat anzumachen und Brot zu schneiden, wogegen Ethan die Besucher entspannt und gekonnt durch die ersten, unbehaglichen Minuten dirigierte, mit denen jedes Fest zu beginnen scheint.

»Welcher Teufel hat mich nur geritten, die halbe Stadt einzuladen?«, frage ich Ruth. Am liebsten würde ich mich in der Küche verschanzen.

»Es gibt keinen Grund zur Sorge.« Mit sanfter Gewalt schiebt Ruth mich vor sich her in das Raubtiergehege. »Sie lieben dich. Was glaubst du, wie froh die sind, dass nicht schon wieder so ein Potpourri-und-Duftseifen-Ramschladen dazukommt?«

In diesem Moment tritt Alan zu uns, der Küchenchef des Le Petit Bistro. Ich mache Ruth und ihn miteinander bekannt.

»Sophie hat ein ganz besonderes Talent«, sagt er, wobei er ihr sein charmantestes Lächeln schenkt. Unter seinem Hawaiihemd, das über den Kakishorts hängt, wölbt sich sein Bauch wie ein Medizinball. Zuckerplätzchenbrösel hängen in seinem schwarzen Schnauzbart. Na klar! Plötzlich habe ich ein »besonderes Talent«. Ruth hat etwas an sich, was jeden Mann zu Pathos veranlasst.

»Das wusste ich schon«, antwortet sie und weicht einen Schritt zurück, denn er hat sich weit zu ihr vorgebeugt. Sie sieht in ihrer Uniform und mit den zu einer goldenen Banane geschlungenen Haaren wie ein Filmstar aus den Fünfzigern aus. Alan drängt sie bis zur Vitrine zurück, während er sie nach *ihrem* Talent befragt, wobei er den Blick auf ihr Dekolleté heftet. Ruth schaut hilfesuchend zu mir herüber. Als ich ihr einmal mein Leid über Alan klagte, meinte sie, so schlimm könne er doch nicht sein. Jetzt ist der Moment der Rache gekommen. Ich forme mit den Lippen die Worte *Geschieht dir ganz recht* und wende mich meiner Aufgabe zu.

Von Gästen umschwärmt, biete ich die Miniaturkäsekuchen an, und schon bald schwirrt mir der Kopf von den vielen Komplimenten. *Köstlich. Zum Sterben gut. Gratulation!* Ich gebe das leere Tablett an Crystal ab und mich ganz dem herzlichen Händedrücken und den weichen, parfümierten Wangen von Frauen hin, die rechts und links von meinem Kopf Küsse in die Luft hauchen. Ich lerne die Arnolds kennen, denen das »Hummingbird Bed and Breakfast« gehört, und die Wisemans, denen das »Traveling Bard« gehört. Beide Paare beteuern, dass sie für ihre Dessert-und-Sherry-Stunde zumindest eine Schokoladen-Rum-Torte pro Woche ordern werden.

Dann entdecke ich Crystals Mutter, die sich mit einer Schauspielerin des Festival-Ensembles unterhält, wobei sie allerdings ein wachsames Auge auf Alan und Ruth hat. Roxanne ist angezogen wie die Mädchen in Crystals Klasse: Sie trägt Hüftjeans und ein glänzend rotes Trägertop. Ich hatte Crystal ermutigt, ihre Mutter einzuladen, doch jetzt bedauere ich das angesichts der bereits sichtbar alkoholisierten Roxanne. Bevor sie auf mich aufmerksam werden kann, tauche ich in die Menge ein. Gloria, meine Trauerpartnerin, spricht mit meiner Kursleiterin, Kit und seiner Frau. Sie lachen, als Kits Zwillingstöchter die Schokoladenglasur von ihren Babynapfkuchen schlecken und ihr Mund groß und braun wird wie der eines Clowns.

»Ich fürchte, wir werden jeden Tag mit den beiden herkommen müssen«, sagt Kits Frau zu mir.

Ich will ihr gerade ein Kompliment zu den Blumenkleidern der Mädchen aussprechen, als ich die Restaurantkritikerin

Marjorie Bison neben meinem alten Westinghouse-Herd in der Ecke stehen sehe. Sie hat eine Fotografin mitgebracht. Weißhaarig, mit permanent gerunzelter Stirn, knausert Marjorie sehr mit ihren Auszeichnungen. Sie macht ihrem Namen alle Ehre: Mit den breiten, runden Schultern und dem winzigen Hinterteil sieht sie tatsächlich wie ein Bison aus. Ich gehe hinter Glorias fließendem Kaftan in Deckung und schaue zu, wie Marjorie vorsichtig von Plätzchen und Törtchen abbeißt. Sie isst keines auf, ganz eindeutig probiert sie. Ihre Fotografin muss ihr den Teller halten, während sie sich Notizen macht und ihr etwas zuflüstert.

Und dann tritt Marion mit einer Platte zu ihnen. Marjorie beugt sich darüber, als wolle sie daran riechen, und dann greift sie zu. Entsetzen packt mich: Das sind rohe Plätzchen! Ich schieße hinter Gloria hervor und durch den Raum, um ihr das Ding zu entreißen, bevor sie davon abbeißen kann, doch ich komme zu spät. Der Teig drückt Marjories Wange wie einen Golfball nach außen. Sie öffnet den Mund, als wolle sie spucken, würgt, und Tränen glänzen in ihren Augen.

»Was *ist* das?«, fragt sie mit erstickter Stimme und lässt den Rest des Klumpens auf das Tablett zurückfallen.

Ruth gesellt sich zu uns. Sie reicht Marjorie eine Serviette und einen Porcini-Brie-Käsekuchen und nimmt Marion das Tablett mit den rohen Plätzchen aus der Hand. »Die müssen erst noch gebacken werden«, sagt sie und dirigiert Marion in Richtung Backstube.

»Es tut mir so leid«, entschuldige ich mich bei Marjorie. »Meine Schwiegermutter ist verwirrt. Sie hat Alzheimer.«

Die gefürchtete Kritikerin schluckt den Bissen hinunter wie eine Möwe ein zu großes Stück Abfall.

»Bitte *kosten* Sie den pikanten Käsekuchen«, flehe ich, denn

sie hält ihn noch immer in der Hand. Mit spitzen Fingern! »Er ist als Horsd'œuvre gedacht.«
»War rohes Ei in dem, was ich da gerade gegessen habe?« Marjorie fährt sich mit der Zunge über die Zähne und macht ein Gesicht, als würde sie für eine Zahnbürste einen Mord begehen.
»Ja.« Ich überlege, ob ich ihr ein Glas Wasser holen soll. »Ich kann Ihnen nur noch einmal mein Bedauern ausdrücken. Meine Schwiegermutter hilft bloß heute bei der Party. Sie wird nicht in der Konditorei arbeiten.«
»Ich verstehe.« Marjorie hat den Babykäsekuchen noch immer nicht probiert. Sie macht sich eine Notiz.
Was schreibt sie da? *Salmonellen in …?*
»Wie viele Angestellte haben Sie?«, erkundigt sie sich.
»Eine.« Ich schaue zu Crystal hinüber, die gerade hustet, ohne sich die Hand vorzuhalten. Die Magentastreifen in ihren Haaren sehen wie Zuckerguss aus. »Bis jetzt.«
Am anderen Ende des Raums hat Roxanne inzwischen in jeder Hand ein Weinglas. Sie steht vorgebeugt da, als lehne sie sich in den Wind. Der Stress macht mich aggressiv: Plötzlich überkommt mich der Wunsch, Marjorie das Törtchen zwischen ihre schmalen Lippen zu stopfen.
»Ich werde meine Produkte auch per Mailorder verkaufen«, erkläre ich ihr. »Gefroren verschicken, so dass sie bei der Ankunft verzehrbereit sind.«
Sie nickt zu den Sektkühlern hinüber, die neben der Kasse stehen, wo Drew als Barkeeper Wein für die Erwachsenen ausschenkt und Softdrinks für die Kids.
»Haben Sie eine Schanklizenz?«
»Nein.« Ich komme mir vor wie im Büro des Schulrektors.
»Sophie!«, ruft Drew. »Komm mal her!« Er winkt mich an

die Bar. Die Fotografin richtet ihre Kamera auf ihn und knipst eine ganze Serie, während er eine weitere unerlaubte Flasche Sauvignon Blanc entkorkt.

»Entschuldigen Sie mich«, sage ich zu Marjorie. Ich kann sie ruhig verlassen, denn ich wüsste nicht, womit ich ihr Lob jetzt noch erringen könnte.

Drews Kollegen umlagern die Bar, leeren unter Gelächter einen Plastikbecher nach dem anderen. Drew ist der einzige Mann, den ich je gekannt habe, der einen Smoking besitzt, und er trägt ihn heute. Die schmale schwarze Fliege und der weiße Hemdkragen bringen sein kantiges Kinn optimal zur Geltung. Wie Ethan hat auch er die Gabe, Menschen das Gefühl zu geben, lustig, interessant und willkommen zu sein. Ich frage mich, ob ich die Eröffnungsparty ohne ihn überhaupt hätte durchziehen können.

»Wow!«, hält Ruth mich ein paar Schritte vor der Bar auf. »Prince Charming ist in Höchstform!«

Crystal tritt mit einem Tablett aprikosenfarben glasierter Törtchen neben sie. »Drew sieht in diesem Anzug total bescheuert aus«, meint sie.

Ich finde es zwar lieb, dass die beiden mich beschützen und Drew noch nicht in Gnaden aufnehmen wollen, doch ich merke, dass Crystal anfängt, ihn zu mögen. Er lacht über ihre Witze, teilt ihren Abscheu gegenüber Algebra und hat ihr letzte Woche nicht nur CDs von den Doors und Janis Joplin gekauft, sondern ihr auch noch empfohlen, welche Songs sie sich als Erste anhören soll. »Danke«, sagte Crystal und legte die CDs desinteressiert auf den Tisch, aber kaum war Drew zur Tür hinaus, riss sie die Zellophanhüllen ab, setzte ihre Kopfhörer auf und tanzte auf Strümpfen wie ein Derwisch durch mein Wohnzimmer.

Zu dritt machen wir uns auf den Weg zur Bar. Drew schenkt Ruth und mir Wein ein und mixt für Crystal aus Kirschsirup und Sprudelwasser eine italienische Limonade.
»Zum Wohl!«, sagt er. Plötzlich bin ich von schützenden Gläsern umringt, die mich gegen Marjorie Bison und ihr kleines Notizbuch abschirmen, doch ich muss die Runde verlassen, um die Zitronensoufflés in den Ofen zu schieben.
Als ich das Eiweiß zu schaumigen Schneegipfeln schlage, bin ich dankbar für die Verschnaufpause. Allerdings drängt sich jetzt Ethans morgiger Todestag in den Vordergrund meiner Gedanken. Gut, dass ich im Moment nicht da draußen bin, sonst würde ich die Gäste noch mit sonderbarem Smalltalk verschrecken. *Die hier heißen mexikanische Hochzeitskuchen … Oh, mein Mann ist übrigens vor einem Jahr gestorben, und ich verbacke gerade unsere Ersparnisse.* »Schaffen Sie sich ein Trauerrefugium«, hat Sandy uns beim letzten Treffen geraten. »Ziehen Sie sich mit Fotos und Briefen an einen Platz zurück, wo Sie sich wohl fühlen, und zünden Sie eine Kerze an.« Ich habe den Todestag stattdessen mit einer dicken Mauer aus Arbeit umgeben. Gestern stresste ich mich mit den letzten Vorbereitungen für die Party, heute gebe ich die Party, und morgen werde ich vollauf damit beschäftigt sein, nach der Party aufzuräumen und sauber zu machen.
Nachdem ich das Eiweiß untergezogen habe, fülle ich den Teig in Auflaufförmchen. Als ich die Backofentür öffne, schlägt mir eine Hitze entgegen, die mich beinahe hintenüberfallen lässt. Habe ich daran gedacht, die Förmchen einzufetten? Schweiß rinnt von meinem Hals zwischen meine Brüste, und mein Kopf fühlt sich seltsam leicht an. Plötzlich wird mir bewusst, dass ich den ganzen Tag noch nichts gegessen habe. Prüfend streiche ich mit den Händen über meinen

Bauch. Er scheint zu seiner ehemals flachen Form zurückgefunden zu haben.
Ich habe Drew nichts von dem Jahrestag erzählt. Ruth weiß Bescheid, und Crystal habe ich heute Morgen informiert. Ich schrie sie an, weil sie versehentlich meine Teetasse auf der Badkonsole umstieß, entschuldigte mich augenblicklich und erklärte ihr den Grund für meine Reizbarkeit.
»Oh«, sagte sie. Wie bei einem Kind reichte die weiße Strumpfhose ihr bis zur Brust. »Willst du irgendwas Besonderes machen?«
Ich zuckte unentschlossen mit den Schultern. Alben, Briefe, Kerzen – all das erscheint mir hoffnungslos kitschig und armselig.
Ich schiebe das Backblech mit den Soufflés in den Ofen und schließe die Klappe.
Als ich zu meiner Party zurückkehre, reicht Marion gerade ein Tablett mit leeren Napfkuchenmanschetten herum. Gloria nimmt freundlich lächelnd eine rosa Manschette und hält sie bewundernd hoch, als handle es sich um ein ausgefallenes Gebäckstück. Sie zwinkert mir zu. Ich nehme meine Schwiegermutter bei den Schultern und dirigiere sie mit sanftem Nachdruck in Richtung Backstube. Stirnrunzelnd schaut sie über ihre Schulter zu Gloria zurück.
»Meine Güte! Was für ein scheußliches Ding!«, flüstert sie vernehmbar, womit sie sich offenbar auf Glorias leopardengemusterten Kaftan bezieht. »Wo sie den gekauft hat, haben sie bestimmt keinen Spiegel!«
Ich kann nur beten, dass Gloria das nicht gehört hat. Zum ersten Mal seit Marions Ankunft bin ich ernsthaft böse auf sie, empört über ihre hochnäsige Garderobenkritik, mit der sie vielleicht die Gefühle meiner neuen Freundin verletzt hat.

»Das reicht!«, sage ich energisch und drücke sie auf einen am Tisch stehenden Stuhl. Sie senkt geknickt den Kopf wie ein gescholtenes Kind.

»Es tut mir so leid!«, ruft eine Stimme von der Tür her, und als ich aufschaue, sehe ich die Bürgermeisterin, hochrot im Gesicht und außer Atem. »Ich bin das letzte Stück gerannt«, keucht sie. »Wir hatten eine Reifenpanne!«

Ich gebe ihr ein Glas Wasser und versichere ihr, dass ich ihr Zuspätkommen nicht übelnehme, aber ich bin erleichtert, dass sie endlich da ist und wir die Party zum Höhepunkt bringen können. Sie tupft sich mit einer Serviette den Schweiß von der Stirn und zieht sich die Lippen nach. Dann reiche ich ihr eine Schere, und wir gehen nach vorne zur Vitrine mit dem roten Band. Marion folgt uns. Ich bedeute Drew mit einem Nicken, dass der Moment für den Champagner naht. Er stellt eilends Gläser bereit und verteilt Flaschen an seine Freunde, damit sie ihm beim Entkorken helfen.

»Ich bitte um Ruhe!«, ruft die Bürgermeisterin. Es wird unbeeindruckt weitergeschnattert.

Crystal schiebt zwei Finger zwischen die Zähne und stößt einen durchdringenden Pfiff aus, erschrickt jedoch vor ihrer eigenen Courage, als sich Leute umdrehen und sie ansehen, und wird dunkelrot.

»Hallo und willkommen!« In ihrem blauen Schneiderkostüm und der gestärkten weißen Bluse sieht die Bürgermeisterin richtig patriotisch aus, wie sie da vor der riesigen roten Schleife steht. »Wir freuen uns, dieses wunderbare, neue Geschäft in Ashland willkommen heißen zu dürfen«, sagt sie. »Es ist Monate her, dass die Konditorei zugemacht hat, und unsere Gemeinde musste schon viel zu lange ohne Schokoladenkuchen auskommen.«

»Hört, hört!«, ruft eine Schauspielerin in einem sicherheitsnadelndekorierten Tanktop.

»Wir wünschen Sophie viel Glück«, fährt die Bürgermeisterin fort, »und bitten sie hiermit, ihren Schokoladen-Rum-Kuchen jeden Tag zu backen.«

Mit einem metallischen Scherenschnippen raschelt das Band zu Boden. Applaus brandet auf, Champagnerkorken knallen, und ein Luftballon zerplatzt erschreckend laut an der Decke. Marion schreit unterdrückt auf und hält sich die Ohren zu. Die Leute jubeln, und Gläser schäumen über. Erleichtert lehne ich mich gegen die Ecke der Vitrine. Jetzt ist die Eröffnung offiziell, und die Leute scheinen zu mögen, was sie sehen und schmecken. Ich hebe mein Plastikglas an den Mund. Champagnerbläschen kitzeln meine Lippen.

»GratuSCHEISSlation«, höre ich eine Stimme heiser, undeutlich artikulieren. Als ich den Kopf drehe, sehe ich Crystals Mutter mit unsicheren Schritten auf mich zukommen. Rotwein schwappt aus ihrem Glas. Es macht mir nichts aus, dass Roxanne sich nie für die von mir finanzierten Nachhilfe- und Reitstunden bedankt hat, aber es macht mir etwas aus, dass sie sich bei meiner Geschäftseröffnung betrunken hat. Ich entreiße ihr das Glas und werfe es in einen Abfalleimer in der Nähe.

»Ich hatte nicht gedacht, dass ich für meine Eröffnungsfeier einen Rausschmeißer brauchen würde«, sage ich, während ich versuche, sie in Richtung Backstube zu steuern. »Da ist die Hintertür.«

Ein brennender Schmerz fährt durch meinen Unterarm, als Roxanne mich mit ihren langen, spitzen Fingernägeln attackiert. Ich lasse sie los, und sie schlittert rückwärts, als sei der Boden eisglatt.

»Suzie-SCHEISS-Homemaker«, knurrt sie. Ihre Haare fallen ihr wirr ins Gesicht. »Ich wette, Sie halten sich für *das* Vorbild!«
»Ganz im Gegenteil, das kann ich Ihnen versichern.«
Ich bemerke, dass Marjorie Bison uns von der anderen Seite des Raums beobachtet – mit gezücktem Notizblock.
»Ma!« Crystal drängt sich zwischen ihre Mutter und mich. »Hör auf!«
»Da hat jemand zu tief ins Glas geschaut«, höre ich die Empfangsdame des Gewerbeamts bemerken.
In diesem Moment kommt Drew mit schnellen, aber nicht hastigen Schritten auf uns zu wie ein Officer aus den »Cops«, der einen Verdächtigen geortet hat. Er legt den Arm um Roxannes Taille und geleitet sie Richtung Backstube. Sie windet sich und jammert, wie *hart* alles sei.
Crystal schiebt vor Scham alle Finger ihrer linken Hand in den Mund und beginnt, an den Nägeln herumzukauen. Ich überlege, ob ich ihr sagen soll, dass es keine Rolle spielt, weil niemand weiß, dass Roxanne ihre Mutter ist, doch dann lasse ich es sein. Es würde sie wohl kaum aufbauen.
Ich höre noch, wie Roxanne giftet: »Machen Sie sich gefälligst eine eigene Tochter!«, während Drew sie beinahe zur Backstube trägt.
»Jetzt kriegen Sie erst mal einen Kaffee«, sagt er.
Ich bin ihm zutiefst dankbar, dass er eingegriffen hat, und mir wird bewusst, dass er schon so war, bevor er zum Wiedergutmachungs-Drew wurde. Hilfsbereit und gutwillig. Vielleicht sind der Wiedergutmachungs-Drew und der echte Drew ja ein und derselbe. Verwirrt, makelhaft, aber ehrlich und gutherzig. Vielleicht verdient er eine zweite Chance.
Als Drew und Roxanne in der Backstube verschwinden,

haben die Leute zu ihrer Partystimmung zurückgefunden. Ruth schiebt eine neue CD in den Player, und zwei Schauspieler fangen ausgelassen zu tanzen an, wobei sie ein Tablett mit Walnussmonden streifen. Es scheppert herunter, und die Plätzchen schlittern über den Boden. Marjorie Bison tritt einen Schritt zurück, um die improvisierte Tanzfläche frei zu machen, und spießt mit ihrem Pfennigabsatz ein Plätzchen auf.

Crystal zieht eine Schachtel Zigaretten aus der Tasche ihrer Uniform.

»Draußen!«, flüstere ich ihr zu. Das fehlte mir noch, dass die Bison meine minderjährige Hilfskraft beim Rauchen erwischte!

Ich trinke meinen Champagner aus, nehme Ruth ein Tablett mit Baby-Bananen-Napfkuchen aus der Hand und steuere in der Absicht, Marjorie doch noch für mich zu gewinnen, auf die Kritikerin zu. Die Baby-Bananen-Napfkuchen mit der cremig zarten und mit gehackten Walnüssen und gerösteten Kokosflocken bestreuten Haube aus Frischkäse sind meine Favoriten. Sie muss unbedingt einen probieren.

Aber auf halbem Weg bleibe ich wie angewurzelt stehen, denn da, in der offenen Eingangstür, steht Ginger. Hundertsiebzig biegsame Zentimeter Ich-besorg's-dir-hier-und-jetzt-Sexappeal. Im Licht der hinter ihr am Himmel stehenden Nachmittagssonne leuchten ihre roten Haare wie flüssiges Feuer, und unter dem blauen Organzakleid zeichnen sich ihre Beine in voller Länge deutlich ab. Es ist ein hautenges Wickelmodell, dessen V-Ausschnitt in das Tal zwischen ihren sahnig schimmernden Brüsten mündet. Die Männer machen große Augen, und auf ihren Gesichtern steht in Großbuchstaben geschrieben: »Kein BH-Nippelalarm!«

Gingers Blick wandert an mir vorbei, und dann setzt sie sich mit wiegenden Schritten in Bewegung. Als ich mich umdrehe, sehe ich, dass Drew aus der Backstube gekommen ist – und dass er Ginger ansieht wie Crystal ihr Algebrabuch.

»Was machst *du* denn hier?«, quakt er heiser, als sie vor ihm steht.

Lieber Knigge, *was tut man, wenn ein aufreizend gestylter Dobermann einem die Party versauen will?*

Ich lasse Marjorie Marjorie sein und steuere stattdessen auf Drew und Ginger zu. Jetzt werden die Fronten geklärt. Ein für alle Mal.

»Ich erinnere mich nicht, Ihnen eine Einladung geschickt zu haben«, wende ich mich an Ginger. Das Tablett mit den Napfkuchen zittert in meinen Händen.

Sie bedenkt mich mit einem Naserümpfen. »Kohlenhydrate«, sagt sie so angeekelt, als liege eine tote Ratte auf dem Tablett. Sie wirft die wellige Mähne nach hinten. Ihre Lippen glänzen wie Zimtbonbons. »Sie ruinieren die Taille.« Mit einem spöttischen Lächeln mustert sie mich von oben bis unten.

Es ist das erste Mal, dass ich sie aus der Nähe sehe, und ich entdecke, dass ihre Stupsnase mit winzigen Sommersprossen gesprenkelt ist. Es sieht richtig niedlich aus. Der Teufel soll sie holen!

»Ich weiß«, sage ich zu ihr. »Und ich weiß auch, dass manche Menschen zu eitel sind, um Essen genießen zu können.«

»Darling«, gurrt sie Richtung Drew, ignoriert mich. Wie ich ihren unechten englischen Akzent hasse. Sie nimmt ihm das Plastikchampagnerglas aus der Hand und leert es in einem Zug. »Komm – lass uns etwas *Richtiges* trinken gehen.« Sie hebt ihm ihr herzförmiges Gesicht entgegen, zieht die schmal gezupften Brauen hoch und lässt ihre Smaragdaugen funkeln.

Ich sehe Drew mit sich kämpfen. Er schüttelt langsam den Kopf und schaut mich hilflos an.

Rückgrat, Junge!, rufe ich ihm im Stillen zu.

Ginger erinnert sich wieder an mich und deutet auf meinen Kopf. »Sollten Sie nicht ein Haarnetz tragen?« Sie schaudert dramatisch. »Also, *mir* wäre die Vorstellung grässlich, dass Haare in meinen Napfkuchen geraten.«

»Vielleicht möchten Sie ja lieber Napfkuchen *in den* Haaren haben«, zischt eine Stimme hinter mir, und im nächsten Moment kommt einer geflogen und landet in Gingers roten Locken. Frischkäsekleckse zieren die Mähne, Kuchenklümpchen die Schultern, Krümel rieseln ins Dekolleté. Ginger steht mit offenem Mund da. Crystal schnappt sich noch einen Baby-Bananen-Napfkuchen von meinem Tablett.

»Niemand hat dich eingeladen, Cruella«, sagt sie, und schon klatscht sie Ginger Frischkäse an die schöne, glatte Stirn.

»Wer zum Teufel bist du?« Ginger greift sich ihrerseits einen Napfkuchen, holt aus und wirft ihn nach Crystal, die Richtung Backstube strebt. Der Kuchen landet mitten auf der kunstvollen weißen Frisur der Vorsitzenden der Handelskammer. Die Haare sind steifgesprüht, und der Napfkuchen prallt ab, verteilt sich auf dem Boden.

Totenstille. Die Leute versammeln sich, Teller und Champagnergläser in der Hand, um den Unruheherd. Ich sehe mühsames Lächeln, hochgezogene Brauen, offen stehende Münder. Sie schauen Ginger an, schauen Drew an, schauen mich an, und ich frage mich, wie viele zukünftige Kunden mich dieses Spektakel wohl kosten wird.

»Kuchenschlacht!«, ruft die Sicherheitsnadel fröhlich in die

Stille und wirft einen Baby-Kirsch-Käsekuchen nach ihrem Begleiter. Er rächt sich, indem er ihr seinen Champagner übers Kleid schüttet.

Kuchenschlacht? Aber dieser Tag sollte doch der Beginn eines neuen und schönen Lebens sein. Wie im Vorspann der »Mary-Tyler-Moore«-Serie, wo Mary sich auf der Straße übermütig um sich selbst dreht und ihre Mütze in die Luft wirft und der Titelsong dazu jubelt: »Du wirst es schaffen!« Kuchenschlacht. Hat diesen Leuten niemand Manieren beigebracht?

»Was für ein Narrenhaus«, sagt die Vorsitzende der Handelskammer zu ihrer Assistentin, als die beiden auf die Tür zueilen.

»Warten Sie!«, rufe ich ihnen nach. Ich möchte mich für das Desaster entschuldigen und ihr erklären, welchen Beitrag ich zum Gemeindeleben leisten will: Backtage für die Grundschulkinder und einen Plätzchentag in der Woche für das Seniorencenter. Sie gehen durch die Tür. Marion drängt sich durch die Zuschauer. »Niemand behandelt meine Tochter in dieser Weise!« Sie dreht sich langsam um die eigene Achse, wobei sie ihren Blick drohend von einem zum anderen wandern lässt. *»Niemand.«* Ihre Augen werden schmal, als sie bei Marjorie Bison ankommen. »Sophie hat hart dafür gearbeitet, Rechtsanwältin zu werden. Ihr Leute müsst lernen, sie zu schätzen. Mein Sohn schätzt sie.«

Es schmeichelt mir, dass sie mich für eine Rechtsanwältin hält. Zumindest sieht sie mich in ihrer Verwirrtheit als tüchtige Person, als jemanden, der etwas bewegt, der Einfluss hat. Vielleicht hat Marion sich ja immer eine Rechtsanwältin als Schwiegertochter gewünscht.

»Eine Konditor-Anwältin?«, höhnt Ginger, die mit einer Serviette versucht, den Frischkäse aus ihren Haaren zu entfernen.

Drew legt den Arm um meine Taille. »Bist du okay?«, fragt er.

Ich nehme seinen Arm weg und streiche meine weiße Schürze glatt. »Alles bestens, danke.«

Ginger will etwas zu Drew sagen, doch plötzlich steht Ruth zwischen den beiden und fragt Ginger: »Was kann ich tun, um Ihren Abgang zu beschleunigen?«

»Hat da jemand Betty Crocker geklont?«, erwidert Ginger mit einem Blick auf Ruths Uniform.

»Bette Davis haben sich die Botox-Injektionen aufs Gemüt geschlagen«, kichert die Sicherheitsnadel zusammenhanglos.

»Ich dachte, wir hätten uns darauf geeinigt, dass du Miss Dampfnudel in den Wind schießt?«, sagt Ginger mit einem Nicken in meine Richtung zu Drew. Ich wurde also nicht von Drew sitzengelassen, sondern von einer Koalition.

»*Wir* haben uns auf gar nichts geeinigt«, widerspricht Drew ihr. »Ich hatte dich gebeten, mich in Ruhe zu lassen.«

»In Ruhe?«, schnurrt sie und kitzelt ihn mit ihren roten Krallen unter dem Kinn. »Du willst doch nicht wirklich in Ruhe gelassen werden, oder?«

»Du hast recht.« Drew schüttelt den Kopf, um ihre Berührung abzuwehren. »Ich will mit *Sophie* zusammen sein. Nein – ich *bin* mit Sophie zusammen.« Er schaut mich an und dann in die Runde. »Ich liebe Sophie!«, verkündet er.

»Bravo!«, ruft die Sicherheitsnadel, und die Leute applaudieren und pfeifen.

Ich spüre meine Wangen heiß werden und würde am liebsten im Boden versinken. Drew hat das L-Wort nie gesagt, solange wir tatsächlich zusammen waren. Ein paarmal dachte ich, er würde es tun – einmal nach dem Sex, als er verträumt an die Decke starrte, und das zweite Mal, als wir einander bis drei Uhr früh Geschichten aus unserer Kindheit erzählten.

Und ausgerechnet jetzt hat er beschlossen, seine Liebe zu gestehen, aber ich bin nicht glücklich darüber. Im Gegenteil. Ich fühle mich gedemütigt, und das auch noch auf meiner verunglückten Eröffnungsfeier, denn er hat es gebracht, als ob er auf der Bühne stehen würde, als führten wir alle hier im Rahmen des Shakespeare-Festivals ein Theaterstück auf. *Aber das hier ist kein Theaterstück* möchte ich ihn und Ginger am liebsten anschreien. *Das hier ist das Leben. Mein Leben!*

»Sophie ist *verheiratet«,* steuert Marion bei.

»Hörst du das? Sie ist verheiratet!«, sagt Ginger zu Drew.

»Sie *war* verheiratet«, korrigiert Crystal, die wieder an meiner Seite steht, giftig und sticht dabei mit ihrem Zeigefinger nach Ginger. »Jetzt ist sie Witwe, und darum sollten Sie schleunigst Ihren Arsch hier rausbewegen und den Schauspieler selbst entscheiden lassen.«

Ich wünsche mich ganz weit weg. Wenn Drew mich nicht sitzengelassen hätte, steckten wir jetzt nicht in diesem Schlamassel.

»Ich *habe* mich entschieden«, sagt Drew. Er dreht sich zu mir, sinkt auf ein Knie und streckt mir die Hand entgegen. »Sophie …« Er zögert, fährt sich mit dem freien Arm über die Stirn. »H-heirate mich.« Seine warmen Finger umschließen meine. Sogar im Smoking riecht er nach frischer Wäsche. Ich entziehe ihm meine Hand und frage mich, was mir an diesem Tag wohl noch widerfahren wird.

Crystal springt wie ein Gummiball auf und ab und quiekt: »Geil! Geil! Darf ich Blumen streuen?«

»Nein«, erkläre ich entschieden.

»Warum nicht?«, jammert sie. »Wen willst du dann dafür haben? Nein, nicht Simone! Hey – darf ich Brautjungfer sein?«
Ginger macht auf dem Absatz kehrt, ihre Stilettos klacken auf den Ausgang zu, und sie schwenkt ihr knochiges Hinterteil zur Tür hinaus.
»Es wird keine Hochzeit geben«, sage ich an Drew gerichtet. Sein Gesicht umwölkt sich, die Wangengrübchen verschwinden.
»Zumindest vorläufig nicht«, schwäche ich meine Aussage ab.
»Du *bist* schon verheiratet«, mischt Marion sich ein.
»Ich sagte ja, *vorläufig nicht«,* erkläre ich ihr.
»Aber …«, setzt Crystal an.
»Vorläufig nicht!«, rufe ich dem Publikum zu und presse die Hände auf meine Schläfen, hinter denen es wie verrückt hämmert.
Plötzlich jault der Feueralarm los. Die Leute verziehen die Gesichter und halten sich die Ohren zu.
»Die Soufflés!«, japst Ruth und läuft nach hinten, wo bereits Rauch aus der Backstube quillt.
»Warum hat der Timer nicht geklingelt?«, fragt Drew.
Ich habe vergessen, ihn einzustellen.
Der Rauch riecht sauer und giftig, wie verbrannte Zitronen oder ein Bodenputzmittel. Ruth schafft es, die Sirene zum Schweigen zu bringen, und alle atmen erleichtert auf. Doch dann ist da plötzlich ein Geräusch, als würden Schalter umgelegt, gefolgt von einem leisen Zischen, und in der nächsten Sekunde lassen die Sprinkler Löschwasser auf die Gesellschaft herunterregnen.
Die Sicherheitsnadel legt den Kopf in den Nacken und sperrt

den Mund auf wie ein junger Vogel, dem die Mutter Futter bringt.
»Der Fußboden!«, höre ich mich schreien. Es tut den für rund fünftausend Dollar abgeschliffenen und frisch eingelassenen Ahorndielen sicher nicht gut, unter Wasser gesetzt zu werden. Ich schnappe mir alle verbliebenen Servietten von der Vitrine und versuche auf allen vieren, den Schaden zu begrenzen.
Die Leute drängen zur Tür, wo es, da alle gleichzeitig hinauswollen, zu einem Stau kommt.
»He, mein Kleid!«, jammert eine Frau. »Das ist *Seide!*«
»Au! Das war mein Fuß!«, schimpft ein Mann.
In der Ferne heult eine Sirene.
»Ich hab die Feuerwehr gerufen«, erklärt Crystal voller Stolz.
Ist ja klasse. Die Ashlander Feuerwehr war schon bei mir zu Hause, und jetzt kommt sie in meinen Laden. Eine tolle Art, sich in einer Stadt einzuführen.
Ich krieche mit den Servietten auf dem Boden herum, meine Uniform ist am Rücken durchweicht, und in ein paar Sekunden werden Feuerwehrleute mit wehenden gelben Mänteln zur Tür hereinstürmen.
»Es brennt nicht«, eröffnet Drew ihnen, als sie kommen. »Es qualmt nur. Wir haben alles unter Kontrolle.«
Die Männer sind mit Schlauch und Axt erschienen, bereit, sich den Weg durch meine Ersparnisse zu löschen und zu hacken. Jetzt gehen sie stattdessen nach hinten und schalten die Sprinkleranlage aus. Endlich versiegt die Dusche.
»O Mann!« Ruth mustert den überschwemmten Fußboden und versucht gleich, dem Unglück etwas Positives abzugewinnen. »Jedenfalls braucht man zum Putzen kein Wasser mehr heranzuschleppen.«

Die Leute sind weg. Wir sind allein: Drew, Marion, Ruth, Crystal und ich.

»Es war eine schöne Party.« Marion umarmt mich.

»Bist du verrückt?«, fahre ich sie an.

Crystal formt mit den Lippen ein *Ja!*

»Mach dir keine Sorgen.« Drew lässt den Blick über das Chaos wandern. »Ich helfe euch beim Saubermachen.«

Schweigend gehen wir fünf daran, den Laden halbwegs in Ordnung zu bringen. Als das letzte Geschirrtuch dranglauben muss, beenden wir unsere Arbeit. Der Rest kommt morgen dran.

»Es war nicht so schlimm, wie du denkst«, versucht Ruth mich aufzurichten. »Die Leute hatten ihre Unterhaltung. Für gewöhnlich sind solche Eröffnungspartys stinklangweilig.«

»Stinklangweilig wäre mir lieber gewesen«, antworte ich.

Ich schließe die Eingangstür ab und drehe das Schild um: »Sorry. Wir haben geschlossen.« Wie lange wird es wohl so da hängen müssen?

TEIL 3

Hochzeitstag

28

Als ich nach einer traumlosen Nacht aufwache, tut mir alles weh. Das muss von der gestrigen Putzorgie kommen. Und davon, dass ich mich offenbar nicht bewegt habe: Ich liege genauso da, wie ich eingeschlafen bin. Auf dem Rücken. Wie aufgebahrt. Gelbes Licht dringt durch die Spitzenvorhänge. Es muss wieder ein sonniger Tag sein. Die Luft im Zimmer ist stickig und riecht säuerlich. Ich drehe den Kopf zur Seite. Die Digitalanzeige des Radioweckers klickt gerade auf zehn Uhr dreißig.

Ein Jahr ohne Ethan.

Ich bin Materie, und der Kummer über seinen Verlust ist Antimaterie, und wenn man die beiden zusammenbringt, bumms, ist nichts mehr von mir übrig, das aufstehen und zum Saubermachen in die Konditorei gehen kann.

Ich werde Ethan niemals weniger vermissen, als ich es am Tag seines Todes tat. Das weiß ich, weil ich meine Mutter auch nicht weniger vermisse als an dem Tag vor dreiundzwanzig Jahren, als sie nicht mehr nach Hause kam. Die Trauer ist schwächer geworden, aber sie ist noch immer da. Wie eine Narbe. Ich habe braune Haare, braune Augen und Schuhgröße sieben. Ich vermisse meinen Mann, und ich vermisse meine Mutter. Es ist, als seien mir zwei Stücke aus dem Herzen gerissen worden. Ich bin erschöpft davon, immer weiterzumachen, als sei alles in Ordnung. *Ich fange von vorne an! Ich ziehe um! Ich schlafe mit einem anderen Mann! Ich gehe wieder zur Schule! Ich eröffne ein Geschäft!* Was soll das alles? Ich bleibe liegen.

Ich ziehe mir die Hortensien-Decke über den Kopf.
Die Konditorei putze ich morgen. Ich stehe heute nicht auf.
Schaffen Sie sich ein Refugium! Ich werde mir eins aus Kissen und Decken schaffen.
Aber irgendwie ist es peinlich, sich als Unternehmerin im eigenen Betrieb krankzumelden. So schlecht Ethan sich auch fühlen mochte, er fehlte kaum einen Tag in der Firma, vorausgesetzt er war nicht im Krankenhaus. Jeden Morgen winkte er mir von der Einfahrt zu und schickte mir einen Kuss, und dann stieg er in seinen Wagen und fuhr davon, angetrieben von einem Optimismus, um den ich ihn beneidete. Ich stand am Wohnzimmerfenster, winkte ihm und konnte mich nur mit Müh und Not aufraffen, ins Büro zu fahren.
Mein Blick fällt auf die Kellnerinnenuniform, die auf dem Boden liegt. Adieu, Ersparnisse! Meine Blase fühlt sich an, als würde sie jeden Moment platzen, und meine Kehle ist champagnerpelzig. Colonel Cranson schaut tadelnd auf mich herab. *Steh auf und sieh nach Marion,* verlangt er. *Dusch dich und geh an die Arbeit!* Doch ein Magnet zieht mich in die Matratzenmitte.
Sandy hat recht. Ein paar Monate lang kann man sich vormachen, dass der Verstorbene nur verreist ist, aber der erste Todestag zwingt einen, der Wahrheit ins Gesicht zu sehen.
Heute vor einem Jahr war ich bei Ethan im Krankenhaus. Sein letzter Tag war der schlimmste. Seine Lungen gurgelten wie eine Kaffeemaschine. Er wollte keine künstliche Beatmung und keine Magensonde, stand auf seinem Krankenblatt, nur Morphium. Der Onkologe sagte, jetzt könne man ihn nur noch verwöhnen.
Alles wurde gemacht, und trotzdem brodelte es in mir, und

ich musste mich unheimlich beherrschen, um die Leute, die aus dem Lift stiegen, nicht anzuschreien TUT DOCH WAS!
»Dieser Zustand wird als Agonie bezeichnet«, erklärte mir der Arzt in freundlichem Ton. »Viele Angehörige wollen das nicht miterleben.« Er versicherte mir, dass Ethan keine Schmerzen habe, auch wenn es sich so anhöre. Ich erinnere mich, dass ich versuchte, mich auf andere Geräusche als Ethans Atemzüge zu konzentrieren: Das Klack-Klack von Marions Stricknadeln, das Kwisch-Kwisch von Sneakers und das Klick-Klick von hohen Absätzen draußen auf dem Korridor, das Ping des Aufzugsignals und das Sitcom-Gelächter im Fernsehen, das an- und abschwoll wie das Rauschen der Brandung.
Ich mache die Augen zu und versuche, an etwas anderes zu denken. Marjorie Bisons Gesicht erscheint auf meinem geistigen Bildschirm, von Panik gezeichnet, als sie den rohen Plätzchenteig hinunterwürgt. Ich zittere am ganzen Körper vor Reue. Manchmal, wenn man die Uhr zurückdrehen möchte, kommt es einem so vor, als müsste man bis zur zweiten Klasse zurückgehen, um alles wieder in Ordnung zu bringen.
Das Telefon klingelt. Gleich darauf höre ich leise Schritte und dann Marion vernehmlich flüstern: »Sie schläft, Drew. Ich werde ihr sagen …« Ich wünsche mir, es wäre meine Trauerpartnerin Gloria gewesen, die angerufen hat.
Gloria sagt, wenn man einen schlimmen Tag hat, soll man einen *guten* schlimmen Tag daraus machen. Sandy war nicht ganz wohl bei diesem Vorschlag, denn er fürchtete, dass wir dann zu viel trinken oder zu viele Tabletten schlucken würden. Ich muss Gloria fragen, was sie mir empfehlen kann, damit ich heute aus *einem schlimmen schlimmen* Tag einen *guten* schlimmen Tag machen kann.
Ich ziehe mir meine Handtasche vom Nachttisch herüber,

krame den Zettel mit ihrer Telefonnummer aus meiner Brieftasche und drehe die Zahlen auf der Wählscheibe des alten schwarzen Apparates ein, der an meinem Bett steht.

»Rachel?«, meldet sich eine Jungenstimme. »Leg nicht gleich wieder auf!« Das muss Teddy sein, Glorias halbwüchsiger Sohn.

»Ist Gloria da?«

»Nein.« Er klingt enttäuscht.

»Teddy?« Mir fällt ein, wie Gloria nach Crystals Attentat mit den Feuerwerkskörpern sagte, das sei gar nichts gegen Teddys Einfälle: Einmal sei er splitterfasernackt im Teich des Stadtparks erwischt worden, und ein anderes Mal habe er den Wagen des Nachbarn kurzgeschlossen und »ausgeliehen«.

»Ich bin Sophie Stanton, eine Freundin deiner Mutter. Würdest du ihr bitte sagen, dass ich angerufen habe?«

»In Ordnung«, murmelt er, doch ich nehme nicht an, dass er sich meinen Namen merken oder notieren wird. Er seufzt tief.

»Bist du okay?«, frage ich.

»Ja«, antwortet er, aber es hört sich nicht so an.

»Ist Rachel deine Freundin?«

»Sie hat mit mir Schluss gemacht.« Seine Stimme zittert. »Gestern Abend.«

»Das tut weh. Ich kenne das.«

»Es ist die *Hölle«,* sagt er anklagend.

»Mein Mann ist gestorben«, erzähle ich ihm. Ich habe Appetit auf etwas Herzhaftes. Ein Steak.

»Tut mir leid.« Er putzt sich geräuschvoll die Nase.

»Danke«, erwidere ich ein bisschen verlegen. »Es war vor einem Jahr.« Draußen kommt Wind auf. »*Heute* vor einem Jahr.«

»Meine Schwester ist auch gestorben.«

»Ich weiß.« Wie es sich wohl anfühlt, das Kind zu sein, das am Leben geblieben ist? Wie groß mag der Druck sein, unter dem er steht?
»Vermisst du sie?«
»Ja«, antwortet er zögernd. »Klar.« Doch sein Tonfall sagt: *Was soll all das Theater? Warum kann man nicht einfach die* Lebenden *lieben?*
»Tote tun niemals etwas Falsches«, denke ich laut.
»Wovon reden Sie?«
»Was regt deine Mutter an dir auf?«
»Alles. Ich brauche bloß einen einzigen Teller im Wohnzimmer stehenlassen, schon flippt sie aus. Sie ist so gestört …«
»Deine Schwester tat so was nie, stimmt's?«
»Sie schrieb immer nur Einsen«, antwortet er ärgerlich.
»Mein neuer Freund hat Fehler.« Ich lasse mich in die Kissen zurücksinken. Das Wort »Freund« klingt immer noch gewagt für mich, als sei ich ein kleines Mädchen, das eigentlich in den Hörer seines Spielzeugtelefons plappern sollte. »Aber mein verstorbener Mann ist perfekt. So funktioniert das.«
»Genau.« Teddy taut auf.
Ich sehe, dass sich in einer Zimmerecke die Tapete von der Wand löst. Es herrscht Stille in der Leitung, doch ich bringe es nicht fertig, mich zu verabschieden.
»Allerdings weiß ich nicht, ob die Bezeichnung ›Freund‹ es trifft.« Ich denke an Drews öffentlichen Heiratsantrag auf der Party. In seinem Smoking und vor mir kniend sah er bereits wie ein Bräutigam aus.
»Oh.« Ich höre, dass Teddy das Interesse verliert. Tasten klacken.
»Was gefällt dir an Rachel?«, bemühe ich mich, mir seine Aufmerksamkeit wiederzuholen.

Es klappt. Teddy hört auf zu tippen und schnieft. »Ich weiß nicht … ich fühle mich gut, wenn ich mit ihr zusammen bin.« Er hustet und setzt hinzu: »Ihre Haare und so …«

»Du wirst eine andere finden«, sage ich. »Eine, die deine Liebe erwidert.«

»Was sind Sie – die Telefonseelsorge?«

Ich lache.

»Ich will keine andere«, grollt er.

»Ich weiß.«

Als ich den Hörer auflege, fegt ein Windstoß durch das Fliegengitterfenster herein und bläht den Vorhang wie ein Segel. Vielleicht ist das eine Botschaft von Ethan. Es kommt mir jedoch eher so vor, als bitte meine Depression, wieder eingelassen zu werden.

Was ich mir sehnlich wünsche, ist eine Es-ist-okay-ich-bin-hier-Nachricht von Ethan. Das Schlimme an der Trauer ist ihre Einseitigkeit. Geliebte Verlorene kommunizieren nicht. Man versucht, sich einzureden, dass sie es tun, doch Ethan verletzt mich jeden Tag mit seiner Gleichgültigkeit, seiner Apathie. Ich bete, ich führe Tagebuch, ich spreche mit ihm, und was kriege ich zurück? Keinen *Pieps!* Er ist wie die beliebten Kids in der Schule, sonnt sich in meiner Anbetung, ohne mich merkbar zur Kenntnis zu nehmen.

Diese Toten haben wirklich Nerven! Kein Wort höre ich von Mutter oder Ethan! Was können sie so Wichtiges zu tun haben? Sicher, sie sind tot, aber es gibt doch etwas wie *Manieren!* Was habe ich nicht alles getan: Blumen ins Meer geworfen, Kerzen angezündet, Fotoalben gewälzt, eine Therapie gemacht, mich Trauergruppen angeschlossen, Antidepressiva geschluckt …

Ich vermisse Ethan, aber ich bin auch böse auf ihn. Weil er mir solchen Kummer macht. Weil er krank geworden und gestorben ist. Er musste ja unbedingt bis zur Erschöpfung arbeiten! In dieses verdammte Büro zurückdackeln, sobald der Krebs stillhielt! Seine Geschlechtsteile mit diesem verfluchten Laptop rösten, den er stets und ständig auf dem Schoß hatte! Vielleicht bekamen wir ja *deshalb* kein Baby!

Damals war ich auf die medizinische Technologie böse. (Das nennen Sie fortschrittlich? Wir verstrahlen Sie oder vergiften Sie oder schneiden Sie auf? *Aber hallo!*) Dann war ich auf das Schicksal böse. Ich suchte nach dem Sinn, las Bücher wie *Wenn guten Menschen Schlimmes widerfährt. Das Problem mit dem Schmerz.*

Ich setze mich auf und nehme das gerahmte Foto von Ethan und mir vom Nachttisch. Es wurde auf einer Party geschossen. Wir halten uns lachend im Arm. Ich schaue in die Kamera, aber Ethan ist von irgendetwas abgelenkt und schaut zur Seite, wahrscheinlich zu jemandem, der gerade einen Witz erzählt. *Sieh mich gefälligst an, wenn ich mit dir rede!* Heiße Tränen kitzeln meine Wangen. Ich stelle das Foto wieder auf seinen Platz und nehme die kleine Porzellanmaus in die Hand, die auf dem Spitzendeckchen daneben sitzt. Sie gehört zu den Nippes, von denen es in Colonel Cransons Frühstückspension nur so wimmelt. Ich habe die meisten stehengelassen, weil ich hier ja nicht wirklich zu Hause bin. Ich bin nirgendwo wirklich zu Hause. Voller Wut hole ich aus und werfe die arme, unschuldige Maus an die Wand. Sie knallt auf den Boden und zerbricht in viele kleine Scherben. Das hat gutgetan.

Mit einem Bettzipfel wische ich mir die Tränen ab. Es ist unheimlich still im Haus. Was Marion wohl macht? Verbrennt sie vielleicht die heutige Post im Backofen? Im Geist sehe ich schwarzen Rauch die Treppe heraufkriechen, Flammen, die sich durch die Tapete fressen. Langsam schwinge ich die Beine aus dem Bett. Irgendwie werde ich diesen Tag schon überstehen. Den ersten Tag des zweiten Jahres ohne meinen Mann.

Ich finde Marion in der Küche, wo sie dabei ist, Putzlappen zu bügeln. Das Radio ist auf den Oldie-Sender eingestellt, und sie singt fröhlich mit.

»Sweet Ca-ro-line«, trällert sie und zuckt zusammen, als ich plötzlich neben ihr stehe. »Du bist *auf*? Ich habe dir Suppe gekocht.«

In einem Topf auf dem Herd blubbert Hühnersuppe mit Reis. Marion schöpft eine Kelle davon in eine Müslischale und stellt sie auf den Tisch. Dann holt sie Kräcker und einen Löffel. *Es ist zu heiß für Suppe,* liegt mir auf der Zunge, *und niemand isst zum Frühstück Suppe. Na ja, in Korea vielleicht. Oder auf deinem Planeten, wo man Putzlappen bügelt.* Doch ich sage nichts von alledem, sondern setze mich und esse einen Löffel Suppe. Sie rinnt wie Balsam durch meine Kehle.

»Möchtest du irgendwohin?«, frage ich meine Schwiegermutter. »Vielleicht einen Einkaufsbummel machen? Oder essen gehen?« Ich beschließe, Ethan nicht zu erwähnen. Wenn *ich* vergessen hätte, dass er heute vor einem Jahr gestorben ist, würde ich wahrscheinlich nicht wollen, dass mich jemand daran erinnert. Ein gutes Gedächtnis kann auch ein Fluch sein.

»Ich denke, wir bleiben lieber zu Hause«, antwortet Marion stirnrunzelnd. »Dann kannst du dich erholen und morgen wieder zur Schule gehen.«

»Zur *Arbeit*«, korrigiere ich.

»Wie bitte?«

»Dann kann ich morgen wieder zur *Arbeit* gehen.«

»Ach so, ja. In die Konditorei.« Stolz auf ihren Geistesblitz hebt sie den Finger.

Ich überlasse sie den Putzlappen und gehe mit einer Handvoll Kräcker durch die Hintertür hinaus, über die Veranda, in den Garten hinunter.

Die Bäume sind grün, der Himmel ist blau, die Rosen sind rosa – die Szenerie sieht aus wie auf einer Kitschpostkarte.

»Ethan?«, sage ich.

Nichts.

Ich lasse mich im Schneidersitz auf dem ums Haus laufenden Plattenweg nieder. Er ist ganz warm von der Sonne.

Schuldbewusstsein steigt in mir auf, als ich mich daran erinnere, wie ich manchmal vor Ethan floh. Vor seiner Krankheit floh. Ich erfand eine dringende Erledigung, eine Fahrt zum Supermarkt oder zur Post, um für ein Weilchen zu entkommen, trödelte herum, fuhr schließlich langsam zurück und weinte im Auto, weil ich in Ethans Gegenwart nicht so oft weinen wollte.

Eines Nachmittags hielt mich ein Streifenpolizist an. Er hatte die Sirene nicht eingeschaltet, ich sah nur das blaue Licht im Rückspiegel. Es rotierte langsam, wie in einem Traum. Ich fuhr ohnehin ganz rechts, für den Fall, dass jemand vorbeiwollte, und jetzt lenkte ich den Wagen auf den Grasstreifen, der die Straße säumte, und hielt an. Der Polizist dachte wahrscheinlich, ich sei betrunken.

»Sind Sie okay?«, fragte er und spähte auf den Rücksitz.

Ich nickte und reichte ihm meinen Führerschein und die Fahrzeugpapiere aus dem Fenster. Er sah sich beides an und gab mir die Papiere zurück.

»Sie sollten nicht ohne Sicherheitsgurt fahren.« Er deutete auf meine Brust. Sicherheitsgurte erschienen mir damals völlig unwichtig. Sicherheitsgurte, Sunblocker, Schwimmwesten – wozu die Mühe? Ich legte den Sicherheitsgurt an und versuchte zu lächeln.

»Würde es Ihnen etwas ausmachen auszusteigen?« Seine Stimme klang entschuldigend, und er klopfte sanft auf meine Tür.

Ich schaltete den Motor ab, löste den Sicherheitsgurt und stieg aus. Der Officer bat mich, meine Füße nebeneinanderzustellen, die Augen zu schließen und bis dreißig zu zählen. Ich gehorchte und betete im Stillen, dass ich nicht schwankte. Warum machte ich diesen idiotischen Test, anstatt ihm zu erklären, dass ich nicht betrunken, sondern nur voller Angst war?

Ich lehne mich mit dem Rücken an die Veranda. Eine Ameise läuft an einem Riss in der Steinplatte entlang, auf der ich sitze. Er muss ihr wie der Grand Canyon vorkommen. Ob sie wohl keucht und schwitzt? Verständlich wäre es, denn sie schleppt irgendetwas Weißes, das größer ist als sie.

Ein Jahr.

Eine Böe lässt einen Papierfetzen fliegen wie einen Drachen und bringt feinen Sand mit. Ich kneife die Augen zu. Die Welt hinter meinen Lidern ist brandrot. Und dann spüre ich etwas. Einen Atemhauch, einen Seufzer, ein leises Lachen, eine zarte Umarmung. Es kommt nicht von außen, wie ich erwartet hatte, nicht vom Himmel oder aus den Baumwipfeln. Es ist tief in mir drin.

Ich höre Schritte und stelle fest, dass ich auf dem Rücken liege. Die Sonne scheint mir aufs Gesicht. Ich lege eine Hand über die Augen und schaue zwischen den gespreizten Fingern nach oben. Zuerst sehe ich nur das Blau des Himmels. Dann erscheint Crystals Gesicht, gefolgt von einem rosa Tanktop.

»Hey, Alte«, begrüßt sie mich. Und dann wird der Himmel gelb, als sie einen Strauß gelber Rosen über mich hält. »Da. Für dich.«
Ich rapple mich auf und setze mich auf den Rand der Veranda. Gestern früh, als wir uns für die Party zurechtmachten, erzählte ich ihr, dass Ethan mir immer gelbe Rosen zum Geburtstag und zu unserem Hochzeitstag schenkte. Ich nehme ihr die Rosen ab, sie sind überraschend schwer. Ich vergrabe mein Gesicht in den kühlen Blüten und atme tief ihren süßen Duft ein.
»Wein nicht«, sagt Crystal.
»Tu ich nicht.« Ich hebe den Kopf und wische mir die Tränen aus den Augen.
»Okay – du darfst«, sagt sie.
Da muss ich lachen.
Crystal setzt sich neben mich auf die Veranda. Sie trägt eine weite Leinenhose, um ihre Narbe zu verbergen – seit der Teekessel-Geschichte habe ich sie nie mehr in Shorts oder einem Minirock gesehen –, und schmutzige Sneakers ohne Socken. Unbeholfen lege ich den Arm um ihre knochige Schulter und drücke sie an mich.
»Ich habe versucht, welche zu finden, die Ethan für dich ausgesucht hätte.«
Es ist schön, jemanden zu haben, der diesen Tag ebenfalls zur Kenntnis nimmt, denn es hilft zu begreifen, dass es wirklich passiert ist.
»Ich danke dir.« Die Blütenblätter haben zart pfirsichfarbene Ränder. Ich freue mich an ihrer Einzigartigkeit.
Eine Stimme schallt durch den Garten. Drews Stimme. »Nach Jahren mittelmäßiger Süßwarenläden und Gummi-Bagel-Cafés hat Ashland endlich eine erstklassige Konditorei!«,

deklamiert er theatralisch, wobei er mit großen Schritten durch das Tor neben der Garage auf uns zukommt. Dann tritt er auf den Plattenweg und wedelt mit einer Zeitung. »Deine Kritik!«

Mein Magen verkrampft sich. Kritiker. Reporter. *Schalten Sie Ihren Föhn ein, meine Herren.*

Marion kommt auf die Veranda heraus.

Drew küsst mich auf die Stirn und Marion auf die Wange. Sie kichert wie ein Schulmädchen und lächelt kokett. Crystal bekommt einen Fünfer-Handschlag, worüber sie sich freut, doch sie verdreht die Augen. Das ist sie ihrem Image schuldig.

»Obwohl die Eröffnungsparty ein wenig verunglückt war«, liest Drew weiter vor, »wird dieses Unternehmen mit Sicherheit florieren. Die Käsekuchen sind das Highlight, nicht zu trocken und nicht zäh, und es gibt ein ganzes Sortiment ausgefallener Variationen wie zum Beispiel die Porcini-Brie-Köstlichkeit. Sie werden sich zweifellos als Hit erweisen, also bestellen Sie rechtzeitig, wenn Sie Ihren Partygästen etwas Besonderes bieten wollen.«

Ich stehe auf und setze mich mit Crystals Rosen in einen Korbsessel. Und ich hatte gedacht, Marjorie würde mich und mein Geschäft in der Luft zerreißen! Immerhin bekam sie rohen Plätzchenteig zu essen! »Wie viele Sternchen?«, frage ich und bin trotz der Lobeshymne ängstlich.

»Vier.

»Von wie vielen?«

»Vier. Mehr gibt es nicht. Möchtest du einen fünften? Ich gebe ihn dir.« Er tritt hinter mich und küsst mich auf den Nacken. Marion kichert, und ich nehme Drew die Zeitung aus der Hand und lese weiter.

Warm und glasiert versetzten die Walnussmonde mich in eine Zeit zurück, als weiche Plätzchen und Zitronenlimonade die Hauptnahrungsmittel im Süden waren, wo ich aufwuchs. Die Napfkuchen sind luftig und leicht, die Frischkäsehauben üppig. Es gibt sogar ein paar fettarme und zuckerfreie Varianten, kurz gesagt: für jeden Geschmack etwas.

»Neue Konditorei auf Erfolgskurs«, lese ich genussvoll die Überschrift vor. »Falls die Konditorin sich zur Arbeit aufraffen kann«, ergänze ich sie selbstironisch und zwinge mich aufzustehen. »Die Pflicht ruft.«

»Wunderbar«, gurrt Marion.

»Hey – wie ist denn meine Mutter gestern überhaupt nach Hause gekommen?«, fällt Crystal ein.

»Ich habe Alan gebeten, sie zu fahren«, sagt Drew.

Im Geist sehe ich Roxanne und meinen ehemaligen Chef in seinem für ihn viel zu kleinen Miata-Cabrio dahinbrausen und Roxannes lange Haare wie einen Brautschleier im Wind wehen.

Marion und Crystal gehen hinein, um einen Eistee zu trinken. Drew wirkt erleichtert, als sie weg sind.

»Hör zu …« Er räuspert sich. »Das mit dem Heiratsantrag gestern auf der Party tut mir leid«, fährt er mit gesenkter Stimme fort. »Ich glaube, ich habe dich in Verlegenheit gebracht.«

»Wenigstens weiß Ginger jetzt Bescheid.«

»Das Angebot steht nach wie vor, aber ich weiß ja, dass du es langsam angehen willst.«

»Richtig.« Der Gedanke, Drew zu brauchen, erschreckt mich, denn ich glaube nicht, dass ich ihn brauche, wie man Vitamine braucht oder seinen Schönheitsschlaf. Ich glaube, ich brauche ihn, wie man eine Zigarette braucht oder einen Drink. Außerdem will ich im Moment nicht verlobt sein. Ich will auch kein

Single und keine Witwe sein. Ich will einfach ein seelisch und geistig gesunder Mensch sein.

Drew drückt mir einen schnellen Kuss auf den Mund. »Ich habe um zwei Vorstellung und muss um eins im Theater sein. Hast du morgen Zeit für ein Picknick?«

»Wir werden sehen.« Ich schaue auf die Rosen in meinem Schoß hinunter. »Es ist viel zu tun. Ich ruf dich an.«

»Okay.« Vergnügt pfeifend durchquert er den Garten. Ich bin ein wenig verärgert über seine an diesem Tag unpassende Fröhlichkeit. Und erleichtert, seine Beine nicht mehr sehen zu müssen.

Marion und Crystal kommen auf die Veranda zurück, um mich ihren Streit, ob man Eistee aus einer Müslischale trinken darf oder nicht, schlichten zu lassen.

»Natürlich darf man das«, sage ich zu meiner Schwiegermutter, denn ich möchte auf keinen Fall, dass sie sich lächerlich vorkommt, »aber einfacher trinkt er sich aus einem Glas.«

»Sag ich doch!«, triumphiert Crystal. Sie ist mir immer ein bisschen zu schadenfroh, wenn Marion unrecht hat.

Ethans Mutter beugt sich der Übermacht und erklärt sich einverstanden, ihren Eistee aus einem Glas zu trinken, und die beiden gehen wieder rein. Mir wird klar, dass ich Marion nächste Woche auf keinen Fall allein nach Hause fliegen lassen kann. Ich werde sie begleiten müssen. Am besten bestelle ich mir das Ticket *gleich*. Nein – eins nach dem anderen. Erst will ich meinen Laden in Ordnung bringen, den Anrufbeantworter abhören – vielleicht sind ja schon Bestellungen eingegangen – und die geliehenen Uniformen zurückbringen.

Ich bin dankbar dafür, dass die Konditorei meine Aufmerksamkeit verlangt. Nach Ethans Tod wurde ich lange nicht gebraucht. (Gibt es einen nutzloseren Menschen auf der Welt als eine arbeitslose Witwe ohne Kinder?) Aber jetzt braucht mich Marion, um heil nach Hause zu kommen, und Crystal, um die Sommerschule zu überstehen. Die Bank braucht mich, um das Geld wiederzubekommen, das ich mir bei ihr geliehen habe, und Ruth braucht mich als Babysitter – heute Abend, damit sie zu ihrem Lesezirkel gehen kann. Als mir das einfällt, stehe ich auf und drücke die Rosen an meine Brust. Die Verandadielen unter meinen nackten Füßen fühlen sich beruhigend stabil an.

Ich mache die Augen zu und beschwöre den Baby-Shampoo-Duft von Simones seidigen Haaren herauf und die blassgrüne Ader an ihrer Schläfe, wo ihr Puls unter der durchscheinenden Haut schlägt, während sie sich darauf konzentriert, in ihrem Malbuch nicht über die Konturen hinauszugeraten.

Und dann habe ich plötzlich Lust zu duschen. Warmes Wasser in meinen Mund tröpfeln und Shampoo-Schaumwolken zwischen meinen Fingern hervorquellen zu lassen. Früher, in San Jose, brauchte ich Stunden, um den Mut aufzubringen, zu duschen, weil ich mich so vor den Muscheln auf dem Duschvorhang fürchtete. Jetzt kann ich es kaum erwarten.

Aber vorher muss ich noch die Rosen in die Vase stellen.

Wohlfahrt

29

Wenn wir im Geschäft fertig sind, möchte ich in der Garage Klarschiff machen«, sage ich zu Crystal, als wir weiterfahren, nachdem wir Marion im Seniorencenter abgesetzt haben, das heute eine Vogelbeobachtungsexkursion auf dem Programm hat.

»Klingt nicht nach Spaß«, meint sie.

»Ich weiß – aber ich will Ethans Sachen durchsehen.« Ich bin entschlossen, den Inhalt der Kartons zu sichten, nach Hause zu nehmen, woran ich wirklich hänge, und den Rest zusammenzupacken und zur Wohlfahrt zu bringen. Unwillkürlich umklammere ich das Lenkrad, als ich mich für diese schwere Aufgabe wappne.

Ich warte auf Crystals typische Reaktion auf etwas, was ihr zuwider ist: *Wenn du meinst.* Manchmal kommt sie mir wie ein Song vor, dessen Text ich auswendig kann.

»Okay«, sagt sie. »Ich helfe dir.«

Mein Blick fällt auf ihre nackten Füße, die sie wie immer gegen das Armaturenbrett stemmt. Jeder zweite ihrer rosalackierten Zehennägel ist mit einem glitzernden Gänseblümchen-Abziehbild dekoriert. Ich glaube nicht, dass es Crystal wirklich etwas ausmacht, dass Roxanne die Stromrechnung nicht bezahlt und ihr keine Reitstunden finanziert. Ich glaube, was sie ernsthaft stört, ist, dass ihre Mutter sie nicht in ihr Leben einbezieht. Crystal kann ausgesprochen schwierig sein, doch in mancher Hinsicht ist sie ganz simpel gestrickt: Alles, was sie wirklich will, ist, einbezogen zu werden.

»Wir beide werden die Sachen durchschauen«, sage ich zu ihr, »und dann bitte ich Ruth, mir bei dem Transport mit ihrem Kombi zu helfen.«
Crystal nickt ernst, als ob sie alle Haarrisse in meinem munteren Kein-Problem-Ton hören kann.

In der Garage riecht es nach Zedernholz und Motoröl. Das Dach knackt, als biege es sich in der Hitze. Crystal und ich legen vier Abteilungen an: *Wohlfahrt, Müll, behalten, vielleicht behalten.* Die *Vielleicht-behalten*-Abteilung werde ich durchgehen, bevor wir den Kombi beladen.
Crystal hat ihre Haare oben auf dem Kopf zu zwei stacheligen Schwänzchen gebunden. Die Magentastreifen lassen sie wie Flammen aussehen. Gewissenhaft sortiert sie Ethans Socken, rollt passende zusammen und wirft löcherige weg. Immer wieder pustet sie ihren Pony aus der Stirn, während sie konzentriert arbeitet. Ihre Geduld überrascht mich. Als ich sie kennenlernte, konnte sie sich auf nichts außer Videospiele konzentrieren, verbrachte ganze Sonntagnachmittage damit, das Gerät in der Spielhalle mit meinen Dollarscheinen zu füttern, während ich zuschaute und vorgab, Spaß daran zu haben.
Das Einzige, was ich von Ethans Sachen nach seinem Tod wegwarf, waren die Dinge, die mit seiner Krankheit zusammenhingen: Rezepte, Röntgenaufnahmen, den Behälter mit den Spritzen für die Schmerzmittel. Ich löschte die Krankheit aus seiner Lebensgeschichte, doch alles andere hob ich auf. Sogar seine Kritzeleien auf dem Block beim Telefon und sein Namensschild von seiner Bürotür in der Firma.
Ich ziehe ein Flanellhemd aus einem Karton und vergrabe mein Gesicht darin, aber meine Hoffnung, Ethan zu »rie-

chen«, seinen Duft zu atmen, wird enttäuscht. Der Stoff hat einen anderen Geruch angenommen, Pappschachtelgeruch. Ich greife in einen weiteren Karton mit der Aufschrift »Bad«. Ein brennender Schmerz durchfährt mich. Eine Rasierklinge! Ein heller Blutstropfen quillt aus einem Finger. Ich lutsche vorsichtig daran. Das Blut schmeckt nach Rost. Ethans Haarbürste schaut mir entgegen. Ich nehme sie heraus, fahre durch die Borsten, weiches, braunes Haar löst sich mit einem *Ping*. Es riecht tatsächlich noch nach Ethans Ei-Shampoo und es kitzelt mich. Ich möchte mich unter der Bettdecke verkriechen.

»Du könntest das in ein Medaillon tun«, schlägt Crystal vor, die mich beobachtet.

Ich schiebe den *Bad*-Karton zu dem *Wegwerf*-Stapel hinüber und gehe ins Haus, um mir den Schnitt zu verarzten.

Nachdem ich meinen Finger verbunden habe, gehe ich in mein Zimmer, ziehe Ethans Skipullover unter meinem Kopfkissen hervor, befühle die kratzige Wolle. So wie Kinder sich irgendwann von ihren Schnullern trennen müssen, Raucher von ihren Zigaretten, wenn sie der Gewohnheit abschwören, ist wohl der Moment für mich gekommen, mich von diesem Pullover zu trennen.

Ich trage ihn in die Garage.

»Ich glaube, den muss ich weggeben.« Damit halte ich ihn Crystal hin, hoffe, dass sie ihn mir abnimmt.

»Okay.« Sie zuckt mit den Schultern und greift in einen Bücherkarton. »Du läufst ja auch nicht Ski.«

»Aber ich will ihn behalten.« Ich drücke ihn an meine Brust und atme tief den Geruch der Wolle ein. Zum ersten Mal wird mir bewusst, dass sie wie versengt riecht.

»Dann behalt ihn.« Sie blättert Ethans Jahrbuch durch.

»Wow!« Ihre Lippen bewegen sich mit, während sie den Text liest. »Es gibt Leute, die die Highschool *mögen!*«
»Er war sehr gut. Er war Klassensprecher.«
»Er war unheimlich klug«, sagt Crystal, als habe sie ihn gekannt.
»Er hätte dir bei Algebra helfen können. Mit ihm hätte sie dir sogar Spaß gemacht.«
»Algebra kann unmöglich Spaß machen!«
»Eigentlich nicht – aber er schaffte so was. Das war ja das Unglaubliche an ihm.«
Ich lege den Pullover in die *Vielleicht*-Abteilung. Mein ganzes Leben scheint im Moment in der *Vielleicht*-Abteilung zu liegen. Vielleicht werde ich eine erfolgreiche Geschäftsfrau. Vielleicht bleibe ich mit Drew zusammen.
»Hast du mal nicht mehr leben wollen?«, fragt Crystal. »Seit Ethan nicht mehr da ist, meine ich.« Sie klappt das Jahrbuch zu und legt es behutsam auf den Stapel in der *Behalten*-Abteilung. Diese Frage hat sie mir schon einmal gestellt, als ich ihr vom Tod meiner Mutter erzählte. Es macht mir Sorgen, dass ihr so dunkle Gedanken durch den Kopf gehen.
»Ja«, gestehe ich und sehe mich in meinem Wohnzimmer in San Jose auf der Luftmatratze liegen, allein und im Dunkeln, nur die Decke schimmert im Schein des Fernsehers in einem unheimlichen Blau. Zu müde, um ihn auszuschalten. Zu müde, um zuzusehen. Zu müde, um zu schlafen. »Aber jetzt geht es mir besser.«
Crystal schaut den Skipullover an. »Weil du *mich* jetzt hast.«
Ich sehe sie an und denke darüber nach.
Sie lacht. »Das war ein *Witz!*«
»Es war nett. Man muss mit Menschen nicht verwandt sein, um sie als Familie zu empfinden.«

»Cool.« Sie greift in die nächste Schachtel und hebt Ethans Softball-Trophäe heraus.
»Die bleibt hier!«, erkläre ich energisch.
»Das denke ich mir.« Sie drückt die Statuette an ihre Brust und streicht andächtig über den Messingkopf des Softball-Spielers. »Ich hab noch nie was gewonnen«, sagt sie leise und legt die Figur zu den *Behalten*-Sachen.
Eine Weile arbeiten wir schweigend. Sandy und Gloria werden stolz auf mich sein, weil ich diese Aktion auf Ethans Todestag gelegt habe. Noch ein Fleißbildchen für die vorbildlich Trauernde.
»Hey.« Crystal betastet vorsichtig die Spikes der Golfschuhe, die Ethan nie getragen hat, und schaut auf den Boden. »Meine Mom sagt, dass sie mir ein Pferd kauft, wenn ich nicht mehr mit dir rumhänge.«
»Ach, wirklich?« Ich werfe eine alte Computermaus in die *Wohlfahrt*-Abteilung, aber ich hatte wohl zu viel Schwung drauf, sie zerbricht. Also ab damit in die *Müll*-Abteilung. »Ich dachte, Pferde wären zu teuer.« Roxanne ist wie Ginger: Auch wenn sie an einem Menschen nicht ernsthaft interessiert ist – sie will ihn für sich haben. Gott bewahre, es kommt jemand daher, der ihn liebt.
Crystal zuckt mit den Schultern. »Sie sagt, sie kann einen Kredit kriegen.«
Sie hält die staubigen Golfschuhe hoch und sieht mich fragend an.
»Wohlfahrt«, entscheide ich.
»Ich hab ihr gesagt, sie kann sich ihr Pferd in den Arsch schieben.« Crystal stellt Ethans schwarze Straßenschuhe zu den Sachen für die Wohlfahrt. »Wahrscheinlich würde sie den Kredit sowieso nicht kriegen.«

»Du solltest wirklich nicht so mit deiner Mutter reden.« Ich habe mich abgewandt, damit sie mich nicht lächeln sieht.

Als ich am Spätnachmittag mit Ruth zur Wohlfahrt komme, ist die Tür verschlossen. Ich lege die Hände ums Gesicht und spähe durch das Fenster auf die Rundständer. Die Kleidungsstücke sind nach Farben sortiert. Ethans olivgrünes Rugbyhemd fände da schon eine Unterkunft, aber sein Skipullover ist bunt: rot-gelb-blau gestreift. Wo sollte der in dieser strengen Ordnung ein Heim finden?

»Keiner mehr da?«, fragt Ruth und steckt die Hände in die Taschen ihrer Jeans.

Ich drehe mich zu ihrem Kombi um, der so vollgeladen ist, dass sie auf der Herfahrt nur Kartons im Rückspiegel sehen konnte. Ich weiß genau, in welchem davon Ethans Skipullover ist.

»Da ist ein Container für Kleiderspenden.« Ruth deutet auf einen riesigen gelben mülltonnenähnlichen Behälter am Ende des Parkplatzes. Ruth steigt in ihren Wagen und fährt rückwärts zu der Tonne, lehnt sich aus dem Fenster, sie kann im Außenspiegel die Entfernung nicht abschätzen. Sie hält an, steigt aus, öffnet die Heckklappe und wuchtet eine Schachtel heraus. Als ich beim Container anlange, sehe ich, dass er überfüllt ist: In der »Briefkasten«-Klappe klemmt ein Daunenanorak. Es sieht aus, als versuche er herauszuklettern.

»Dann stellen wir die Sachen eben daneben«, meint Ruth.

Ich nicke. »Okay.« Ein säuerlicher Geruch steigt mir in die Nase: Der Daunenanorak ist offenbar lange nicht gewaschen worden.

Nein! Protestiert Ethan. *Lass meine weltliche Habe nicht auf einem dreckigen Parkplatz liegen!*

Der staubige Asphalt um die Tonne herum ist mit ausrangierten Kleidungsstücken übersät. Eine zusammengedrehte Riemchensandale, ein Seidentuch mit schwarzen Reifenspuren drauf, ein Bündel verbogener Drahtkleiderbügel. Vom Imbiss nebenan weht der fettige Geruch von Pommes herüber. Ein ausgebleichter Futon lehnt an der Rückwand des Wohlfahrtgebäudes. Daneben türmen sich in Plastikwannen Schuhe, Spielsachen und kleine Haushaltsgeräte. Es gibt einfach zu viel Müll auf der Welt. Jedem Menschen sollte nur eine bestimmte Abfallmenge zugestanden werden, so wie man ins Flugzeug nur zwei Handgepäckstücke mitnehmen darf.
Ein lauter Knall lässt mich zusammenfahren. Ruth hat einen Bücherkarton abgestellt.
»Vorsicht«, mahne ich.
»Die zerbrechen doch nicht. Außerdem sind sie sauschwer. Du musst mir schon helfen.«
»Okay.« Aber ich kann mich nicht rühren. Plötzlich fühle ich mich, als hätte ich ein Verbrechen geplant, vor dessen Ausführung ich jetzt zurückschrecke.
»Hilfe!«, japst Ruth. Als sie den großen Koffer mit Ethans Jacken von der Ladefläche zerrt, biegt sich ihr zarter Rücken beängstigend weit durch. Endlich kommt Bewegung in mich. Ich helfe ihr, den Koffer zu dem Altkleidercontainer zu schleifen, und wir lehnen ihn dagegen. Als ich mich aufrichte, fällt mein Blick auf ein Schild an dem Maschendrahtzaun hinter dem Spendenbehälter: WARNUNG: *Spenden abladen, wenn die Wohlfahrt geschlossen ist, gilt als illegales Schuttabladen. Zuwiderhandlungen werden strafrechtlich verfolgt.*
»Wir können die Sachen nicht hierlassen.« Ich deute auf das Schild.
Ruth liest es und verdreht die Augen. »Du lieber Gott! Man

kann auch ins Gefängnis kommen, weil man das Etikett von seiner Matratze abgeschnitten hat, weißt du.«

»Du hast recht.« Ich lache gezwungen. Und dann entdecke ich an der Seite des Containers ein weiteres Schild: *Danke, dass Sie Behinderten helfen, ein produktives Leben zu führen.* Ethans schicker Radiowecker fällt mir ein, den ich zum Weggeben eingepackt habe, damit ich nicht jeden Morgen beim Aufwachen vor mir sehe, wie er im Bett die Nachrichten hört. Wenn sie den verkaufen, bekommen sie bestimmt mindestens fünfzig Dollar dafür. Ich lade weiter aus. Bestimmt wird morgen früh jemand das alles sichten und ins Haus schaffen.

Als wir den Parkplatz schließlich verlassen, fixiere ich Ethans Kartons im Außenspiegel, wie man einen Stern fixiert, den man sich in einer klaren Nacht am Himmel ausgeguckt hat.

Am nächsten Morgen bin ich pünktlich, vor Sonnenaufgang, in der Konditorei, lege noch allerletzte Hand an und backe. Crystal erscheint später, sie hat verschlafen. Als ich dann das Schild auf »Geöffnet« umdrehen kann, stehen drei Kunden vor der Tür. Wahrscheinlich von Marjories Kritik angelockt. Drew hat die Kritik schon eingerahmt und über die Kasse gehängt. Der Artikel ist mit einem großen Foto illustriert, auf dem Crystal und ich hinter einer Reihe Käsekuchen stehen. Wie durch ein Wunder hatte ich am Tag der Aufnahme einen *good-hair-day*: weiche Ringellöckchen statt Filz. Crystal macht ein ernstes Gesicht und beugt sich zu den Kuchen vor, als ob sie ihr etwas erzählen.

Eine junge Schauspielerin des Festival-Ensembles möchte ihren Hochzeitskuchen bestellen. Ich werde unsicher, als sie aus Zeitschriften herausgerissene Seiten auf der Arbeitsplatte ausbreitet, um mir Kuchen zu zeigen, die so kompliziert dekoriert sind wie Fabergé-Eier.

Das Geschäft blüht, und die Vitrine, vor der sich die Leute drängen, leert sich zusehends. Die Kunden wollen Napfkuchen für Geburtstagspartys, Plätzchen für Softball-Turniere, Karotten- und Käsekuchen als Desserts. Ich bediene, und Crystal kassiert.

Ich rede mit jedem, erkundige mich, ob er in Ashland lebt oder nur zu Besuch da ist, mache Weinvorschläge zu den pikanten Käsekuchen und bitte, den Geburtstagskuchen nächstes Mal nicht so knapp vor dem Fest zu bestellen.

Während ich ein Blatt Wachspapier nach dem anderen zur Hand nehme, um das Gewünschte darin einzuschlagen, verdampfen ein Jahr Isolation und Schüchternheit in der wohlriechenden Hitze, die aus der Backstube dringt.

»Ich müsste *fünf* zurückbekommen«, sagt eine Frau, die einen Pfirsichpie kauft, freundlich zu Crystal. Crystal wird hochrot, öffnet die Kassenschublade wieder und korrigiert ihren Irrtum mit fliegenden Fingern.

»Mach dich nicht verrückt«, sage ich zu ihr, als eine Atempause eintritt. »Nimm dir Zeit.«

Am Abend haben wir siebenhundertzweiundfünfzig Dollar und sechsundachtzig Cent in der Kasse. Ich hatte gedacht, dass ich zunächst kein zusätzliches Personal würde einstellen müssen, aber wie es aussieht, brauche ich schleunigst noch ein paar helfende Hände. Nach Ladenschluss entwerfe ich einen Annoncentext: *Verkäuferin für nachmittags gesucht.* Plötzlich drängt sich ein Bild in mein Bewusstsein: Ethans Skipullover, der unter einem Berg muffiger Sweat- und T-Shirts von toten Leute erstickt.

»Es ist ein Akt innerlicher Befreiung, sich von ihren Dingen zu trennen«, sagte Gloria, als ich ihr erzählte, dass ich endlich die Garage ausgeräumt habe. Sie gestand mir, dass sie nach dem Tod ihrer Tochter eine Jeans und ein T-Shirt auf das Bett des Mädchens drapierte und ein halbes Jahr dort liegenließ. Dann überwand sie sich dazu, die Sachen wegzugeben, und machte ein Arbeitszimmer aus dem Raum. Ich zwinge mich, Ethans Pullover für den Moment zu vergessen, und wende mich wieder der Annonce zu. »Fünf Tage in der Woche, für gutgehende Konditorei in der Innenstadt …«

Nach diesem Tag kann ich es kaum erwarten, auf meinem Sofa die Füße hochzulegen, doch kaum trete ich durch die Tür, läutet das Telefon. Marion nimmt ab.
»Ähhh …«, stottert sie, » ähhh, er ist im Augenblick nicht hier.« Sie hält mir den Hörer hin.
Ich klemme ihn mir zwischen Schulter und Ohr und mache nebenher die Post auf. »Hallo?«
»Ich bin auf der Suche nach Mr Ethan Stanton«, sagt eine Männerstimme. Telefonverkäufer. Eine wahre Pest.
»Er ist gestorben.« Ich lasse die Kuverts auf den Tisch fallen. »Vor einem Jahr. Wer spricht denn da?«
Einen Moment lang herrscht unbehagliches Schweigen am anderen Ende der Leitung. Dann sagt der Mann zögernd: »Das tut mir leid.«
»Er ist gestorben«, wiederhole ich, um seine Schuldgefühle noch zu vergrößern.
»Sind Sie sicher?« Er muss schreien, denn plötzlich knattert Wind im Hörer. Offenbar ruft er aus dem Freien an.
»Natürlich bin ich sicher. Ich bin seine Witwe. Wer spricht da, bitte?«
»Wer ist gestorben?«, fragt Marion.

»Ich habe etwas gefunden, das ihm gehört«, kämpft der Mann weiter gegen den Wind an. »Jacken. Auf einem Parkplatz an der I-5. Ich war ausgestiegen, um auf die Toilette zu gehen, und als ich zurückkam, lag ein Koffer neben meinem Auto. Ich dachte, dass vielleicht jemand Mr Stantons Sachen gestohlen hat oder dass ihm etwas zugestoßen ist. In einer der Jacken ist ein Etikett mit seinem Namen. Ich habe mir Ihre Nummer bei der Auskunft besorgt. Es gibt noch einen Stanton in Ashland, aber da war niemand zu Hause.«

Die Marlboro-Man-Jacke. Ich wollte das Namensschildchen heraustrennen, doch Marion hatte es für die Ewigkeit an das Seidenfutter genäht, als wir vor Jahren zum Essen bei ihr waren.

»Damit man weiß, wem sie gehört, falls sie mal gestohlen wird«, erklärte sie und zog wieder und wieder Nadel und Faden durch den Futterstoff. Ich ärgerte mich, dass Ethan das zuließ, als wäre er noch ein Kind und seine Kleidung müsste fürs Sommercamp gekennzeichnet werden. Aber ihre bevormundende Gluckenart brachte ihn nie aus der Ruhe.

»Es sind auch Schachteln hier«, fährt der Mann fort. »Sie wurden geöffnet, und es liegen überall Kleidungsstücke herum. Ich dachte mir, Sie wollen die Sachen bestimmt wiederhaben. Allerdings kann ich leider nicht auf Sie warten, weil ich dringend nach Spokane muss. Mein Sohn liegt da im Krankenhaus.«

Irgendjemand hat die Schachteln mitgenommen, den Inhalt für wertlos befunden und auf dem Rastplatz abgeladen. Ich bin empört. Die Jacke hat immerhin mal dreihundert Dollar gekostet! Sie ist aus Wildleder!

»Fahren Sie ruhig«, sage ich zu dem Mann. »Ich mache mich gleich auf den Weg. Und vielen Dank!« Ich kann mir nicht vorstellen, dass viele Leute sich die Mühe gemacht hätten, anzurufen.

»Ausfahrt siebenundvierzig«, sagt er noch, und dann tutet das Freizeichen.

Ich lasse Marion zum Abendessen bei Ruth, borge mir ihren Kombi und hole auf dem Weg zu dem Parkplatz Crystal ab. Als sie sich auf dem Freeway mit der Hand am Armaturenbrett abstützt, wird mir bewusst, dass ich fünfundachtzig fahre.

»Tut mir leid«, entschuldige ich mich, drossle das Tempo jedoch nicht, denn vielleicht kann ich den schrecklichen Fehler, Ethans Sachen wegzugeben, ja wiedergutmachen, wenn ich schnell genug bin. *Schuttabladen* stand auf dem Schild bei der Wohlfahrt. Illegal.

Es wird zwar noch ein paar Stunden hell sein, aber es zieht ein Unwetter herauf. Am Horizont ballen sich Kartoffelbreikleckswolken an dem grünlich grauen Himmel zusammen.

»Da!« Crystal deutet auf die Ausfahrt, an der ich gerade vorbeifahren will.

Ich weiß nicht, ob es zu schaffen ist, doch ich reiße das Steuer trotzdem herum. Wir schleudern über eine weiße Doppellinie und über den Randstein auf einen Mittelstreifen. Kies und Erde spritzen.

»Scheiße!«, schreit Crystal. »Es sind doch nur Klamotten!«

Ein großer Stein schlägt von unten gegen den Wagen. Es klingt, als hätte er etwas zertrümmert. *Mach dir keine Sorgen, ich bringe es in Ordnung,* werde ich zu Ruth sagen. *Ich bringe* alles *in Ordnung.* Wir rumpeln über den Randstein auf die andere Seite des Mittelstreifens und biegen in den Parkplatz ein. Überall sind Kleidungsstücke verstreut. Ethans Klei-

dungsstücke. Ich trete das Bremspedal durch. Crystal fällt vornüber. Der Motor säuft ab.
Wind schüttelt die Bäume und lässt Ethans Sachen über den Rastplatz taumeln. Eine Krawatte dreht Pirouetten in der Luft wie eine rote Girlande. Ein Ärmel seiner dunkelblauen Windjacke winkt uns über den Rand eines Kartons zu.
Jenseits der staubigen Rasenfläche steht ein sandfarbener Flachbau, trostlos wie ein Gefängnis, mit einer Reihe Automaten davor. Ich öffne die Fahrertür, aber der Wind schlägt sie wieder zu, und sie kracht gegen meine Wade. Schmerz durchfährt mein Bein.
Endlich gelingt es uns auszusteigen, und dann kämpfen wir uns mit gesenkten Köpfen gegen den Wind voran. Im Gefängnisbau drüben kracht irgendetwas. Crystal packt mich erschrocken am Arm.
»Es ist unheimlich hier.«
Seltsam. Feuerwerkskörper zu zünden, Brände zu legen, sich die Arme zu zerschneiden und das Bein zu verbrennen, das macht ihr alles nichts aus – doch hier fürchtet sie sich.
»Wir fahren ja gleich wieder«, versuche ich, sie zu beruhigen. »Lass uns nur schnell die Sachen einsammeln.«
Der Wind weht Kinderstimmen von einer nahen Wiese herüber.
»Er will wohl, dass du seinen Kram behältst«, meint Crystal, hebt eine Socke auf, schüttelt sie aus und lässt sie in eine Schachtel fallen.
Neben einem metallenen Mülleimer, der mit einer Kette an einem Pflock befestigt ist, liegt eine von Ethans Khakihosen im Gras. Vom Wind gebläht, tanzen die Beine einen kleinen Jig. Vielleicht verlassen die Menschen diese Welt niemals wirklich. Man kann ihre Besitztümer zur Wohlfahrt bringen

und ihre Briefe in Schuhschachteln verwahren, aber irgendwie bleiben sie auf der Erde. Wenn nicht auf einem Parkplatz der Wohlfahrt, dann leben sie in dem Duft des ersten gemähten Grases im Frühling weiter.

Ich versuche, eines von Ethans T-Shirts zu falten, doch der Wind vereitelt es. Schließlich gebe ich auf, rolle alles zusammen und stopfe es in die Kartons. Als ich den Koffer umdrehe, sehe ich, dass er mit einem Messer aufgeschlitzt worden ist. Eine große Wunde klafft in dem schwarzen Nylon – und in dem Ärmel der Marlboro-Man-Jacke. Ich sinke auf die Knie und breche in Tränen aus. Der Wind reißt mir die Schluchzer von den Lippen.

Crystal schaut von einer Schachtel auf und zu mir herüber. »Hey, Alte! Lass dich nicht häuslich nieder! Ich will hier weg!«

Ich kann nicht antworten. Es ist, als sei in meinem Innern ein Wasserrohr geplatzt, und nun strömt es aus meinen Augen, meinem Mund und meiner Nase. Ich beuge mich vor und hämmere mit den Fäusten auf den Asphalt. Winzige Steinchen bohren sich in mein Fleisch.

Auf einmal kommen dünne Arme von hinten und versuchen, mich hochzuheben. »Jetzt mach nicht schlapp.« Crystals warmer Atem streift mein Ohr. »Wir sind ja fast fertig.«

»Es ist alles *hin!*«

»Nein.« Sie streckt den Arm aus, und ich blinzle die Tränen weg und sehe Ethans Skipullover ordentlich zusammengefaltet auf einem Karton liegen. Crystal schafft es, mich aufzurichten, indem sie ihre Knie gegen meine Beine stemmt. Dann dreht sie mich zu sich herum. Meine Arme hängen schlaff herunter, und meine Haare wehen im Wind und stechen mich in die Wangen.

»Okay«, sage ich zu ihr und zu mir und konzentriere mich darauf, tief durchzuatmen und mir mit dem Ärmel meiner Cordjacke die Haare, die Tränen und den Speichel aus dem Gesicht zu wischen. »Okay.« Ich will stark sein für Crystal. Für Marion, Ruth und Dad. Für Ethan. Für Menschen, die ich noch nicht kenne, für potenzielle Kunden, für zukünftige Enkel. Und für mich. Wer soll bei einem Notfall benachrichtigt werden? Tragen Sie meinen Namen ein: Sophie Stanton.
Ich fege mir mit den Händen den Staub von der Jeans. Morgen früh, wenn ich die Konditorei aufgeschlossen habe, werde ich sie in Crystals Obhut geben und die Kartons bei der Wohlfahrt abgeben. Zur regulären Öffnungszeit.
Als Crystal und ich den Koffer zwischen die beiden letzten Schachteln zwängen, fängt es an zu schütten wie aus Eimern. Innerhalb von Sekunden klitschnass, flüchten wir ins Auto. Gleich darauf sind wir wieder auf dem Freeway. Die Scheibenwischer haben ihre liebe Not mit den Wassermassen, die der Himmel über Oregon da auf uns herunterpladdern lässt, und im Wagen riecht es wie nasser Hund.

30

Es dämmert, die Luft riecht herrlich frisch, als ich die East Main Street hinauf zur Arbeit gehe. Ich habe nicht viel geschlafen, denn Drew und ich waren letzte Nacht das erste Mal seit unserer Trennung wieder zusammen. Nach einer Flasche Wein zum Abendessen in einem italienischen Restaurant, gefolgt von einer verstohlenen, flüchtigen Autoknutscherei vor Colonel Cranson's, versuchte er, mich zu überreden, mit zu ihm zu kommen, aber ich wollte Marion nicht allein zu Hause lassen. »Darf ich dann mit reinkommen?«, fragte er. »Du meinst *über Nacht«,* konstatierte ich. Er senkte den Blick und suchte nach Worten. Als er zum Sprechen ansetzte, beugte ich mich zu ihm hinüber, grub meine Zähne in seine weiche Unterlippe und bemühte mich, mir nicht so viele Gedanken zu machen.

Jetzt, auf dem Weg zu meiner Konditorei, kann ich es kaum erwarten, am Tisch in der Backstube die erste Tasse Kaffee zu trinken, den aromatischen Dampf zu riechen, während die Öfen vorheizen und der Teig für die süßen Brötchen aufgeht. Ich beschleunige meine Schritte und gehe dabei im Geist mein Tagespensum durch: süße Brötchen, Muffins und Scones backen, die eiligen Morgenkunden mit Kaffee und Muffins versorgen, Warenlieferungen auspacken, bestellte Geburtstagskuchen und Plätzchen backen, Kuchenteig vorbereiten und kühl stellen, die Buchhaltung erledigen, Termine für Vorstellungsgespräche vereinbaren.

Als ich mich meinem Geschäft nähere, schießt, so plötzlich

wie bei einem Autounfall, Adrenalin durch meine Adern, denn ich glaube, Ethan vor der Konditorei stehen zu sehen. Er beugt sich mit dem Rücken zu mir über den Abfalleimer an der Ecke, und die breiten roten, gelben und blauen Streifen auf seinem Pullover leuchten wie eine Flagge.

Ich ringe nach Luft, und meine Knie drohen nachzugeben. Ethan hat etwas aus dem Abfalleimer geholt und wendet sich mir zu, und da erkenne ich, dass es nicht Ethan ist, sondern der ältere Herr, den ich schon oft auf der Bank vor dem Postamt habe sitzen und selbstgedrehte Zigarette rauchen sehen. Ein stämmiger Typ mit einem Nikolausbart, der wie ein weißes »V« bis auf den Kugelbauch herunterhängt, der sich unter dem Pullover abzeichnet.

Als ich den Pullover schließlich bei der Wohlfahrt abgab, ihn der Frau hinter dem Ladentisch reichte, als sei er der Heilige Gral, meinte sie, Winterkleidung sei im August nicht sonderlich gefragt. Aber dieser Gentleman wollte ihn offenbar.

»Guten Morgen.« Ich versuche zu lächeln. Der Mann hat Ethans Pullover in den Bund einer viel zu weiten Khakihose gestopft, die ein Kunststoffdamengürtel im Krokolook zusammenhält. Die schwarzen Ledersneakers sind links mit einem weißen und rechts mit einem gelben Schnürsenkel gebunden. Ich entdecke einen braunen Schmutzfleck an einem von Ethans Ärmeln. Der Mann sieht aus wie Colonel Sanders' missratener Bruder. Er ist ganz bestimmt kein Skiläufer. Als er mich mit leicht schiefgelegtem Kopf anlächelt, sehe ich zu meiner Überraschung blendend weiße, ebenmäßige Zähne blitzen.

»Ma'am.« Er tippt grüßend an seine Stirn wie an eine Hutkrempe und lässt die eben erbeutete Coladose in die Mülltüte zu seinen Füßen fallen.

Ich frage mich, wie Ethan wohl als alter Mann ausgesehen

hätte. Auch als er schon sehr krank war, bekam er keine Falte und kein einziges weißes Haar. Er verlor nur seine Leuchtkraft, als habe der Krebs ihn auf Grau reduziert, während der Rest der Welt farbig blieb.

»Möchten Sie vielleicht auf einen Kaffee hereinkommen?« Ich hole meine Schlüssel aus der Handtasche und nicke zur Tür der Konditorei hin.

Der Mann neigt den Kopf zur anderen Seite.

»Mir gehört die Konditorei«, füge ich erklärend hinzu. Sobald er im Laden ist, werde ich ihn um den Pullover bitten. Ich werde ihm anbieten, ihm dreimal so viel dafür zu geben, wie er bei der Wohlfahrt bezahlt hat, oder ihn fragen, ob ich ihm einen anderen kaufen darf. Vielleicht hätte er ja lieber einen Mantel. Oder einen Smoking. Was auch immer. Ich werde ihm erklären, dass da ein Irrtum passiert ist.

»Danke für die Einladung.« Er reibt sich die Hände sauber, folgt mir hinein, stellt seine Dosentüte neben den Eingang und setzt sich, als ich ihm einen Platz an einem der Fenstertische anbiete, so hin, dass er sie im Blick hat. Ich schalte die Kaffeemaschine und die Öfen ein, schneide einen Brombeermuffin von gestern in zwei Hälften, backe sie auf, bestreiche sie mit Butter und bringe sie ihm mit einer Tasse Kaffee.

Während er frühstückt, ziehe ich meine Konditorjacke an und binde meine Konditorschürze um, hole den Teig für die süßen Brötchen aus dem Kühlschrank, breite ein feuchtes Geschirrtuch über die Schüssel und lasse den Teig neben den Öfen aufgehen. Dann setze ich mich mit einem Becher Kaffee zu meinem Gast.

Er beißt von seinem Muffin ab und sieht mich mit vollen Backen schüchtern an. Ich bemerke, dass er den gleichen säuerlichen Geruch verströmt wie der ungewaschene Daunenanorak in dem Kleidercontainer auf dem Parkplatz der Wohlfahrt – und dass er nicht so alt ist, wie ich dachte. Vielleicht erst Anfang sechzig. Eher wettergegerbt als alt. Tiefe Furchen durchziehen sein Gesicht, und die Haut unter seinem Kinn hängt in Schildkrötenfalten herunter.

»Wo wohnen Sie?«, frage ich – und bereue es augenblicklich. Vielleicht ist er obdachlos!

»In einer Pension«, antwortet er kauend. Seine Nase ist dunkelrot wie eine Pflaume, die Haut großporig. »Da gibt es Abendessen, aber kein Frühstück.« Er hebt den Rest des Muffins hoch. »Köstlich.«

»Möchten Sie noch einen?«

»Nein, danke. Ich muss gehen.« Doch er lehnt sich zurück und entspannt.

Der Pullover gehört mir, könnte ich sagen. *Ich habe ihn zwar der Wohlfahrt gespendet, aber ich hänge doch sehr daran und hätte ihn gern wieder. Darf ich ihn Ihnen abkaufen?* Stattdessen trommle ich mit den Fingern auf die Tischplatte und trinke meinen Kaffee in großen Schlucken, nicht, wie vorher, in genießerischen kleinen.

Der Mann senkt sein bärtiges Kinn auf die Brust und schaut auf seinen Bauch hinunter, fährt mit einem dicken Finger zwischen dem roten und dem gelben Streifen entlang. Meine Fingerspitzen kribbeln, als ich mir vorstelle, die kratzige Wolle zu berühren. Es hat mir immer gutgetan, den Pullover zusammenzurollen und zum Einschlafen an mich zu drücken. Aus irgendeinem Grund spüre ich gern etwas an meinem Bauch, wenn ich einschlafe. Früher war es Ethans Rücken, der sich im Rhythmus seiner Atemzüge sanft bewegte. Nach seinem Tod probierte ich verschiedene Kissen aus, doch der zusammengerollte Pullover tat mir am wohlsten.

»In einer Stunde werden Sie den nicht mehr brauchen«, sage ich und deute mit dem Kinn auf den Pullover. »Es wird ein heißer Tag.«
Der Mann strafft seine Schultern und bläht seinen Brustkorb wie ein Model. »Die Streifen gefallen mir. Ihnen auch?«
»Ja.« Der rote ist so rot wie ein Feuerwehrauto, der gelbe so gelb wie eine Zitrone und der blaue so blau wie der Nachthimmel. Ich weiß, es ist ein zehn Jahre alter Pullover mit einem Teefleck, aber ich hatte mir vorgestellt, dass ihn ein ... *attraktiverer* Mann von Ethan »erben« würde. Vielleicht Brad Pitt oder Mel Gibson. Warum können *die* sich nicht bei der Wohlfahrt in Ashland einkleiden?
Der Mann nimmt sein Kinn zwischen Daumen und Zeigefinger und schaut zur Decke hinauf. Das machte Ethan immer, wenn er nachdachte. Als wären dort Antworten zu finden. Es ist eine Ethan-Geste. Ein Fernsehbericht über eine Frau fällt mir ein, der ein Herz transplantiert worden war und die behauptete, sie sei seitdem künstlerisch begabt. Plötzlich malt sie Aquarelle und töpfert. Könnte Ethans Pullover ähnliche Kräfte besitzen? Wird der Mann anfangen, Software zu entwickeln?
Natürlich nicht. Aber wenn man ein Herz oder eine Niere spenden kann, warum dann nicht auch einen Skipullover? Wie armselig, diese geringe mildtätige Gabe zurückverlangen zu wollen. Ich schließe meine Hände fest um meinen Kaffeebecher.
»Meine Frau konnte auch gut backen.« Der Mann pickt die letzten Krümel vom Teller. »Sie machte die besten Kuchendeckel.« Wieder schaut er nachdenklich nach oben. »Mit Schweineschmalz.«
»Wodurch haben Sie Ihre Frau verloren?« Wenigstens werde

ich den Pullover gelegentlich sehen, wenn ich dem Mann in der Stadt begegne.
»Sie hat sich von mir scheiden lassen.« Sein Blick wandert über die Straße, wo die Besitzerin der Buchhandlung gerade ihren Laden aufschließt.
»Das tut mir leid.« Der Kurzzeitwecker in der Backstube schnarrt, ich stehe auf, um den Teig mit einem Kochlöffel durchzuschlagen und noch einmal gehen zu lassen. Dann kehre ich an den Tisch zurück.
»Es war meine Schuld.«
Ich weiß nicht, was ich dazu sagen soll, und so wiederhole ich: »Das tut mir leid.«
Eine Weile sitzen wir in Gedanken versunken da.
Schließlich beende ich das Schweigen. »Übrigens – ich heiße Sophie Stanton.«
Er lächelt und deutet eine Verbeugung an. »Jasper Jenkins.«
»Ich werde Ihnen etwas zum Mitnehmen einpacken.« Ich stehe auf, setze hinter der Vitrine eine der rosa Schachteln zusammen und lege sie mit Wachspapier aus. Nach kurzem Überlegen entscheide ich mich für einen Baby-Jalapeño-Käsekuchen, ein Schinken-Käse-Croissant und zwei Eierbrioches, pikante Variationen, die satt machen. Am liebsten würde ich die Schachtel bis obenhin vollpacken, doch das wäre des Guten zu viel. Erstens würde, was er heute Mittag nicht äße, matschig oder zäh werden, und zweitens kann Wohltätigkeit auch erdrückend, ja, sogar herablassend wirken.
»Laufen Sie Ski?«, frage ich und beuge mich zu Ethans Pullover vor, als ich Jasper die Schachtel bringe.
»Hab's nie gelernt.« Er fegt mit seiner Serviette Krümel vom Tisch in seine Hand und schüttet sie in seine leere Tasse. »Sie?«

»Nicht mehr. Aber ich *würde* gern.« Vielleicht tue ich das im nächsten Winter. Mit Crystal. Ruth und Simone könnten auch mitkommen. Aber dann werde ich meinen eigenen Skipullover tragen.

»Meine Frau konnte Ski laufen«, erzählt Jasper und zieht die rosa Schachtel zu sich heran.

»Vielleicht kommen Sie ja wieder zusammen«, sage ich. »Es gibt immer Hoffnung, solange ein Mensch am Leben ist.«

»Daraus wird nichts. Sie hat einen anderen geheiratet.«

»Oh, das tut mir leid.« Ich habe das Gefühl, ihm mit meinen neugierigen Talkshow-Fragen den Tag verdorben zu haben, und so setze ich hastig hinzu: »Sie dürfen sich nicht zu viele Gedanken über die Vergangenheit machen.« Dabei weiß ich ganz genau, dass das ein Rat ist, den niemand befolgen kann.

Thanksgiving

31

Zwei Tage vor Thanksgiving sitzen Crystal, Marion und ich im Wohnzimmer von Colonel Cranson's. Meine kleine Schwester lackiert Marion die Fingernägel, während ich grüne Bohnen breche.

»Hören Sie auf zu zappeln!«, schimpft Crystal und hält Marions Hand fest. Sie behandelt meine Schwiegermutter mit der ungeduldigen, aber gleichzeitig beschützenden Art einer älteren Schwester. Marion kann sich nicht stillhalten. Jetzt klopft sie mit der Schuhspitze rhythmisch gegen den Fernsehtisch. »Diese Farbe passt zu Ihrem Thanksgiving-Outfit«, sagt Crystal zu ihr. Sie hat lange gebraucht, bis sie sich endlich für Misty Mauve entschied, ein zartes Rosé.

»Es wird ganz bestimmt sehr hübsch aussehen«, stimme ich in dem Bemühen zu, Marions Aufmerksamkeit auf ihre Hände zu richten, weil ich hoffe, dass sie sich dann ein wenig entspannt.

Marion und Crystal wohnen inzwischen bei mir, und sie sind so was Ähnliches wie meine Kinder für mich geworden. Als Marions dreiwöchiger Besuch zu Ende ging, dachte ich mir, dass es Ethan traurig machen würde, mit ansehen zu müssen, wie seine Mutter ihr verbleibendes Leben allein in einer Einrichtung für betreutes Wohnen in San Jose zubrachte, und bot ihr an, zu mir zu ziehen. Ich flog mit ihr nach Hause und half ihr packen. Sie wollte alles mit nach Ashland nehmen, sogar den Inhalt des Kühlschranks. Aber diesmal war *ich* diejenige, die das Sagen beim Packen hatte.

»In Oregon gibt es *auch* Melonen«, erklärte ich und entwand ihr eine Fünf-Pfund-Packung tiefgekühlter Cantaloupe-Bällchen, wozu ich allerdings so lange brauchte, dass meine Finger von der eisigen Plastikfolie taub wurden. Das Haus gaben wir an einen Makler, der bereits kurz darauf einen Mieter dafür fand.

Nach dem Labor Day verkündete Roxanne, sie ziehe mit ihrem neuen Freund – einem Elektriker mit breiten Schultern und einem blonden Rockstar-Pferdeschwanz, der ihr einen Ring mit einem mandelgroßen Rubin schenkte – nach Texas, und Crystal bettelte, bei mir wohnen zu dürfen, damit sie nicht die Schule wechseln müsse. Ich erinnerte sie daran, dass sie versucht hatte, die Schule in die Luft zu sprengen, doch sie beharrte darauf, nicht aus Ashland wegzuwollen, und schließlich willigte ihre Mutter ein, sie bei mir zu lassen. Offenbar war Roxannes Sympathie für ihren neuen Freund größer als ihre Abneigung gegen mich.

Manchmal liege ich nachts wach und sorge mich um Marion. Wird sie durch die Waschanlage wandern oder die Treppe runterfallen? In anderen Nächten lässt mich die Sorge um Crystal nicht schlafen. Wird sie wieder anfangen, sich zu verletzen, oder es darauf anlegen, erneut vom Unterricht suspendiert zu werden? Und dann ist da noch die Konditorei, die mich Schlaf kostet. Werden die Geschäfte weiter so gutgehen oder die Kunden irgendwann übersättigt sein und irgendwo Abwechslung suchen? Na ja, zumindest quälen mich nicht mehr solche Ängste wie in San Jose, wo der Gedanke, die Post öffnen zu sollen, mich lähmte, wo ich mich nicht in den Supermarkt traute, wo mich der Duschvorhang in Panik versetzte.

Meine Schwiegermutter schaut zu ihrem burgunderroten

Kleid hinauf, das an der Wohnzimmertür hängt. »So herausgeputzt war ich einmal mit Anthony beim Tanzen«, erzählt sie.

»Wer ist Anthony?«, will Crystal wissen.

»Ein Freund von früher.« Die Bemühung, sich zu erinnern, lässt Marions Puls unter dem Netz feiner blauer Äderchen an ihrer Schläfe schneller schlagen. »In der Junior High. Wir gewannen damals den Tanzwettbewerb.« Ihre linke Hand ist fertig. Nachdenklich pustet sie den Lack trocken.

»Unser Thanksgiving wird großartig«, hole ich Marion in die Gegenwart zurück und stelle dabei fest, dass ich mich tatsächlich darauf freue. Das ist erstaunlich, denn bisher habe ich Thanksgiving immer verabscheut. Als ich ein Kind war, wohnte keiner unserer Verwandten in der Nähe, und so bekamen wir nie Besuch. Ich sehnte mich nach festlichem Trubel mit Brüdern und Schwestern und Cousinen, die an Beistelltischen sitzen mussten, weil an der Tafel kein Platz war. Großeltern sangen am Flügel lauthals Broadway-Melodien mit, und in der Küche schlugen todschicke Tanten Sahne für die Kuchen. Nach Mutters Tod waren nur noch Dad und ich übrig, und unsere trübselige Feier erschöpfte sich in einer ofenfertigen Truthahnbrust aus dem Tiefkühler. Für Ethan fand Thanksgiving *gar nicht* statt: Er bestand darauf, auch an den freien Tagen zu arbeiten.

Ich werde auch dieses Jahr keine Platzkarten auf den Esstisch stellen müssen, aber wir werden immerhin zu neunt sein: Crystal, Marion, Dad, Jill, Ruth, Simone, Drew, ich – und Jasper Jenkins. Sicher, Ethan wird nicht dabei sein, aber das war er früher ja auch nicht, und dieses Thanksgiving scheint endlich so zu werden, wie ich es mir immer erträumt habe.

Der Truthahn liegt in Salzwasser, das Tafelsilber ist geputzt, das Tischtuch gebügelt und das Haus dank Drew ein Meer von roten Rosen. Dad und Jill kommen heute Abend auf dem Flughafen von Medford an. Was Jasper Jenkins angeht, der Ethans Skipullover »geerbt« hat, so lade ich ihn seit unserer ersten Begegnung im Schnitt einmal die Woche zu einer Tasse Kaffee und einem Brombeermuffin ein. Dann sitzt er, während ich arbeite, an einem der Fenstertische in der Konditorei, schaut auf die Straße hinaus und entwickelt abenteuerliche Theorien: Die Mondlandung war nur eine Inszenierung in Pappkulissen, Jim Morrison ist von der CIA aus dem Weg geräumt worden, ein Pharmakonzern will Elvis mittels abgeschnittener Fingernägel klonen. Diese Ideen hindern Jasper daran, über seine Frau nachzudenken.

Letzte Woche machte ich beim Postamt halt, wo Jasper auf seiner üblichen Bank saß und rauchte, und fragte ihn nach seinen Thanksgiving-Plänen. Er sagte, in der Pension gebe es zur Feier des Tages abends Truthahn, aber der sei »üblicherweise strohtrocken und zäh wie Leder«. Also lud ich ihn ein. Er zupfte Tabakkrümel von seinen Lippen, während er darüber nachdachte. Schließlich fragte er: »Was gibt's denn?«

Als ich antwortete, Truthahn, das Übliche, aber keinen strohtrockenen und zähen, meinte er, das lasse sich hören.

Crystal hat Marions letzten Fingernagel lackiert und kratzt, wie vorher bei der anderen Hand, mit der Spitze einer Nagelfeile den Lack weg, der sich in den Nagelbetten gesammelt hat.

»Bleiben Sie zur Sicherheit ein paar Minuten sitzen«, sagt sie zu meiner Schwiegermutter.

»Aber wir müssen die Blätterteigteilchen mit Marmelade noch machen, bevor alle kommen!« Alarmiert will sie aufspringen, was Crystal jedoch vereitelt. »Wo steckt Ethan eigentlich?«, fragt Marion. Sie ist überzeugt, dass er sich irgendwo im Haus aufhält und ihr nur noch nicht über den Weg gelaufen ist. Sehnsüchtig schaut sie durch die offene Wohnzimmertür zur Treppe. »Wenn er noch schläft, sollte man ihn allmählich wecken.«

32

»Sophie!«, ruft eine volltönende Männerstimme voller Angst. *Was ist? Um Himmels willen! Feuer, Erdbeben, Crystal, Notaufnahme.* Ich springe aus dem Bett und stelle fest, dass ich aufrecht darin sitze – mit einem Bettzipfel zwischen den Zähnen. Arme schlingen sich um meine Taille. Drews Arme. Er ist bei mir. Heute ist Thanksgiving.

»Du bist *hier«,* seufzt Drew erleichtert, zieht mich sanft mit sich hinunter und legt den Kopf auf meine Brust.

Es klopft leise an der Tür. »Ist alles in Ordnung?«, kommt Jills lautes Flüstern vom Flur herein.

»Bestens«, versichere ich ihr. Es ist mir unangenehm, Drew in meinem Zimmer zu haben. Ich wollte nicht, dass er hier übernachtet, während Dad und Jill zu Besuch sind, aber gestern Abend kam er zum Pizzaessen, und danach setzte er sich ans Klavier und sang mit Jill ihren Lieblings-Broadway-Song »If I Were A Rich Man«, und mittendrin fing er plötzlich an zu krächzen. Offenbar hatte er sich erkältet.

»Sie bleiben hier«, verfügte Jill resolut und machte sich auf den Weg zur Küche, um ihm einen Schlaftee aufzubrühen. Sie ist genauso hingerissen von Drew wie Marion. »Lassen Sie sich von uns pflegen.«

Ich fragte mich, obwohl allen klar war, dass diese Entscheidung bedeutete, dass Drew die Nacht in meinem Zimmer verbringen würde. Der Gedanke trieb mir die Röte ins Gesicht.

Ich höre Jill den Flur hinuntergehen.

»Es war ein schrecklicher Traum«, sagt Drew, richtet sich auf und schaut auf mich herunter. »Du warst plötzlich weg! Ich hatte dich verloren!«

»So was Dummes«, erwidere ich lächelnd, aber ich kenne diese Art von Angstträumen nur zu gut. Darin ist der Mensch, der neben einem im Bett schläft, auf einmal verschwunden. Ich hatte diesen Alptraum monatelang. Und wenn ich aufwachte, erkannte ich, dass es nicht nur ein Traum war: Ethan war wirklich nicht mehr da.

»Du bist gegangen«, erzählt Drew.

»Ich gehe nirgendwohin.« Zärtlich nehme ich sein Gesicht in die Hände. Bartstoppeln graben sich in meine Handflächen. »Schließlich liegt Kuchenmehl *für ein ganzes Jahr* in der Konditorei.« Ich habe Oberwasser. Ist es okay, sich darüber zu freuen?

Drew lässt sich in die Kissen sinken und schläft wieder ein. Seine zartrosa Lippen sind leicht geöffnet, die unrasierten Wangen bartschattendunkel. Meine Gute-Gründe-Liste für ihn ist hinfällig geworden. Er ist ein großartiger Gesellschafter für Marion. Die beiden sitzen stundenlang auf der Veranda, wo Drew seine Texte übt, während Marion die Vorgänge in der Waschanlage kommentiert wie ein sportliches Ereignis. Letzte Woche hat er Crystal das dicke Schwein gekauft, das sie unbedingt haben wollte. »Und wo soll es leben?«, fragte ich. Über dieses Detail hatte Drew sich keine Gedanken gemacht, doch er bot sofort an, es in seinem Garten einzuquartieren, der doppelt so groß ist wie meiner, und er raste sogar mit dem Tier zum Arzt, als ihm ein Holzapfel im Hals steckenblieb.

Ursprünglich hatte Drew vorgehabt, für die sechs spielfreien Wochen nach New York zu gehen, doch jetzt hat er beschlossen, in Ashland zu bleiben, um bei mir zu sein. Ruth hat von einer Freundin, die für das Festival arbeitet, erfahren, dass Ginger die Stadt verlassen hat und die Winterpause mit ihrem Phantom-Verlobten auf einem Kreuzfahrtschiff in der Karibik verbringen wird. Diese Neuigkeit beflügelte meine Phantasie zur Entwicklung eines dramatischen Szenarios, in dem Ginger, nachdem sie sich am Buffet des Schiffes durch ein verdorbenes Krabben-Curry eine Lebensmittelvergiftung zugezogen hat, zur Reling schwankt, um sich zu übergeben, ihren knochigen Hintern zu hoch in die Luft streckt und über Bord geht, noch kurze Zeit mit ausgebreiteten Armen und Beinen und von ihren Haaren umflossen wie von rotem Seetang auf dem Wasser treibt und dann auf Nimmerwiedersehen in den Fluten verschwindet.

Während ich Drew beim Schlafen zuschaue, denke ich darüber nach, wie einfach es für ihn wäre, mich von meiner rosa Und-sie-lebten-glücklich-bis-ans-Ende-ihrer-Tage-Wolke herunterzuholen, auf der ich nach langem Zögern seit kurzem wieder sitze. Er könnte mich zum Beispiel ein zweites Mal zu einer Kaffeebekanntschaft degradieren oder mir eröffnen, dass er schwul sei und nach Seattle übersiedeln würde. Er könnte unter einen Bus kommen oder Krebs kriegen. Ein erbsengroßer Tumor irgendwo in seinem Körper hätte die Größe einer Walnuss, wenn ich endlich wagen würde, mich mit Haut und Haaren auf ihn einzulassen. Bei unserer Hochzeit wäre das Ding so groß wie ein Baseball, und wenn unser erstes Kind käme, wäre sein Vater ein Tumor auf zwei Beinen.

Der Geruch von verbranntem Toast kommt unter der Tür durchgekrochen. Ich hoffe zumindest, es ist Toast, was da verbrennt. Letzte Woche stopfte Marion einen Handschuh in den Toaster. Vorsichtig hebe ich Drews Arm von mir herunter, schlüpfe unter der Decke hervor und in meinen Morgenmantel und mache mich auf den Weg zur Küche.

Marion sitzt, die Arme um ihre Mitte geschlungen, in ihrem rosa Chenillemorgenrock am Tisch und liest Zeitung. »Schmarotzer!«, schimpft sie. »Die sollten arbeiten gehen wie alle anständigen Leute!«

Ich bin immer erleichtert, wenn ich Marion nach dem Aufstehen im Haus vorfinde. Einmal, als ich morgens herunterkam, waren sie und das Auto verschwunden. Ich rief im Seniorencenter an, im Coffeeshop in der Innenstadt und dann bei der Polizei. Eine Stunde später bekam ich von dort die Rückmeldung, dass Marion sich auf dem Weg zum Seniorencenter verirrt hatte und stattdessen im Park landete, wo sie beim Zurückstoßen einen Brunnen rammte. Danach führte ich ein ernstes Gespräch mit ihr, und am Ende gab sie mir recht und umarmte mich sogar. Zur Sicherheit verstecke ich die Autoschlüssel seitdem aber trotzdem in einer leeren Mehlbüchse.

Der Arzt in Medford schlug vor, Marion in einem Heim unterzubringen, aber ich habe sie stattdessen überredet, mir einen Teil ihrer Ersparnisse zu überlassen, damit ich eine Pflegerin einstellen kann, die sich unter der Woche, wenn ich in der Konditorei bin, um sie kümmert.

»Guten Morgen.« Ich küsse meine Schwiegermutter auf die Stirn und schalte das Backrohr ein. Dann hebe ich den Truthahn aus dem Salzbad, in dem er im Kühlschrank gelegen hat, und tupfe ihn mit Haushaltspapier trocken. Währenddessen versuche ich zu entscheiden, womit der Vogel gefüllt werden soll, denn gestern konnte darüber keine Einigkeit erzielt werden. Marion wollte Wurst, Crystal wollte Weißbrot und Drew wollte Kastanien, von denen Crystal sagte, die seien was für Eichhörnchen. Es endete damit, dass ich drei Füllungen vorbereitete. In meinen Thanksgiving-Träumen waren kulinarische Differenzen nie vorgekommen, und so stehe ich nun vor einem unerwarteten Problem. Nach langem Überlegen beschließe ich, ihrem Alter zu Ehren Marions Wunsch zu entsprechen. Als ich den Truthahn in den Ofen schiebe, wird mir klar, dass sie sich wahrscheinlich gar nicht mehr daran erinnert, dass sie Wurst mag. Ich schließe die Backofentür und nehme für Drew ein Glas Cranberrysaft mit nach oben.

Wieder in meinem Zimmer angekommen, ziehe ich die Spitzenvorhänge auf. In der Ferne sieht man die schneebestäubten Siskiyous.

Ich öffne ein Fenster, um die nach Krankheit riechende Luft hinauszulassen, und atme dankbar den würzigen Geruch von Holzrauch und feuchten Blättern ein, der mir entgegenweht.

»Brrr!«, protestiert Drew hinter mir.

Ich drehe mich zu ihm um. Seine Schultern und seine Brust sind glatt und muskulös. Ich würde gern mit der Hand darüberstreichen. Stattdessen bringe ich ihm das Glas, das er in einem Zug leert.

»Auuuu!«, jault er und hält sich die Kehle. »Fühl mal meine Stirn.« Er lässt sich zurückfallen und verdreht theatralisch die Augen gen Himmel. Ich setze mich auf die Bettkante und lege die Hand auf seine Stirn. Sie ist feucht, aber kühl.

»Fieber hast du nicht.« Ich muss mich sehr beherrschen, um nicht der Versuchung nachzugeben, zu ihm unter die Decke zu schlüpfen. »Was hältst du davon, aufzustehen und zu duschen, Holz zu hacken und Feuer im Kamin zu machen?«

»Komm her, Schwester Herzlos!« Er packt mich beim Arm und zieht mich an sich. Ich falle auf ihn und spüre unter mir seine Brust vibrieren. Er umfasst meine Handgelenke und dreht mir die Arme auf den Rücken.

»Lass los!«, flehe ich.

»Nur, wenn du mit mir duschen gehst.«

Es folgt eine heftige, von kindischem Gekicher begleitete Rangelei. Als sie erotisch wird, mache ich ihr ein Ende, weil ich Angst habe, dass Dad und Jill uns hören könnten.

Drew setzt sich auf und jammert: »Mein Hals! Kannst du mal da reinschauen?« Er reißt den Mund auf und streckt mir seine Zunge entgegen. »Ahhh«, quetscht er heraus.

Sein Rachen ist feuerrot und im Hintergrund mit weißen, erhabenen Pünktchen gesprenkelt. Das sieht nach einer Angina aus. Ich sollte ihn eigentlich in den Arm nehmen und trösten wollen, doch zu meiner Überraschung weckt seine Krankheit Abwehr in mir. Ich will nicht, dass noch einmal jemand in meinem Leben krank wird.

Pflichtschuldigst gehe ich ins Bad und hole Drew ein Glas Wasser und ein paar Tylenol.

»Das sollte genügen«, meine ich, als ich ihm die Tabletten gebe.

»Ich liebe dich«, sagt Drew.

Panik steigt in mir hoch. »Ich … äh …« Drew hat mir auf meiner Eröffnungsparty gesagt, dass er mich liebt, aber seitdem nicht mehr. Und ich habe es ihm noch nie gesagt. Ich habe mir versagt, ihn zu lieben, wie man sich eine Packung Schokoladentrüffel versagt oder ein Paar teure Schuhe. Man kann mit einem Zug nicht verunglücken, wenn man nicht einsteigt. Aber wie soll ich auf immer und ewig glücklich sein, ohne jemanden zu lieben? Wie kann ich noch einmal jemanden lieben, ohne ihm die Macht zu verleihen, mich zu zerstören?

Wenn ich doch meine Zukunft kennen würde! Wenn es doch

ein Fernrohr dafür gäbe, wie für Ausblicke in die Landschaft, und ich damit bis weit über den Horizont in das Seniorenheim schauen und sehen könnte, wessen Fotos auf meinem Nachttisch stehen, wie viele Ehemänner ich hatte und ob es Kinder gab.

Ich hatte mir vorgestellt, wenn jemals wieder das L-Wort zur Sprache käme, dann vor einem flackernden Kaminfeuer oder nach köstlichem, herrlich ermüdendem Sex. Nicht, nachdem ich Drew gerade ein Mittel gegen seine Halsschmerzen gebracht habe. Und nicht so bald. Nach den Feiertagen, vielleicht.

»Danke«, antworte ich schließlich hilflos.

Der Raum dreht sich um mich, als ich hastig aufstehe, und ich setze mich wieder hin. Drew lächelt. Seine Wangen sind gerötet, seine Augen glänzen. Es scheint ihn nicht zu stören, dass ich seine Liebeserklärung nicht erwidert habe. Ich ziehe ihm die Decke bis zum Kinn hoch.

»Lass uns einen Abstecher nach New York machen«, schlägt er vor. »Ich lade dich ein. Ins Waldorf. Die Stadt ist nie so schön wie zu dieser Jahreszeit.«

»Ich kann doch die Konditorei nicht im Stich lassen«, erwidere ich und bin froh, diesen Einwand vorbringen zu können. In der Anfangszeit unserer Beziehung war ich immer verfügbar.

»Ich helfe dir beim Kochen.« Er hustet und putzt sich die Nase.

»Kommt nicht in Frage. Du bist verseucht.«

»Okay.« Er streckt die Arme nach mir aus.

Ich würde liebend gerne hineinsinken und riskieren, dass der Truthahn anbrennt und ich mich anstecke. Stattdessen nicke ich in Richtung Tür. »Der Vogel muss begossen werden.«

Als ich den Flur hinuntergehe, höre ich Crystal nach mir rufen.

»Fannie? Bist *du* das?«

Alarmiert bleibe ich stehen, denn ihre Stimme klingt nicht gut. Vielleicht ist der Feiertag zu viel für meine kleine Schwester und sie hat sich wieder verletzt. Als ich ihre Zimmertür öffne, schauen mir von Postern auf der fliederfarbenen Tapete Jimi Hendrix und Janis Joplin entgegen. Rote, über die Lampenschirme drapierte Tücher schaffen eine schwüle Jazzklubatmosphäre. Crystal hat keine Plüschtiere, sie hat ausgestopfte Tiere, Präparate, die sie in einem verstaubten Antiquitätenladen in der Stadt gekauft hat. Auf ihrem Schreibtisch sitzt ein Waschbär auf den Hinterbeinen, und auf der Kommode kauert ein Opossum. Seine Glasaugen blicken schuldbewusst, als habe es etwas aus der Kommode geklaut.

»Sophie? Kannst du mir mal *helfen?«*, ruft Crystal aus dem Bad auf der anderen Seite des Flurs. Ich klopfe an und stoße, ohne eine Antwort abzuwarten, die Tür auf. Crystal sitzt mit aneinandergepressten, nackten Knien vornübergebeugt auf der Toilette. Ihre Schlafanzughose liegt zusammengeknüllt in der Ecke.

»Ich habe meine Tage gekriegt.« Sie hält ihr Höschen in der Faust.

Ich hatte angenommen, sie hätte ihre Periode bereits. Sie ist letzten Monat vierzehn geworden, und mit ihrer Raucherei und der Schminke macht sie so einen erwachsenen Eindruck. Ich habe das Thema nie angeschnitten und nicht geschaltet, als sie über ihre winzigen Brüste und ihre knabenhafte Figur jammerte, sie nur damit zu trösten versucht, dass andere Mädchen die verrücktesten Dinge tun, um so dünn zu sein wie sie.

»Oh.« Ich mache die Tür zu.

Hörst du mich, Gott – ich bin's, Sophie! Was sagt man einem Teenager, der gerade seine Periode bekommen hat? Ich weiß es nicht, denn als ich meine bekam, war Mom schon tot, und Dad reagierte, indem er zwei Tüten Binden und Tampons aus dem Supermarkt holte, wahrscheinlich sämtliche Sorten, die sie dort hatten, weil er nicht wusste, welche die richtige für mich wäre. Ich legte mich mit Bauchweh aufs Sofa, und er brachte mir Tee mit einem Löffel Whiskey und ein Heizkissen, setzte sich zu mir und nahm meine Füße auf den Schoß. Er sah mich an und öffnete den Mund, als wolle er etwas sagen, schloss ihn jedoch wieder. Nachdem er das ein paarmal gemacht hatte, schaltete er den Fernseher ein, und wir schauten uns »The Gong Show« an.

Ich lasse Crystal kurz allein, um einen sauberen Slip, eine Binde und einen Tampon für sie zu holen. Als ich ins Bad zurückkehre und ihr die Sachen gebe, frage ich mich, ob wohl eine Erläuterung angebracht wäre.

»Du brauchst nur …«

»Ich weiß Bescheid«, unterbricht sie mich gereizt. »Ich hatte bloß nichts *hier.*« Sie entscheidet sich für die Binde. Während sie sich anzieht, rücke ich unnötigerweise die Handtücher auf den Stangen zurecht. Dann rauscht Wasser, und Crystal tritt ans Waschbecken, um ihr Höschen auszuspülen. »Ich bin die Letzte in der Klasse«, sagt sie.

»Oh, Schätzchen – das muss hart für dich gewesen sein. Aber jetzt brauchst du dir deswegen keine Gedanken mehr zu machen.« Der Radiator rattert und klappert. Wenn mir doch nur ein kluger Du-bist-jetzt-eine-Frau-Text einfiele! »Willst du deine Mutter anrufen?«, frage ich schließlich.

»Wozu denn das?« Crystal hängt den Slip zum Trocknen über

einen Handtuchhalter und beugt sich dann zum Spiegel vor, um sich zu betrachten. Ihre Wangen sind gerötet und noch von ein paar Schlafknitterfältchen gezeichnet. Sie reibt mit der Fingerspitze an der schwarzen Eyelinerspur unter ihrem linken Auge herum.

Eine neue Sorge um Crystal steigt in mir auf. Jetzt kann sie schwanger werden! Und nicht nur das. Ich erinnere mich an die lange Liste gynäkologischer Probleme, die in *Unser Körper, unser Selbst* aufgeführt waren, das wir im College unter unseren Betten versteckt hielten. Nicht, weil wir uns des Buches schämten, sondern weil wir den Jungs, die auf ein Bier hereinschneiten, lieber unseren Fitzgerald und Hemingway präsentierten als unsere weiblichen Gebrechen.

Als ich Crystal gerade in den Arm nehmen will, beugt sie sich übers Waschbecken, um sich das Gesicht zu waschen. Dann zieht sie ihre Schlafanzughose wieder an und macht einen Schritt auf die Tür zu.

»Ihhh! Das ist ja, als hätte man einen Stapel Haushaltspapier in der Hose!«

»Es gibt alle erdenklichen Größen und Varianten zu kaufen«, sage ich.

»*Weiß* ich.«

»Okay.«

Crystal ist gleichzeitig dankbar und ärgerlich über mich, und ich glaube, ich kann jetzt nachempfinden, wie sich die Mutter einer halbwüchsigen Tochter fühlt. Wie ein unverzichtbares Ärgernis.

»Möchtest du nachher vielleicht einen Schluck Wein zum Essen?«, frage ich.

»Ja, bitte«, erwidert sie in hoheitsvollem Ton.

Als ich endlich in die Küche komme, sitzen Dad und Jill am Tisch und schälen Kartoffeln. Sie sehen in ihren Chamoishemden und Khakihosen wie Zwillinge aus, und sie lachen bei der Arbeit wie aus einem Mund. Ich hoffe, dass ihnen irgendwann die Gnade widerfährt, gleichzeitig zu sterben.

»Wie viele sollen wir schälen?«, fragt Jill mich und hält eine Kartoffel hoch. Ihre weißen, zum Pagenkopf frisierten Haare ringeln sich um ihre Ohren.

Ruth kommt herein. Sie ist wunderschön in ihrem langen braunen Samtkleid. Ihre seidigen blonden Haare fließen bis zu ihrer schmalen Taille hinunter. Simone späht schüchtern hinter ihr hervor und zu Dad und Jill hinüber, die sie mit einem Stückchen Ingwer zu locken versuchen. Als Nächste wirbelt Crystal zur offenen Tür herein, auf Strümpfen und mit hochroten Wangen.

»Hey – passt die dazu?«, will sie von mir wissen und hält eine Kette an den Ausschnitt ihres Kleides: schwarzes Samtmieder und lange Spitzenärmel im Gothik-Look, was sehr hübsch aussieht. Sie dreht sich schwungvoll um die eigene Achse, um ihr Outfit vorzuführen, und gerät ins Stolpern.

»Sophie?«, krächzt Drew im ersten Stock die Treppe herunter. »Hast du einen heißen Tee für mich?«

Es ist kaum zu glauben: Vor ein paar Monaten war ich so verstört, dass ich im Bademantel zur Arbeit fuhr, und jetzt bin ich der Boss, und alle wollen etwas von mir.

»Bitte schält die *ganzen* Kartoffeln«, beantworte ich Jills Frage.

Ich setze Wasser für Drews Tee auf.

»Das sieht sehr hübsch aus, Schätzchen«, sage ich zu Crystal und lege ihr die Kette um.

Es läutet. Als ich aufmache, steht Jasper Jenkins vor mir. Diesmal trägt er nicht Ethans Skipullover, sondern ein grünes Flanellhemd und eine leuchtend blaue Krawatte mit gelben Rauten darauf. Ich komme mir albern vor, weil ich Ethans Pullover vermisse. Jaspers Aufmachung wird durch ein professorales Tweedsakko mit Lederflecken auf den Ellbogen abgerundet, dessen Ärmel allerdings ein wenig zu kurz sind. Mit einer schwungvollen Geste zieht er einen Strauß goldener Chrysanthemen hinter dem Rücken hervor, die von einem roten Band zusammengehalten werden.

»Schönes Thanksgiving«, sagt er.

Ich danke ihm, nehme die Blumen und umarme ihn. Er riecht nach Wohlfahrt – nach Mottenkugeln und kaltem Zigarettenrauch.

In der Küche mache ich Jasper mit den anderen bekannt. Er ist nervös und förmlicher als sonst, knetet seine Hände und verbeugt sich feierlich. Jill bewundert die Blumen. »Ich werde sie im Speisezimmer auf das Sideboard stellen«, beschließt sie. »Dort kommen sie gut zur Geltung.«

Als sie zurückkehrt, fragt sie Jasper, ob er vielleicht ein Glas Wein möchte.

»Nein, danke. Ich bin trocken«, antwortet er.

In der nachfolgenden Stille hört man den Kurzzeitwecker ticken und das Wasser für die Kartoffeln und die Erbsen auf dem Herd blubbern. Jasper lächelt, und seine weißen Zähne blitzen. Er wischt sich mit einem Tweedärmel den Schweiß von der Stirn, während Ruth ihm ein Ginger Ale einschenkt. Schließlich zieht er das Sakko aus. Der Umriss seines Bauchnabels zeichnet sich unter dem straffgespannten Hemd wie ein Auge ab, das durch den Stoff späht.

Simone überwindet ihre Scheu, klatscht in die Händchen und

deutet dann auf den weißen Bart, den er für den festlichen Anlass zurechtgestutzt hat. »Santa!«

Bald darauf duftet es im ganzen Haus nach Thanksgiving – nach Salbei, Zimt und übergelaufener Kuchenfüllung, die auf dem Boden des Backofens verbrutzelt. Die Wolken verziehen sich, und Sonne scheint durch die Esszimmerfenster herein und lässt das Kristall auf dem Tisch blinken und blitzen. Ich habe mit dem Geschirr und Besteck meiner Großmutter gedeckt, wozu ich bisher nur selten Gelegenheit hatte. Bei dem Silber befinden sich ein paar Stücke, deren Verwendungszweck mir nicht klar ist.

»Was ist das?«, frage ich Ruth und halte einen flachen, breiten Spatel mit Gabelzinken hoch.

Sie gießt Eiswasser in unsere Gläser. »Das ist für Gurken- und Tomatenscheiben«, antwortet sie und deutet dann auf ein Ding, das ich für eine Eiswürfelzange halte. »Eine Spargelzange.«

»Woher *wissen* Sie das?«, staunt Jill.

»Sie weiß *alles«,* antworte ich an ihrer Stelle. »Es ist penetrant.«

Ruth stellt den Wasserkrug auf das Buffet. »Das da wäre auch nicht schlecht als Katzenkloschaufel«, meint sie, doch sie lächelt nicht dabei. Ihr Ton ist bitter, und ich bemerke, dass ihre Hände zittern und ihre Augen in Tränen schwimmen.

»Was ist mit dir?«, erkundige ich mich, als Jill den Raum verlassen hat.

»Heute ist der erste Tag vom Rest meines Nervenzusammenbruchs«, erwidert sie und fährt mit der Fingerspitze über den angelaufenen Wasserkrug. »Mark hat gestern Abend angerufen. Er ist wieder mit Missy zusammen.«

»Oje.« Ruth und er hatten erst vor ein paar Wochen über einen Neuanfang gesprochen.
»Missy ist schwanger.«
»Oh, Ruth.« Ich nehme sie in die Arme und wünsche mir, während ich sie fest an mich drücke, inständig, dass ich mehr für sie tun könnte.
»Die Midlifecrisis meines Mannes ist offenbar zu einem Dauerzustand ausgeartet.«
Ich würde ihr gern versichern, dass sie nicht allein alt werden wird, aber das kann ich für uns *beide* nicht prophezeien.

»Wer spricht das Gebet?«, fragt Marion, als wir uns schließlich zum Essen hinsetzen. Ihre Miene drückt Besorgnis aus, und sie streicht unaufhörlich die Serviette auf ihrem Schoß glatt. »Charlie?«
In der tiefen Stille nach dieser Frage werden bekümmerte Blicke getauscht.
Dad neigt den Kopf. »Wer immer du da oben bist – wir danken dir für dieses wundervolle Mahl und dafür, dass du uns zusammengeführt hast …«
»Amen«, sagt Jasper.
Ich glaube nicht, dass Dad schon fertig war, doch er sieht erleichtert aus.
Der Tisch biegt sich förmlich unter all den Platten, Schüsseln und Terrinen. Dad reicht Marions Süßkartoffelpüree herum, das eine Haube aus goldbraunen Marshmallows krönt, und Jill schickt den Truthahn in die entgegengesetzte Richtung.
»Die Kastanienfülle war Drews Wunsch«, erkläre ich den Inhalt einer kleineren Schüssel. »Die dort – aus Weißbrot – hat sich Crystal gewünscht, und die Wurstfülle wollte Marion haben.«

»Wow! Toll! Danke«, sagt Drew. Er spricht durch die Nase und hält mit beiden Händen einen Becher Tee umklammert.

»Und wo ist *meine* Fülle?«, fragt Ruth in anklagendem Ton. »Du weißt genau, dass ich sie nur mit Austern und Krabben mag.« Missy und Mark haben ihr die Thanksgiving-Laune offenbar gründlich verdorben.

Crystal kichert. Sie bewundert Ruth, wenn Ruth unleidlich ist.

Jill kümmert sich um Simone, buttert ein Brötchen für sie und schneidet ihr das Fleisch in winzige Bissen.

»Was machen Sie beruflich?«, erkundigt sich Marion bei Jasper, der neben ihr sitzt. Sie legt ihre Gabel auf den Teller und kokett zwei ihrer frisch manikürten Finger an die Lippen und klimpert mit den Wimpern. Ich wünschte, ich hätte ihr vor zehn Monaten ankündigen können, dass sie mit einem Burschen flirten würde, der seinen Lebensunterhalt mit dem Sammeln von Blechdosen verdient.

»Ich bin Immobilienmakler«, antwortet Jasper. »Hauptsächlich für kommerzielle Objekte.« Er hat seine weißen Haare in der Mitte gescheitelt und irgendetwas hineingeschmiert, denn sie hängen wie zwei dünne Bretter seitlich an seinem Gesicht herunter.

»Oh!«, gurrt Marion beeindruckt. *»Immobilienmakler.«*

Ich schaue zu Ruth hinüber, die von mir weiß, dass Jasper früher Lebensversicherungen verkauft hat, jedoch seit Jahren nicht mehr arbeitet.

»Große Sachen«, fährt er fort. »Ladengeschäfte, Bürohäuser, Supermärkte und so was.« Er schiebt ein Stück Truthahn in den Mund.

»Du meine Güte.« Marion legt graziös die Hand auf seinen Arm. Soweit ich weiß, ist sie seit Charlies Tod mit keinem

Mann ausgegangen. Es gab da zwar jemanden – er spielte Cello im San Jose Symphony –, aber sie waren wohl nur Freunde, trafen sich sonntagnachmittags zum Kaffee.

»Immobilien werden doch häufiger vermietet als verkauft, nicht wahr?«, fragt Dad.

»Genau.« Jasper beugt sich zu ihm hinüber und deutet mit dem Finger auf ihn, als habe er gerade ein schwieriges Rätsel gelöst.

»Sophie hat ein Ladengeschäft gemietet«, sagt Crystal stolz.

»Davor war ich Erfinder«, fährt Jasper fort und schiebt die Erbsen an den Rand seines Tellers.

»Was haben Sie erfunden?«, interessiert sich Drew.

»Den Kaffeeweißer.«

»Igitt!«, schüttelt sich Crystal.

»Also, im Notfall finde ich ihn gar nicht schlecht«, meint Jill.

»Ich habe im Laufe meiner Collegezeit bestimmt einen Zentner davon verbraucht«, sagt Ruth zu Jasper.

Aller Augen sind auf ihn gerichtet. Er sonnt sich in der Aufmerksamkeit, legt den Kopf in den Nacken und schaut zur Decke hinauf, wie Ethan es tat. »Bequemlichkeit«, sagt er. »Jede gute Erfindung dient der Bequemlichkeit.«

»Notwendigkeit ist die *Mutter* der Erfindung und Bequemlichkeit ist der *Vater«,* spinnt Dad diesen Faden weiter.

»Du sagst es«, stimmt Jill ihm zu.

»Ich möchte einen Toast auf die Köchin ausbringen«, krächzt Drew, hebt sein Glas und blinzelt mir zu. Seine Haare sind noch feucht vom Duschen, und Schalk blitzt in den schiefergrauen Augen. Mir fällt ein, wie wir uns letzte Nacht liebten, *leise, leise,* wie ich die Zähne in meine Unterlippe grub, als Drew mich bei den Schultern packte. Verlegen senke ich den Blick.

»Auf Sophie, die beste Köchin, die ich kenne – und das, wofür ich in diesem Jahr am dankbarsten bin.«
»Auf die Köchin«, schließt Dad sich an.
»Auf euch.« Ich proste den anderen zu.
»Auf meine wunderschöne Braut Jill«, sagt Dad, obwohl sie schon ein paar Jahre verheiratet sind. »Meine Küchendienstpartnerin.«
Jill kichert und drückt seine Hand.
Arme Ruth! Wenn noch mehr Liebesglück an diesem Tisch dokumentiert wird, steht zu befürchten, dass sie sich mit einer Spargelstange ersticht.
»Ich bin zu dem Schluss gekommen, dass es wichtig ist, das Leben zu lieben, das einem gegeben ist, und dem Leben adieu zu sagen, das man sich erträumt hat.« Jill hebt ihr Glas.
Ich will ihr gerade aus vollem Herzen beipflichten, als Ruth fragt: »Muss man *alles* daran lieben? Sogar betrügerische Ehemänner und hässliche Vorhänge?«
Jill verschluckt sich, und Dad klopft ihr behutsam auf den Rücken. Ich weiß, dass der Tag schlimm für Ruth ist, aber sie ruiniert mir mein Traum-Thanksgiving.
»Hässliche Vorhänge kann man austauschen«, schlägt Crystal vor.
»Wenn man das Geld dafür hat«, wendet Ruth ein.
»Ich bin dankbar für Argentinien«, sagt Jasper.
»Ich auch«, pflichtet Marion mit Überzeugung bei und flüstert ihm zu: »Warum?«
Simone stößt einen schrillen Schrei aus und schlägt mit ihrem Löffel auf ihren Pu-der-Bär-Teller.
Ich möchte die Konversation wieder auf Kurs bringen, doch Kartoffelpüree und Enttäuschung blockieren meine Stimmbänder.

»Tut mir leid, Jill«, sagt Ruth. »Ich bin der Grinch, der Thanksgiving gestohlen hat.«
»Sie sind viel zu hübsch, um der Grinch zu sein«, widerspricht Crystal ihr. Ich glaube, es ist das erste Mal, dass sie etwas Nettes zu Ruth gesagt hat, und ich bin ihr dankbar, dass sie sich diesen Moment dafür ausgesucht hat. Crystal schiebt eine große Portion Kartoffelpüree in den Mund. »Mein Dad«, mampft sie nachdenklich, »ist auch ein schöner Mensch. Wenn er jemals zurückkommt, könnten Sie ihn heiraten.« Sie dreht ihre Gabel um und leckt der Länge nach die Zinken ab. »Wenn es Sie nicht stört, dass er ein Loser ist.«
»Wo wohnt dein Vater denn?«, erkundigt sich Jill.
»Auf einem Fischerboot«, antwortet Crystal zögernd. »Glaub ich wenigstens. In Alaska ... vielleicht.«
»Das klingt ja aufregend«, bemüht Jill sich um Begeisterung für diese spärliche Information.
Ich entschuldige mich, um nach den Kuchen zu sehen.

Als ich den Apfelkuchen aus dem Rohr hole, umhüllt mich der Duft von Zimt und Nelken wie eine weiche Decke. Ich lasse den Pekannusskuchen drin, damit er noch ein wenig brauner wird, so wie Ethan ihn mochte – fast verbrannt.
Plötzlich steht Ruth mit der Sauciere neben mir.
Crystal folgt mit dem leeren Brotkorb. »Alte! Marion und Jasper hat's total erwischt!«, berichtet sie.
»Wirklich?« Ruth kichert und schöpft Sauce in die Sauciere. Sie hat kaum etwas gegessen, sich mehr auf den Wein konzentriert, und ihrer Laune scheint das gutgetan zu haben.
»Sie halten unter dem Tisch Händchen!«, ergänzt Crystal.
»Na, klasse!«, sage ich sarkastisch.
»Was hast du denn dagegen?« Ruth ist irritiert.

»Marion *allein* ist schon schwierig zu handeln – und jetzt muss ich mich auch noch mit ihrem fabulierenden Freund befassen.«
»Es wäre dir lieber, wenn Marion allein bliebe?«, fragt Ruth noch irritierter.
Crystal arrangiert vor sich hin summend Brotscheiben in den Korb.
»Natürlich nicht«, antworte ich gereizt. Ruth scheint nicht zu begreifen, dass die nächsten Monate ganz schön stressig für mich werden: Ich muss die Konditorei am Laufen halten, ich muss dafür sorgen, dass Crystal *Algebra 2* schafft, ich muss dafür sorgen, dass Marion die Autoschlüssel nicht findet und den Wagen im Park im Ententeich versenkt. Im Augenblick allerdings möchte ich nur Kaffee und Kuchen überstehen.
»Nur weil Jasper das Glück verlassen hat«, empört sich Ruth. »Du bist ein Snob …«
»Das bin ich nicht!«, wehre ich mich energisch. »Du brauchst eine Auszeit. Ich werde dich mit einem Barney-Video ins Wohnzimmer setzen.«
Ruth plustert sich auf, doch dann entspannt sie sich und lacht – zum ersten Mal an diesem Tag. »Es tut mir leid.« Sie schlägt die Hände vors Gesicht.
»Um ehrlich zu sein, es tut richtig gut, dich mal ausrastend zu erleben«, gestehe ich ihr. »Die immer Perfekte.«
Ruth schnaubt verächtlich.
»Stimmt«, gibt Crystal mir recht. »Es ist penetrant.«
Jill tritt durch die Schwingtür vom Esszimmer in die Küche. Zieht am Rollkragen ihres Pullovers, auf dem Rotweinspritzer glänzen.
»Hast du Sodawasser da, Sophie?«, wendet sie sich geradezu panisch an mich.

Ruth geht zum Kühlschrank, um nachzusehen, und will ganz offensichtlich behilflich sein. Dad kommt durch die Schwingtür und erkundigt sich, ob er etwas helfen kann, gefolgt von Marion, die wissen will, ob wir das Süßkartoffelpüree noch mal warm machen sollen. Und dann gesellen sich auch Jasper und Drew dazu, Letzterer mit Simone auf der Hüfte und seinem Teebecher in der Hand. »Feiern wir jetzt *hier* weiter?«, fragt er.

Der Dunstabzug über dem Herd scheppert. Drew schaltet ihn aus, und alle seufzen erleichtert über die Stille. Ruth steht mit der Sauciere in der Hand da, Crystal steht mit dem Brotkorb in der Hand da, und Dad steht mit Jills Hand in der Hand da.

»Wollen wir?«, lasse ich meinen Blick die Runde über die Gesichter machen, und wir kehren ins Esszimmer zurück.

»Hey«, sagt Ruth zu Crystal, als sie sich hinsetzt, »ich finde es großartig, dass du und meine Freundin Sophie so gut kochen könnt.«

Crystal schiebt das Stück Brot, das sie gerade in den Mund gesteckt hat, in eine Wange und antwortet: »Sophie hat es mir beigebracht.«

»Der beste Rhabarberkuchen westlich von Minneapolis«, schwärmt Jasper und zwinkert Marion zu.

»Wollen wir nächstes Jahr Ofenkartoffeln machen?«, fragt Crystal mich und zieht mit der Gabel einen Graben durch ihr Püree.

»Ofenkartoffeln?«, wiederhole ich skeptisch, aber es sind nicht die Kartoffeln, die mich zögern lassen. Es ist die Tatsache, dass es jetzt möglich scheint, dass es ein nächstes Jahr *geben* wird. Und dass Crystal darin stattfindet.

»Hey – der Wunschknochen!«, ruft sie und springt auf, wobei

sie versehentlich das Tischtuch verschiebt und Gläser ins Schlingern geraten. Jeder greift sich sein Glas, während sie in die Küche läuft. Gleich darauf kehrt sie mit ihrer Beute zurück.

»Willst du?«, fragt sie mich, lässt sich wieder auf ihrem Stuhl nieder, lehnt sich über den Tisch und stützt den Ellbogen auf wie zum Armdrücken.

»Okay.« Ich packe das andere Ende des Knochens. Ein Splitter bohrt sich in meinen Daumen.

Crystal betrachtet den Wunschknochen mit der Ernsthaftigkeit eines Schachspielers und kaut dabei auf ihrer Unterlippe herum.

»Wünscht euch was!«, flüstert Drew laut.

»Schon passiert«, antworte ich.

»Dito«, sagt Crystal, und ich frage mich, was sie sich wohl gewünscht hat. Vielleicht ein Pferd. Oder dass ihr Dad zurückkommt.

Ich beuge mich weiter vor, und der Duft meines Parfüms steigt mir in die Nase. Ich beschließe, es nicht als Dreistigkeit zu werten, dass sie sich etwas davon genommen hat, sondern als Kompliment. In Wirklichkeit halte ich den Wunschknochen nur ganz leicht zwischen drei Fingern, aber ich tue so, als hielte ich ihn eisern fest. Mein Wunsch war, dass Crystal den größeren Teil bekommt.

»Glaubt ihr, dass Ethan rechtzeitig zum Dessert hier sein wird?«, fragt Marion besorgt und zieht den Ärmel ihres Kleides nach hinten, um auf ihre Uhr zu schauen.

Plötzlich ist es ganz still am Tisch, mit Essen beladene Gabeln verharren mitten in der Luft.

Ich lege Marion meine freie Hand auf die Schulter. »Ethan ist gestorben«, erinnere ich sie.

»Wie?«, fragt sie ungläubig.
Meine Schwiegermutter hat zwar nichts an sich, was mich an meinen Mann erinnert, aber er ist unser gemeinsamer Nenner.
»An Krebs, weißt du nicht mehr? Wir sind beide Witwen, du und ich.« Ich drücke ihre Schulter, nur ganz leicht, denn sie fühlt sich genauso zerbrechlich an wie der Wunschknochen.
»Oh.« Ihr Gesicht spiegelt, als sie sich erinnert, gleichzeitig Freude darüber wider, *dass* sie sich erinnert, und Kummer darüber, *woran* sie sich da erinnert. »Stimmt ja.« Sie schlägt sich an die Stirn, als wolle sie den Empfang dahinter schärfer einstellen. »Tut mir leid. Natürlich weiß ich das.«
»Es ist okay«, sage ich zu ihr, und in gewisser Weise bin ich ihr dankbar dafür, dass sie mich fast täglich dazu veranlasst, das zu sagen. »Es ist okay.«

DANK

Allen voran Dank an Frank Baldwin, den großzügigsten Leser, den ein Schriftsteller sich wünschen kann.

Dank an meine Agentin Laurie Fox, den größten Glücksfall aller Zeiten, und meine Lektorin Amy Einhorn für ihre Begeisterung und ihre Geistesblitze.

Dieses Buch wäre nicht zustande gekommen ohne die Hilfe meiner San-Francisco-Schriftstellergruppe: Rich Register, Susan Edmiston, Cheyenne Rhodes, Karen Roy, Laurence Howard, Gordon Jack, Julie Knight, Greta Wu, Joan Minninger. Wunderbare Schriftsteller, Leser und Freunde.

Dank an jene, die das Manuskript von Anfang bis Ende mitdenkend gelesen haben: Aimee Prall, Nicolle Henneusse, Eileen Bordy. Und ganz besonders an Sono Vogel, eine überragende Redakteurin.

Dank an meinen ersten Fan und meine älteste Freundin Quee Nelson.

Für ihre unverbrüchliche Unterstützung vom ersten Tag an Dank an meine South-Bay-Schriftstellergruppe: April Flowers, Judy Cowell, Deb Gale, Nancy Shearer, Marilyn Rosenberg, Nancy Sully und Cristina Spencer. Und Dank an meine Brainstorming-Kumpels: Bobby Fagone und Charles King.

Dank an die Lehrer Bud Roper, Tom Parker und Ellen Suss-

man für ihre weltklugen Beiträge und an Tom Anfuso für sein Können als Lektor.
Dass die Sachinformationen in diesem Buch Hand und Fuß haben, dafür Dank an Bob Aimone, Karen Eberle und meine geliebte Freundin Ede Sabo.
Schließlich Dank an meine Schreibpartnerinnen und Kommilitoninnen von The Los Gatos Café School of Journalism: Vicky Mlyniec und Kim Ratcliff.
Und zu guter Letzt Dank an meine Katze und treue Bürogehilfin Popoki, dass sie das Faxgerät bewachte und die Nachtfalter in Schach hielt.